汽车维护与保养入门

第二版

夏雪松　主编

化学工业出版社

·北京·

本书选取汽车维修中常见的维护保养常识，用图文并茂的方式深入浅出地介绍了汽车维护的原理和方法，使读者对汽车维修中常见的维护和保养知识有一个初步的了解与认识。本书部分内容直接从原厂维修手册中进行选取，有很强的实用性和针对性，使初级维修工能很快入行入门，缩短过渡时间，从而能尽快适应工作岗位。

本书适合于汽车维修学校的学生和刚入门的汽车维修从业人员阅读参考。

图书在版编目（CIP）数据

汽车维护与保养入门 / 夏雪松主编. —2版. —北京：化学工业出版社，2019.9（2023.1重印）
ISBN 978-7-122-34781-7

Ⅰ. ①汽… Ⅱ. ①夏… Ⅲ. ①汽车－车辆修理②汽车－车辆保养 Ⅳ. ① U472

中国版本图书馆 CIP 数据核字（2019）第 133636 号

责任编辑：辛 田　　文字编辑：冯国庆
责任校对：刘 颖　　装帧设计：王晓宇

出版发行：化学工业出版社（北京市东城区青年湖南街13号 邮政编码100011）
印 装：三河市延风印装有限公司
710mm×1000mm 1/16 印张19 字数334千字 2023年1月北京第2版第2次印刷

购书咨询：010-64518888　　售后服务：010-64518899
网 址：http://www.cip.com.cn
凡购买本书，如有缺损质量问题，本社销售中心负责调换。

定 价：68.00元

前言

目前，家用轿车作为耐用消费品已经大规模进入我国的家庭，汽车保有量的快速增长促进了我国汽车维修企业的发展，使得维修厂数量和维修从业人员大量增加，因此也对维修厂和从业人员的服务质量提出了更加严格的要求。本书在第一版的基础上增补了新的内容，主要面对汽修学校的学生和刚入门的汽车维修从业人员，选取汽车维修中常见的维护保养常识，用图文并茂的方式深入浅出地介绍了汽车维护的原理和方法，使读者对汽车维修中常见的维护和保养知识有一个初步的了解与认识。本书部分内容直接从原厂维修手册中进行选取，有很强的实用性和针对性，使初级维修工能很快入行入门，缩短过渡时间，从而能尽快适应工作岗位。

本书由夏雪松主编，其他参加编写的人员有江艳秋、徐志军、李杰清、王剑峰、刘玲、张雅成、崔秀平、田建宇、李文惠、刘刚、胡志涛、胡长宏、钱善虎、李小明、李晨、夏晓云、秦帅帅、孟晓波、王殿虎、罗秋婷、史玥丽、罗亮、宋鹏飞、贾利英、郭艳虎、李建明、王斌、赵彩英、李云娟、王志红。

由于笔者水平有限，书中不足之处在所难免，希望广大读者批评指正。

编者

目录

目录

第一章

汽车维护与保养基本知识与注意事项

第一节　汽车维护保养基本知识

一、维护保养的意义

现代汽车制造业随着新技术、新工艺以及新材料的广泛应用，使得汽车的技术性能和使用寿命有了很大程度的提高，但是汽车作为一种由各种材料制成的工业产品，随着行驶里程的增加，零部件会逐渐产生磨损，导致汽车技术性能和使用性能逐渐变差，这是不可抗拒的规律。作为汽车维修从业人员，如果能了解汽车技术状况的变化规律，做到合理使用并及时维护车辆，确保车辆使用技术良好，就可以延长车辆的使用寿命，这就是汽车维护保养的意义所在。通过及时有效的维护保养，不但能大大延长车辆的正常使用寿命，保证汽车使用的安全性，也能有效降低车辆的排放污染，提高经济效益。

二、汽车技术状况变化指标

在汽车使用过程中，一般以汽车主要部件的磨损状况作为衡量汽车技术状况的指标。研究结果表明，汽车零件的磨损过程可分为三个阶段，如图 1-1-1 所示。

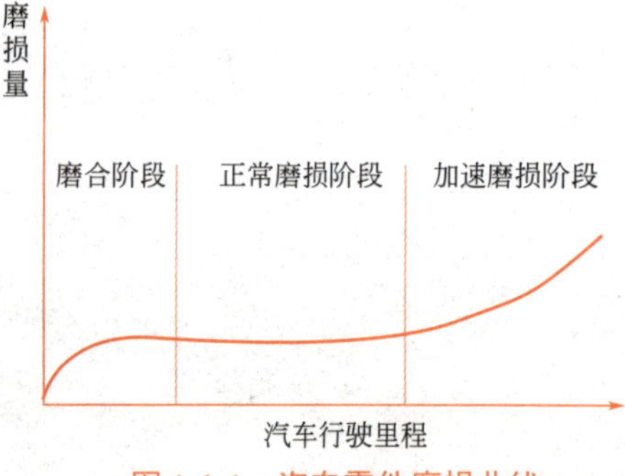

图 1-1-1　汽车零件磨损曲线

第一阶段称为磨合阶段或走合阶段，一般为 1000 ～ 1500km。在这个里程（或时间）内，汽车零件的磨损速度较快，当配合零件磨合良好后，磨损速度开始减慢。汽车零件在磨合阶段的磨损量主要与其加工工艺质量和磨合阶段的维护有关。

第二阶段称为正常磨损阶段，这个阶段是汽车零件的正常使用时期，零件的磨损速度随着汽车行驶里程的增加而减缓。由于在磨合阶段，零件的工作表面已经磨合，润滑条件较好，各个零件的配合间隙也在正常的规定范围内，因此该阶段零件的磨损缓慢。但正常磨损阶段维持时间的长短取决于零件的材料、结构、使用条件以及是否正确维护保养。如果能合理使用车辆，并执行及时有效的维护保养，就可以大大延长车辆保持良好工作状态的时间。

第三阶段是加速磨损阶段。在这个阶段，车辆各个零件的配合间隙已经达到最大允许使用极限，磨损量急剧增加。由于间隙增大，润滑油膜难以维持，冲击负荷增大，导致车辆发生异响、漏气、振抖、温度异常等故障现象。如果继续使用，会使车辆零件产生异常磨损，使零件迅速损坏，只有经过大修，才能恢复车辆的正常使用性能。

三、维护保养作业内容和间隔

维修企业在维护车辆时，必须严格按照各个车型的使用说明书和维修手册上的说明执行各项维护保养作业。以长城哈弗 H6 汽车为例，其保养间隔参见表 1-1-1。

表 1-1-1　哈弗 H6 汽车保养间隔

项目	时间 / 月	6	12	18	24	30	36	42	48	54	60	66	72	78	84
	里程 /×1000km	5	12.5	20	27.5	35	42.5	50	57.5	65	72.5	80	87.5	95	102.5
发动机机油*		R	R	R	R	R	R	R	R	R	R	R	R	R	R
油底壳放油螺塞垫圈*		R	R	R	R	R	R	R	R	R	R	R	R	R	R
机油滤清器*		R	R	R	R	R	R	R	R	R	R	R	R	R	R
节气门				C			C			C			C		
中冷器内部及连接管路				C			C			C			C		
火花塞				R			R			R			R		
发电机 / 水泵皮带		不超过 100000km 更换													
双离合变速器油*		每行驶不超过 4 年或 60000km 更换（需同时更换压滤器滤芯和压滤器壳体）													
重要螺栓与螺母		I	I	I	I	I	I	I	I	I	I	I	I	I	I
盘式制动器		I	I	I	I	I	I	I	I	I	I	I	I	I	I
轮胎压力及磨损情况		I	I	I	I	I	I	I	I	I	I	I	I	I	I
轮胎换位		R	R	R	R	R	R	R	R	R	R	R	R	R	R
四轮定位			I		I		I		I		I		I		I
球销和防尘罩			I		I		I		I		I		I		I
燃油滤清器*			R		R		R		R		R		R		R
空气滤清器滤芯*		C	R	C	R	C	R	C	R	C	R	C	R	C	R

续表

项目	时间 / 月	6	12	18	24	30	36	42	48	54	60	66	72	78	84
	里程 /×1000km	5	12.5	20	27.5	35	42.5	50	57.5	65	72.5	80	87.5	95	102.5
散热器（外观）		I	I	I	I	I	I	I	I	I	I	I	I	I	I
中冷器（外观）		I	I	I	I	I	I	I	I	I	I	I	I	I	I
活性炭罐和活性炭罐过滤器*					C				C				C		
空调滤清器滤芯*		C	R	C	R	C	R	C	R	C	R	C	R	C	R
发动机冷却液		I	I	I	R	I	I	I	R	I	I	I	R	I	I
制动液		I	I	I	R	I	I	I	R	I	I	I	R	I	I
蓄电池		I	I	I	I	I	I	I	I	I	I	I	I	I	I
全车“四漏”（油 / 水 / 电 / 气）		I	I	I	I	I	I	I	I	I	I	I	I	I	I
全车灯光		I	I	I	I	I	I	I	I	I	I	I	I	I	I

注：时间或里程，两者以先到者为准。
I 表示“检查”，如果需要，应进行调整、校正、清洁或更换。
R 表示“更换”。
C 表示“清洗 / 清理”。
* 表示“恶劣条件下，应适当缩短保养间隔”。

四、汽车维护作业的分类

汽车维护工作按照性质的不同大体分为清洁作业、检查作业、紧固作业、润滑作业、调整作业和补给作业等，参见表 1-1-2。

表 1-1-2　汽车维护作业分类

维护作业	作业内容
清洁作业	清除汽车外表的污泥，打扫和擦拭汽车车厢、驾驶室以及车身的内、外表面和各类附件。对燃油滤清器、机油滤清器和空气滤清器的滤芯进行清洁
检查作业	检查汽车各总成和机件的外表；检查各机件连接是否牢固；是否存在漏水、漏电、漏气现象；利用车辆上的指示仪表、报警装置等随车诊断装置，检查各个总成、机构和仪表的工作状况；对影响汽车安全行驶的转向、制动、灯光系统应加强检查；汽车拆检或装配、调整时应检查各个主要部件的配合间隙
紧固作业	汽车在运行中，由于振动、颠簸或热胀冷缩等原因，会改变车辆零部件的紧固程度，使其丧失连接的可靠性。紧固作业时要着重检查负荷重且经常变化的机件连接部位，对各个连接螺栓进行合乎规范的紧固和配换
润滑作业	清洗发动机润滑系统，更换和添加润滑油，更换机油滤清器或滤芯；对传动系统、安全操纵机构和行走机构的各润滑点加注润滑油或润滑脂
调整作业	按照技术要求，恢复总成、机件的正常配合间隙及工作性能
补给作业	检查油箱状况，测量油箱的存油量，按需添加燃油；检查散热器状况，并按要求加注冷却液；检查制动及转向机构工作所需液体，并按需要加注。对蓄电池进行充电，对轮胎执行充气

五、使用 VIN 识别接修车型

对接修的车辆执行维护保养和维护作业时，首先要对车辆进行识别，把接修车辆的品牌、型号和生产年份了解清楚。汽车识别编码（Vehicle Identification Number，VIN）是识别一辆汽车不可缺少的工具，一辆汽车的 VIN 由字母和阿拉伯数字组成，共 17 位，俗称 17 位编码。

VIN 的每位编码代表着汽车某一方面的信息参数，按照 VIN 的编码规则和顺序，可以从中识别出该车的生产国家、制造厂商、车辆类型、品牌名称、车型系列、车身型式、发动机型号、车辆年款、安全防护装置型号、检验数字、装配工厂名称及出厂顺序号码等信息。这种 17 位组合编码经过特定的排列组合可以保证每个汽车制造厂在 30 年内生产的每辆汽车的 VIN 具有唯一性，就像人的身份证号码一样，不会发生重号或错认。VIN 在 1981 年起已经在国外汽车公司使用，我国也规定自 1999 年 1 月 1 日起所有生产的车辆都必须使用 VIN。

汽车维修人员利用 VIN 可以掌握接修车辆的相关信息，从而快速准确地查找相应的维修资料，提高工作效率。

汽车配件经营人员借助 VIN 可以准确识别车型和年款，避免订购汽车配件时发生误购、错装的现象。

车辆管理部门利用 VIN 可以方便地编制车辆信息数据库，实现车辆信息电子化管理与查询。VIN 的作用和重要性，正越来越被人们所认识和重视。维修工应能熟练识别 VIN 的准确含义。

VIN 标牌一般安装在操控台左前侧，在车外透过挡风玻璃即可看到，有的车型除了在仪表板左侧安装外，还在发动机舱内安装，见图 1-1-2。

(a) 捷豹(JAGUAR)XK汽车

VIN VIN

(b) 本田(HONDA)CR-V汽车

图 1-1-2　VIN 标牌安装位置识别

VIN 共有 17 位，其组成参见图 1-1-3，其含义参见表 1-1-3。

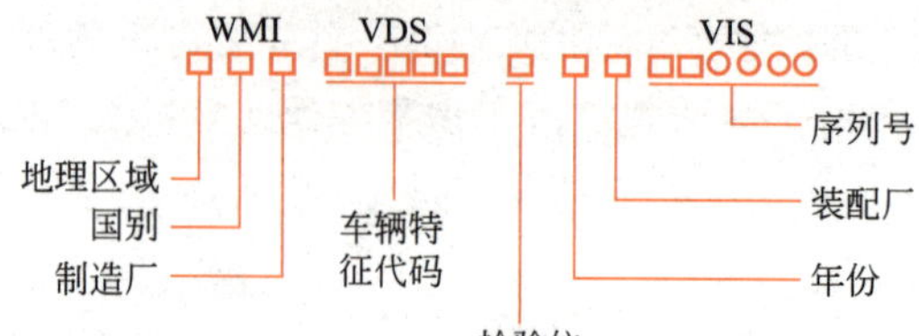

图 1-1-3　汽车 VIN 组成

□ 字母或数字；○ 数字

表 1-1-3　VIN 含义

VIN	含义
第 1 ～ 3 位	世界生产商识别代码，英文为 World Manufacturer Identifier，常缩写为 WMI。用来表示车辆是在哪个国家，由哪个汽车制造厂生产的，该代码由 3 个字母或数字组成，按照规定，WMI 代码只能使用阿拉伯数字和大写英文字母（字母 I、O 和 Q 不能使用），包含以下信息 第一位代码由国际代理机构分配，用以标明汽车制造厂所处的地理区域，根据预期的需求，可以为一个地理区域分配一个或多个代码。比如对北美洲地区（包含美国、加拿大、墨西哥等国家），就分配了阿拉伯数字 1 ～ 5，其中美国分配到的数字是 1、4、5；加拿大分配到的数字是 2，墨西哥分配到的数字是 3。对于欧洲地区（包含德国、英国、俄罗斯、比利时、法国、芬兰等）则将英文字母 S ～ Z 分配给该地区；其中字母 W 分配给位于德国的汽车制造厂。 第二位代码由国际代理机构分配，用以标明一个特定地理区域内的一个国家，根据预期的需求，可以为一个国家分配一个或多个代码。通过第一位和第二位代码的组合使用可以确保对某个国家的唯一识别。国际代理机构（即美国汽车工程师学会，英文缩写为 SAE）已经为每一个国家分配了第一位和第二位代码的组合，分配给中国的代码组合为 L0 ～ L9、LA ～ LZ、H0 ～ H9、HA ～ HZ 第三位代码由授权机构分配，用以标明特定车辆制造厂。 通过第一位、第二位和第三位代码的组合使用可以确保对车辆制造厂的唯一识别。 比如 SAE 给德国奥迪公司在德国的工厂分配的 WMI 代码为 WAU；给奥迪公司在欧洲匈牙利制造厂分配的 WMI 代码为 TRU；给中国一汽大众汽车制造厂分配的 WMI 代码为 LFV
第 4 ～ 8 位	用于描述车辆特征，英文简写为 VDS（车辆特征代码） 轿车：种类、系列、车身类型、发动机类型及约束系统类型 MPV：种类、系列、车身类型、发动机类型及车辆额定总重 载货车：型号或种类、系列、底盘、驾驶室类型、发动机类型、制动系统及车辆额定总重 客车：型号或种类、系列、车身类型、发动机类型及制动系统
第 9 位	检验位，通过一定的算法来防止输入错误
第 10 位	表示车辆生产车型年份，该模式每 30 年重复一次 A——1980/2010；B——1981/2011；C——1982/2012；D——1983/2013；E——1984/2014；F——1985/2015；G——1986/2016；H——1987/2017；J——1988/2018；K——1989/2019；L——1990/2020；M——1991/2021；N——1992/2022；P——1993/2023；R——1994/2024；S——1995/2025；T——1996/2026；V——1997/2027；W——1998/2028；X——1999/2029；Y——2000/2030；1——2001/2031；2——2002/2032；3——2003/2033；4——2004/2034；5——2005/2035；6——2006/2036；7——2007/2037；8——2008/2038；9——2009/2039
第 11 位	表示车辆的装配厂
第 12 ～ 17 位	车辆的生产序列号（VIS）

以德国奥迪轿车为例，其 VIN 说明参见表 1-1-4。

表 1-1-4　德国奥迪汽车股份公司 VIN 规则与含义

位置号	含义
第 1 ～ 3 位	WAU：美国汽车工程师学会分配给德国奥迪公司德国制造厂的 WMI 代码，该代码表示该车是由奥迪公司设在德国工厂出产的
第 4 位	CAR LINE SERIES（车型品牌系列） A——A6 2.8（A6 2.8L 轿车） B——A4 TURBO（A4 涡轮增压发动机车型） B——A6 2.8 QUATTRO（A6 2.8L 四轮驱动车型） B——A8（A8 轿车） C——A4 TURBO（A4 涡轮增压发动机车型） D——A4（A4 轿车） E——A4 QUATTRO（A4 四轮驱动车型）
第 5 位	ENGINE TYPE（发动机类型） A——2.8L V6 172 HP（2.8L V6 172 马力） A——2.8L V6 200 HP（2.8L V6 200 马力） B——1.8L 4-CYLINDER TURBO（4 缸涡轮增压发动机） C——2.8L V6 172HP（2.8L V6 172 马力） F——3697CC 8-CYLINDER（3697mL 8 缸发动机） G——4172CC 8-CYLINDER（4172mL 8 缸发动机）
第 6 位	RESTRAINT SYSTEM（安全约束系统） 0——ACTIVE BELT（主动式安全带） 1——DR/PASS AIRBAG + FR. & RR. SIDE AIR BAGS（驾驶员 / 乘客安全气囊 + 前侧和后侧侧面安全气囊） 4——ELRA（紧急锁紧式安全带） 5——DRIVER AIR BAG（驾驶员侧安全气囊） 8——DRIVER AND PASSENGER AIR BAG（驾驶员和乘客侧安全气囊）
第 7、8 位	MODEL（车型） 8D——A4 轿车；4A——A6 WAGON（旅游车）；4B——A6 轿车；4D——A8 轿车
第 9 位	VIN CHECK DIGIT（工厂检验数字编码） 0 THROUGH 9 OR X（0 ～ 9 或 X）
第 10 位	MODEL YEAR（车辆年款编码） N——1992；P——1993；R——1994；S——1995；T——1996；V——1997；W——1998；X——1999；Y——2000；1——2001；2——2002；3——2003；4——2004；5——2005；6——2006；7——2007；8——2008；9——2009；A——2010；B——2011；C——2012；D——2013；E——2014；F——2015；G——2016；H——2017；J——2018；K——2019；L——2020

续表

位置号	含义
第 11 位	ASSEMBLY PLANT（车辆总装厂） A——INGOLSTADT，GERMANY（德国 INGOLSTADT 总装厂） H——HANOVER，GERMANY（德国 HANOVER 总装厂） N——HECKARSULM，GERMANY（德国 NECKARSULM 总装厂）
第 12 ～ 17 位	PRODUCTION SEQUENCE NUMBER（生产序列号）

注：1 马力（hp）=745.7W。

随着互联网科技的不断发展，目前很多网站提供 VIN 查询和说明服务，比如 www.vindecoderz.com，参见图 1-1-4。维修人员查询时可以登录该网站，在网页的搜索栏中输入接修车辆的 VIN，用鼠标点击搜索栏右侧的“DECODE”（解码）按键，即可查询到该车 VIN 的准确含义。

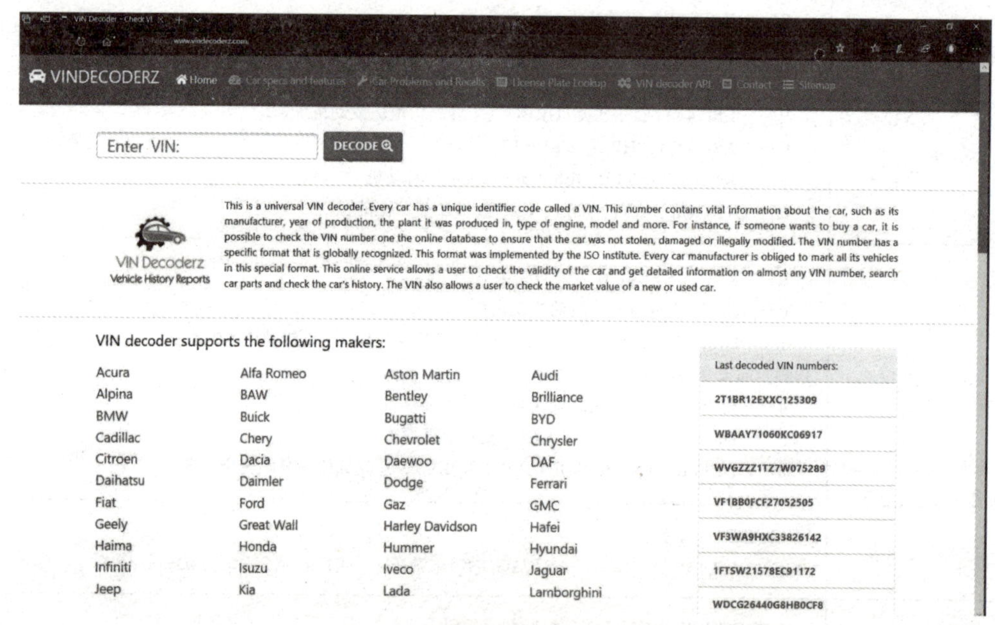

图 1-1-4　典型的 VIN 查询网站

六、车辆安全认证标签说明与识别

我国进口的很多车辆均带有安全认证标签，一般安装在车辆左前门侧柱朝后的那一面。该标签标明了车辆的生产年份、月份，同时还标明了车辆总质量、额定轴重和 VIN。该标签也是识别进口车型非常重要的工具之一，参见图 1-1-5 和表 1-1-5。

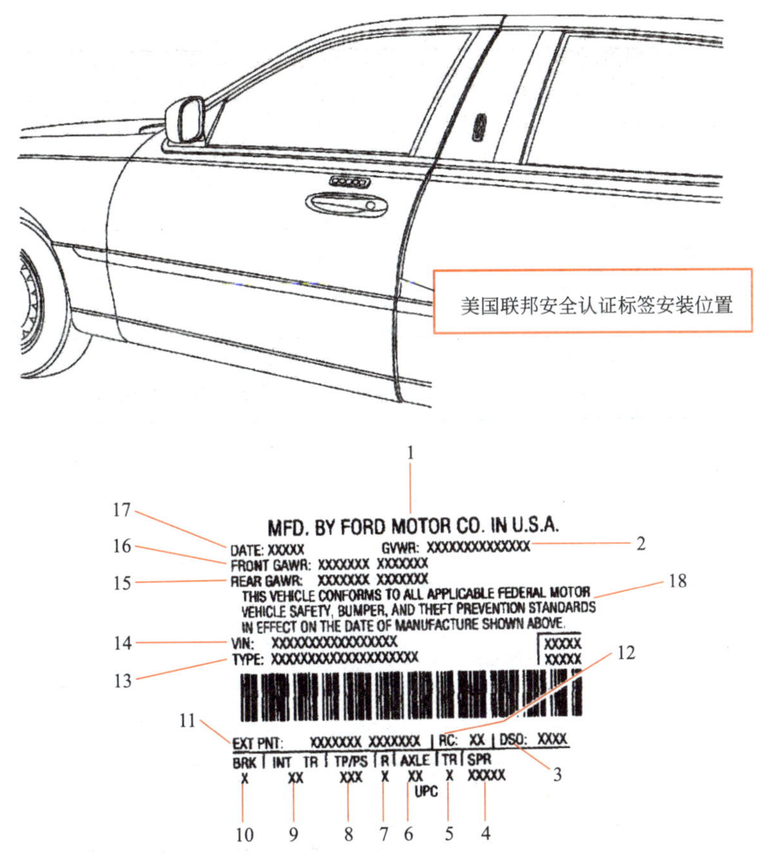

图 1-1-5　车辆安全认证标签（以美国福特轿车为例）

表 1-1-5　车辆安全认证标签说明

编号	说明
1	MFD.BY FORD MOTOR CO.IN U.S.A（美国福特汽车公司制造） MFD 是英文 manufactured（制造）的缩写
2	GVWR（车辆额定总质量） GVWR 是英文 Gross Vehicle Weight Rating（车辆额定总质量）的缩写
3	DSO(国内专门订购编码） DSO 是英文 Domestic Special Order（国内专门订购）的缩写 如果该处标注的英文是 FSO，则表示 Foreign Special Order（国外专门订购）编码
4	SPR（弹簧） SPR 是英文 Spring（弹簧）的缩写
5	TR（变速器编码） TR 是英文 Transmission（变速器）的缩写

续表

编号	说明
6	AXLE 驱动桥减速比，AXLE 是“车轴”的意思
7	R（收音机型号编码） R 是英文 Radio（收音机）的首字母
8	TP/PS（装饰条 / 油漆条编码） TP 是英文 Tape Stripe（装饰条）的缩写 PS 是英文 Paint Stripe（油漆条）的缩写
9	INT TR（车内装饰编码） INT TR 是英文 Interior Trim（车内装饰）的缩写。该号码由两位编码组成，第一位代表织物和座椅类型；第二位代表颜色
10	BRK（制动器类型编码） BRK 是英文 Brake（制动器）的缩写
11	EXT PNT（外部喷漆编码） EXT PNT 是英文 Exterior Paint 的缩写
12	RC（销售地区编码） RC 是英文 Region Code 的缩写
13	TYPE（车辆型号） TYPE 是“类型”的意思
14	VIN（汽车识别编码） VIN 是英文 Vehicle Identification Number 的缩写
15	REAR GAWR（后轴额定总质量） REAR GAWR 是英文 Rear Gross Axle Weight Rating 的缩写
16	FRONT GAWR（前轴额定总质量） FRONT GAWR 是英文 Front Gross Axle Weight Rating 的缩写
17	DATE（车辆生产日期）
18	图中这段英文的意思是：该车符合美国联邦汽车安全、防撞和防盗的所有标准。自上面的生产日期起开始生效

借助上述标签上的说明内容，维修工可以清楚地了解车辆的信息，为准确制定维护保养方案打下一个良好的基础。

七、汽车部件号编号标牌

汽车主要部件，比如发动机、变速器、分动器、差速器等，均带有部件号码标牌，

通过标牌，可查出部件型号、生产序列号等信息。这些信息在部件更换、零件订购时均有重要作用，借助这些信息，可以保证零件订购的准确性并有效防止部件错换。维修人员应熟练掌握各种车型部件型号标牌的安装位置。

1. 发动机与变速器编号标牌

以本田雅阁汽车为例，其发动机与变速器型号标牌安装位置参见图 1-1-6。

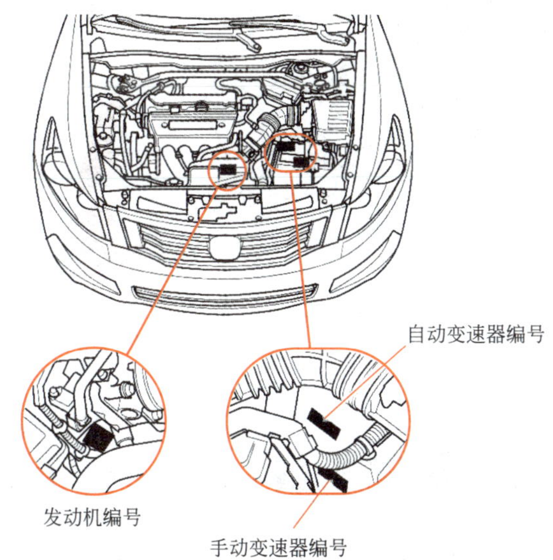

图 1-1-6　本田雅阁汽车发动机与变速器型号标牌安装位置

2. 底盘号标牌安装位置

以英菲尼迪 QX56 汽车为例，其底盘号标牌安装位置参见图 1-1-7。

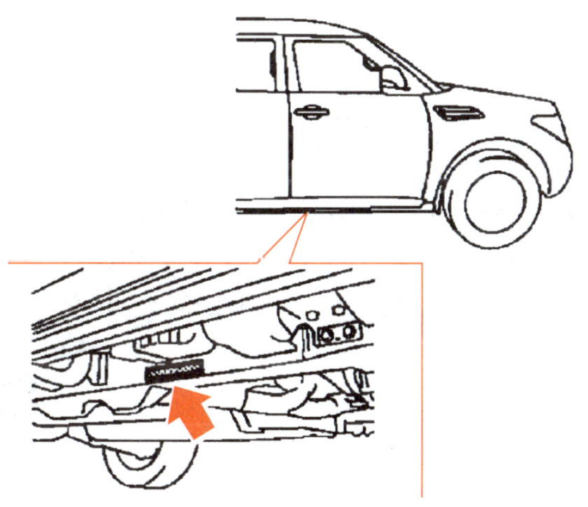

图 1-1-7　英菲尼迪 QX56 汽车底盘号标牌安装位置

3. 分动器型号标牌安装位置

以凯迪拉克凯雷德汽车为例，其分动器型号标牌安装位置参见图 1-1-8。

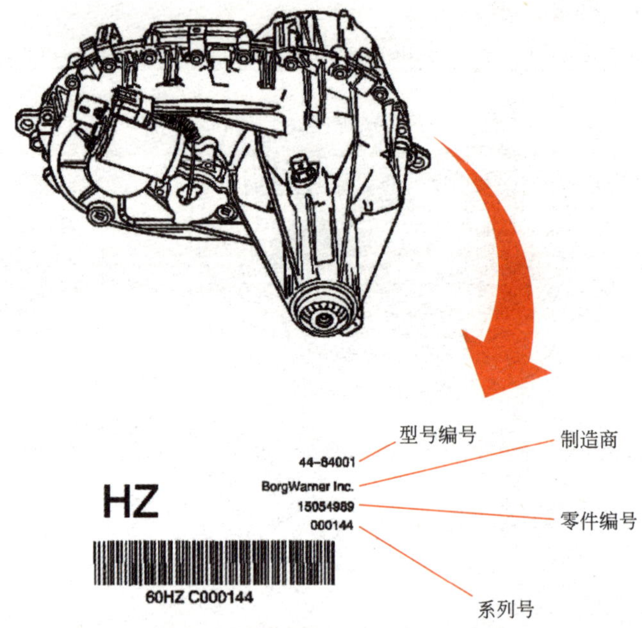

图 1-1-8　凯迪拉克凯雷德汽车分动器型号标牌安装位置

4. 前桥和后桥识别编码标牌安装位置

以悍马 H2 汽车为例，其前桥和后桥识别编码标牌安装位置参见图 1-1-9 和图 1-1-10。

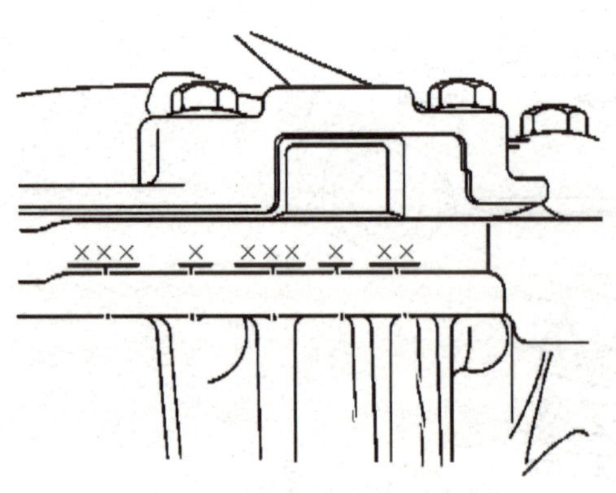

图 1-1-9　悍马 H2 汽车前桥识别编码标牌安装位置

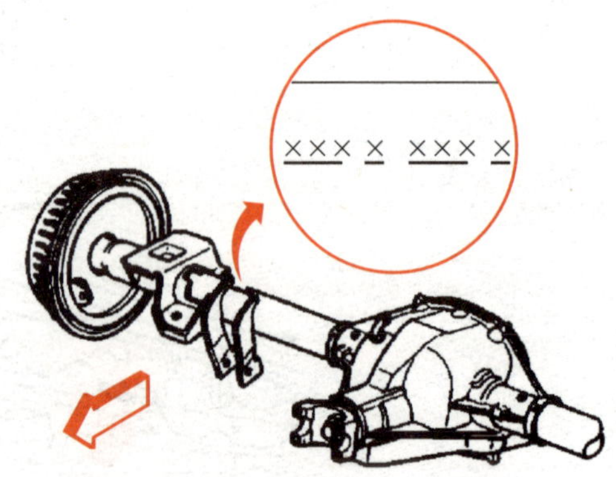

图 1-1-10　悍马 H2 汽车后桥识别编码标牌安装位置

第二节 维护保养安全注意事项

一、车辆警示 / 提示标签识别

在对车辆执行维护保养工作时，要特别注意操作安全。汽车是一台机电一体化的精密产品，对汽车的电子部件、机械部件、液压部件等执行维护操作时，必须遵守相关的安全工作条例。为了防止在工作中发生事故，车辆生产时在车辆的很多部件上都贴装了警示 / 提示标签，维修工在接修车辆时应注意查看这些标签上的警示或提示信息，以保证作业安全，顺利完成维护保养工作。

1. 静电警示标签

静电警示标签如图 1-2-1 所示。现代汽车配备有很多精密的电子控制系统，这些电子控制系统的部件对静电非常敏感，对这些部件进行维护和检测时，维修工必须释放自身的静电后才可进行检修工作，否则就有可能导致部件损坏。因此维修工接修车辆时，一旦看到车辆的电子部件上贴装有图 1-2-1 所示的静电警示标签，就必须采取相应的静电释放措施和防护措施。比如在执行维修工作时，在手腕上连接静电释放带，静电释放带的另一端连接到可靠接地处，使人体产生的静电通过静电释放带安全释放，这样就可以避免静电对电子部件造成损坏。

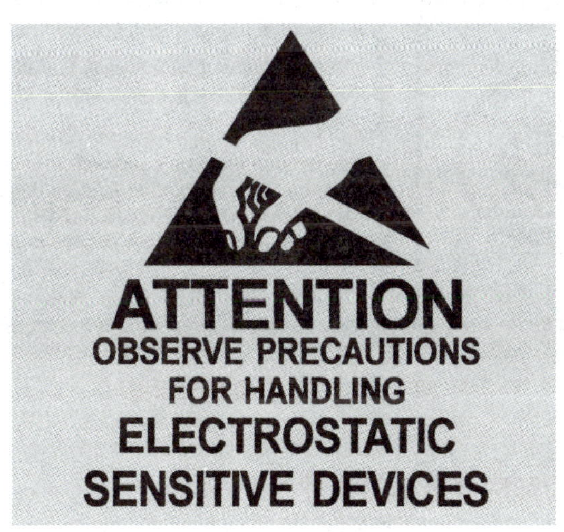

图 1-2-1 静电警示标签

2. 空调系统警示标签

很多进口轿车在空调系统上贴装有警示标签，标签包含的信息有制冷剂型号及用量、空调压缩机润滑油类型及用量，以及维修时的注意事项，如图 1-2-2 所示。维修工要认真识别标签上的信息。

AIR CONDITIONER

NISSAN

	REFRIGERANT	COMPRESSOR LUBRICANT
TYPE (PART NO)	R134a	NISSAN A/C SYSTEM OIL TYPE–S (KLHOO–PAGSO)
AMOUNT	0.75±0.05kg (1.65±0.11 lbs)	250ml(8.5fl.oz)

CAUTION

- REFRIGERANT UNDER HIGH PRESSURE
- SYSTEM TOBE SER VICED BY QUALIFIED PERSONNEL
- IMPROPER SERVICE METHODS MAY CAUSE PERSONAL INJURY
- CONSULT SERVICE MANUAL
- THIS AIR CONDIT1ONER SYSTEM COMPLIES WITH SAEJ—639

Nissan Motor Corporation in USA，Carson，CA

注意

- 制冷剂带有高压
- 空调系统的维修应由合格的技术人员进行
- 维修方法不正确会导致人员受伤
- 维修时要参阅维修手册
- 本空调系统符合美国汽车工程师协会J-639标准

图 1-2-2　进口轿车空调系统警示标签

3. 安全气囊警示标签（图 1–2–3）

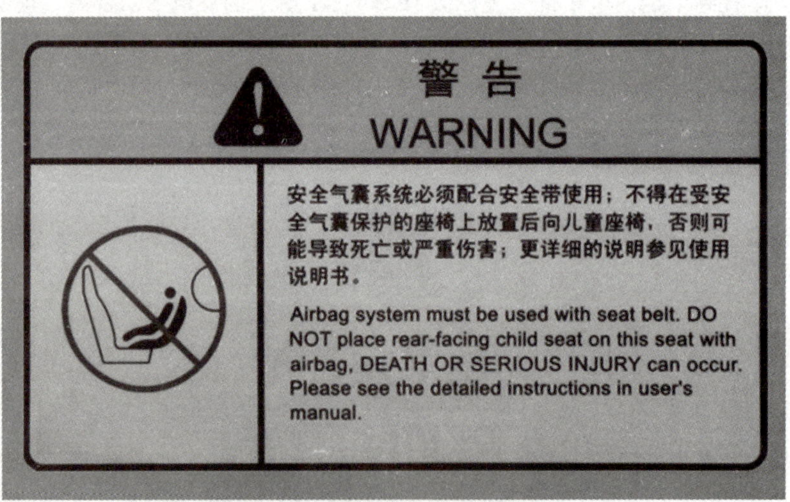

图 1-2-3　安全气囊警示标签

4. 发动机冷却风扇警示标签（图 1–2–4）

维修车辆时，要防止发动机冷却风扇有可能转动导致击伤维修人员。

图 1-2-4　不同车型采用的发动机冷却风扇警示标签

5. 发动机散热器盖警示标签

该警示标签一般贴装在发动机散热器盖上，如图 1-2-5 所示。发动机运转一段时间后，散热器内的冷却液温度很高，因此警示标签上一般会标注“DO NOT OPEN WHEN HOT”字符，意思是冷却液温度很高时不要打开散热器盖，防止灼热的冷却液喷出伤人。应在发动机冷却后再慢慢拧开散热器盖执行发动机冷却液更换或维修作业。

图 1-2-5　发动机散热器盖警示标签

6. 汽车蓄电池警示标签及标签图标释义（图 1-2-6）

图 1-2-6　汽车蓄电池警示标签及标签图标释义

在更换汽车蓄电池或对蓄电池执行检查、充电等操作时，要按照警示标签上的安全警示执行。

7. 发动机蛇形皮带盘绕方法标签

在对汽车发动机进行保养和大修中经常要拆卸汽车传动皮带，对皮带的张紧度进行调整或对磨损过度的皮带进行更换。目前电控汽车的附件配备比较齐全，一般均配有空调、动力转向等系统，由于这些附件均通过汽车传动皮带从汽车的发动机曲轴获取动力，因此传动皮带一般要盘绕空调压缩机轮、惰轮、张紧轮、动力转向轮、散热器风扇轮、发电机轮、曲轴轮等，所以传动皮带的盘绕路径非常复杂。在拆卸时如果稍不留意，没有记清楚传动皮带的盘绕走向，就会在装配传动皮带时出现麻烦，从而不得不反复尝试盘绕，浪费工时，如果盘绕错误，还会造成传动皮带不能正常工作，导致车辆无法使用。所以许多进口轿车在发动机盖内侧贴有一个发动机蛇形皮带盘绕图，以便维修人员在拆装或更换发动机蛇形皮带时作为参考（图 1-2-7）。

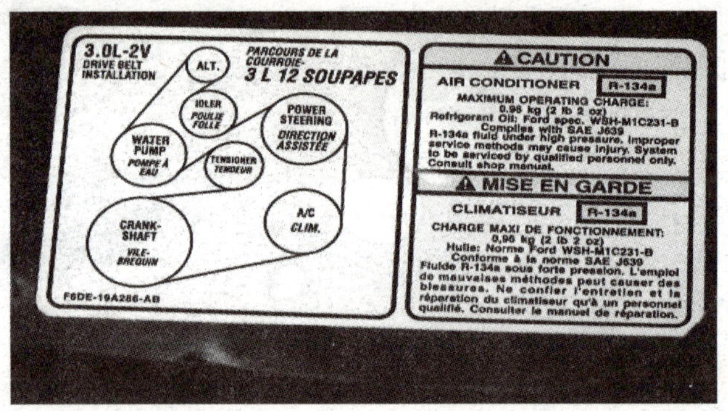

图 1-2-7　发动机蛇形皮带盘绕方法标签（斯巴鲁轿车）

8. 发动机真空软管管路图标签

很多轿车在发动机舱内贴有发动机真空软管管路图标签，以便维修人员维修时参考，见图 1-2-8。

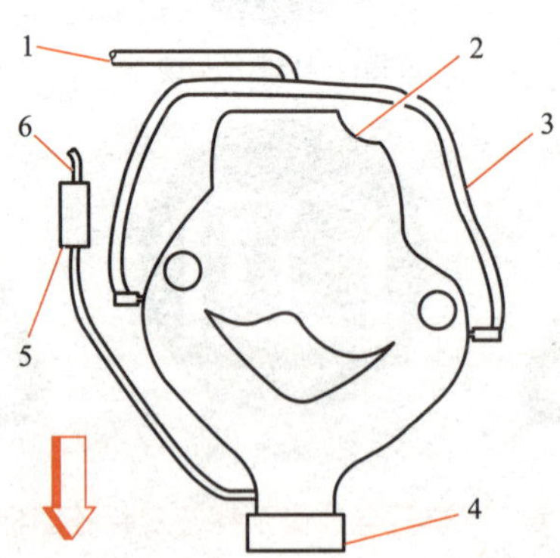

图 1-2-8　凯迪拉克 CTS 轿车发动机真空软管管路图标签

1—至凸轮盖的曲轴箱强制通风（PCV）软管；2—上进气歧管；3—至进气歧管的曲轴箱强制通风（PCV）软管；4—节气门总成；5—蒸发排放（EVAP）活性炭罐清污电磁阀；6—至蒸发排放（EVAP）活性炭罐的排放软管

二、汽车维护保养中的防护装备

1. 防护手套

对汽车执行维护保养工作时，佩戴合适的防护手套，不但能保持双手的清洁，而且可以防止双手受到机油和其他有害材料的伤害。应根据操作项目灵活选用不同类型的防护手套。比如执行机油更换作业时，应选用大小合适的乙烯手套，这种手套价格便宜，而且不受气、油或溶剂的影响；不要选用普通的医用橡胶手套，因为这种手套接触到汽车机油、溶剂后很容易胀大或变脆，不利于安全操作。再如从事车体部件焊接工作时，则要选用焊工保护手套，这种手套耐高温，能承受焊接时溅落的火花，有效保护双手。典型的防护手套参见图 1-2-9。

2. 防护鞋

执行车辆举升等维护作业时，穿上带有安全保护鞋头的防护鞋（图 1-2-10）能有效地防止脚趾被掉落的物体砸伤。

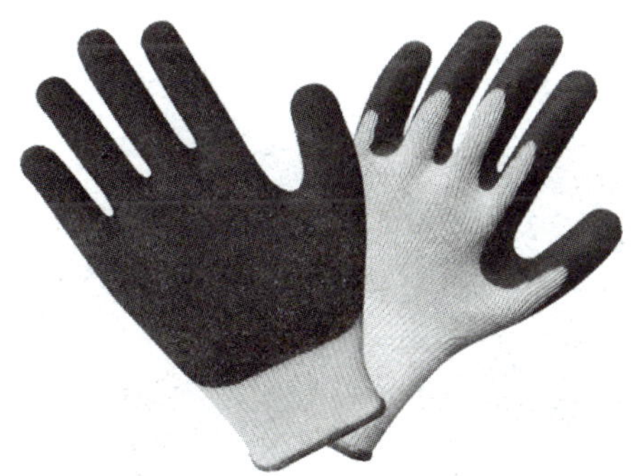

图 1-2-9　典型的防护手套

图 1-2-10　带有安全保护鞋头的防护鞋

3. 安全帽

在车辆底部执行维护工作的维修人员，应佩戴安全帽（图 1-2-11），保护头部免受车下物体或升降机等机件磕碰导致受伤。

图 1-2-11　安全帽

图 1-2-12　典型的防护眼镜

4. 防护眼镜

汽车维护中经常会使用压缩空气吹除灰尘、用砂轮机打磨部件，这些类型的操作项目都容易造成粉尘或杂物飞入眼睛导致受伤，因此要佩戴合适的防护器材，确保作业安全。典型的防护眼镜如图 1-2-12 所示。

5. 防护耳罩

执行切割、打磨等作业时，若噪声过高，会对人的听力产生不可逆转的永久损害，在维修车间工作时，如果周围环境噪声很高，应佩戴噪声防护耳罩（图 1-2-13）。

6. 工作服

有条件的维修厂应根据实际需求为员工配备合适的工作服（图 1-2-14），此类工作服经过特殊的设计，比如腰带采用不带金属扣的松紧带，这样就可以防止维修汽车电器时腰带的金属扣与汽车电路中的带电线束接触发生触电事故；袖口采用松紧式收口设计，可防止在维护操作过程中钩挂袖口；为了防止工作时损坏车辆，这种工作服的扣子均不暴露在外，采用耐用耐脏的面料，且容易洗涤，既有利于保持企业的形象，也有利于员工的劳动防护。

图 1-2-13　典型的噪声防护耳罩

图 1-2-14　典型的汽车维修工作服

7. 汽车防护品

在执行各种维护保养作业时，维修工要在车前、车下、车内、车后不同位置执行各项操作，为了防止工具磕碰车辆或弄脏车辆，需要配备并使用各种汽车防护品，比如车轮挡块、翼子板护罩、方向盘护罩、座椅护罩、地板垫等，如图 1-2-15 所示。

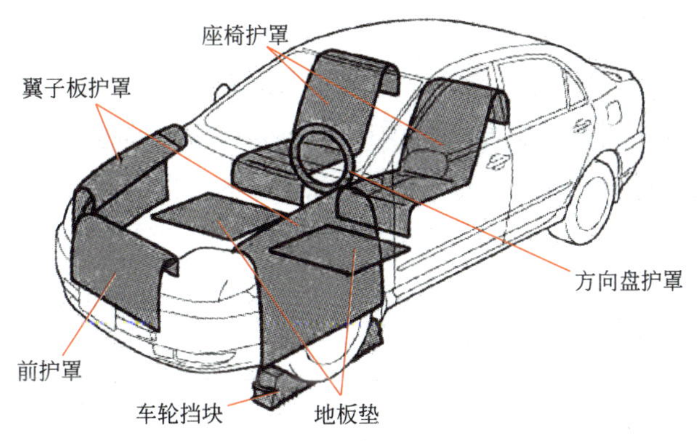

图 1-2-15　汽车防护品的使用

8. 汽车尾气抽排系统

在通风不良的车间启动接修车辆的发动机时，要特别注意发动机运行时排放的尾气会导致一氧化碳积聚使人中毒，应将废气抽排系统的连接管连接到车辆的排气管上，将汽车尾气通过废气排风管直接排到室外，防止发生中毒事故，参见图 1-2-16。

图 1-2-16　汽车尾气抽排系统

三、维护保养作业时的安全注意事项

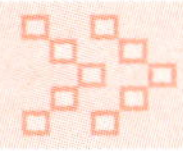

1. 思想上要重视

汽车维修是一项高度复杂的技术工种，涉及机械、电子、化工等多个技术领域，在实际工作中，由于人为因素（安全意识不高、责任心不到位、违规操作）或自然因素（维修设备和工具发生故障、工作环境不良）会引发事故，因此作为汽车维修从业人员，首先要在思想上高度重视，要认识到人身安全和身体健康是幸福生活的基石，严格遵守车间制定的各项安全规定，这不但是对自己的人身安全和健康负责，更是对自己的亲人和家庭尽责。

2. 机修车间必须整洁有序

很多工伤事故都是因为车间管理不佳、安全纪律废弛导致的，在一个管理混乱，物品或工具放置凌乱，地面油污没有及时清洁干净的工作场所，经常会发生绊倒、摔倒或滑倒而导致受伤，如图 1-2-17 所示。

图 1-2-17　凌乱的工作场所导致滑倒或摔倒

车间的整洁有序能有效提高工作的安全水平，一个整洁的车间环境体现在以下方面。

① 地面清洁不湿滑。

② 火警应急出口畅通。

③ 器具存取通道无障碍。

④ 工具存放安全方便。

⑤ 电气和压缩空气等动力输出源标记清楚、明显并定期检查。

⑥ 加长电缆或软管用后应收好或悬吊在天花板上。

⑦ 工作场所灯光明亮。

⑧ 空气新鲜，工作环境舒适。

⑨ 固定设备或装置得到定期维护并处于安全状态。

⑩ 工作场所的所有人员均受过使用常用设备的培训，并知道安全操作规程。

3. 搬运重物的正确姿势

搬运重物时脚要站稳，尽可能将重物靠近身体，这样可以减轻身体疲劳。抬重物时应使用手臂和腿的力量，避免身体背部受力。移动重物时应采用推动物体的方式，而不要采取拉的方式。搬运重物时身体不要扭曲，转向时应转动脚跟，防止脊柱转动时受伤，参见图 1-2-18。

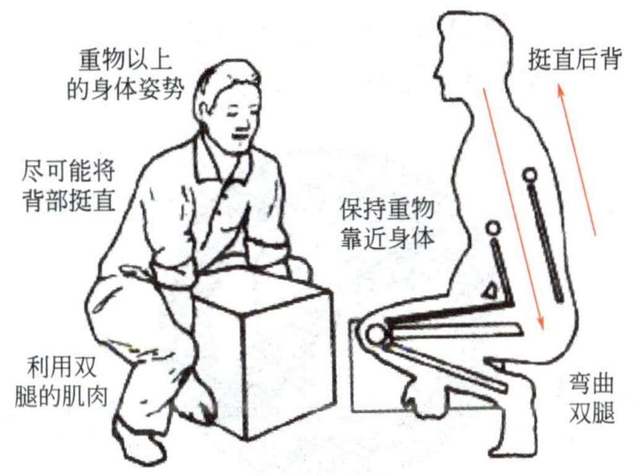

图 1-2-18　搬运重物的正确姿势

4. 选择最舒服的工作姿势

站立工作时，应将需要的零件、工具放置在胸部和腰部之间的位置，使自己能以非常舒服的姿势拿取工具执行操作。坐着进行维护保养作业时，应采用图 1-2-19 所示的能调节高度的工作椅，使操作能在肘部高度进行。应尽可能避免弯腰或蹲着工作，弯腰或蹲着工作既容易造成身体过度疲劳，也不利于提高工作效率。

图 1-2-19　能调节高度的工作椅

5. 添加燃油、机油和润滑脂

执行此类作业时要注意，如果燃油、机油、润滑脂滴落或飞溅到地面上，要立即清理干净，不要拖延。燃油、机油和润滑脂都是易燃品，不及时清理容易发生火灾，也容易被人踩到而滑倒。遵守必要的容器使用规则，如图 1-2-20 所示，用抹布擦干后，沾有油脂的抹布应放置在带盖的金属容器内，防止发生自燃或引燃；用容器装载汽油时，不要将汽油装满，应使汽油液面距离容器顶部至少 25mm 的距离，因为汽油在温度过高时会发生膨胀，如果容器内汽油装得过满，温度升高时，汽油受热膨胀会发生溢油而导致危险；把汽油或其他易燃物从一个容器倒入另一个容器时，最好能在容器上安装接地线，避免产生静电而引发爆炸或火灾。

图 1-2-20　使用容器

6. 安全使用工具

许多割伤和擦伤都是由于使用损坏的手用工具或误用手用工具造成的。应保持工具清洁完好，切勿继续使用已经损坏的工具。

多数手用工具都需要操作者用些力气。不管是在拉、推还是转身时，一定要站稳。确保万一工具打滑或失去控制时不会伤到操作者的手。工具使用安全事项举例参见图 1-2-21。

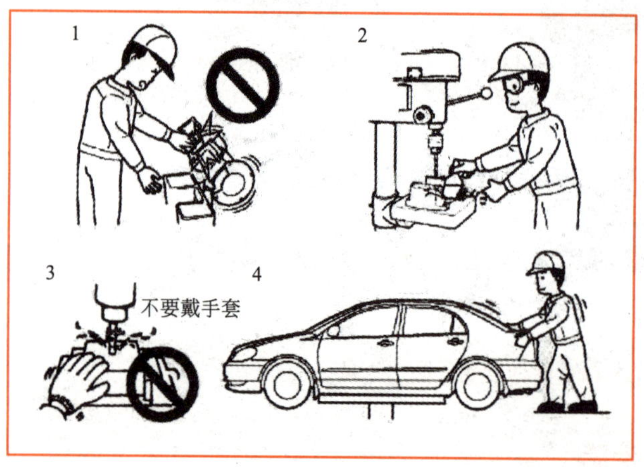

使用工具工作时，遵守如下的预防措施来防止发生伤害

1.如果不正确地使用电气、液压和气动设备，可能导致严重的伤害

2.使用产生碎片的工具前，应戴好护目镜。使用砂光机和钻孔机一类的工具后，要清除其上的粉尘和碎片

3.操作旋转的工具或者工作在一个有旋转运动的区域时，不要戴手套。手套可能被旋转的物体卷入，从而伤到手

4.用升降机升起车辆时，初步提升到轮胎稍微离开地面为止。然后，在完全升起之前，确认车辆牢固地支撑在升降机上。升起后，千万不要试图摇晃车辆，因为这样可能导致车辆跌落，造成严重伤害

图 1-2-21　工具使用安全事项举例

7. 防火和用电安全

（1）防火　必须采取如下的预防措施来防止火灾。

① 如果火灾警报响起，所有人员都应当配合扑灭火焰。员工应清楚灭火器材的放置位置及使用方法。

② 除非在吸烟区，否则不要吸烟，并且要确认烟头熄灭在烟灰缸里。

③ 为了防止火灾和事故，在易燃品附近遵照图 1-2-22 中的预防措施。

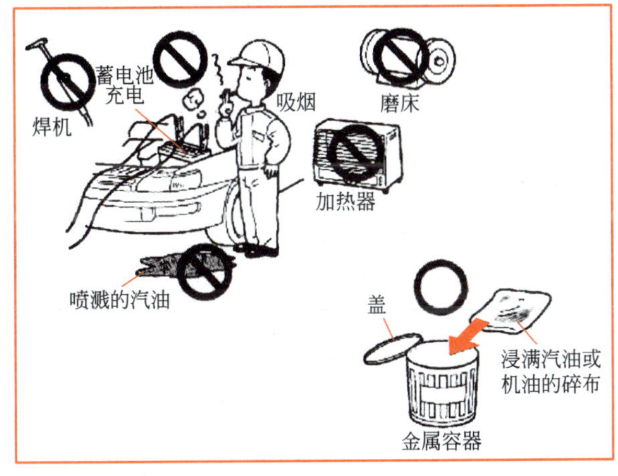

为了防止火灾和事故，在易燃品附近遵照如下预防措施

- 吸满汽油或机油的碎布有可能自燃，所以它们应当被放置到带盖的金属容器内
- 在机油存储地或可燃的零件清洗剂附近，不要使用明火
- 千万不要在处于充电状态的电池附近使用明火或产生火花，因为它们可以产生能点燃的爆炸性气体
- 仅在必要时才将燃油或清洗溶剂携带到车间，携带时还要使用能够密封的特制容器
- 不要将可燃性废机油和汽油丢弃到阴沟里，因为它们可能导致污水管系统产生火灾。始终将这些材料倒入排出罐或者合适的容器内
- 在燃油泄漏的车辆没有修好之前，不要启动该车辆的发动机。修理燃油供给系统，例如拆卸化油器时，应当从蓄电池上断开负极电缆，以防止发动机被意外启动

图 1-2-22　火灾预防措施

（2）电气设备安全措施　不正确地使用电气设备可能导致短路和火灾。因此，要学会正确使用电气设备并认真遵守以下防护措施。

① 如果发现电气设备有任何异常，应立即关闭开关，并联系管理员或车间主管。

② 如果电路中发生短路或意外火灾，在进行灭火之前首先关闭开关。向管理员或车间主管报告不正确的布线和电气设备安装。

③ 有任何熔丝熔断都要向上级汇报，因为熔丝熔断说明有某种电气故障。

④ 杜绝图 1-2-23 所示的行为。

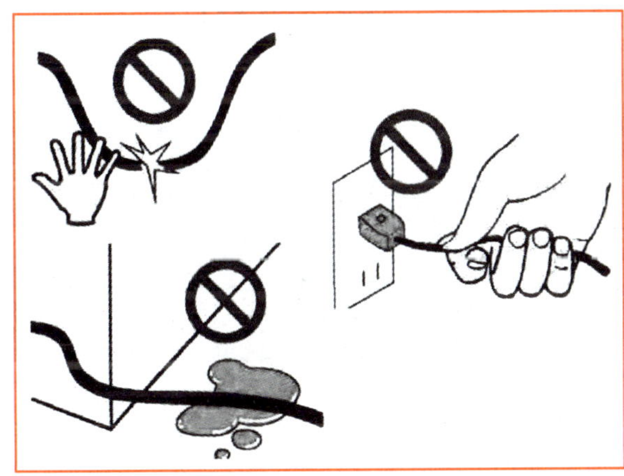

千万不要尝试以下行为，因为非常危险

- 不要靠近断裂或摇晃的电线
- 为防止电击，千万不要用手接触任何电气设备
- 千万不要触摸标有“发生故障”的开关
- 拔下插头时，不要拉电线，而应当拔插头本身
- 不要让电缆通过潮湿或浸有油的地方，炽热的表面，或者尖角附近
- 在开关、配电盘或电动机等物附近不要使用易燃物，因为它们容易产生火花

图 1-2-23　电气操作中应杜绝的行为

8. 安全使用压缩空气

许多车间都用压缩空气作为便利的动力来源驱动工具。压缩空气，如果正确使用会很安全，但如果使用不当则非常危险，可致人严重受伤或死亡。不得使用压缩空气进行下列操作。

① 吹掉工作台上的锉屑或铁屑。

② 吹去衣着上的粉尘。

③ 和同事胡乱开玩笑，用压缩空气喷同事。

④ 清理部分密封的物体，如灯光设备等。

⑤ 清除制动装置上的粉尘 。

9. 千斤顶使用注意事项

车辆被千斤顶顶起时，绝不能启动发动机，因为发动机的振动或车轮的转动，都会使车辆从千斤顶上滑落造成危险。为确保安全，使用千斤顶时不能用千斤顶支在保险杠、横梁等部位。维修人员不能在没有支撑的车辆下工作，用千斤顶支撑车辆时，乘客不能逗留在车上，因为他们的运动可能引起车辆从千斤顶上滑落。用千斤顶支撑车辆时要将千斤顶顶在车身底部的千斤顶支撑点上，并按照图 1-2-24 所示执行操作。用千斤顶将车顶起后，要及时用可调节高度的安全支架（图 1-2-25）将车辆支撑住。不能长时间用千斤顶支撑车辆，以免千斤顶突然失效导致事故。

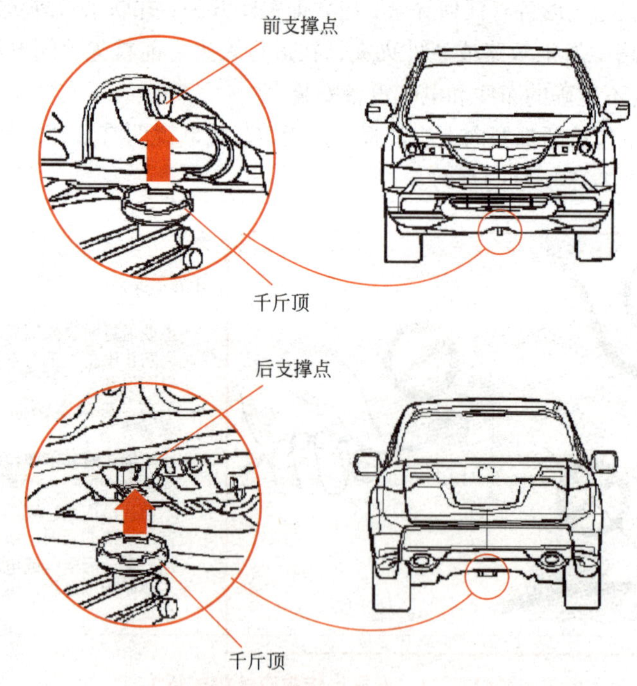

图 1-2-24　千斤顶支撑点识别（本田车系 CR-V 汽车）

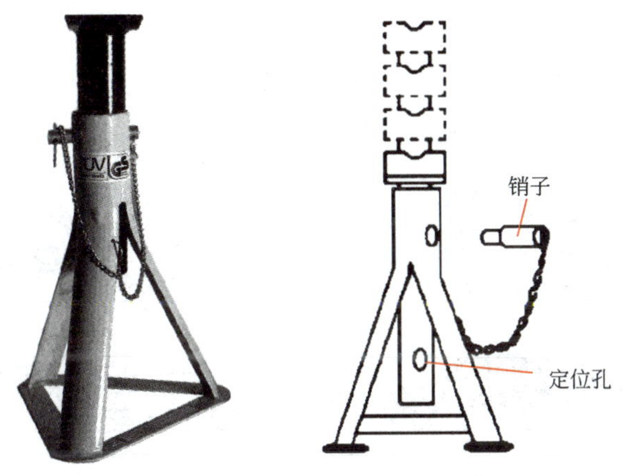

图 1-2-25　安全支架识别

10. 举升机使用安全注意事项

用举升机举升车辆时也要将举升机的举升支架调节到适当的长度，使举升支架上的橡胶垫块准确放置在车身底部的举升位置，如图 1-2-26 所示。操作时先将车辆略微升高，然后仔细检查举升机的举升支架上的橡胶垫是否牢固接触到车辆的举升点，确认后，再轻轻晃动一下车辆，确认举升机举升稳固后，再将车辆举升到所需高度。举升到预定高度后，要确认举升机的制动器（防下落）处于锁紧状态，然后方可进行车辆底部维修作业。维修作业完成后，应及时将车辆从举升机上降下，不要让举升机长期处于承载受力状态。

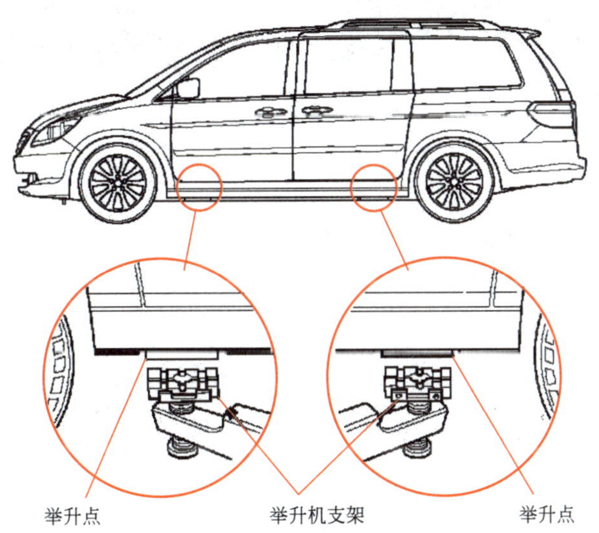

图 1-2-26　车辆举升机举升点识别（本田奥德赛汽车）

11. 使用拖车牵引或运送维修车辆

如果车辆发生故障无法行驶，需要使用拖车牵引或运送到维修厂时，要按照具体车型使用手册或维修手册上的拖车牵引方法执行操作，如图 1-2-27 所示。

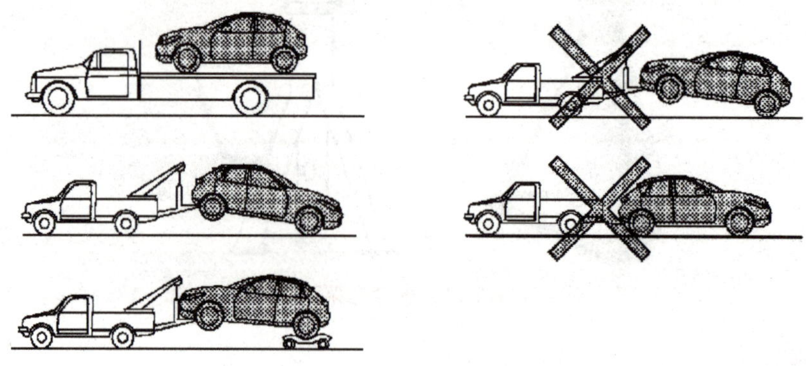

(a) 2轮驱动车型

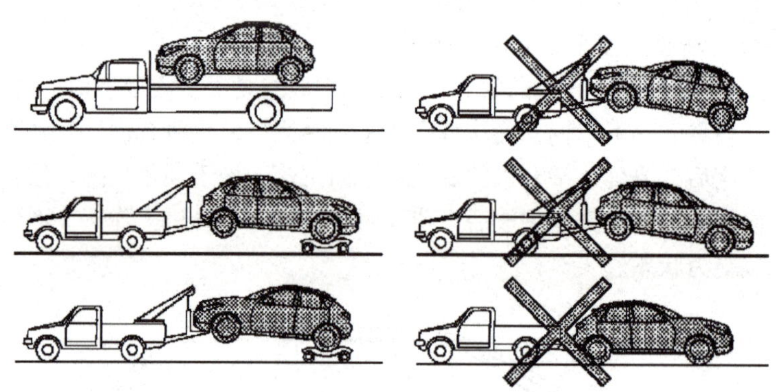

(b) 4轮驱动车型

图 1-2-27　拖车牵引或运送维修车辆方法

第二章

发动机维护保养

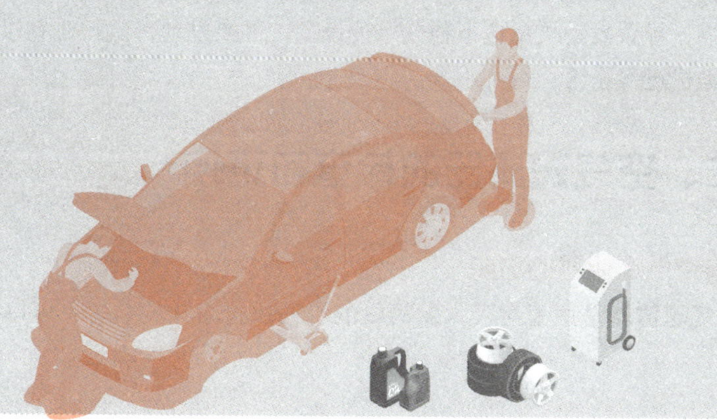

第一节　发动机进气系统维护

一、发动机进气系统组成与作用  

发动机进气系统主要由空气滤清器、进气软管（进气总管）、节气门和进气歧管组件组成，如图 2-1-1 所示。

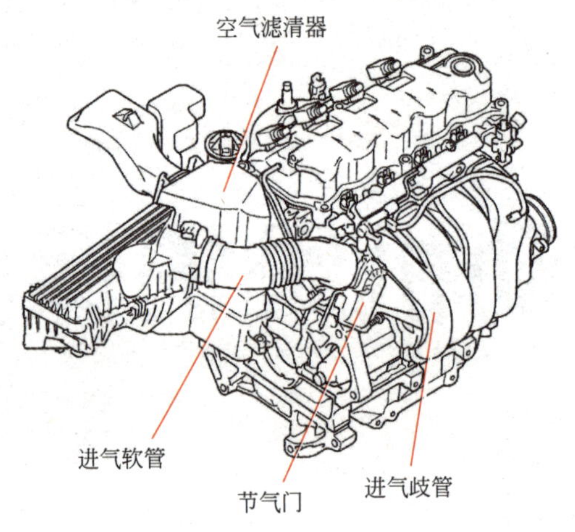

图 2-1-1　发动机进气系统组成

发动机进气系统将发动机吸入的空气进行过滤后，按照发动机负荷的不同向发动机提供清洁空气。发动机负荷越大，进气系统提供的空气就越多；发动机负荷越小，进气系统提供的空气就越少。当发动机进气系统发生阻塞时，必然会导致发动机由于进气不畅而产生动力不足；当发动机进气系统发生泄漏时，会对发动机怠速运行产生较大影响，导致发动机怠速不稳或怠速偏高。如果发动机运行时有以上症状，要仔细检查发动机进气系统。

二、空气滤清器的检查和更换  

1. 空气滤清器的功能

空气滤清器是用来对吸入发动机的空气执行净化的装置，可以清除空气中的杂质并减小进气噪声。空气中含有灰尘和杂质，如果不经过滤和净化就直接进入发动机，会与发动机机油混合形成有研磨作用的油膜，导致发动机发生严重磨损，缩短发动机的使用寿命。如果空气滤清器的滤芯被灰尘堵塞，会导致发动机进气阻力增加，使发动机进气量减少，从而使发动机输出功率下降和燃油经济性变差。

2. 空气滤清器的种类及检查方法

（1）油浴式空气滤清器　油浴式空气滤清器的构造如图 2-1-2 所示，由滤清器盖、滤芯和外壳组成，在壳体底部，存储发动机机油。当含有灰尘的空气进入后，空气中的灰尘被滤清器底部的机油黏附，再经滤芯过滤后即可变为洁净的空气输送给发动机，如图 2-1-3 所示。

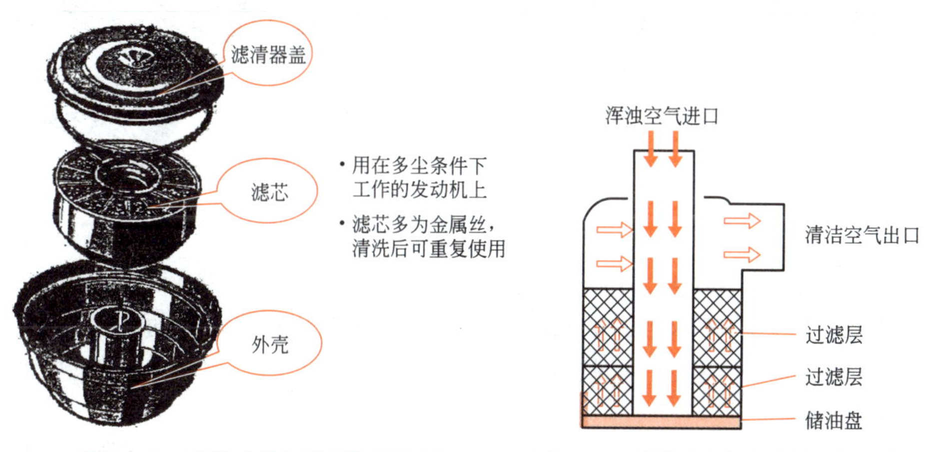

图 2-1-2　油浴式空气滤清器的构造

图 2-1-3　油浴式空气滤清器空气过滤示意图

对油浴式空气滤清器进行清洗时，要按照图 2-1-4 所示，先用煤油将滤清器滤芯和壳体清洁干净，然后将滤清器壳体放置在水平的工作台上，加注清洁的发动机机油至合适高度；将滤芯放置在托盘中，用清洁的发动机机油浸泡清洁。

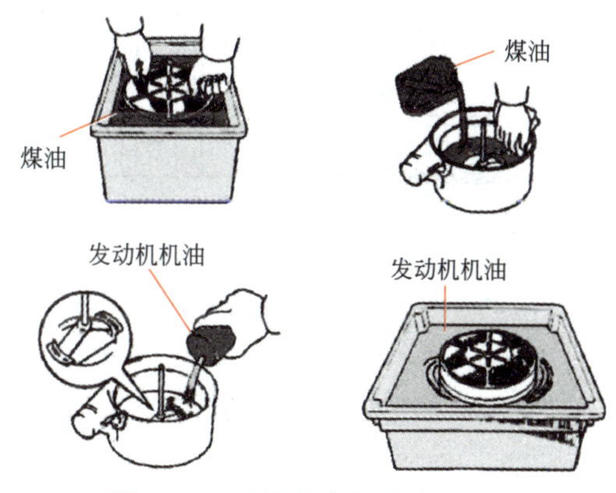

图 2-1-4　油浴式空气滤清器清洁

（2）纸滤芯式空气滤清器　纸滤芯式空气滤清器的构造如图 2-1-5 所示。纸质滤芯分为两种：一种是干式滤芯，这种滤芯采用表面积较大的滤纸或无纺布经多次折叠制成；另一种是湿式滤芯，即在滤芯上涂覆一层黏油，从而对灰尘有更好的吸附作用。干式滤芯使用一段时间变脏污后，可以用压缩空气将沉积在滤芯中的灰尘清理干净再继续使用，如图 2-1-6 所示，但湿式滤芯只能定期更换。

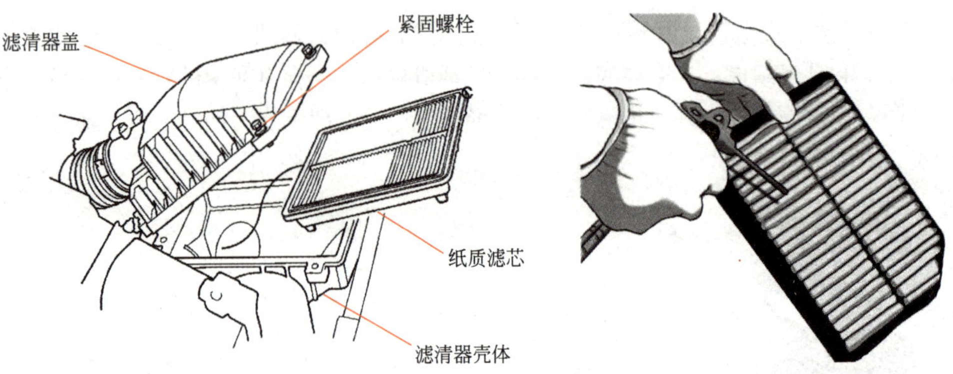

图 2-1-5　纸滤芯式空气滤清器的构造

图 2-1-6　用压缩空气清洁干式滤芯

纸质滤芯可使用发动机空气滤清器滤芯测试器执行检查作业。发动机空气滤清器滤芯测试器是一种专门用来测试发动机空气滤清器中滤纸元件阻塞程度的测试工具，测试器的工作原理是：用滤纸元件被堵塞的程度改变吸进空气量，并用指针将此变化量标示在刻度板上。

发动机空气滤清器纸质滤芯测试器的构造如图 2-1-7 所示，测试器由排风扇、电动机及带有刻度板（图 2-1-8）的排风导管等组成，排风导管内安装调节空气量的节流阀。按照图 2-1-7 所示位置将发动机空气滤清器的滤纸放置在盖子下方，然后开启开关使电

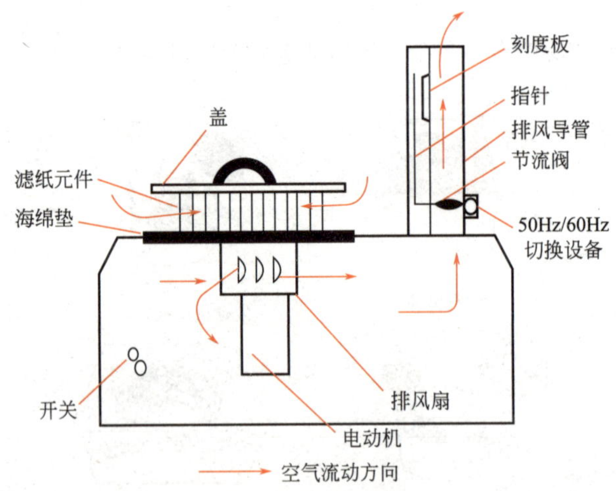

图 2-1-7　发动机空气滤清器纸质滤芯测试器的构造

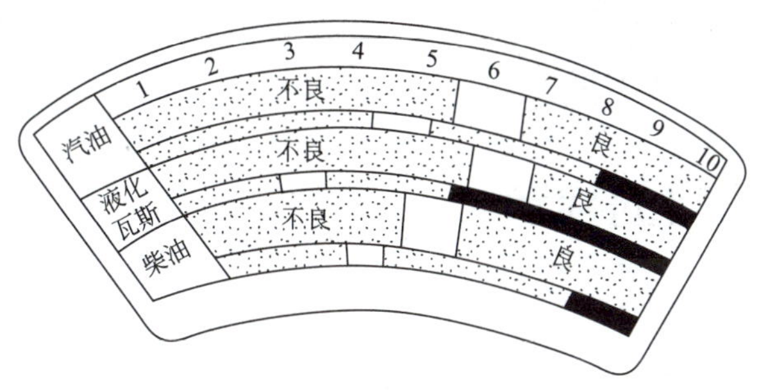

图 2-1-8　刻度板

动机运行，滤纸即可吸入排风扇的空气，并由排风导管排放出去。由于空气的流量和滤纸的阻塞程度成比例，因此节流阀能够随着空气流量的多少而相应动作，与节流阀直接连接的指针摆动并标示在刻度板上，最后再与新的滤纸元件摆动量比较，即可判断滤纸阻塞的程度。

发动机空气滤清器纸质滤芯测试器的使用方法参见表 2-1-1。

表 2-1-1　发动机空气滤清器纸质滤芯测试器的使用方法

步骤	使用方法
1	装上新的滤纸元件，盖好护盖后启动电动机
2	调整风量，使刻度板上的指针能在设定位置摆动
3	把新滤纸元件取下，换上测试滤纸元件，读取指针刻度位置
4	根据测试结果，确定是否更换空气滤清器滤芯

（3）离心式空气滤清器　离心式空气滤清器的构造如图 2-1-9 所示，空气流入后，滤清器内的翅片产生气涡离心力，灰尘由于离心力的作用落入积尘箱，空气再经过滤芯过滤后送到进气歧管。

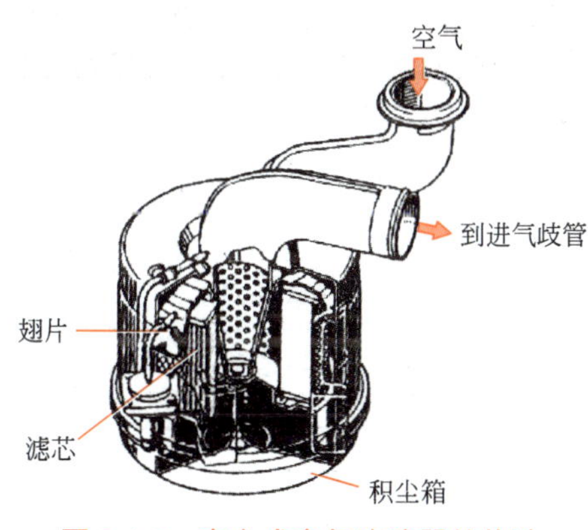

图 2-1-9　离心式空气滤清器的构造

检查离心式空气滤清器时，应每隔一定的行驶里程查看积尘箱内的积尘情况，及时将积尘清理干净并及时更换滤芯。

三、节气门的检查

1. 节气门的功能

节气门由车内的加速踏板和节气门拉索协同控制，用于调节发动机可燃混合气气量。踩下加速踏板，节气门拉索带动节气门，使节气门开度增大，吸入的可燃混合气增加，发动机输出功率也随之增加，如图 2-1-10 所示。

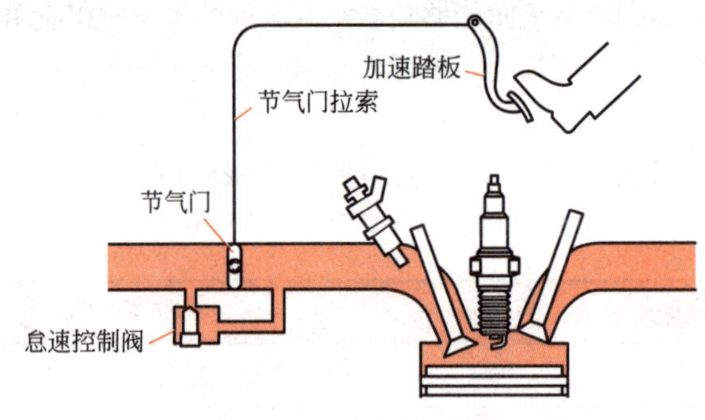

图 2-1-10　节气门控制

2. 节气门清洗

检查节气门时，应注意观察节气门阀片是否脏污，如果积炭严重，会导致节气门发生卡滞，使发动机进气不良，发现节气门脏污后，要使用清洁剂进行清洗。节气门清洗操作步骤参见表 2-1-2。

表 2-1-2　节气门清洗操作步骤（以上海通用汽车为例）

步骤	操作
1	将发动机点火开关设置到 OFF 状态
2	断开节气门位置传感器线束连接器，按照图 2-1-11 所示，拆下固定节气门的螺栓，拆下节气门
3	检查节气门阀片是否有积炭等脏污沉积，如图 2-1-12 所示
4	用清洗剂喷涂清洗，如图 2-1-13 所示，然后用干净的布擦拭干净，如图 2-1-14 所示
5	重新安装节气门，连接好节气门位置传感器线束连接器
6	查阅维修手册，如果需要执行匹配操作，则按照维修手册上的匹配步骤执行相关操作

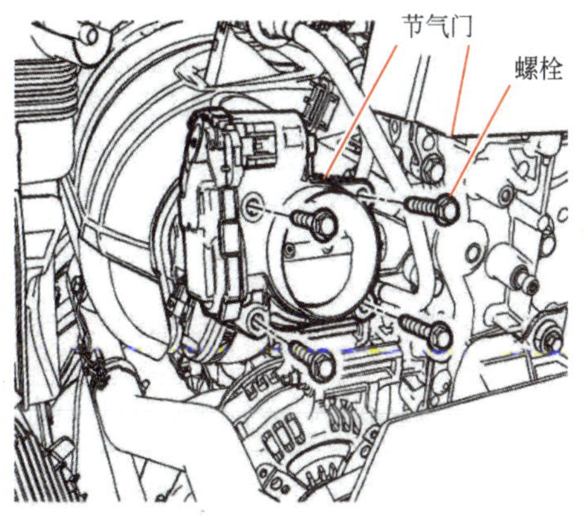

图 2-1-11　节气门固定螺栓识别

图 2-1-12　积炭严重的节气门阀片

图 2-1-13　用清洗剂清洗节气门

图 2-1-14　清洗干净的节气门

3. 节气门拉索的检查与更换

节气门拉索连接加速踏板和节气门，在车辆维护中，要检查节气门拉索的自由行程，对拉索进行润滑，如果发现拉索磨损、破裂，要及时予以更换。以本田雅阁 2.4L 轿车为例，该车节气门拉索的检查、拆卸和更换方法见表 2-1-3 和表 2-1-4。

表 2-1-3　本田雅阁 2.4L 轿车节气门拉索自由行程检查

步骤	操作方法
1	如图 2-1-15 所示，检查节气门连杆处的节气门拉索自由行程，规范范围应为 10 ~ 12mm
2	如果测量时发现自由行程不符合规范范围，则参照图 2-1-15，松开锁紧螺母，转动调节螺母，将拉索调节到规范范围，然后将锁紧螺母拧紧
3	检查节气门拉索调节结果：当彻底踩下加速踏板时，节气门应完全开启；当松开加速踏板时，节气门应返回怠速位置

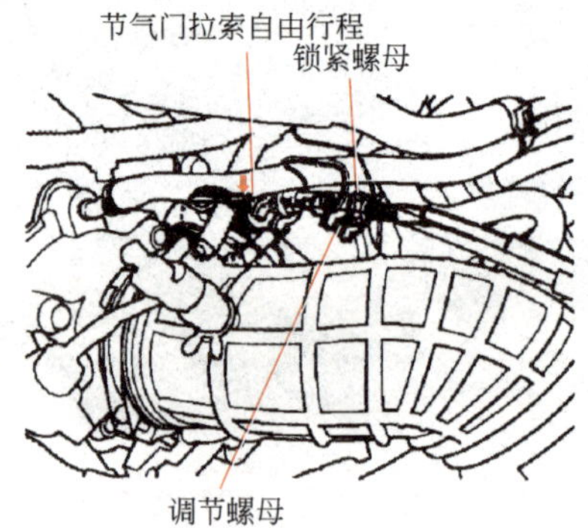

图 2-1-15　检查并调节节气门拉索自由行程

表 2-1-4　本田雅阁 2.4L 轿车节气门拉索拆卸和更换

步骤	操作方法
1	拆下发动机罩
2	参照图 2-1-16，完全松开节气门，然后从节气门连杆（图 2-1-16 中的 B）上拆下节气门拉索（图 2-1-16 中的 A），并在图中所示部位涂抹润滑剂
3	从拉索支架（图 2-1-16 中的 D）上拆下拉索盖（图 2-1-16 中的 C）
4	参照图 2-1-17，从加速踏板（图 2-1-17 中的 B）上拆下节气门拉索（图 2-1-17 中的 A）
5	参照图 2-1-17 中所示的润滑部位进行润滑
6	安装时按照与拆卸相反的步骤执行

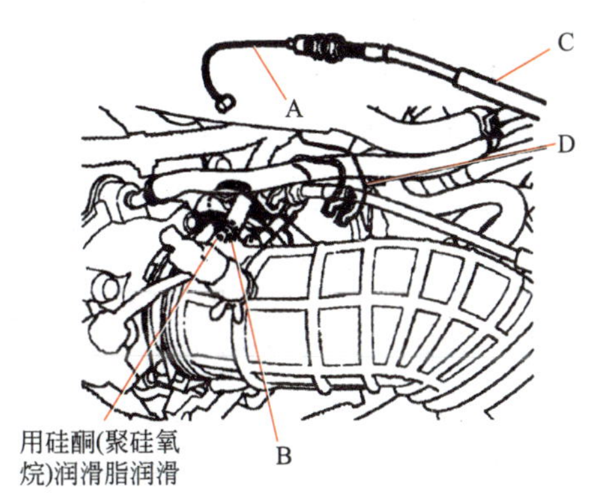

图 2-1-16　从节气门连杆上拆卸节气门拉索

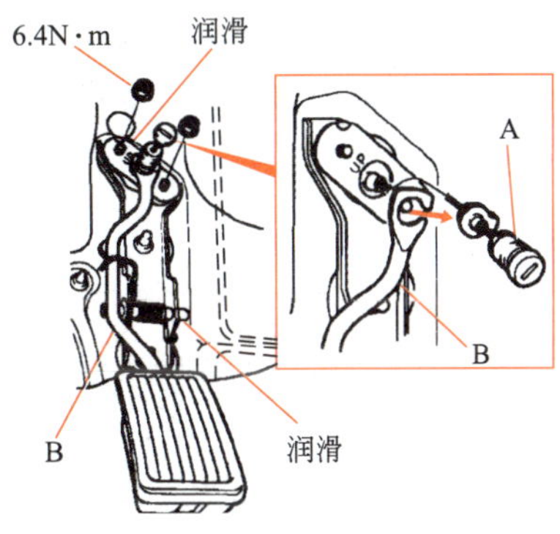

图 2-1-17　从加速踏板上拆下节气门拉索

四、发动机进气管路的维护与检查

维护发动机进气系统管路时，主要检查进气管路是否脏污，管路是否连接牢固，管路接头处的卡箍是否紧固，然后检测发动机进气系统是否泄漏。

1. 用真空表检测发动机进气系统是否泄漏

（1）真空表的结构与功能　真空表如图 2-1-18 所示，由表头、各种规格的连接管和软管组成。真空表表头内安装有波登管、游丝等，当真空（负压）进入表头内弯管时，弯管会更加弯曲，通过杠杆和齿轮机构带动真空表指针动作，在表盘上指示出真空度的大小。软管的一头固定在表头上，另一头连接在发动机节气门后方的进气管专用接头上。

图 2-1-18　真空表

真空表用于检测汽车发动机进气歧管入口处产生的负压，是进气管真空度的测量工具。通过对发动机进气歧管真空度的变化进行观察，进而判断发动机机械部分的工作状况。真空测试在汽车维修中非常重要，它不需要拆卸火花塞或检查气缸压力即可反映出气缸压力的状况。进气管真空度是指进气管内的进气压力与外界大气压力之间的差值。汽车发动机进气管的真空度是随着发动机进气管密封性和气缸密封性的变化而变化的，因此在维修作业中，在确认进气管密封性良好的情况下，可以利用真空表检测到的进气管真空度来表征发动机气缸的密封性。检测进气管真空度，一般在发动机处于怠速运行条件下执行，因为发动机工作正常时，其进气管真空度一般为一个较为稳定的数值，同时在怠速运行条件下，进气管真空度高，因此对因进气管、气缸密封性不良导致的真空度下降较为敏感。

（2）使用真空表测量　使用真空表测量发动机启动时的真空度，可按表 2-1-5 的操作步骤执行。

表 2-1-5　使用真空表测量发动机启动时的真空度

步骤	检测方法
1	启动发动机，使发动机运行至正常的工作温度
2	按照图 2-1-19 所示，将真空表软管连接至发动机节气门后方的进气管专用接头上
3	检查发动机启动时的进气真空度。在正常情况下，节气门完全关闭时，指针应稳定在 2 ～ 5inHg（1inHg = 3386.38Pa，下同），如图 2-1-20 所示。如果指针跳动不稳，则说明进气歧管有可能漏气；如果测量值过低，则说明进气系统真空泄漏
4	启动发动机怠速运行，检查发动机怠速运行时的进气真空度，如图 2-1-21 所示。正常情况下，怠速运行时的真空度应为 15 ～ 22inHg；如果数值过低，则说明进气系统可能有漏气；如果指针快速摆动，则说明进气歧管可能漏气

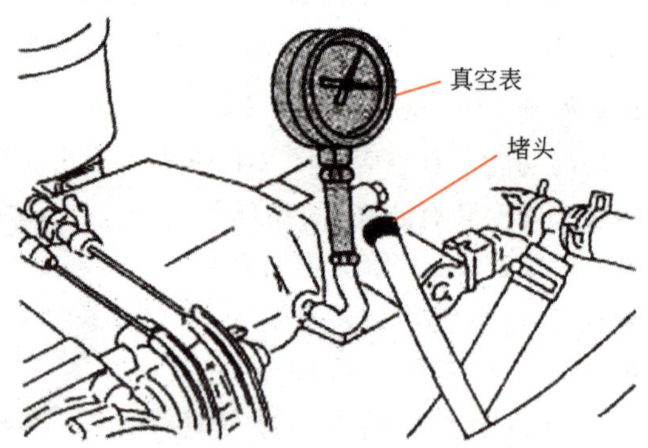

图 2-1-19　连接真空表

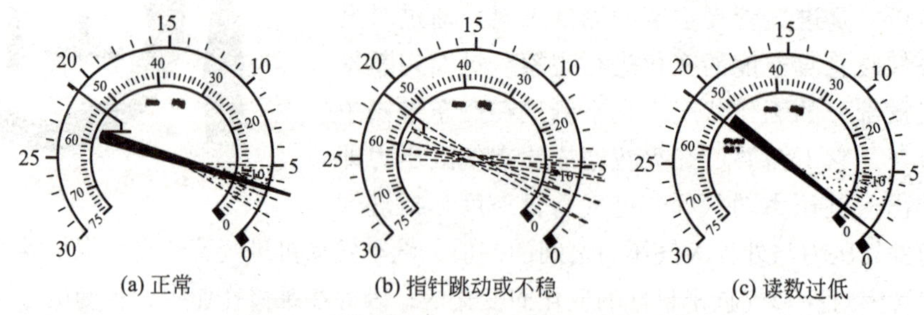

图 2-1-20　发动机启动时的进气真空度

15
20
10
25
5
30
0

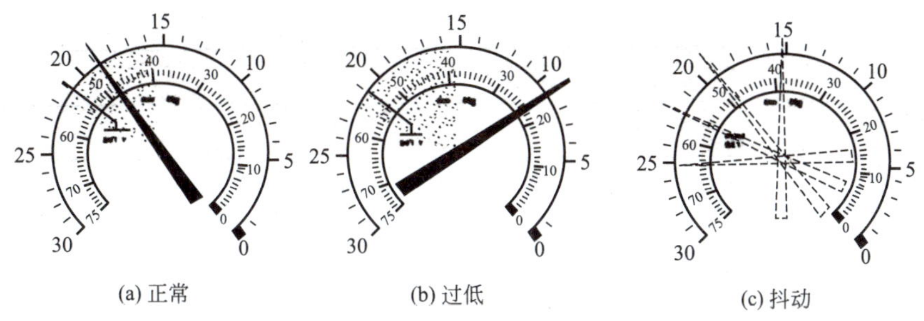

(a) 正常　　(b) 过低　　(c) 抖动

图 2-1-21　发动机怠速运行时的进气真空度

2. 进气歧管的拆卸与安装

检查进气歧管时，如果发现进气歧管有裂纹或接合面损坏，应进行更换。以本田飞度轿车为例，该车发动机进气歧管部件参见图 2-1-22，拆装操作步骤参见表 2-1-6。

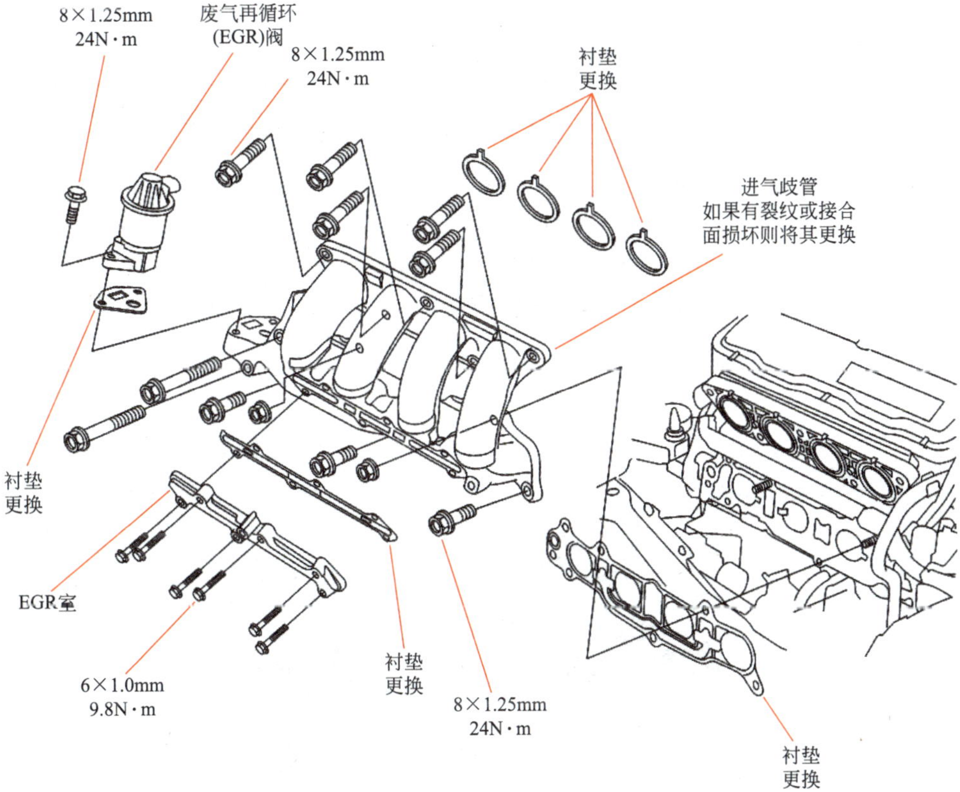

8×1.25mm
24N·m
废气再循环
(EGR)阀
8×1.25mm
24N·m
衬垫
更换
进气歧管
如果有裂纹或接合
面损坏则将其更换
衬垫
更换
EGR室
6×1.0mm
9.8N·m
衬垫
更换
8×1.25mm
24N·m
衬垫
更换

图 2-1-22　本田飞度轿车进气歧管部件

表 2-1-6　本田飞度轿车进气歧管拆卸与安装操作步骤

拆卸	
步骤	操　作
1	按照图 2-1-23 所示，拆下线束托架安装螺栓，将线束托架拆下
2	按照图 2-1-23 所示，拆下曲轴箱强制通风软管
3	断开废气再循环阀插接器
4	拆下发动机机油油尺
5	按照图 2-1-24 所示，拆下进气歧管
安装	
步骤	操　作
1	按照图 2-1-25 所示，换装新的密封衬垫，安装进气歧管
2	安装发动机机油油尺
3	连接废气再循环阀插接器
4	安装曲轴箱强制通风软管和线束托架

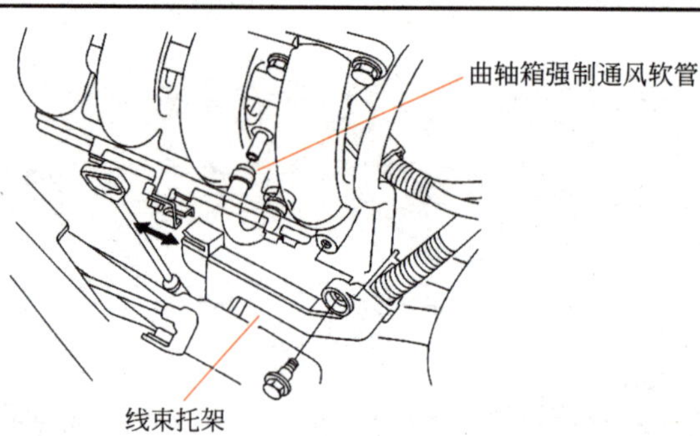

图 2-1-23　托架和曲轴箱强制通风软管识别

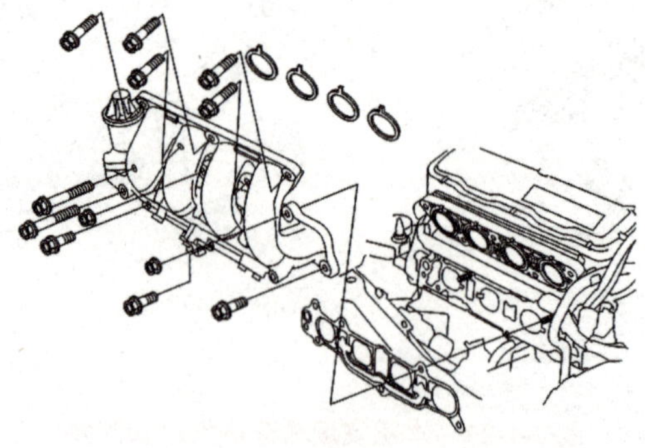

图 2-1-24　拆下进气歧管

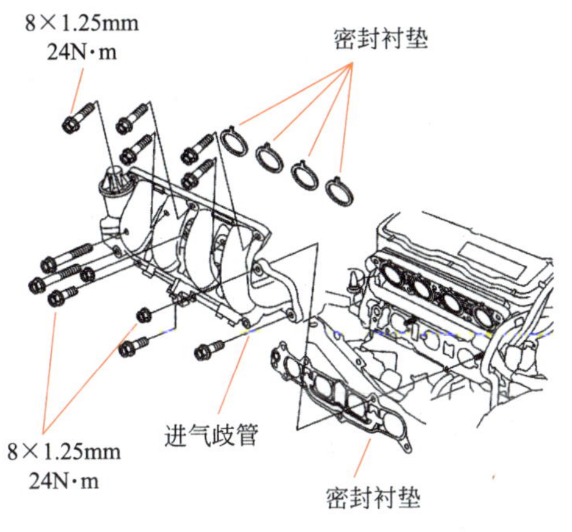

图 2-1-25　换装新的密封衬垫

第二节　发动机排气系统维护

一、发动机排气系统部件组成和功能

1. 发动机排气系统部件组成

发动机运行时，燃油和空气组合而成的混合气在气缸燃烧后形成废气，发动机排气系统的作用就是汇集各个气缸的废气，降低废气的温度和压力，消除废气中残余的火星，减小排气噪声，将废气顺利地排放出去。典型的发动机排气系统的主要组成部件包括排气歧管、三元催化反应器、排气管和消声器，如图 2-2-1 所示。

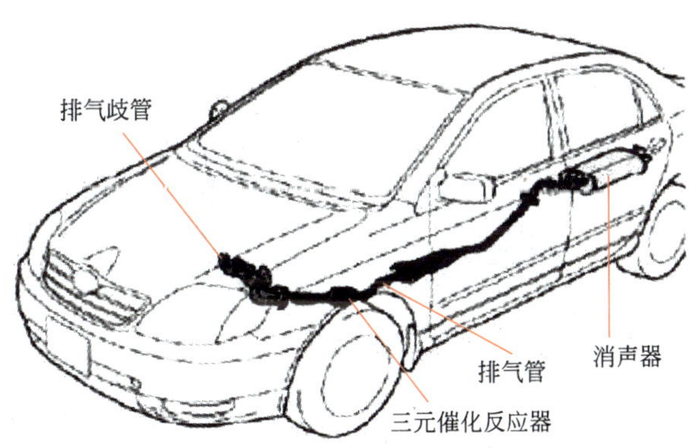

图 2-2-1　典型的发动机排气系统部件组成

2. 排气歧管的功能

排气歧管的功能是把各个气缸排出的废气收集起来并以最小的阻力将废气通过排气管排出。排气歧管在设计时应使各个气缸排出的废气互不干扰。为了尽可能减小排气阻力，排气歧管一般采用不锈钢等材料制成，内壁非常光滑，如图 2-2-2 所示。

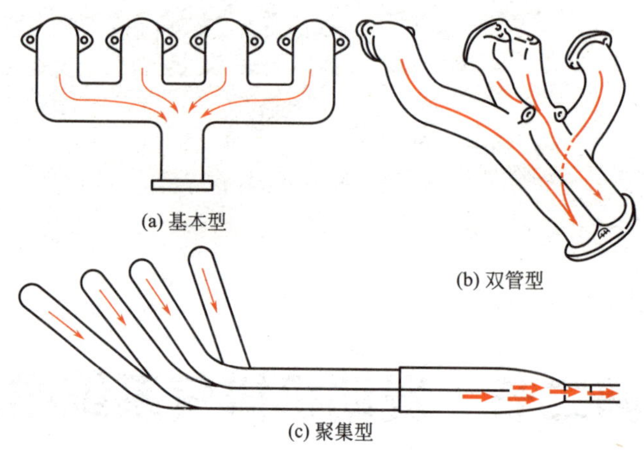

图 2-2-2　排气歧管

3. 三元催化反应器的功能与结构

由于限制汽车尾气排放的法规要求日益严格，目前在几乎所有的汽油发动机车辆上都装有三元催化反应器，用于对车辆排气中的有害物质进行氧化还原，从而达到排放限定要求。三元催化反应器上有很多小孔，在内表面上涂覆有铂铑系列催化剂，可以通过氧化还原反应将车辆排放的一氧化碳氧化为二氧化碳，将碳氢化合物氧化为水和二氧化碳，将氧化氮还原成为氮气和氧气，从而使这三种对环境有害的物质转化为对环境无害的物质，降低汽车尾气对环境的污染。三元催化反应器的结构参见图 2-2-3。

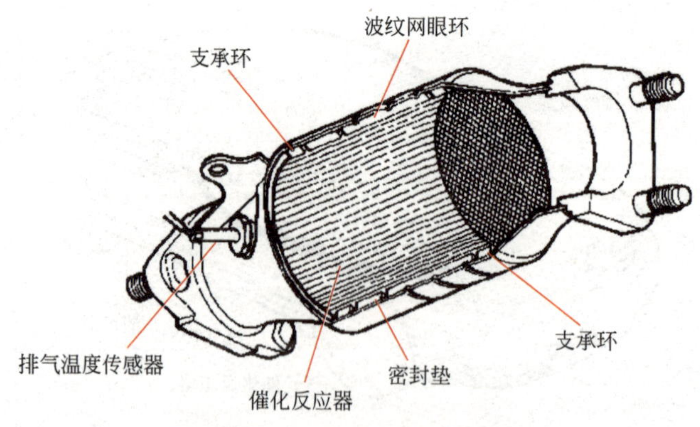

图 2-2-3　三元催化反应器的结构

4. 消声器

如果发动机气缸内燃烧做功产生的废气直接从气缸排放到空气中，废气就会快速膨胀导致发出巨大的爆破噪声，因此在排气总管后安装了消声器，既能允许发动机排气气流通过，又能有效地降低发动机排气噪声。消声器使废气逐渐膨胀冷却来减少噪声，其构造如图 2-2-4 所示。

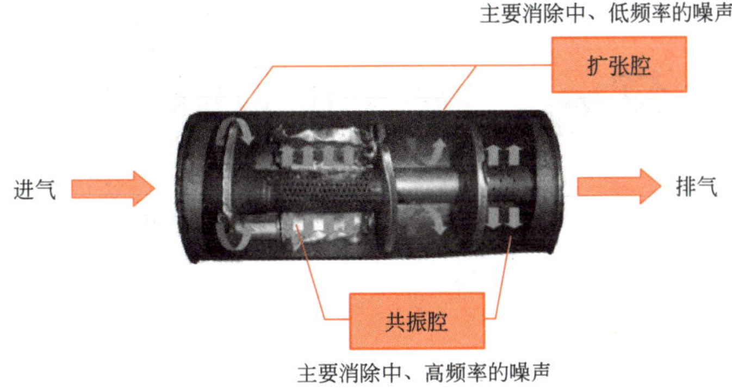

图 2-2-4　消声器的构造

二、发动机排气系统部件维护

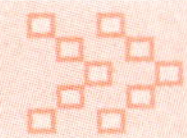

1. 排气歧管的检查与维护

排气歧管与气缸体的连接必须紧密，不能发生漏气故障。如果发现密封垫损坏导致漏气，应及时更换；如果发现排气歧管有裂纹或损伤，应立即更换新的排气歧管并换装新的密封垫。

排气歧管的拆卸及更换方法（以美国悍马 H3 汽车为例）如下。

① 按照图 2-2-5 所示，拆下排气歧管固定螺栓，将排气歧管拆下。

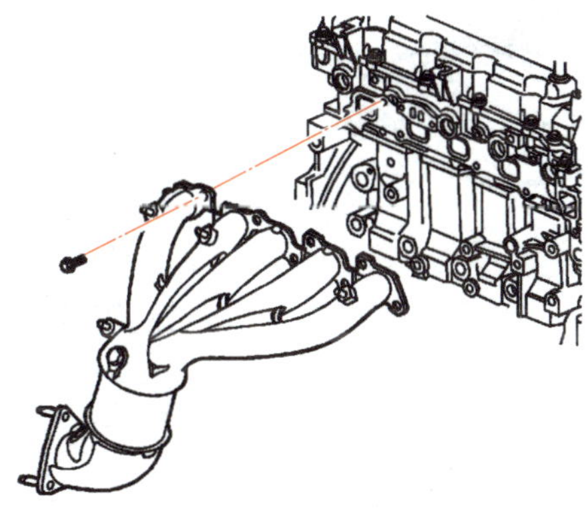

图 2-2-5　拆下排气歧管固定螺栓

② 按照图 2-2-6 所示，拆下排气歧管密封垫，将密封垫废弃。

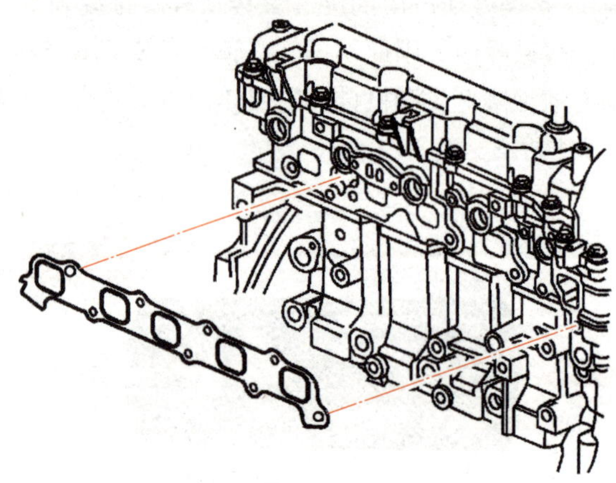

图 2-2-6　拆下排气歧管密封垫

③ 拆下排气歧管后，将排气歧管清洁干净，检查排气歧管是否有裂纹或损伤。

④ 按照图 2-2-7 所示，用平尺和测隙规检查排气歧管的安装面是否平直。如果测量值超过维修极限，应更换排气歧管。

⑤ 把排气歧管螺栓的螺纹孔清理干净，涂抹螺纹胶。

⑥ 把新的排气歧管密封垫安装到气缸盖上。

⑦ 把排气歧管放置到气缸盖处，按照图 2-2-8 所示的螺栓紧固顺序，用扭矩扳手把排气歧管固定螺栓紧固至 20N・m。

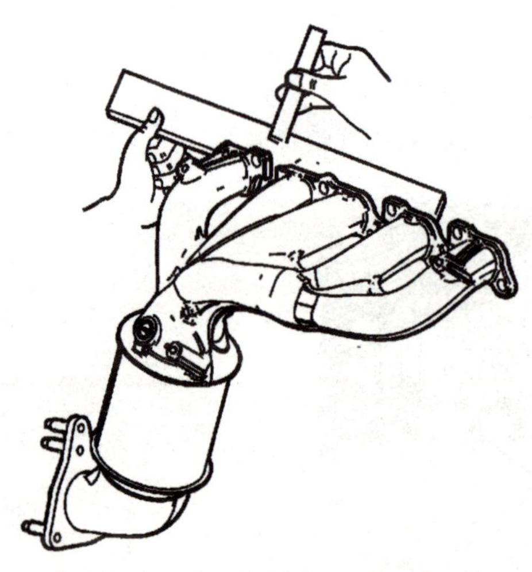

图 2-2-7　检查排气歧管安装面是否平直

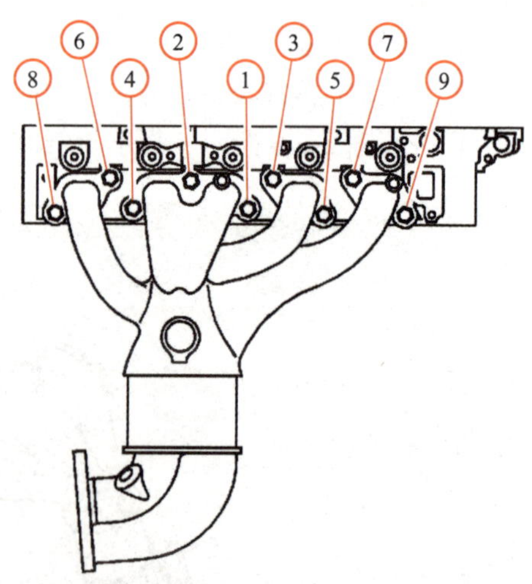

图 2-2-8　排气歧管固定螺栓紧固顺序

2. 三元催化反应器的维护

（1）外观检查　在车辆维护中，要仔细查看三元催化反应器的表面是否有凹陷、刮擦，如果有，说明反应器内的载体有可能受到损伤，应及时检修或更换。检查反应器外壳上是否有褐色或紫色斑点，检查反应器防护罩中央部位是否有明显的暗灰色斑点，如果有，说明反应器曾经处于过热工作状态，需要执行进一步的检查。

（2）用手电进行目测检查　可以使用手电对三元催化反应器内的催化剂执行目测检查，如图 2-2-9 所示，如果发现催化剂已经堵塞、熔化或开裂，则更换三元催化反应器。

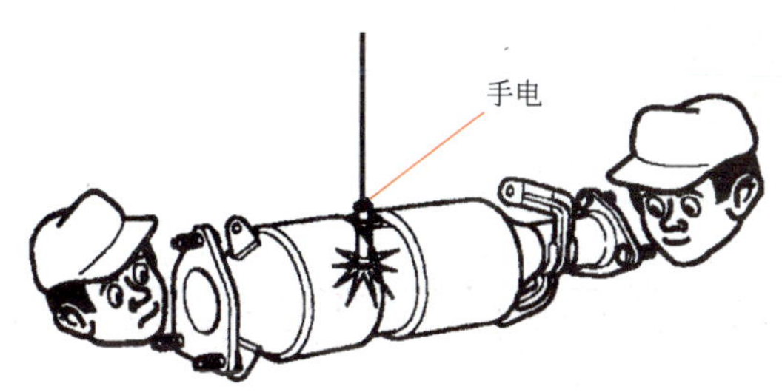

图 2-2-9　用手电检查三元催化反应器内的催化剂

（3）检查三元催化反应器进口和出口温度　三元催化反应器在正常工作状态会因氧化还原反应产生大量的反应热，维修人员可通过测量三元催化反应器进口温度和出口温度，进行温差对比来判断三元催化反应器工作是否正常，其检测步骤参见表 2-2-1。

表 2-2-1　三元催化反应器温度检测步骤

步骤	检测步骤
1	启动发动机并预热到正常工作温度
2	将发动机转速维持在 2500r/min
3	用举升机举升车辆，用数字式测温计（图 2-2-10）在三元催化反应器进口处和出口处测量，测量时测温计距离被测点不要超过 50mm
4	对比测量的温度值，三元催化反应器出口温度应至少高于进口温度 10% ～ 15%

3. 排气管的维护

排气管维护时应使用钢丝刷和钝口刮刀将排气管内的积炭及胶质清除干净，然后用压缩空气吹净。维护中如果发现排气管有裂纹、缺口，应予以焊接修整。然后用排气背压测试表测试发动机排气背压，检查发动机排气系统是否存在堵塞。排气背压测试表是用于测试发动机排气背压而判断发动机排气系统是否发生堵塞的测量工具，如图 2-2-11 所示。用排气背压测试表检测发动机排气背压的方法参见表 2-2-2。

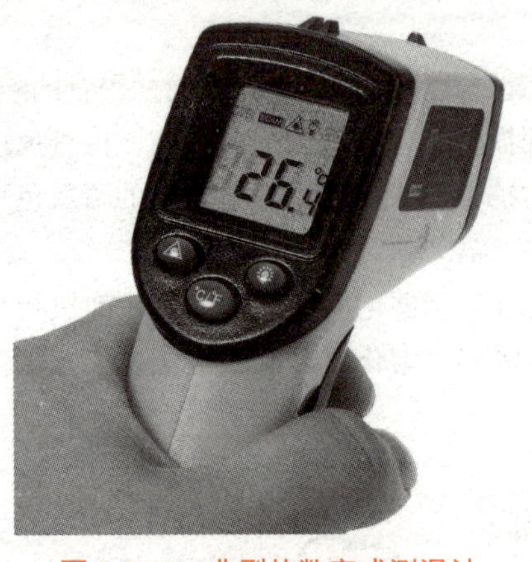

图 2-2-10　典型的数字式测温计

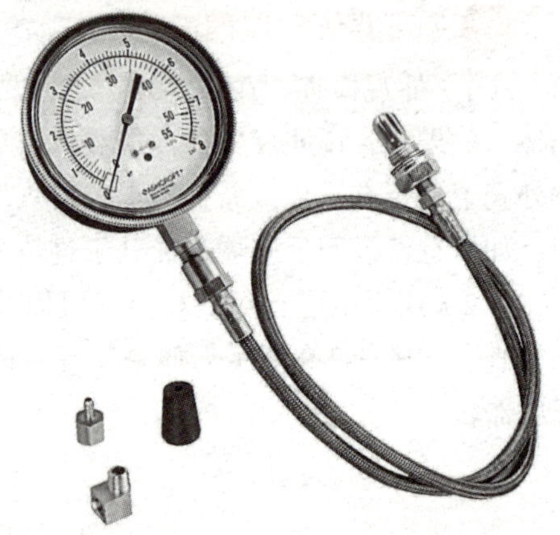

图 2-2-11　排气背压测试表

表 2-2-2　用排气背压测试表检测发动机排气背压

步骤	检测方法
1	参见图 2-2-12，将氧传感器从排气管上拆下
2	参见图 2-2-12，把氧传感器适配器安装到排气背压测试表的一端
3	将排气背压测试表连接到排气管上
4	启动发动机怠速运行，使发动机达到正常工作温度，查看排气背压测试表的测量值，如果排气系统正常，测量值不应超过 1.25psi
5	如果测量值高于 1.25psi，则说明发动机排气系统堵塞，应立即停止测试，彻底检查发动机排气系统，清除堵塞
6	如果测量值没有超过 1.25psi，则踩下发动机加速踏板，使发动机转速提高到 2500r/min，再次查看排气背压测试表的测量值，测量值不应高于 3psi。如果测量值高于 3psi，则说明发动机排气系统堵塞，应彻底检查发动机排气系统，清除堵塞

注：1psi=6894.76Pa。

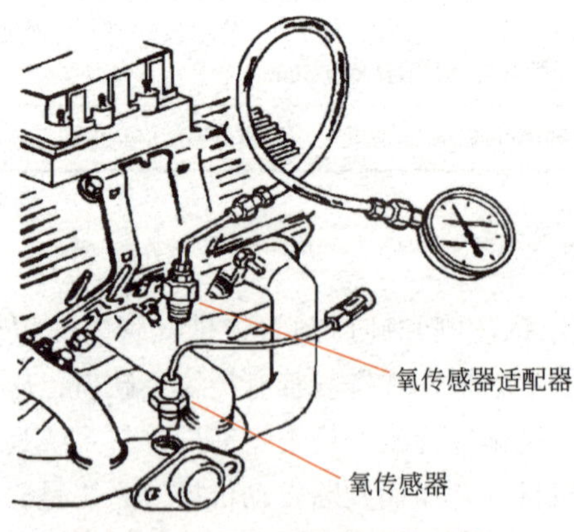

图 2-2-12　排气背压测试表的使用

第三节　燃油系统维护

一、燃油系统组成

燃油系统一般由燃油箱、燃油供油管、燃油泵、燃油滤清器、燃油压力调节器、燃油分配管及喷油器等部件组成，如图 2-3-1 所示。

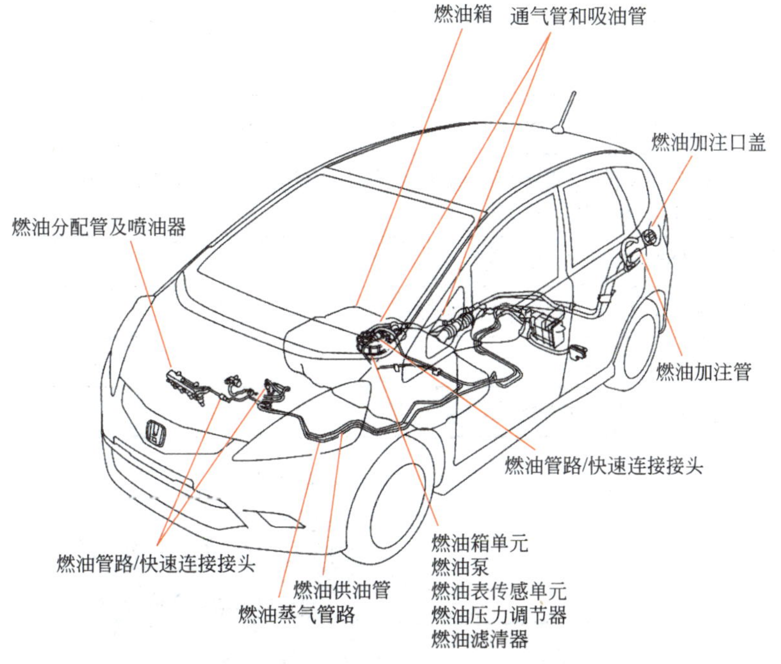

图 2-3-1　燃油系统组成（本田飞度轿车）

二、燃油系统检查与维护

1. 燃油系统管路和软管的维护

维护作业时要仔细检查燃油系统的管路和软管及连接接头是否有破损、泄漏、老化的迹象，如果有，应及时更换损坏的管路或软管，如图 2-3-1 所示。

2. 测量燃油压力

通过测量燃油压力，可以判断燃油泵和燃油压力调节器是否工作正常，以本田飞度轿车 1.5L 发动机为例，燃油压力测量操作方法参见表 2-3-1。如果测量压力不正常，则更换燃油泵和燃油压力调节器，然后重新测量燃油压力。

表 2-3-1　本田飞度轿车 1.5L 发动机燃油压力测量操作方法

步骤	操作方法	规范值
1	拆下熔丝 / 继电器盒内的燃油喷射系统主继电器，如图 2-3-2 所示	
2	启动发动机，直至发动机停止转动	
3	把点火开关设置到 LOCK 位置	
4	把燃油加注口盖打开，使燃油箱内的压力泄放	
5	从蓄电池上断开蓄电池负极电缆	
6	按照图 2-3-3 所示，拆下燃油快速接头盖，把燃油快速接头的脏污清理干净，然后在快速接头处盖上一块毛巾，防止断开快速接头时燃油喷溅出来	
7	按照图 2-3-4 所示，用手抓住插接器，另一只手压紧固定片，将插接器从锁定爪上松开，拔出插接器，断开快速接头	
8	重新将蓄电池负极电缆连接好	
9	按照图 2-3-5 所示安装燃油压力测试表	
10	启动发动机怠速运行	
11	查看压力表显示的燃油压力读数	320 ～ 370kPa

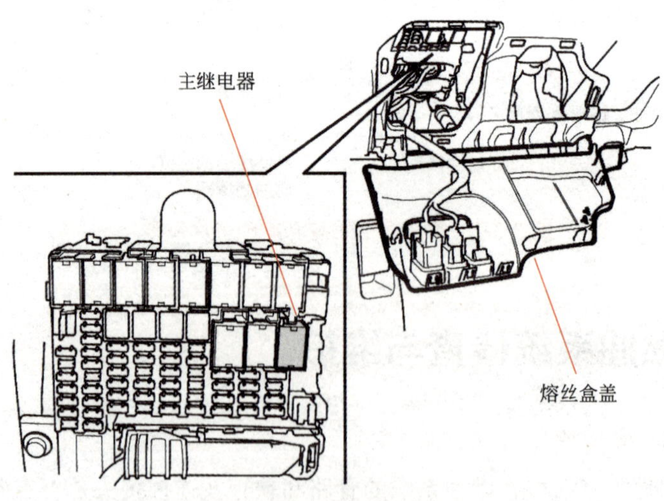

图 2-3-2　主继电器识别

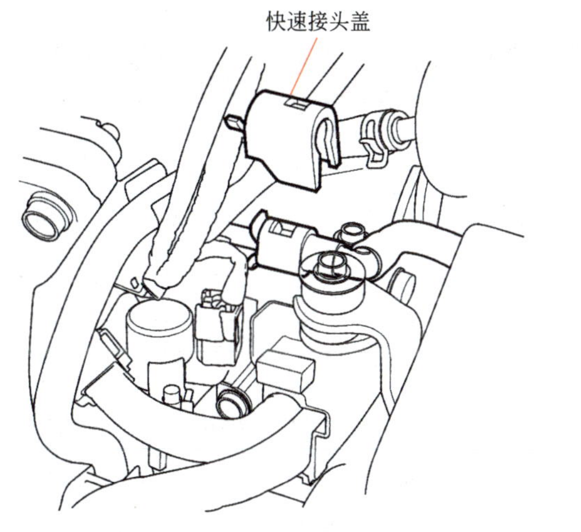

图 2-3-3　燃油快速接头盖识别

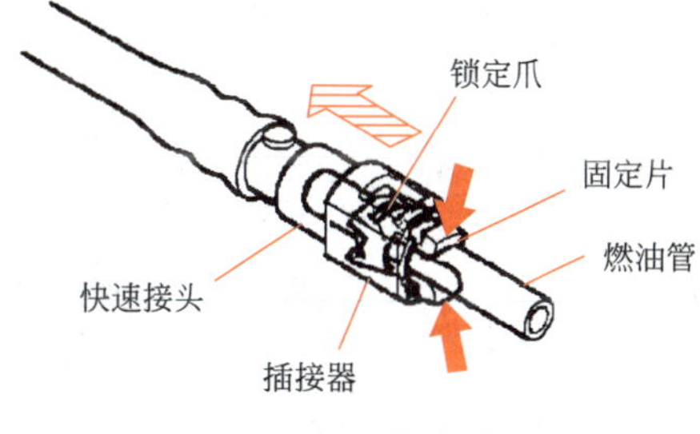

图 2-3-4　断开快速接头

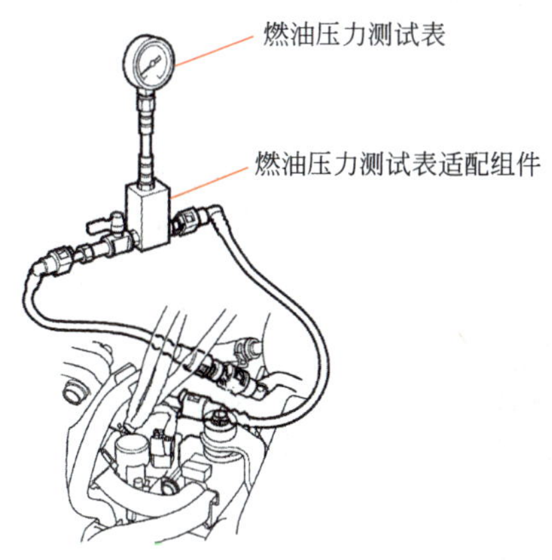

图 2-3-5　安装燃油压力测试表

3. 燃油滤清器更换

在确认燃油泵和燃油压力调节器均正常后，如果燃油压力仍不足，就要怀疑是否是燃油滤清器运行不正常。在长期使用中，燃油内的杂质会积聚到燃油滤清器上，影响其过滤效率，如果发现燃油滤清器已经堵塞，要予以更换。以本田雅阁轿车 2.4L 发动机为例，燃油滤清器的更换操作方法参见表 2-3-2。

表 2-3-2　本田雅阁轿车 2.4L 发动机燃油滤清器的更换操作方法

步骤	操作方法
1	卸放燃油压力，断开蓄电池负极电缆

续表

步骤	操作方法
2	拆卸燃油泵
3	拆卸燃油滤清器
4	参照图 2-3-6，安装新的燃油滤清器，将插接器连接牢固，将燃油表发送装置连接牢固，安装锁环并涂上清洁的发动机机油
5	换装新的基座垫圈和新的 O 形密封圈

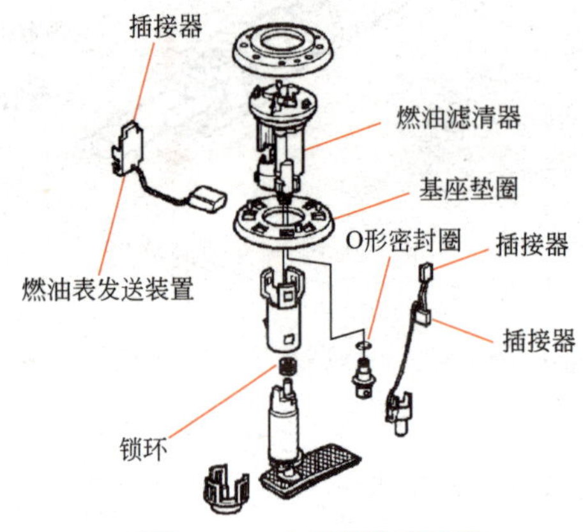

图 2-3-6　安装燃油滤清器

4. 喷油器检测

喷油器是发动机电控燃油喷射系统中非常关键的执行器，它接收来自发动机控制电脑送来的燃油喷射脉冲信号，精确地计算燃油喷射量，是一种加工精度极高的精密器件，要求动态流量范围大，抗堵塞和抗污染能力强，以及燃油雾化效果好。典型的喷油器如图 2-3-7 所示。

图 2-3-7　典型的喷油器

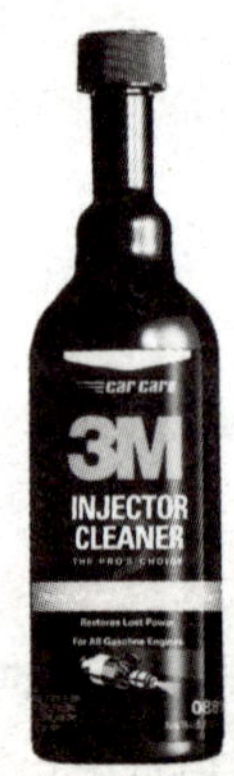

图 2-3-8　专用的喷油器清洗剂

在车辆的检查和维护中，如果发现喷油器脏污，要用专用的喷油器清洗剂（图 2-3-8）对喷油器进行清洗，如图 2-3-9 所示，清洗干净后将喷油器重新安装好。

5. 燃油泵检测

燃油泵的作用是供给燃油系统足够的具有规定压力的燃油，一般安装在供油管路或油箱内。以讴歌 RL 轿车为例，该车燃油泵的检测方法参见表 2-3-3。

(a) 清洗前

(b) 清洗后

图 2-3-9　清洗喷油器

表 2-3-3　讴歌 RL 轿车燃油泵的检测方法

步骤	检测方法
1	将燃油箱内的燃油排空
2	拆卸燃油箱单元
3	按照图 2-3-10 所示，断开燃油输送管，将真空泵连接到燃油箱单元
4	连接燃油泵的 5 针连接器
5	按照图 2-3-11 所示，把燃油箱单元放入燃油箱内，使吸油滤网浸入燃油内
6	把点火开关设置到 ON 位置
7	在故障诊断连接器上（图 2-3-12）连接故障诊断仪，操作故障诊断仪，选择“FUEL PUMP ON”功能
8	读取真空泵的测量值，真空度应为 4.0kPa，如果真空度正常，则转至步骤 9；如果真空度不符合规范，则更换燃油箱单元，然后重新检查燃油真空度
9	按照图 2-3-13 所示，把真空泵连接到输送管，将输送管抽真空，如果真空能保持，则更换燃油箱；如果真空不能保持，则说明燃油泵和输送管正常

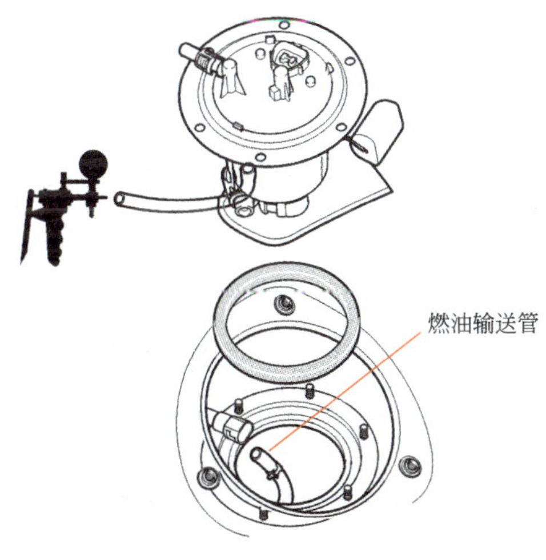

图 2-3-10　燃油输送管识别

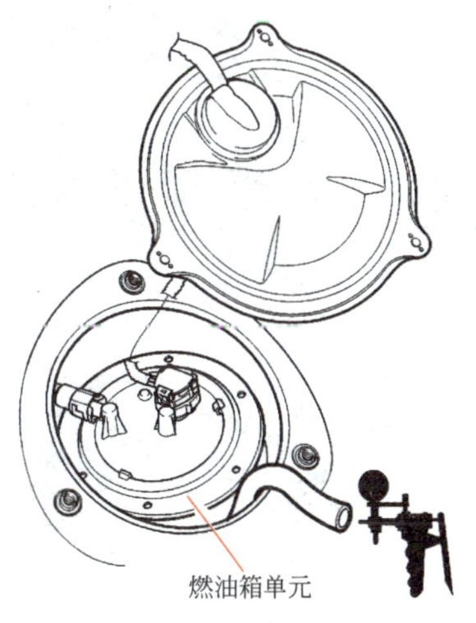

图 2-3-11　燃油箱单元识别

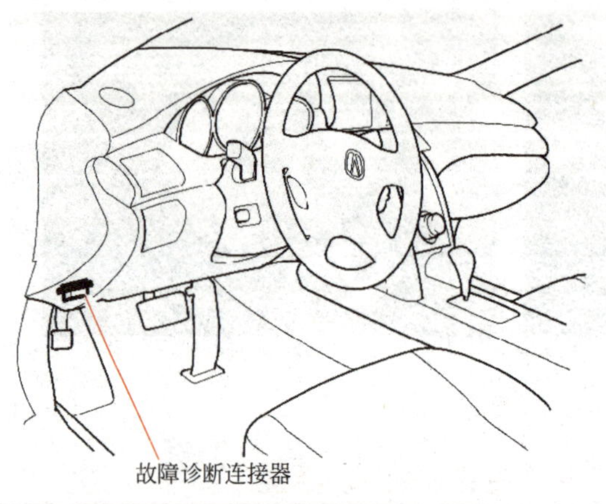

图 2-3-12　故障诊断连接器位置识别

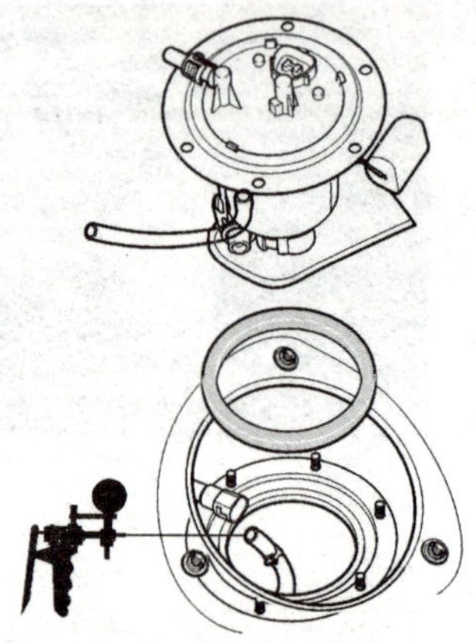

图 2-3-13　连接真空泵

第四节　发动机润滑系统维护

一、润滑系统部件组成

典型发动机润滑系统部件组成如图 2-4-1 所示。

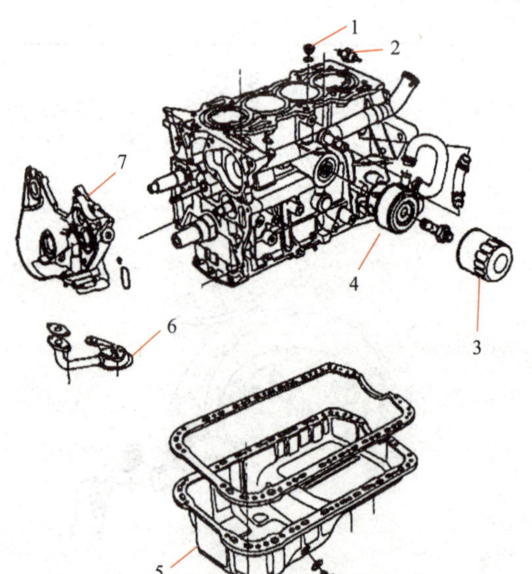

图 2-4-1　典型发动机润滑系统部件组成

1—机油控制节流阀；2—机油压力开关；3—机油滤清器；4—机油散热器；5—油底壳；6—集滤器；7—机油泵

1. 机油控制节流阀

机油控制节流阀用来调节气缸体流至气缸盖的机油压力，如图 2-4-2 所示。

2. 机油压力开关

机油压力开关一般安装在机油滤清器的后段，如图 2-4-3 所示。如果机油压力低于规范范围，机油压力开关即接通仪表板上的机油压力过低告警指示灯，向汽车驾驶员发出机油压力过低的警报。

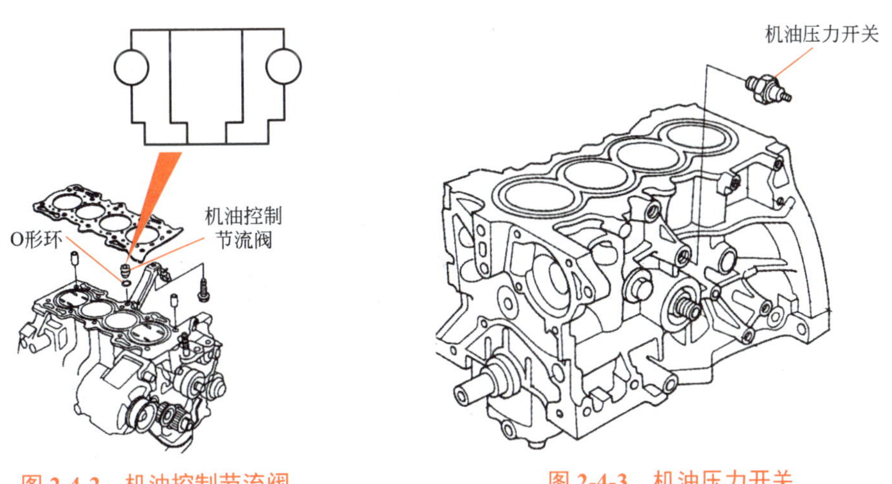

图 2-4-2　机油控制节流阀

图 2-4-3　机油压力开关

3. 机油滤清器

机油滤清器的作用是过滤机油泵送来的发动机机油，过滤掉机油中的金属碎屑和积炭渣。机油滤清器的构造如图 2-4-4 所示。机油滤清器在进油口位置设置有单向阀，可以防止发动机停机时，聚积在滤芯周围的污染物流回发动机。发动机工作时，机油泵泵送机油，机油推开进油口处的单向阀进入滤清器滤芯外围四周，通过滤芯的过滤，

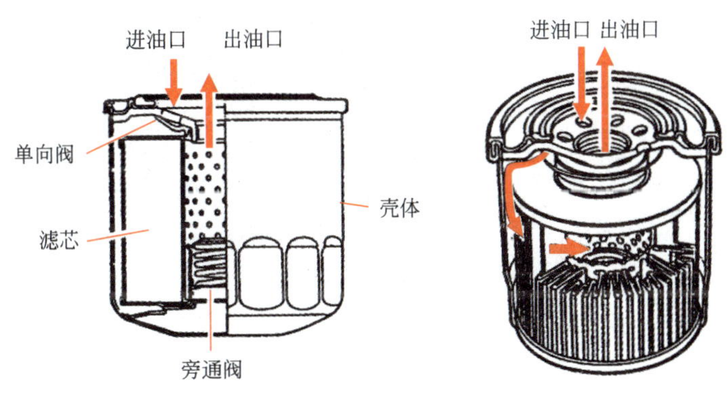

图 2-4-4　机油滤清器的构造

机油从出油口排走。如果滤清器滤芯堵塞，滤芯内侧和外侧就会产生压力差，等到压力差达到设定值时，旁通阀开启，此时机油便不通过滤芯过滤就被送至被润滑零件，这样虽然防止了因滤芯堵塞而造成润滑不良，但是送至零件的机油却是未经过滤的脏油，因此必须定期更换机油滤清器。

4. 机油散热器

发动机冷却液通过机油散热器循环流动，吸收机油散发的热量。机油散热器中配备的单向阀可以在发动机高速运转时调节机油的流程（图 2-4-5）。

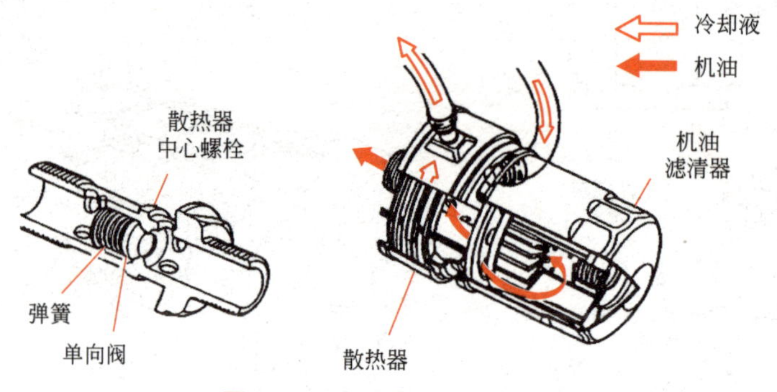

图 2-4-5　机油散热器的结构

5. 油底壳和集滤器

油底壳和集滤器的作用及结构参见图 2-4-6。

- 油底壳构成发动机底部。发动机运转时，机油通过滤网从油底壳被吸收，并且使发动机的运动部件润滑之后，流回油底壳
- 发动机不运转时，机油停留在油底壳内
- 放油螺栓安装在油底壳的底部，放油时使用
- 集滤器是一张网，可防止大粒异物颗粒进入机油泵
- 隔板可防止油底壳内的机油由于惯性四处流动，从而使集滤器暴露，使空气进入油道

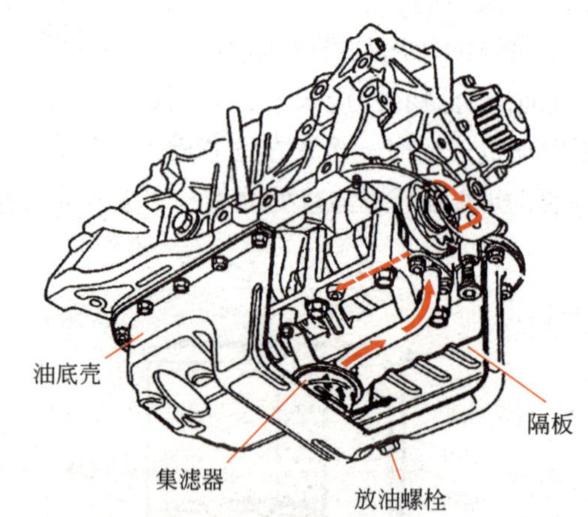

图 2-4-6　油底壳和集滤器的作用及结构

6. 机油泵

机油泵负责泵送发动机机油，其结构参见图 2-4-7。

- 由一个内转子和一个外转子组成
- 机油泵安装在缸体内，转子偏心装配，以便增大入口侧和减小出口侧内外传子之间的空间。这种容积的改变形成了所要求的泵送作用
- 内转子直接由曲轴驱动。机油泵产生发动机润滑所需要的压力

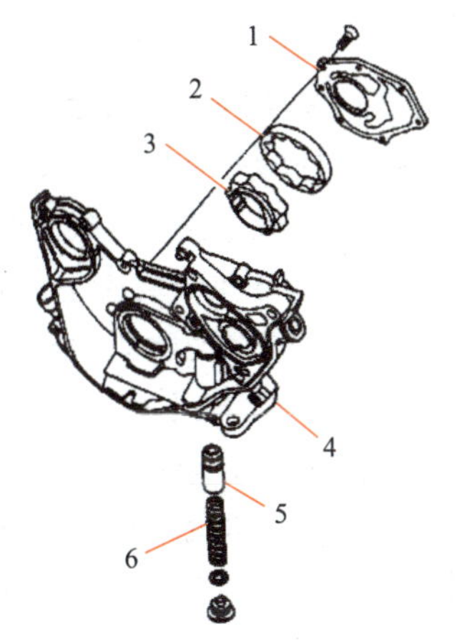

图 2-4-7　机油泵的结构

1—盖；2—外转子；3—内转子；4—机油泵外壳；5—安全阀；6—弹簧

二、发动机机油的选用

1. 发动机机油的作用

（1）润滑作用　润滑运动零件表面，减小摩擦阻力和磨损，减小发动机功率消耗。

（2）清洗作用　发动机机油在润滑系统内循环流动，清洗摩擦表面，带走磨屑和其他异物。

（3）冷却作用　发动机机油在润滑系统内循环流动，带走摩擦产生的热量。

（4）密封作用　在运动零件之间形成油膜，提高零件的密封性，防止漏气或漏油。

（5）防锈蚀作用　在零件表面形成油膜，对零件表面起到防锈蚀的保护作用。

（6）减振缓冲作用　在运动零件表面形成油膜，吸收冲击振动，起到减振缓冲的作用。

2. 发动机机油的质量要求

发动机机油应当具有良好的流动性、润滑性、安定性等性能。

（1）流动性　发动机机油必须具有良好的流动性，才能迅速流到各润滑点起到润滑、冷却及清洁的作用。流动性随温度的变化而变化，评定流动性好坏的质量指标主要有黏度、黏温性、倾点等。黏度是发动机机油流动性的重要指标，黏度越大，流动越困难；黏度越小，流动越容易。黏温特性表示黏度随温度变化的性质，温度升高，黏度减小，温度降低，黏度增大。倾点表示发动机机油的低温流动性，即在低温下能否顺利被泵送和通过过滤器的性能。低温流动性好的润滑油，冬季易启动，也便于储

存、装卸和加注。

（2）润滑性　发动机机油在金属表面保持一层坚韧而又连续油膜的能力称为润滑性（油性）。润滑性的好与坏，主要是看油膜强度大小。油膜强度小，油膜易破裂，形成固体摩擦，增加机械磨损。一般情况下，同类发动机机油黏度大的油膜强度也大。发动机机油的润滑性好坏主要取决于它的成分，发动机机油的成分对金属表面附着力大，则润滑性就好。由于烃类物质对金属表面附着力小，为提高发动机机油的润滑性，通常加入一些对金属附着力很大的物质，即抗磨损、抗极压的添加剂。这些添加剂是一些含硫、磷、氯的物质，能吸附在金属表面形成牢固的油膜。

（3）安定性　发动机机油抵抗氧化变质的能力称为发动机机油的安定性。发动机机油在工作中与空气中的氧气接触，并且受到高温和金属催化作用的影响，容易氧化，生成有机酸、胶质和沥青等物质。

3. 发动机机油的分类

（1）按 SAE 黏度等级分类　发动机机油的黏度多使用 SAE 等级标识，SAE 是“Society of Automotive Engineers”（美国汽车工程师协会）的缩写。例如：SAE15W-40、SAE5W-40，“W”表示 Winter（冬季），其前面的数字越小说明机油的低温流动性越好，代表可供使用的环境温度越低，在冷启动时对发动机的保护能力越好；“W”后面的数字则是机油耐高温天气的指标，数值越大说明机油在高温天气下的保护性能越好。5W 耐外部低温可达 -30℃；10W 耐外部低温可达 -25℃；15W 耐外部低温可达 -20℃；20W 耐外部低温可达 -15℃。如果某种发动机机油标号为 SAE5W-40，则表示该发动机机油耐低温性能可达 -30℃，而耐高温性能可达 40℃。我国幅员辽阔，不同地区气温差异很大，冬季我国东北地区温度可达 -30℃左右，而夏季我国海南省最高气温可达 40℃左右，因此汽车在我国使用时，多选择冬夏通用的发动机机油。不同环境温度下的机油黏度参见图 2-4-8。车主应根据车辆使用地的气候参照图 2-4-8 的机油黏度选用合适黏度的机油。

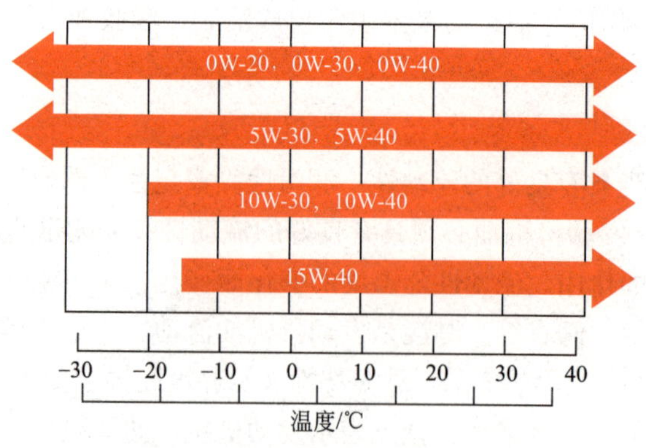

图 2-4-8　不同环境温度下的机油黏度

（2）按照 API 质量等级分类　发动机机油质量级别标识采用 API 标号，API 为“American Petroleum Institute”（美国石油学会）的缩写。API 将机油规范为两类：汽油发动机机油以 S 开头，而柴油发动机机油以 C 开头。其质量级别的高低依照英文字母的顺序，字母越往后，其级别越高。

汽油机油 API 级别：SA，SB，SC，SD，SE，SF，SG，SH，SJ，SL，SM，SN。

SA（20 世纪 30 年代初期）：纯矿物油，不含添加剂。

SB（20 世纪 40 年代后期）：第一种含添加剂的机油，含有一些防锈剂及防氧化剂。

SC（1964 年）：提供防止高温及低温沉积、磨损、锈蚀及腐蚀的保护。

SD（1968 年）：表现比 SC 机油好。

SE（1972 年）：更多防止氧化、锈蚀、腐蚀及高温沉积的保护。

SF（1980 年）：氧化稳定性较 SE 佳，同时改良了防磨损表现。

SG（1989 年）：对发动机沉积、机油氧化及发动机磨损的控制较 SF 佳。

SH（1993 年）：测试通过程序较 SG 严格。

SJ（1996 年）：在 SH 的基础上增加台架测试及挥发性的改善。

SL：总体性能优于 SJ，适合 2001 年以后的汽油发动机。SL 级别可以更好地控制高温产生的积炭和降低油耗。

SM：2004 年启用。SM 级别更加强调环保，对磷、硫等物质的含量提出了更高的要求，在抵抗磨损、节约燃料、控制排放等方面表现得更加优越。

SN：2010 年启用，SN 与 SM 级相比，从产品本身的配方来说其实并无太大差异，这个升级更多的是一种标准上的对应变更。在基础油主要配方上并无根本性的差异，而是在一些涉及排放兼容性方面（主要指磷、硫含量）的添加剂种类与含量做了一些调整，这对于新生产的汽车排放系统是有利的。

（3）按照基础油分类　发动机机油除了按照黏度和质量等级分类外，还可按照基础油进行分类，可分为矿物油、半合成机油和全合成机油。

① 矿物油。矿物油价格低廉，使用寿命和润滑性能都差于半合成机油和全合成机油。矿物油在提炼过程中因无法完全去除所含的杂质，因此流动点较高，不适合寒带作业使用，随着半合成和全合成机油生产成本的降低，矿物油将会逐渐被市场淘汰。

② 半合成机油。半合成机油是使用半合成基础油调制而成的发动机机油，是在矿物油的基础上经过加氢裂变技术提纯后的产物，半合成机油的纯度与全合成机油非常接近，生产成本比矿物油高，是矿物油向合成机油过渡的理想产品。

③ 全合成机油。全合成机油是来自原油中的瓦斯气或天然气所分解出来的丙烯，再经聚合、催化等复杂的化学反应炼制成大分子而组成的机油。全合成机油使用的是原

油中较好的成分，加以化学反应并在人为控制下达到预期的分子形态。全合成机油分子排列整齐，热稳定性以及抗氧化反应和抗黏度变化的能力都远远高于矿物油与半合成机油。

三、发动机润滑系统维护保养项目

1. 机油质量检查

维护保养中要检查发动机机油质量，变质的机油不但起不到润滑作用，还会使发动机运动机件产生磨损，造成部件过早损坏。

（1）机油外观及气味检查　抽出发动机机油油尺，取几滴机油用肉眼查看。

① 如果机油清澈，表示污染不严重。

② 如果机油油色浑浊或浮化，说明机油被水严重污染。

③ 如果机油油色发灰，闻上去有燃油气味，说明机油中混入了燃油。

④ 用手指捻搓机油，如果有细颗粒搓手的感觉，说明机油中已经混杂过多的杂质。

（2）爆裂试验　把薄金属片加热到 110℃以上，抽出发动机机油油尺，将机油滴落在加热的金属片上，观察机油是否发生爆裂，如果不爆裂，说明机油纯净；如果发生爆裂，说明机油含有过多的水分。

2. 机油油位检查

维护车辆时，要检查发动机机油油位，确认发动机机油液面高度保持在规范范围内，如果油位低于机油油尺上的下限标记，要及时添加机油。

① 发动机配备机油油尺。以本田雅阁轿车为例，发动机机油油位检查操作方法见表 2-4-1。

表 2-4-1　本田雅阁轿车发动机机油油位检查操作方法

步骤	操作方法
1	将车停放在平坦的地面上，启动发动机，变速器挡位设置到 P 挡或 N 挡，使发动机转速保持在 3000r/min，观察到发动机冷却风扇开始运转后，关闭发动机，等待几分钟
2	按照图 2-4-9 所示，拔出发动机机油油尺，擦拭干净后将油尺插回原位
3	再次拔出油尺，查看油位，应位于图 2-4-9 中标记 A（高限位）和标记 B（低限位）之间
4	如果油位低于标记 B，则添加至标记 A 处，加注发动机机油如图 2-4-10 所示

② 发动机没有配备机油油尺。以捷豹 XK 轿车为例，其没有配备机械式的发动机机油油尺，而是通过读取仪表板显示屏上的显示内容来检查发动机机油油位的，其检查操作方法参见表 2-4-2。

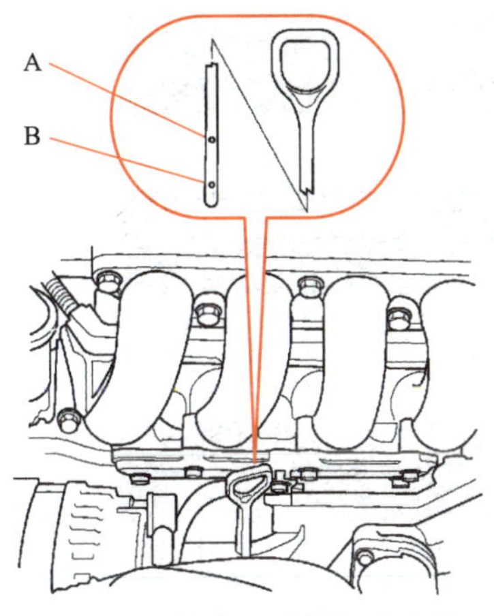

图 2-4-9 检查发动机机油油位

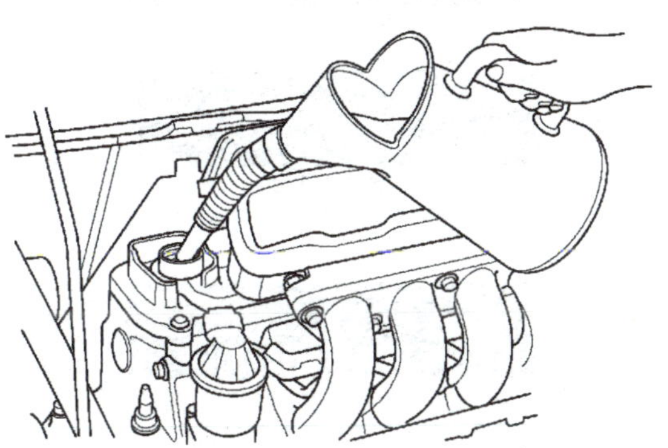

图 2-4-10 加注发动机机油

表 2-4-2 捷豹 XK 轿车发动机机油油位检查操作方法

步骤	操作方法
1	发动机怠速运行，使发动机达到正常工作温度
2	关闭发动机，等待 10min，使发动机机油回流到油底壳
3	确保车辆停放在平坦地面
4	接通点火开关，但不要启动发动机
5	把变速器挡位设置到 P 挡
6	反复按动转向柱左侧控制杆末端的 TRIP 按钮，如图 2-4-11 示，使显示屏显示机油油位信息
7	显示屏显示的机油油位信息如图 2-4-12 所示
8	如果显示屏显示机油油位过低，应按照图 2-4-13 所示，拧开机油加注口盖，添加发动机机油

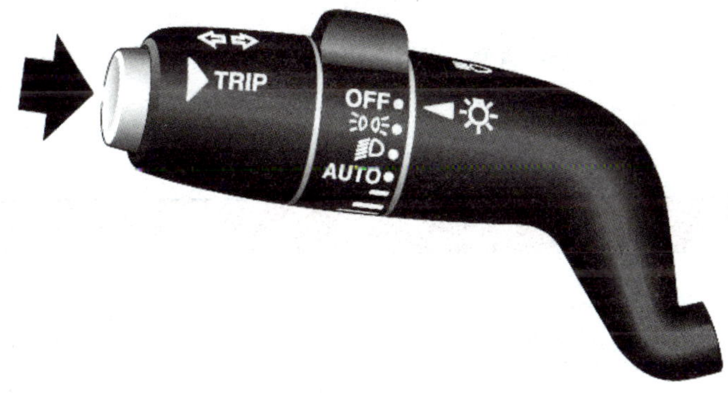

图 2-4-11 TRIP 按钮识别

(a) 机油油位处于建议水平，无需加注机油

(b) 添加0.5L机油

(c) 添加1L机油

(d) 机油油位高于安全操作的最大值。请勿驾驶车辆，应向具备资格的人员寻求帮助

(e) 机油油位低于安全操作的最低值。添加1.5L机油，然后重新检查油位

(f) 正在稳定机油油位，无法确定机油油位。请等待10min，然后重新检查机油油位显示屏

图 2-4-12　显示屏显示内容说明

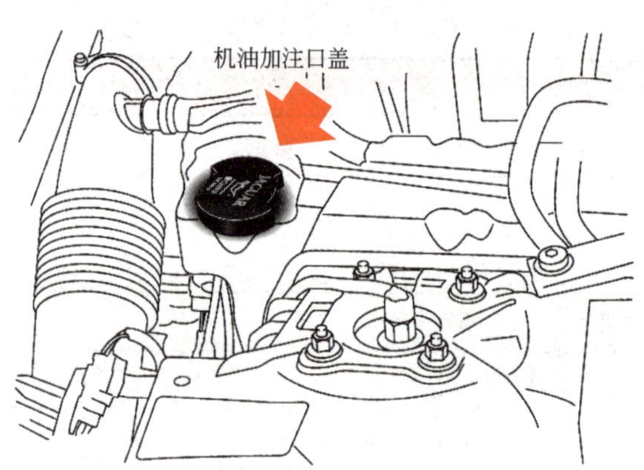

图 2-4-13　发动机机油加注口盖识别

3. 更换发动机机油和机油滤清器

在维护保养工作中，要根据车辆使用手册上的说明，按照车辆行驶里程或保养时间间隔更换发动机机油和机油滤清器。以英菲尼迪 QX56 汽车为例，见表 2-4-3。

表 2-4-3　英菲尼迪 QX56 汽车更换发动机机油和机油滤清器操作方法

步骤	操作方法
1	把车停放在平坦地面上，启动发动机，确认发动机机油没有泄漏迹象
2	关闭发动机，等待 10min，拆下机油滤清器盖
3	按照图 2-4-14 所示，用扳手拆卸发动机机油卸放塞，排放发动机机油

续表

步骤	操作方法
4	按照图 2-4-15 所示，用机油滤清器扳手拧松机油滤清器，用手把机油滤清器拆下
5	用干净的抹布把机油滤清器的安装面擦拭干净
6	在新机油滤清器的密封部位上涂抹一层干净的发动机机油，如图 2-4-16 所示
7	沿顺时针方向把机油滤清器紧固到 15 ～ 21N • m
8	把发动机机油卸放塞擦拭干净，换上新的密封垫圈，用扳手把发动机机油卸放塞紧固到 29 ～ 39N • m
9	添加足量的新发动机机油

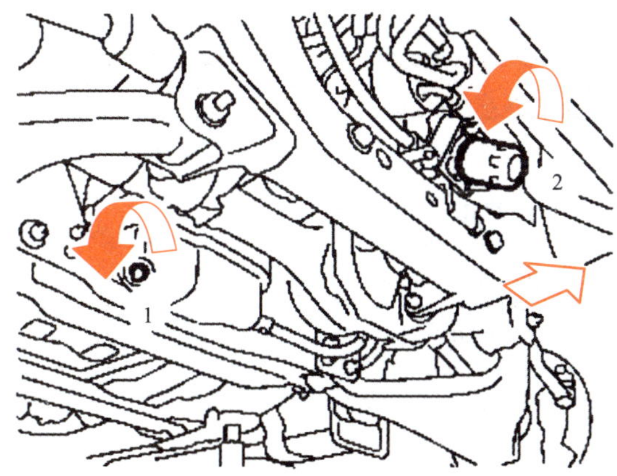

图 2-4-14　发动机机油卸放塞和机油滤清器识别

1—发动机机油卸放塞；2—发动机机油滤清器

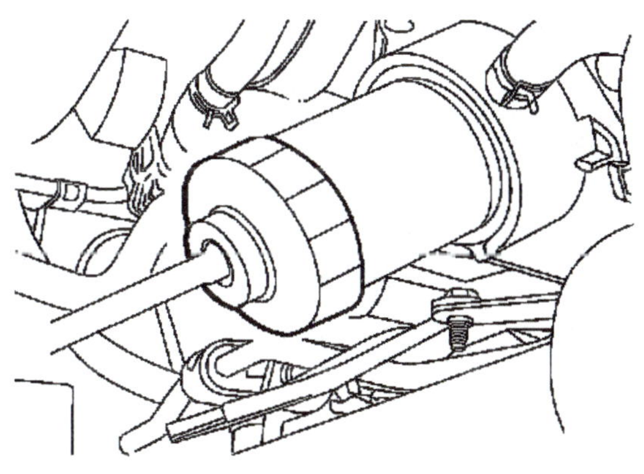

图 2-4-15　用机油滤清器扳手拧松机油滤清器

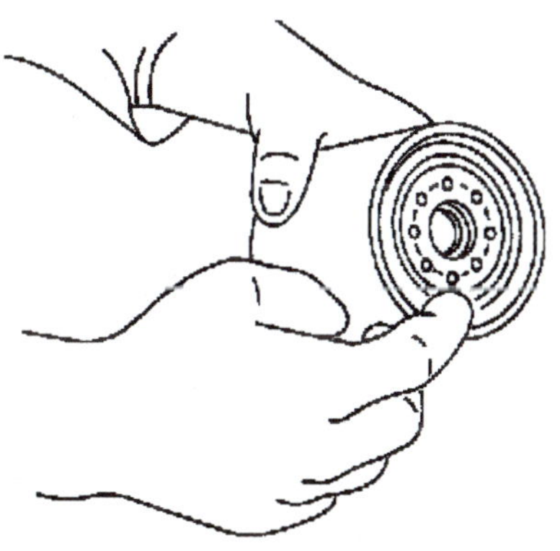

图 2-4-16　在密封部位涂抹一层干净的发动机机油

4. 机油压力监测

车辆维护作业时，如果发现仪表板上的机油压力报警灯点亮，如图 2-4-17 所示，就要检查机油油位是否过低，如果机油油位正常，应检查发动机机油压力是否在规范范围内。以本田飞度轿车为例，发动机机油压力检查操作方法参见表 2-4-4。

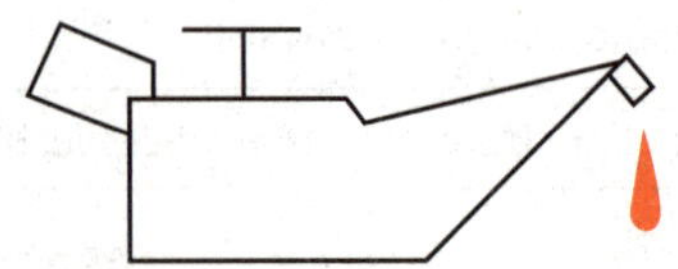

图 2-4-17 机油压力报警灯

表 2-4-4 本田飞度轿车发动机机油压力检查操作方法

步骤	操作方法
1	如图 2-4-18 所示，断开发动机机油压力开关线束接头并拆下发动机机油压力开关
2	如图 2-4-19 所示，安装发动机机油压力表
3	启动发动机，使发动机达到正常的工作温度
4	使发动机保持怠速运行，查看发动机机油压力表的测量值应至少保持在 59kPa
5	将发动机转速提高到 3000r/min，发动机机油压力表的测量值应在 343kPa 以上
6	如果机油压力不在规范范围，则检查机油滤清器是否堵塞，并检查机油油泵是否工作正常

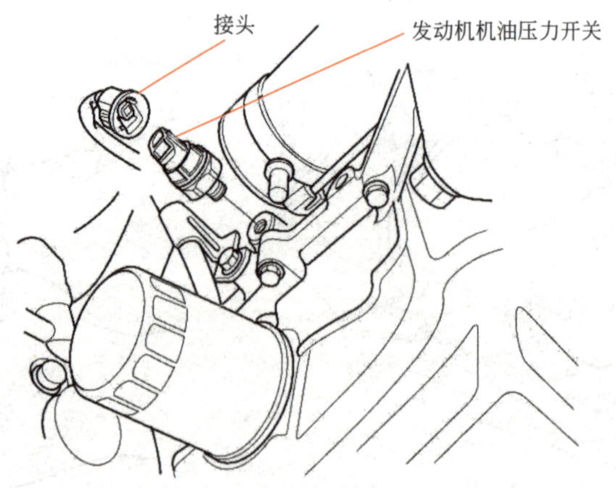

图 2-4-18 拆下发动机机油压力开关

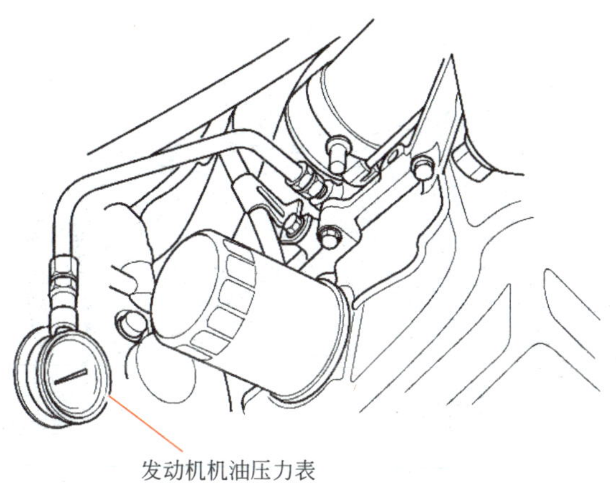

图 2-4-19　安装发动机机油压力表

第五节　发动机冷却系统维护

一、发动机冷却系统的功能和结构

1. 发动机冷却系统的功能

发动机工作时，可燃混合气在发动机气缸内燃烧做功，产生大量的热，最高温度会达到2000℃以上，如果气缸、气缸盖、活塞、气门及其他相关部件的温度高于安全标准，这些部件就会因受热过度而损坏。因此发动机冷却系统的作用就是把发动机冷却液循环流动到这些部件上，将受热部件的温度保持在可以接受的程度，防止部件过热损坏，从而获得理想的动力输出和良好的燃油经济性。

2. 发动机冷却系统的部件组成

常见的发动机冷却系统由散热器、散热器盖、储液罐、水泵、节温器、散热器风扇等部件组成，参见图 2-5-1。

3. 冷却系统各部件说明

（1）水泵　水泵安装在发动机上，如图 2-5-2 所示，通过正时皮带与发动机曲轴连接，发动机工作时，曲轴通过正时皮带即可驱动水泵叶轮进而对发动机冷却液实施加压，使冷却液在冷却系统内加速循环流动。水泵有用铝合金制造的，也有采用树脂制造的。

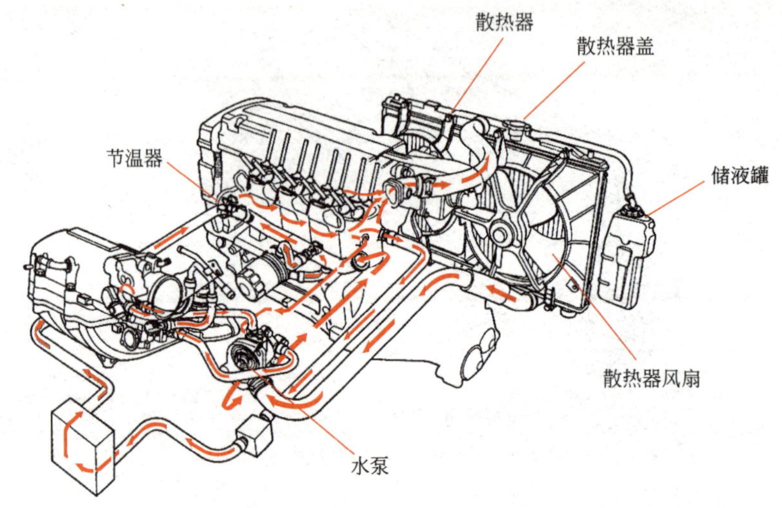

图 2-5-1　常见的发动机冷却系统部件组成

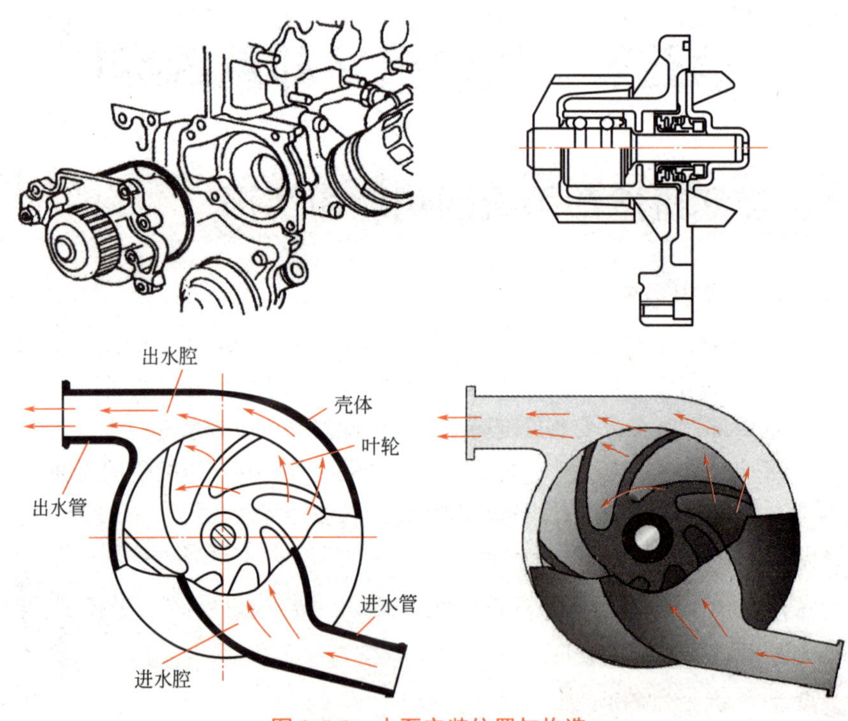

图 2-5-2　水泵安装位置与构造

（2）散热器　散热器的结构如图 2-5-3 所示，主要由上水箱、下水箱和散热器片构成。发动机冷却液从发动机流入上水箱，然后流经散热器芯至下水箱，冷却液在下水箱处重新返回发动机。流经散热器的冷却液被外来空气冷却。散热器上配备有散热器盖，散热器盖的工作原理如图 2-5-4 所示。散热器连接有冷却液储液罐，其功能如图 2-5-5 所示。

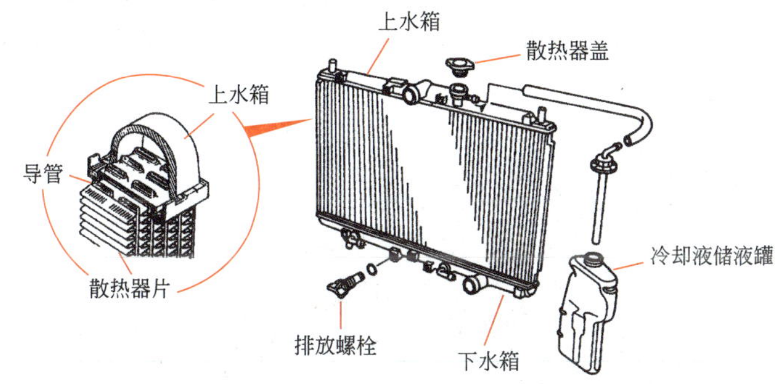

图 2-5-3 散热器的结构

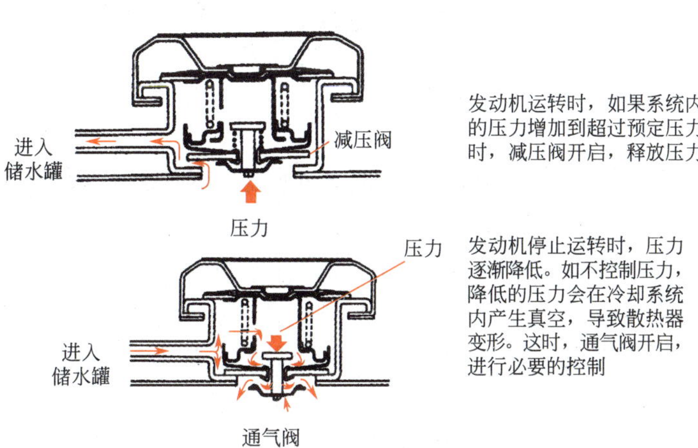

图 2-5-4 散热器盖的工作原理

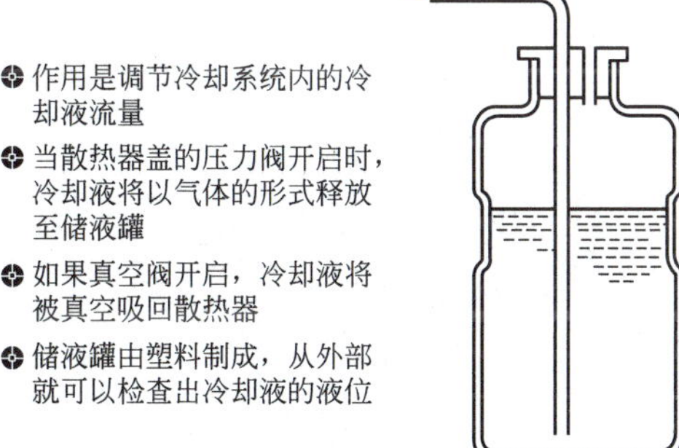

图 2-5-5 冷却液储液罐的功能

（3）冷却风扇　冷却风扇一般安装在散热器上，如图 2-5-6 所示。现代轿车广泛采用电动冷却风扇，可根据发动机不同的工况和使用条件，调节发动机的散热能力。当发动机负荷很大，需要增强冷却能力时，电动冷却风扇会切换到高速运转状态，使尽可能多的空气通过散热器进行散热冷却；当发动机负荷较低时，冷却风扇会切换到低速运转状态。

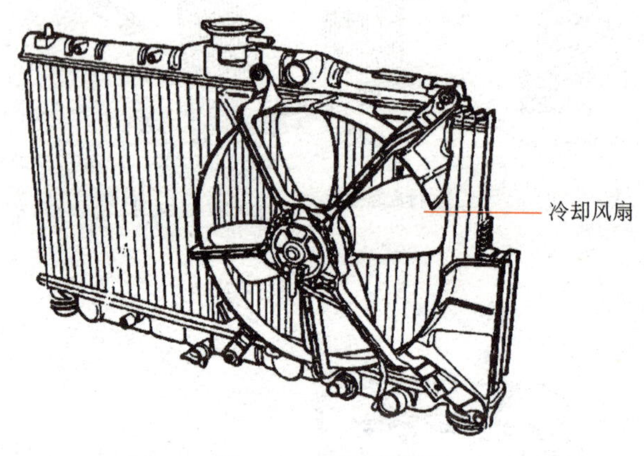

图 2-5-6　冷却风扇

（4）节温器　节温器通常安装在发动机冷却液的进口或出口位置，可以自动把冷却液保持在某一温度，为了使发动机发挥最佳性能，理想的发动机冷却液温度是 80 ～ 90℃。当发动机冷却液温度较低时，为了使发动机迅速加热，冷却液就停止在散热器中的循环。只有当发动机冷却液温度升高时，才开始在散热器中的循环。节温器的作用就是通过改变散热器中冷却液的循环流量来使发动机冷却液温度保持在合适的范围。典型的节温器结构如图 2-5-7 所示。发动机冷却液温度较低时，节温器关闭，阻断了发动机冷却液流入散热器的通道，使得冷却液只在气缸和气缸盖的冷却水套中流动；随着发动机运行，冷却液温度不断升高，节温器中的蜡球受热熔化，体积膨胀，产生的压力推动芯轴活塞，芯轴活塞克服弹簧的弹力，打开阀门，冷却液得以流入散热器，如图 2-5-8 所示。

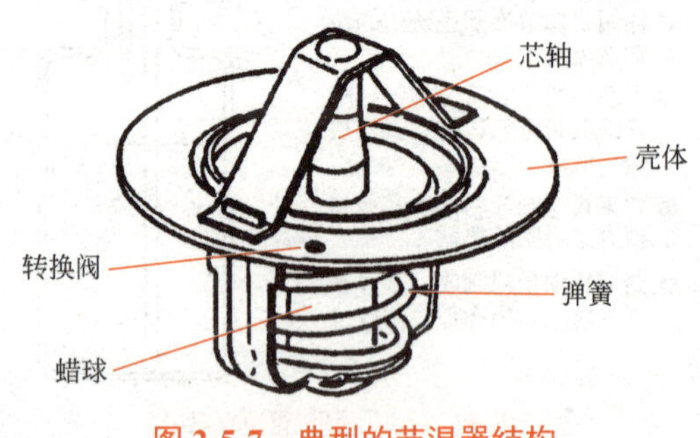

图 2-5-7　典型的节温器结构

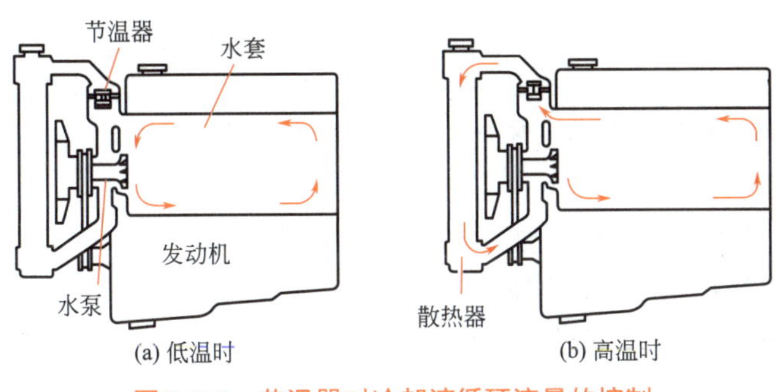

图 2-5-8 节温器对冷却液循环流量的控制

二、发动机冷却系统常用维护项目

1. 发动机冷却液检查与更换

（1）发动机冷却液基本知识 冷却液有以下功能：冷却发动机部件、防止冷却系统部件生锈、防止过热。目前汽车上采用的发动机冷却液一般为乙二醇 - 水溶液，这种冷却液具有冰点低、沸点高、防腐蚀和防垢性能好的优点。乙二醇是一种无色黏稠液体，其沸点高达 197℃，冰点为 −11.5℃，可以和水以一定比例混合，在与水混合后，其冰点温度会显著降低，最低可达 −68℃。乙二醇冷却液中乙二醇含量与混合后冰点的关系参见表 2-5-1。

表 2-5-1 乙二醇冷却液中乙二醇含量与混合后冰点的关系

乙二醇含量 /%	冰点 /℃	乙二醇含量 /%	冰点 /℃
28.4	−10	50	−35
32.8	−15	54	−40
38.5	−20	57	−45
45.3	−25	59	−50
47.8	−30	100	−11.5

现代汽车发动机的冷却液除了冷却功能外，还必须解决穴蚀、化学腐蚀、电化学腐蚀和水垢四大问题。冷却液是水与防冻剂的混合物。由于水的来源不同，其成分和清洁度也不同。因此，在加注冷却液时，要注意以下几个方面。

① 不要添加未经处理的水。水就其是否溶解有矿物质来说，可分为硬水和软水两种。硬水中含有铁、钙、镁等离子，未经处理的井水、泉水就属于硬水，如果向发

动机中加注这类硬水，经发动机加热蒸发后，就会产生碳酸钙、硫酸钙等化合物，沉淀下来形成水垢。而水垢，一方面是热的不良导体；另一方面当水垢增加到一定程度时，就会使管路变窄，水的流量随之减少，就会影响发动机散热，造成发动机过热，从而影响其使用寿命。

② 不要不管不问。发动机加注长效冷却液，在工作一段时间后，应打开水箱盖进行检查，当水箱出现水污、水锈和沉淀物时，应及时更换冷却液。

③ 不要缺水运行。在炎热天气行车时，水箱内的冷却液蒸发加快，要注意检查冷却液量，注意观察冷却液温度表。水箱如果不完全加满，冷却液在水套内循环就存在问题，温度容易升高造成“开锅”。有的车辆，加冷却液时不易加满，其水箱位置较发动机低，加冷却液时水箱加水口显示已经加满，但实际上发动机水套内缺冷却液。如贸然行车，水箱易“开锅”。对这类车，正确的方法是：应在加水口显示加满后，启动发动机运转，待发动机温度升高至节温器开启时，水套内空气排出后，液面就会下降，此时再将水箱加满即可。

④ 水箱“开锅”时不要贸然拧开水箱盖。因为“开锅”时，水箱内温度很高（至少 100℃），压力大，突然开启水箱盖，滚烫的水及水蒸气便会向外急速喷出，易烫伤加水者。出现“开锅”时一般应使车辆怠速运转，等发动机温度降下来后再开盖加注冷却液。如时间紧迫，可先用湿布盖住水箱盖，再用湿毛巾包住手，然后慢慢将水箱盖打开。另外，加注冷却液速度不宜过快，应缓缓加入。

⑤ 加注冷却液时不要将冷却液洒到发动机上。加注冷却液时，若将冷却液洒到发动机的火花塞孔座、高压线插孔、分电器上都可能会对点火造成影响；冷却液溅到传动带上也可能导致其打滑，洒到机体上还可能导致机体变形甚至产生裂纹。

⑥ 不要忘记向冷却液中加防冻剂。有的驾驶员认为，夏季冷却液中不需要加注防冻剂。这种想法是错误的，因为防冻剂可防止冷却液过早沸腾，提高冷却液的沸点，可防止水箱过早出现“开锅”现象。另外，防冻剂中还含有防锈剂和泡沫抑制剂。防锈剂可延缓或阻止发动机水套壁及散热器的锈蚀和腐蚀。冷却液中的空气在水泵叶轮的搅动下会产生很多泡沫，这些泡沫将妨碍水套壁的散热。泡沫抑制剂能有效抑制泡沫的产生。

⑦ 人体不要接触冷却液。冷却液及其添加剂均为有毒物质，请勿接触，并置于安全场所。放出的冷却液不宜再使用，应严格按有关法规处理废弃的冷却液。

⑧ 不同型号的冷却液不要混合使用。不同型号的冷却液混合使用会生成沉淀或产生气泡，降低使用效果。在更换冷却液时，应先将冷却系统用净水冲洗干净，然后再加入新的冷却液和水。用剩的冷却液应在容器上注明名称，以免混淆。

（2）发动机冷却液的维护　维护时应注意检查发动机冷却液储液罐中的液位，

正常情况下液位应处于储液罐液位 MAX（上限）和 MIN（下限）标记之间，如图 2-5-9 所示。如果发现液位过低，应及时加注发动机冷却液。

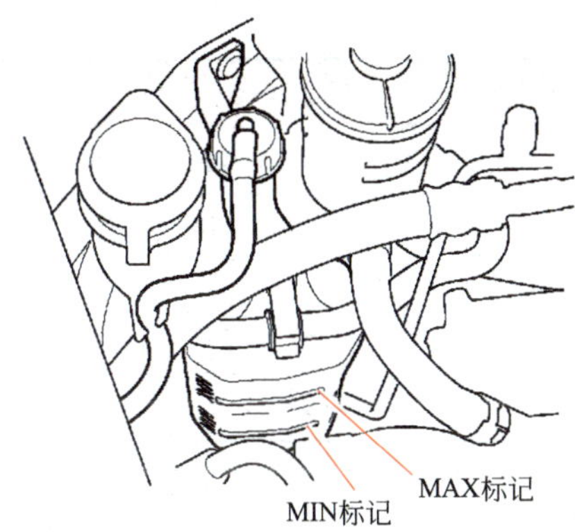

图 2-5-9　发动机冷却液储液罐液位标记识别（讴歌 MDX 轿车）

（3）发动机冷却液更换　发动机散热器内流动的冷却液和防冻剂经长时间使用后会发生变质，使冷却液防锈性能降低，从而在散热器内沉积铁锈和其他杂质，导致散热器芯子堵塞或冷却管路损坏，使发动机散热不良，因此必须根据维护手册上的说明，按照行驶里程和时间间隔及时更换新的发动机冷却液。以讴歌 MDX 轿车为例，该车发动机冷却液更换操作方法参见表 2-5-2。

表 2-5-2　讴歌 MDX 轿车发动机冷却液更换操作方法

步骤	操作方法
1	发动机保持冷态，拆下发动机散热器盖
2	拆下挡泥板
3	按照图 2-5-10 所示，松开散热器上的卸放塞，排出冷却液
4	按照图 2-5-11 所示，在气缸体后部的冷却液卸放塞处连接软管，松开卸放塞，使发动机气缸内的冷却液从软管排出，冷却液排干后，拧紧卸放塞，拆下软管
5	拧紧散热器上的卸放塞
6	安装挡泥板
7	拆下冷却液储液罐，排干储液罐中的冷却液后重新加注冷却液至 MAX 标记处，参见图 2-5-9
8	启动发动机，使发动机转速保持在 1500r/min，直至发动机冷却风扇转动，确认散热器节温器开启
9	关闭发动机，检查冷却液液位，必要时予以添加
10	把车内空调设置成最大制冷状态，启动发动机，转速保持在 1500r/min，运行 5min，关闭发动机
11	检查冷却液液位，必要时予以添加
12	把车内空调设置成最大制热状态，启动发动机，转速保持在 1500r/min，运行 5min，关闭发动机
13	检查冷却液液位，必要时予以添加
14	把车内空调设置成最大制冷状态，启动发动机，转速保持在 1500r/min，运行 3min，关闭发动机

续表

步骤	操作方法
15	检查冷却液液位，必要时予以添加
16	把车内空调设置成最大制热状态，启动发动机，转速保持在 1500r/min，运行 3min，关闭发动机
17	检查冷却液液位，必要时予以添加
18	重复步骤 14 ～ 17，直至冷却液液位不再变化为止

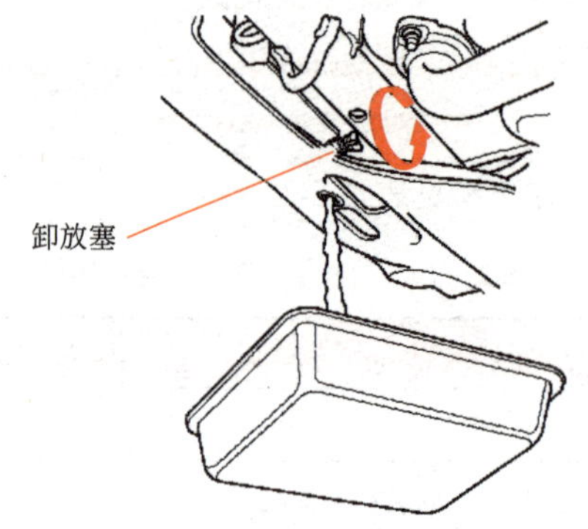

图 2-5-10　松开散热器上的冷却液卸放塞

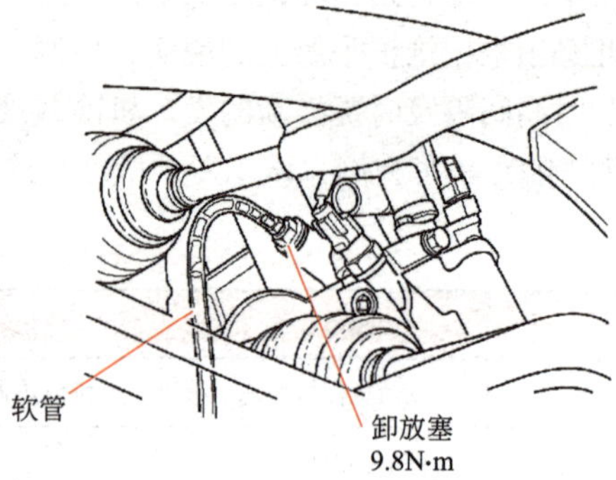

软管

卸放塞
9.8N·m

图 2-5-11　松开气缸体后部的冷却液卸放塞

2. 散热器盖检测

（1）散热器盖的功能　散热器盖能起到良好的密封作用，可以使发动机冷却系统保持一定的压力，不但可以提高发动机冷却液的沸点，还能防止冷却液蒸发流失。在维护发动机冷却系统时，要检查发动机散热器盖的密封性能。

（2）准备检测工具　可采用冷却系统压力测试器来检测散热器盖的密封性能。测试器由手动泵、压力表和各种规格的接头组成，如图 2-5-12 所示。

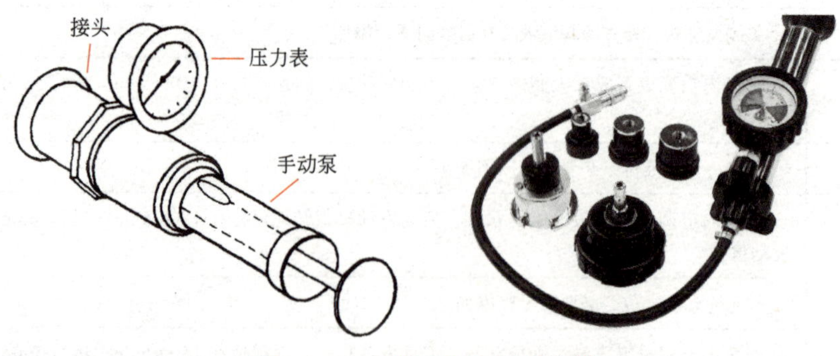

图 2-5-12　冷却系统压力测试器

（3）操作方法　以本田飞度轿车为例，见表 2-5-3。

表 2-5-3　本田飞度轿车散热器盖检测操作方法

步骤	操作方法
1	检测散热器盖时，发动机必须处于冷机状态。先拆下散热器盖，将发动机冷却液涂抹到散热器盖密封处，然后按照图 2-5-13 所示，安装压力测试器
2	用压力测试器上的手动泵施加 93 ～ 123kPa 的压力
3	检查是否有压力下降现象
4	如果发现压力出现下降，说明散热器盖已经丧失良好的密封性能，必须更换散热器盖

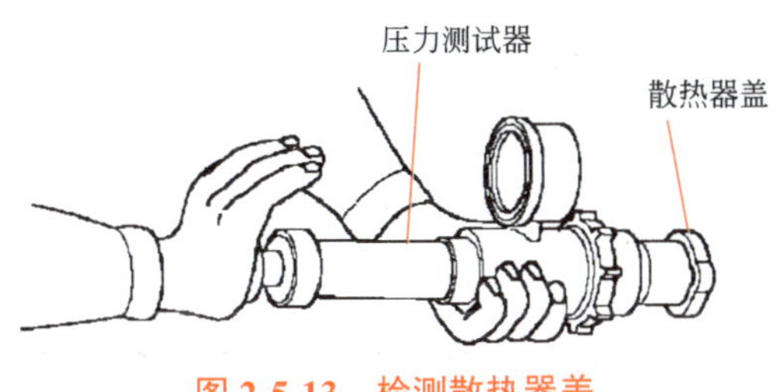

图 2-5-13　检测散热器盖

3. 散热器检测

进行维护时要检查散热器的密封性能。以本田飞度轿车发动机为例，按照表 2-5-4 的操作方法执行散热器检测操作。

表 2-5-4　本田飞度轿车发动机散热器检测方法

步骤	操作方法
1	检测散热器时，发动机必须处于冷机状态。先拆下散热器盖，把发动机冷却液加注到散热器内，直至发动机冷却液达到加注口颈部，然后按照图 2-5-14 所示，安装压力检测器
2	用压力测试器施加 93 ～ 123kPa 的压力
3	如果散热器正常，应该不会有压力下降现象或发生发动机冷却液泄漏
4	检查完毕后，拆下压力检测器，重新安装好散热器盖

4. 冷却风扇电动机检测

发动机冷却风扇的作用是当发动机运行时风扇旋转，给散热器送风，促进散热器冷却管路之间的通风，提高散热器的散热能力。进行维护时应将散热风扇上的污垢清理干净，查看散热器风扇叶片是否变形，并检查冷却风扇电动机是否运行正常。以本田飞度轿车发动机为例，按照表 2-5-5 的操作方法执行冷却风扇电动机检测操作。

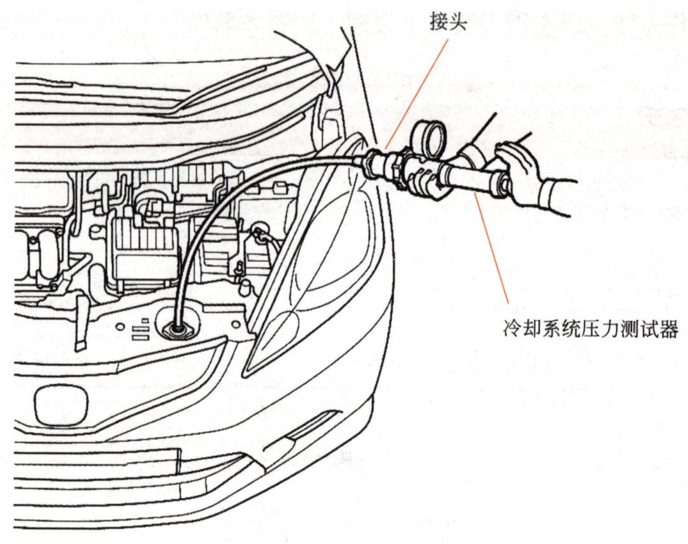

图 2-5-14　检测散热器

表 2-5-5　本田飞度轿车发动机冷却风扇电动机检测操作方法

步骤	操作方法
1	按照图 2-5-15 所示，把散热器冷却风扇和空调压缩机风扇电动机的线束连接器断开
2	在线束连接器端子 2 上提供 12V 电压，线束连接器端子 1 接地，观察电动机转动情况
3	如果电动机不转或转动不顺畅，应更换电动机

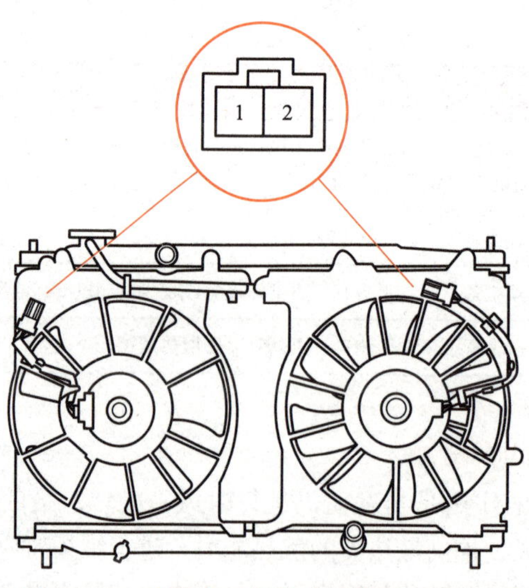

图 2-5-15　风扇电动机线束连接器端子识别

1，2—端子

5. 节温器检测与更换

（1）节温器检测　以本田雅阁轿车发动机为例，按照表 2-5-6 的操作方法执行节温器检测操作。

表 2-5-6　本田雅阁轿车发动机节温器检测操作方法

步骤	操作方法
1	按照图 2-5-16 所示，把处于闭合状态的节温器悬挂在装有水的容器中，温度计不要接触到容器底部
2	加热容器，用温度计测试水温，检测节温器开始开启时的温度和全部打开时的温度
3	如果节温器工作正常，节温器首次开启时的温度应为 80 ～ 84℃；完全打开时的温度应为 95℃
4	当节温器完全开启时，测量节温器升程应为 8.0mm 以上

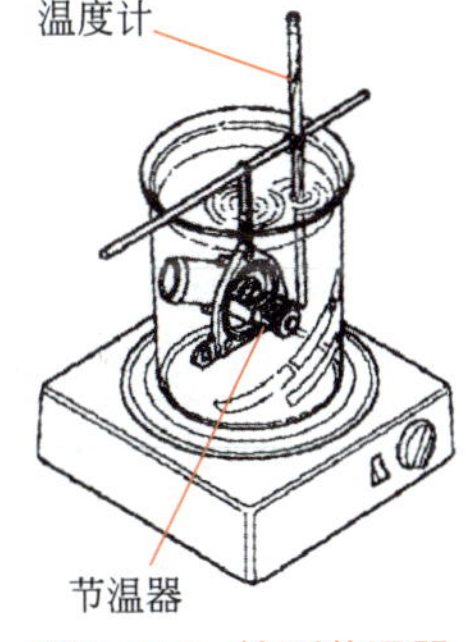

图 2-5-16　检测节温器

（2）节温器更换　检测节温器后如果发现节温器工作不正常，应予以更换。以本田雅阁轿车 2.4L 发动机为例，按照表 2-5-7 的操作方法执行节温器更换操作。

表 2-5-7　本田雅阁轿车发动机节温器更换操作方法

步骤	操作方法
1	排空发动机冷却液
2	清除快速接头、节温器盖和散热器下部软管上的污垢
3	按照图 2-5-17 所示，用手拔出锁卡，然后左右转动快速接头，将快速接头从节气门盖上拆下
4	按照图 2-5-18 所示，拆下节温器
5	使用新的 O 形密封圈，安装节温器
6	按照图 2-5-19 所示，检查快速接头和定位环有无裂纹或损坏，如果有裂纹或损坏，则予以更换
7	按照图 2-5-19 所示，更换快速接头中的 O 形密封圈
8	按照图 2-5-19 所示，检查锁卡有无变形或损坏，如果有变形或损坏应予以更换
9	按照图 2-5-19 所示，在节温器盖的连接面涂抹洁净的发动机冷却液
10	按照图 2-5-20 所示，压下锁卡，将快速接头套装在节温器盖上，套装完毕后，应能听到“咔哒”声
11	将新的发动机冷却液注入散热器

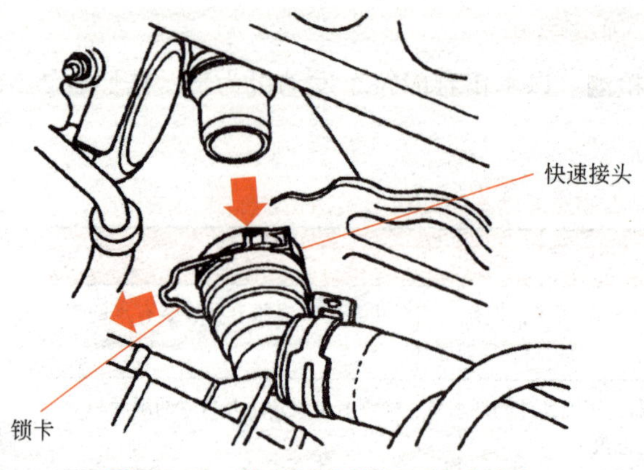

图 2-5-17　拔出锁卡并拆下快速接头

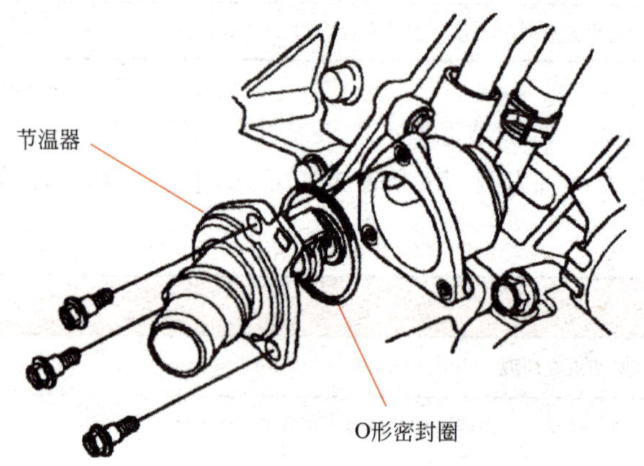

图 2-5-18　节温器和 O 形密封圈识别

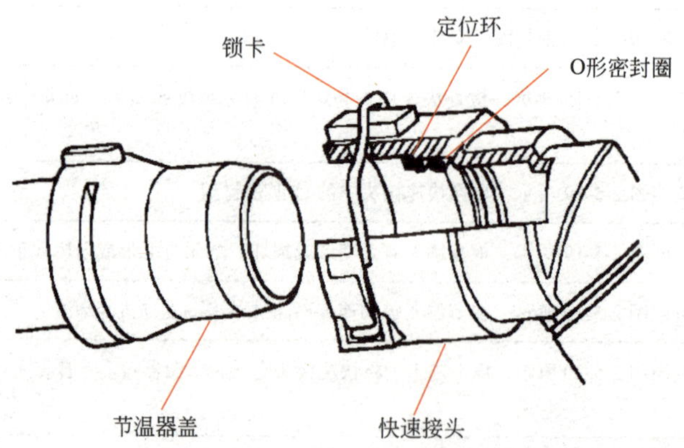

图 2-5-19　快速接头、定位环、O 形密封圈、锁卡和节温器盖识别

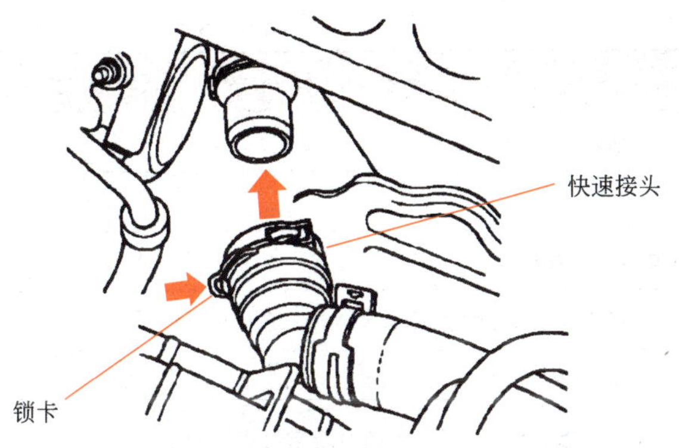

图 2-5-20　压下锁卡并将快速接头套装在节温器盖上

6. 水泵检测与更换

（1）水泵检测　水泵的作用是泵送发动机冷却液，使冷却液在冷却管路内形成循环流动的液流。维护时要检查水泵轮是否转动顺畅，以本田雅阁轿车发动机为例，按照表 2-5-8 的操作方法执行水泵检测操作。

表 2-5-8　本田雅阁轿车发动机水泵检测操作方法

步骤	操作方法
1	按照图 2-5-21 所示，拆下发动机传动皮带
2	逆时针转动水泵轮，检查水泵轮是否转动顺畅，如果不能顺畅转动，则更换水泵
3	如果转动水泵轮时，发现从水泵出水孔处（图 2-5-22）出现少量泄漏，这属于正常现象
4	重新把发动机传动皮带安装好

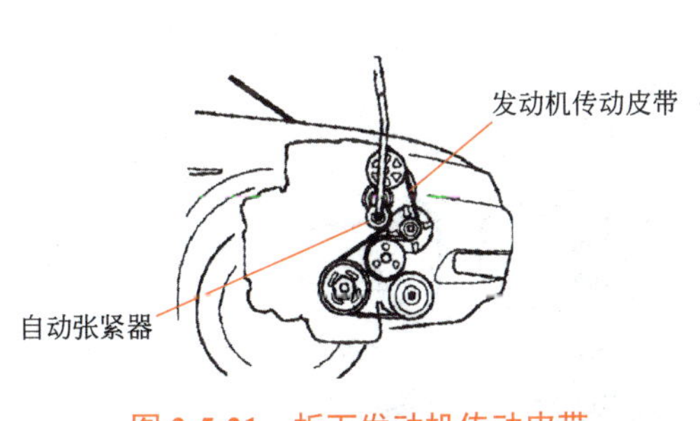

图 2-5-21　拆下发动机传动皮带

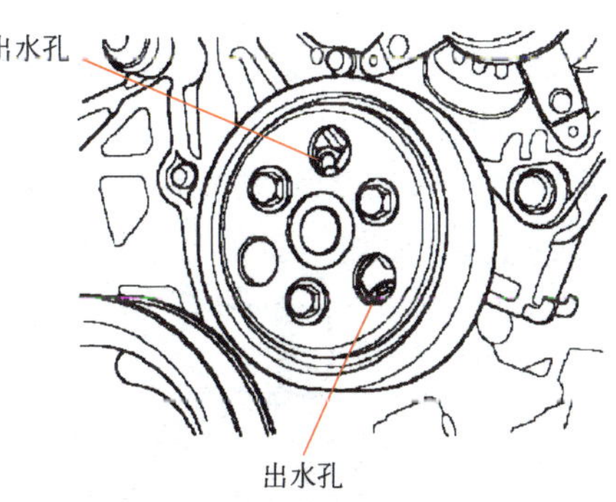

图 2-5-22　水泵出水孔识别

（2）水泵更换　维护时如果发现水泵轮运转不畅，应予以更换。以本田雅阁轿车发动机为例，按照表 2-5-9 的操作方法执行水泵更换操作。

表 2-5-9　本田雅阁轿车发动机水泵更换操作方法

步骤	操作方法
1	拆卸发动机传动皮带
2	排空发动机冷却液
3	拆卸发动机曲轴皮带轮
4	按照图 2-5-23 所示，拆下紧固水泵的 6 个螺栓
5	检查并清洁 O 形密封凹槽以及与水道的配合面
6	按照与拆卸相反的顺序，换装新的 O 形密封圈，安装水泵
7	安装发动机曲轴皮带轮
8	重新加注发动机冷却液

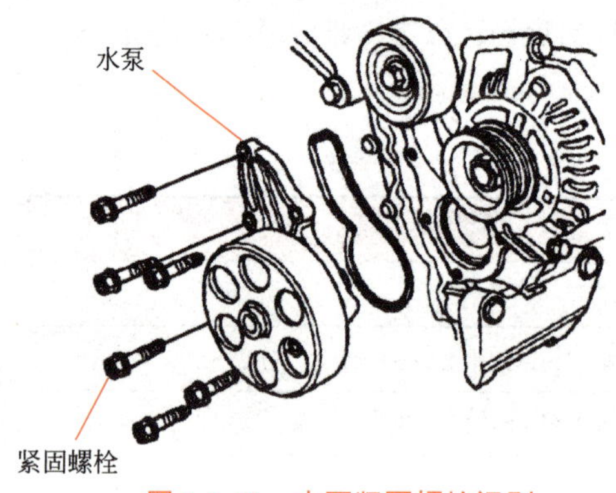

图 2-5-23　水泵紧固螺栓识别

7. 冷却系统软管的检查

冷却系统软管是发动机冷却液在发动机和散热器之间流动的基本途径，也用于在散热器芯内来回输送冷却液。绝大多数汽车发动机都配备进水软管和出水软管，冷却系统软管一般采用丁基合成橡胶和氯丁橡胶制成，并采用尼龙网和钢丝加强，高级轿车的冷却液软管采用硅软管，价格昂贵但耐用。软管一般都是从里面开始损坏的，因此维护保养时要特别仔细地检查。检查时要按照图 2-5-24 所示，用手挤压冷却系统软管，查看软管是否膨胀变形、变软、磨损或变硬，如果发现有此类现象，应予以更换，并按照图 2-5-25 所示的软管安装方法将新软管安装好。

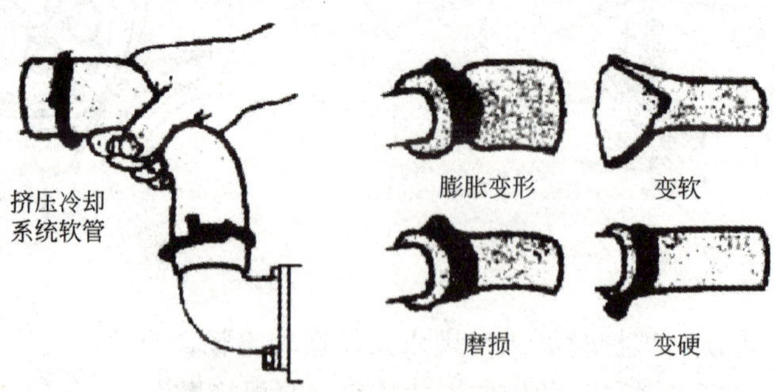

图 2-5-24　检查冷却系统软管

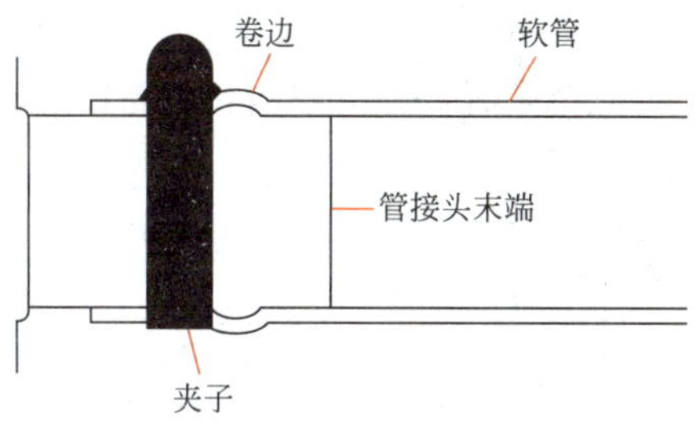

图 2-5-25 冷却系统软管安装方法

第六节 正时皮带、正时链条与发动机传动皮带的维护

发动机配气正时系统的主要维护项目是根据行驶里程间隔对发动机的正时皮带或正时链条进行检查、更换和正时校准操作。由于轿车种类繁多，导致正时皮带和正时链条的拆装方法及校准方法各不相同，因此该维修项目的维修工应熟练掌握。

一、正时链条的维护和保养（以东风本田思域 1.8L 轿车为例）

1. 正时链条拆卸步骤

① 拆卸前车轮。

② 拆卸挡泥板。

③ 拆卸发动机传动皮带自动张紧器。

④ 拆卸气缸盖罩。

⑤ 如图 2-6-1 所示，将气缸 1 的活塞设置到上止点位置，凸轮轴链轮上的 UP 标记应位于正上方；凸轮轴链轮上的上止点标记应与气缸盖顶部齐平。

⑥ 如图 2-6-2 所示，拆卸曲轴箱强制通风软管。

⑦ 拆卸曲轴皮带轮。

⑧ 把木块放置在油底壳下部，用千斤顶支撑起发动机。

⑨ 如图 2-6-3 所示，拆卸空调管路螺栓和扭力杆。

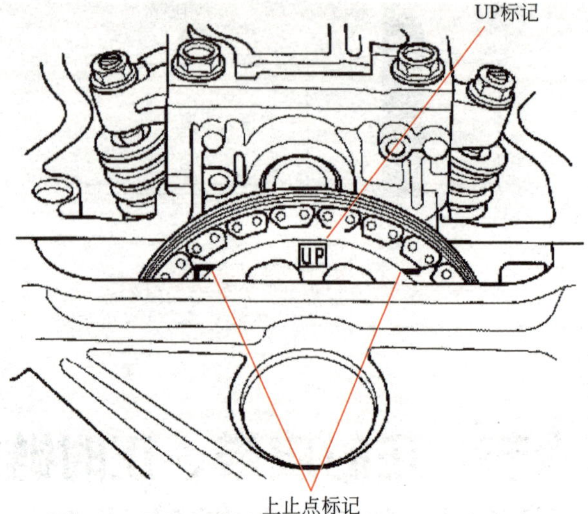

图 2-6-1　标记识别

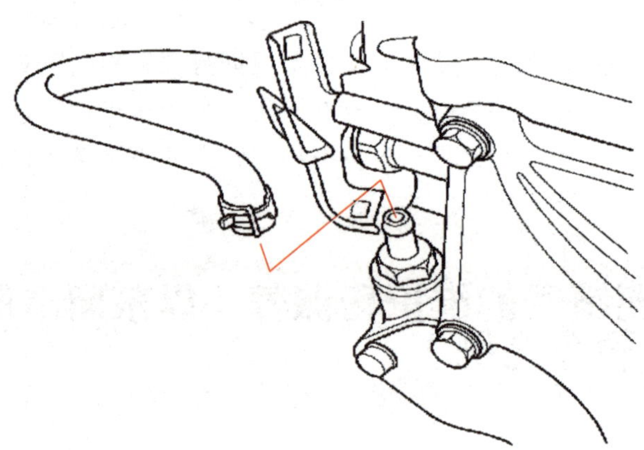
图 2-6-2　拆卸曲轴箱强制通风软管

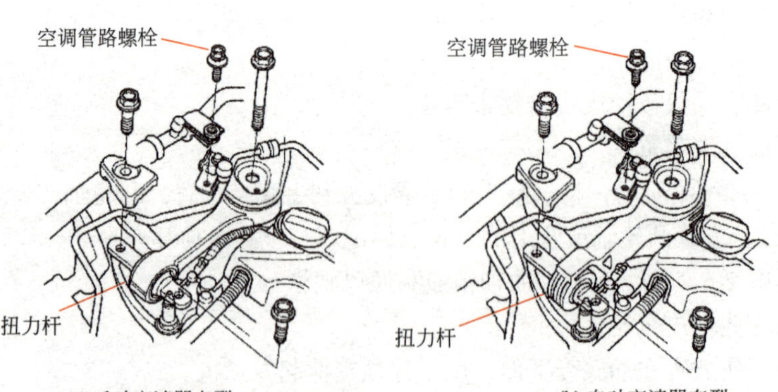

图 2-6-3　空调管路螺栓和扭力杆识别

⑩ 如图 2-6-4 所示，拆卸接地电缆和发动机侧装配支架。

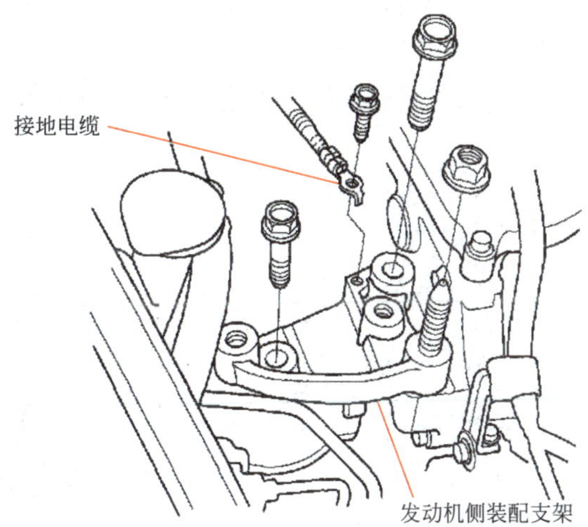

图 2-6-4　拆卸接地电缆和发动机侧装配支架

⑪ 如图 2-6-5 所示，拆卸机油泵。

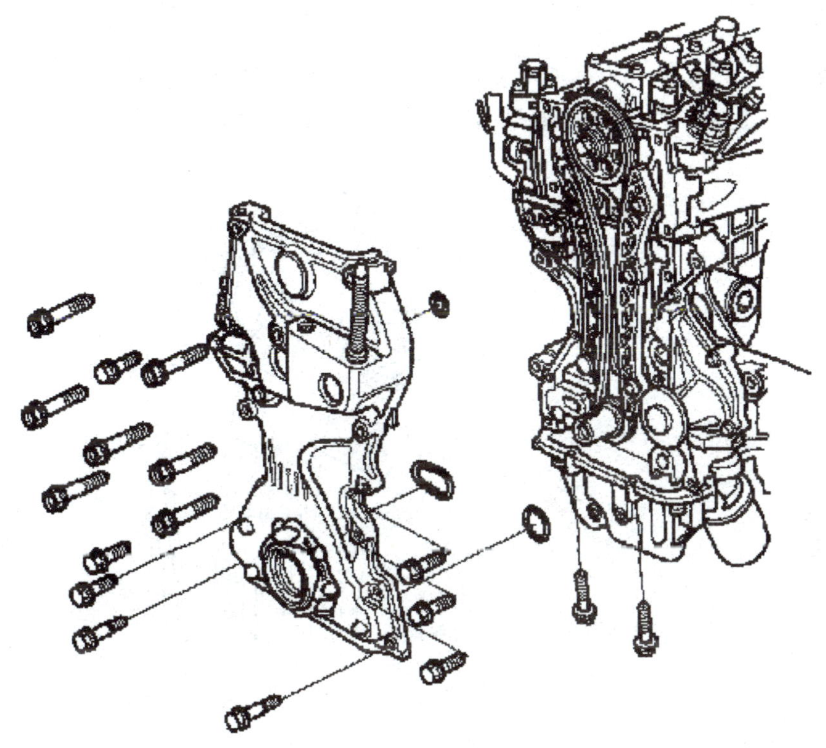

图 2-6-5　拆卸机油泵

⑫ 如图 2-6-6 所示，测量张紧器本体与张紧器臂平面之间的张紧器杆长度。规范值应为 14.5mm，如果测量结果高于规范值标准，则更换正时链条。

⑬ 安装曲轴皮带轮。

⑭ 如图 2-6-7 所示，逆时针转动曲轴皮带轮，使自动张紧器压缩。

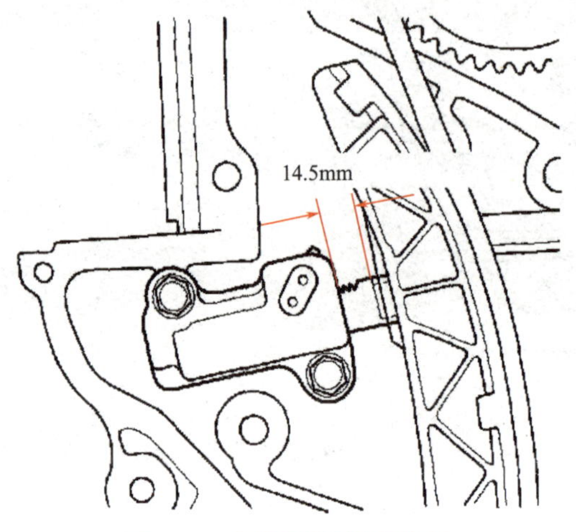

图 2-6-6 测量张紧器杆长度

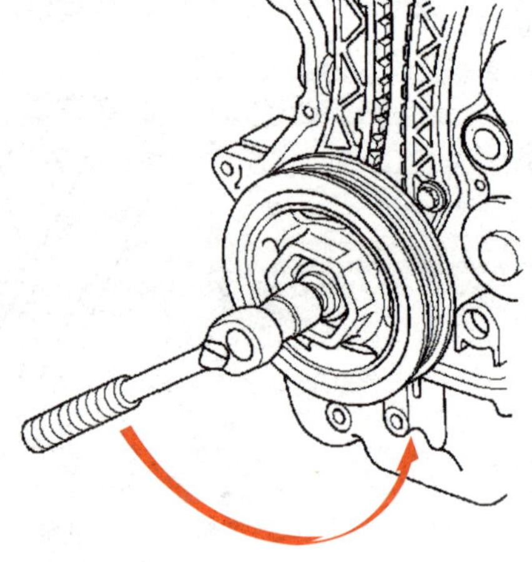

图 2-6-7 逆时针转动曲轴皮带轮

⑮ 如图 2-6-8 所示，将锁定装置的孔和自动张紧器上的孔对齐，然后将直径 1mm 的销子插入孔中，顺时针转动曲轴皮带轮，使销子紧固。

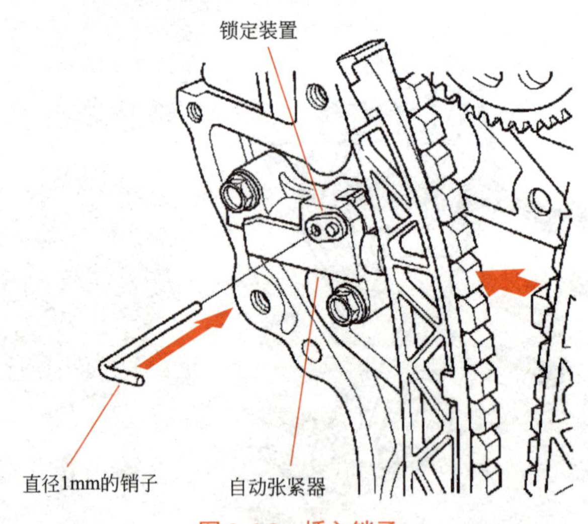

图 2-6-8 插入销子

⑯ 如图 2-6-9 所示，拆卸自动张紧器。

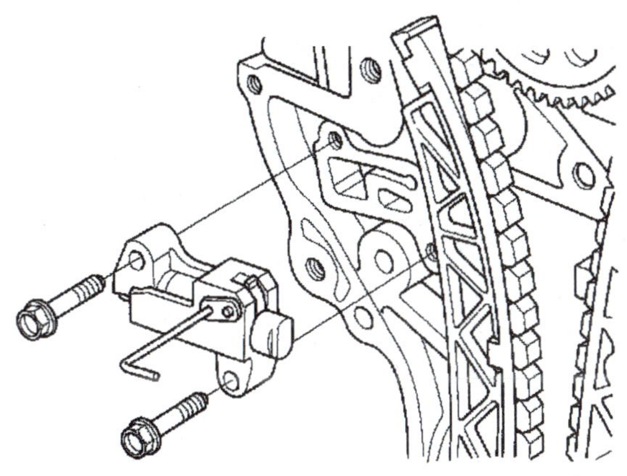

图 2-6-9　拆卸自动张紧器

⑰ 拆卸曲轴皮带轮。

⑱ 如图 2-6-10 所示，拆卸正时链条导向装置和正时链条张紧器臂。

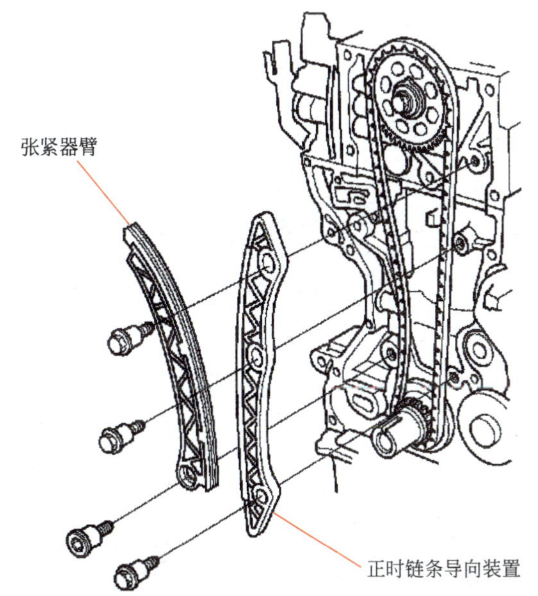

图 2-6-10　拆卸正时链条导向装置和正时链条张紧器臂

⑲ 拆卸正时链条。

2. 正时链条安装步骤

① 将曲轴设置到上止点位置。把曲轴链轮上的上止点标记与气缸体上的指示标记对齐，如图 2-6-11 所示。

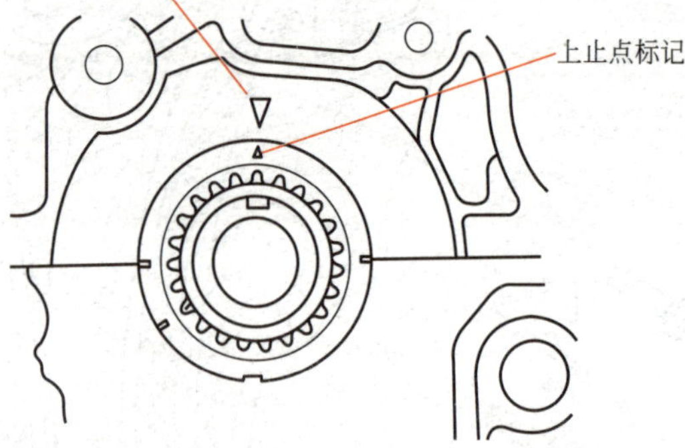

图 2-6-11　曲轴链轮上的上止点标记与气缸体上的指示标记对齐

② 将凸轮轴设置在上止点位置。凸轮轴链轮上的 UP 标记应位于正上方；凸轮轴链轮上的上止点标记应与气缸盖顶部齐平，如图 2-6-12 所示。

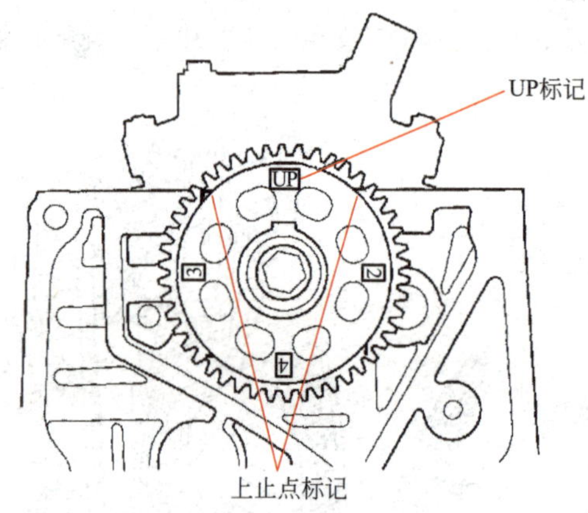

图 2-6-12　对齐标记

③ 把正时链条安装到曲轴链轮上，正时链条的彩色链节要与曲轴链轮上的标记对齐，如图 2-6-13 所示。

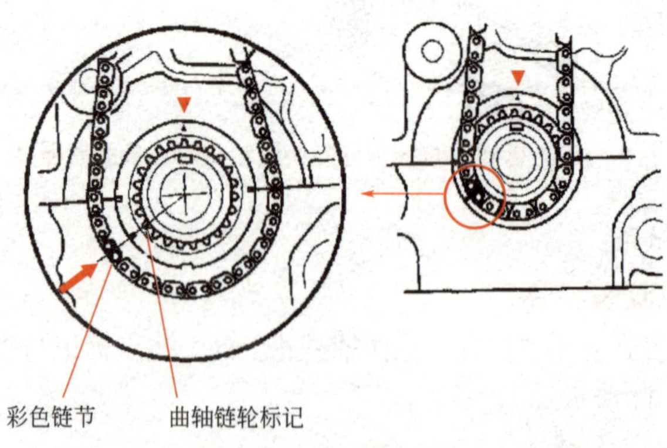

图 2-6-13　彩色链节与曲轴链轮上的标记对齐

④ 把正时链条安装到凸轮轴链轮上，正时链条的彩色链节要与凸轮轴链轮上的标记对齐，如图 2-6-14 所示。

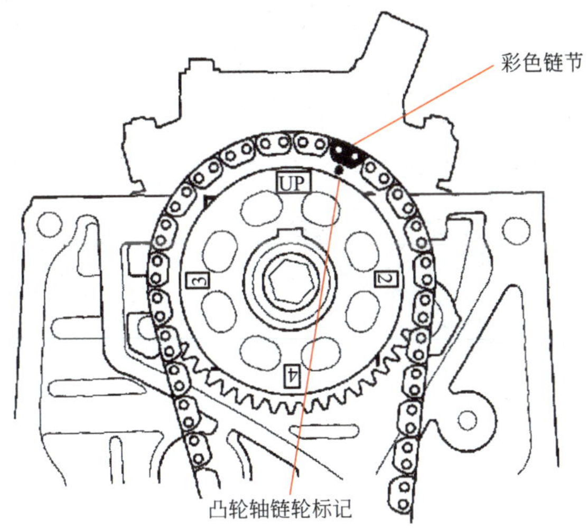

图 2-6-14　彩色链节与凸轮轴链轮上的标记对齐

⑤ 安装正时链条导向装置和张紧器臂，如图 2-6-15 所示。

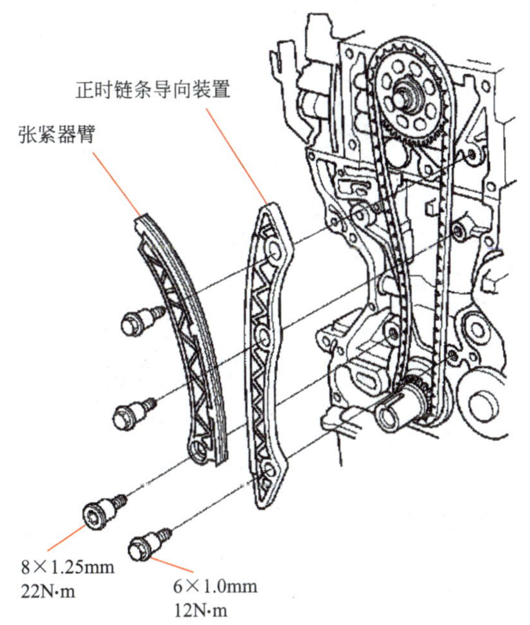

图 2-6-15　安装正时链条导向装置和张紧器臂

⑥ 如图 2-6-16 所示，安装自动张紧器。

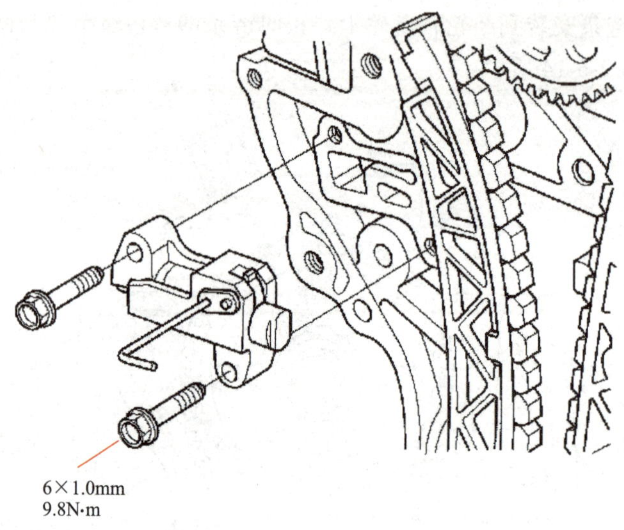

图 2-6-16　安装自动张紧器

⑦ 如图 2-6-17 所示，从自动张紧器中拔出插入的固定销。

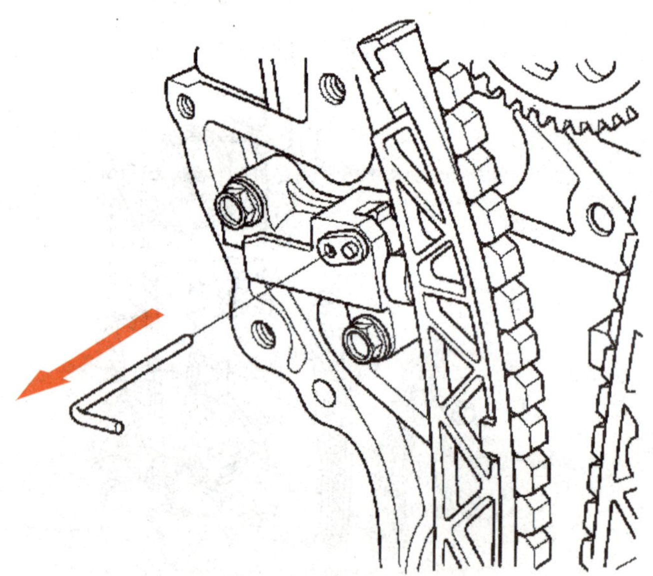

图 2-6-17　拔出插入的固定销

⑧ 检查机油泵的油封是否损坏，如果损坏，应更换新的油封。

⑨ 将机油泵配合面、螺栓和螺栓孔内的旧液体密封胶清理干净。

⑩ 清洗机油泵配合面并将其晾干。

⑪ 在机油泵与发动机缸体的配合面上涂抹液体密封胶（密封胶零件号为 08717-

0004、08718-0001、08718-0002、08718-0003 或 08718-0009），参见图 2-6-18 中的 A 区域和 B 区域。

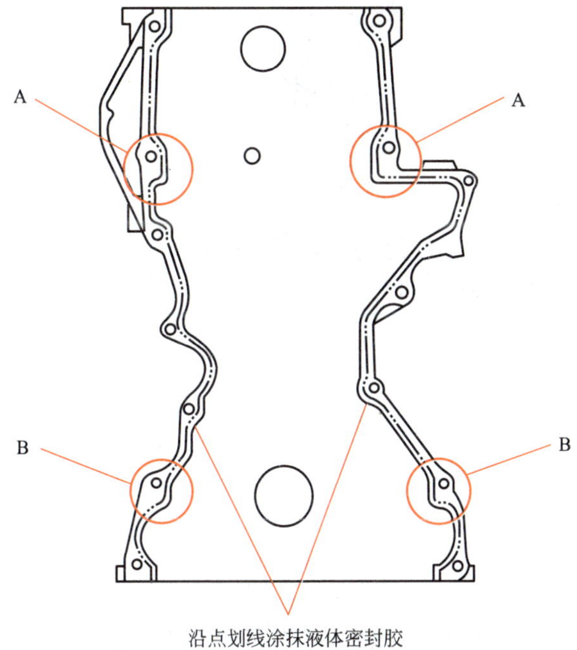

图 2-6-18　液体密封胶涂抹位置

⑫ 如图 2-6-19 所示，在机油泵与油底壳配合面上涂抹液体密封胶（密封胶零件号为 08C70-K0234M），密封胶涂抹后要在 5min 内安装部件。

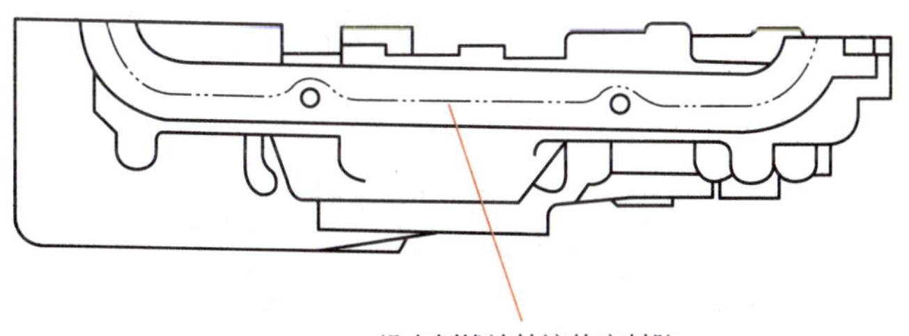

图 2-6-19　在机油泵与油底壳配合面上涂抹液体密封胶

⑬ 如图 2-6-20 所示，把新的 O 形密封圈安装到机油泵上。把机油泵的边缘与油底壳的边缘对齐固定，然后把机油泵安装到发动机缸体上。安装配合螺栓 E、紧固螺栓 F、紧固螺栓 G 和配合螺栓。

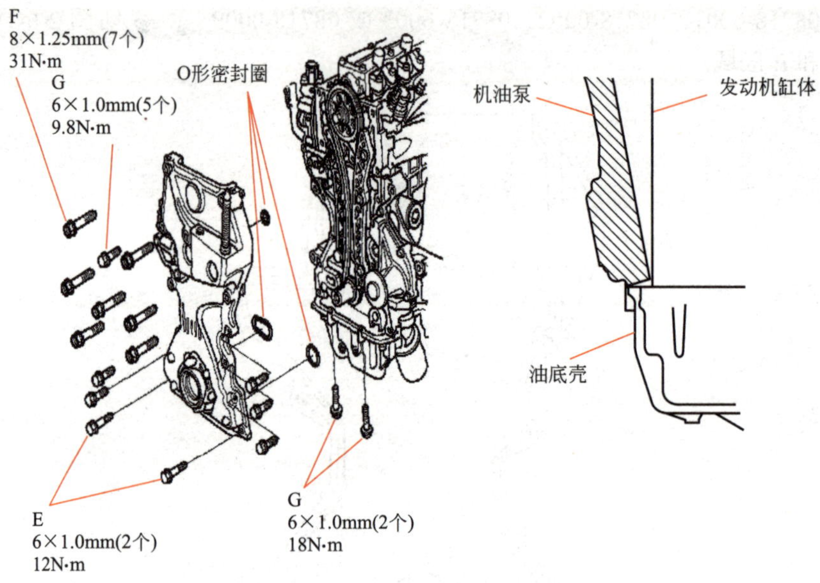

图 2-6-20 安装机油泵并紧固螺栓

注意

安装机油泵时，不要使机油泵底面在油底壳配合面上滑动；至少应等待 30min 后再加注发动机机油；安装机油泵后在 3h 内不要运行发动机。

⑭ 安装发动机侧面装配支架，换装新的螺栓和螺母并略微上紧，如图 2-6-21 所示。

⑮ 如图 2-6-21 所示，安装接地电缆。

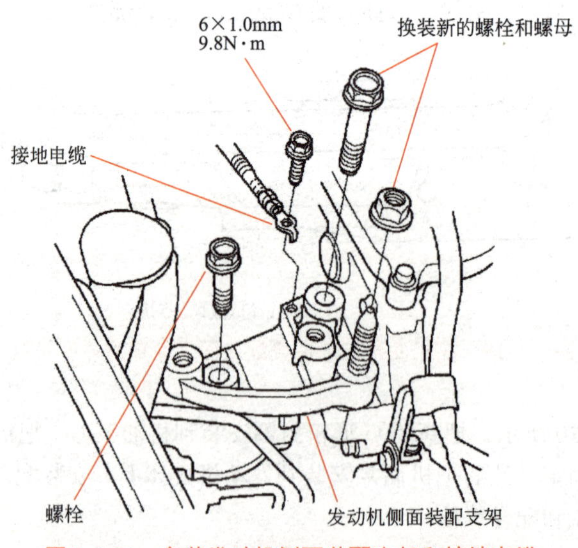

图 2-6-21 安装发动机侧面装配支架和接地电缆

⑯ 拆卸空气滤清器总成。

⑰ 如图 2-6-22 所示，松开变速器装配螺栓和螺母。

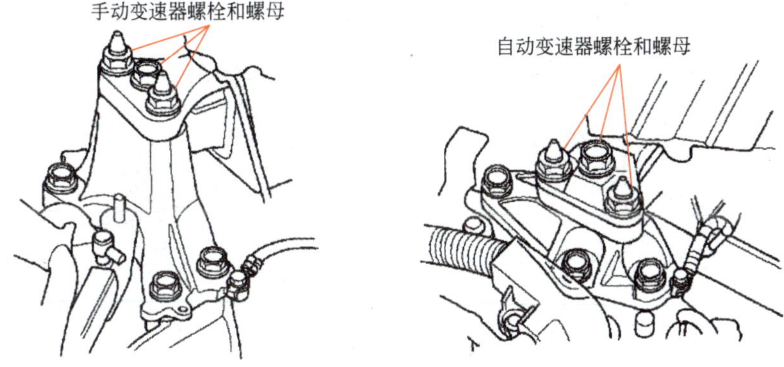

图 2-6-22　松开变速器装配螺栓和螺母

⑱ 用举升机将车辆举升到最高位置。

⑲ 松开底部扭力杆安装螺栓，如图 2-6-23 所示。

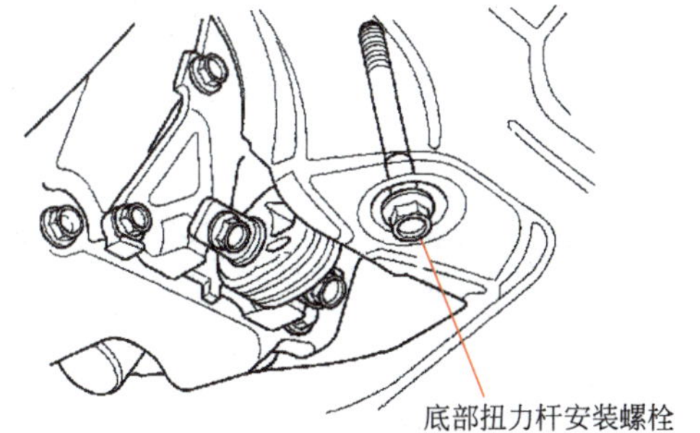

图 2-6-23　底部扭力杆安装螺栓

⑳ 放下举升机上的车辆。

㉑ 如图 2-6-24 所示，紧固发动机侧面装配支架的螺栓和螺母。

㉒ 如图 2-6-25 所示，紧固变速器装配螺栓和螺母。

㉓ 用举升机将车辆举升到最高位置。

㉔ 紧固底部扭力杆安装螺栓，如图 2-6-26 所示。

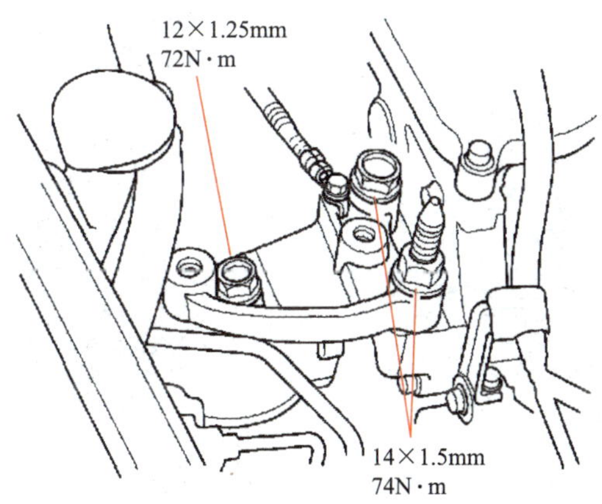

图 2-6-24　紧固发动机侧面装配支架的螺栓和螺母

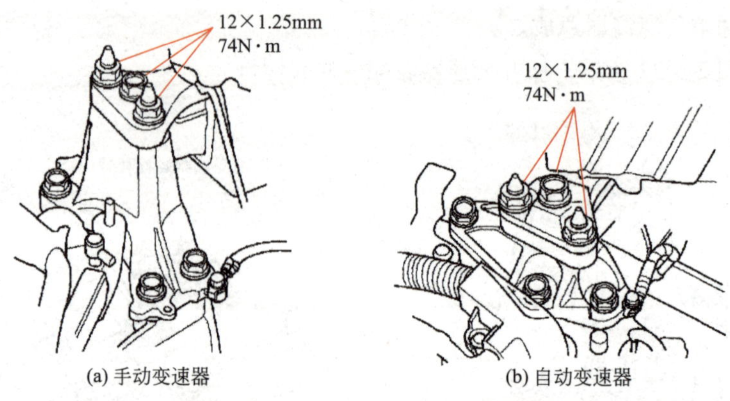

图 2-6-25　紧固变速器装配螺栓和螺母

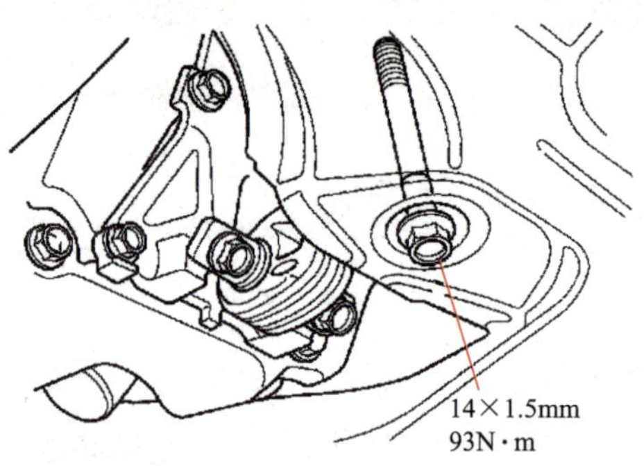

图 2-6-26　紧固底部扭力杆安装螺栓

㉕ 放下举升机上的车辆。

㉖ 安装空气滤清器总成。

㉗ 如图 2-6-27 所示，安装扭力杆，换装新的螺栓并按照图中显示的次序紧固。

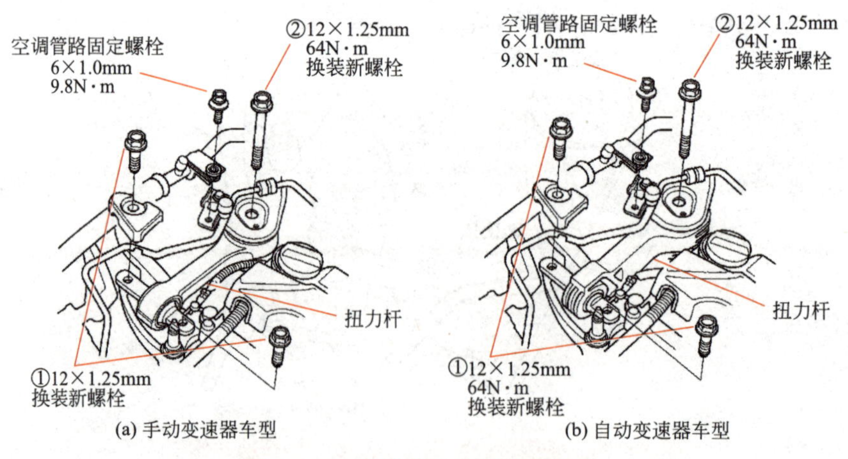

图 2-6-27　安装扭力杆并紧固螺栓

㉘ 如图 2-6-27 所示，安装空调管路固定螺栓。

㉙ 安装曲轴皮带轮。

㉚ 如图 2-6-28 所示，安装曲轴箱强制通风管。

㉛ 安装气缸盖罩。

㉜ 安装发动机传动皮带自动张紧器。

㉝ 安装前轮。

㉞ 执行曲轴位置模式清除 / 曲轴位置传感器模式学习程序。

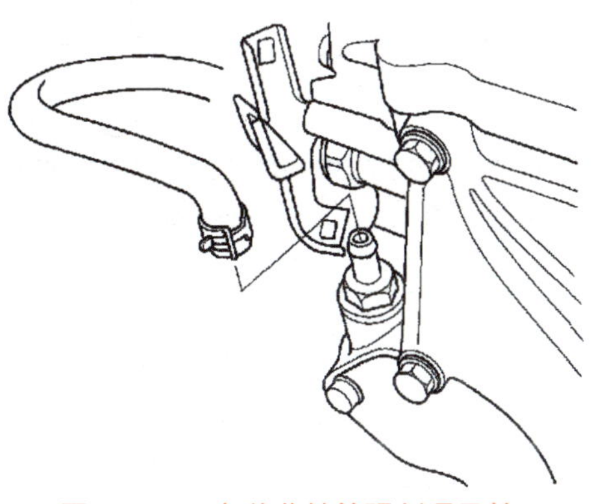

图 2-6-28　安装曲轴箱强制通风管

二、发动机正时皮带正时校准（以重庆长安悦翔轿车为例）

1. 悦翔轿车 1.5L 发动机正时皮带部件识别（图 2-6-29）

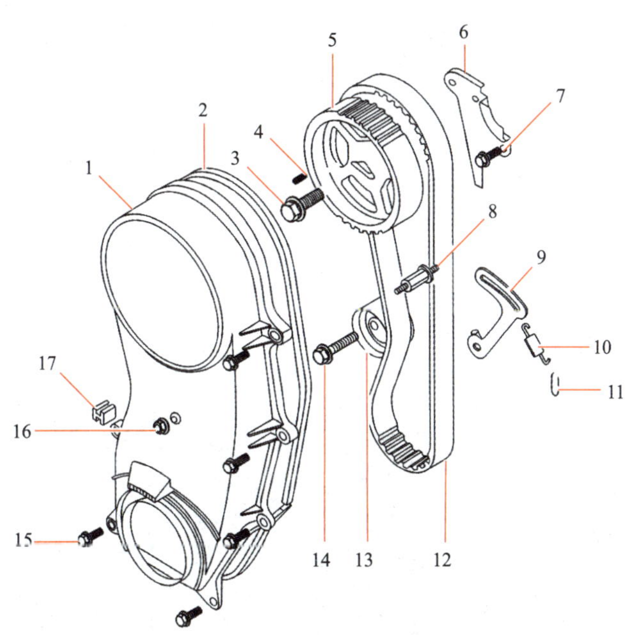

图 2-6-29　悦翔轿车 1.5L 发动机正时皮带部件识别

1—正时皮带前罩盖总成；2—正时皮带前罩盖密封垫；3—正时皮带轮固定螺栓；4—正时皮带轮固定销；5—正时皮带轮；6—后罩盖总成；7—后罩盖固定螺栓；8—调节板组合螺栓；9—张紧轮调节平板；10—张紧轮拉簧；11—张紧轮弹簧；12—正时皮带；13—张紧轮总成；14—张紧轮固定螺栓；15—前罩盖固定螺栓；16—前罩盖固定螺母；17—水泵与机油泵密封垫

2. 悦翔轿车 1.5L 发动机正时皮带拆卸（表 2-6-1）

表 2-6-1　悦翔轿车 1.5L 发动机正时皮带拆卸步骤

步骤	操作方法
1	回收空调制冷剂
2	回收动力转向油液
3	断开蓄电池负极电缆
4	举升车辆并予以支撑
5	拆卸发动机附件传动皮带 ①按照图 2-6-30 所示，松开空调压缩机皮带张紧轮固定螺母 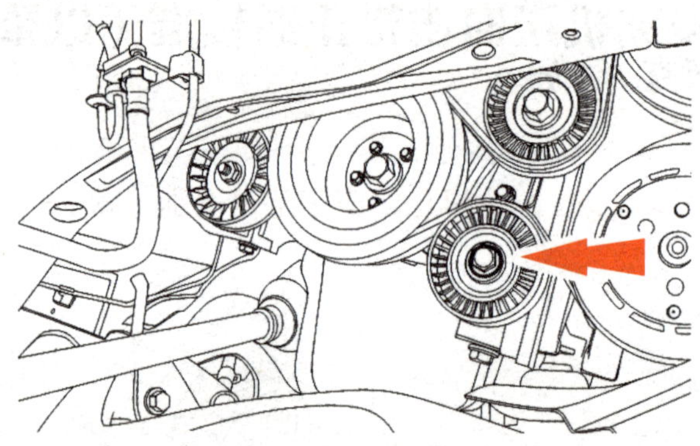 图 2-6-30　空调压缩机皮带张紧轮固定螺母识别 ②按照图 2-6-31 所示，沿顺时针方向转动空调压缩机皮带张紧轮张紧螺栓，直至能从张紧轮上取下空调压缩机皮带为止 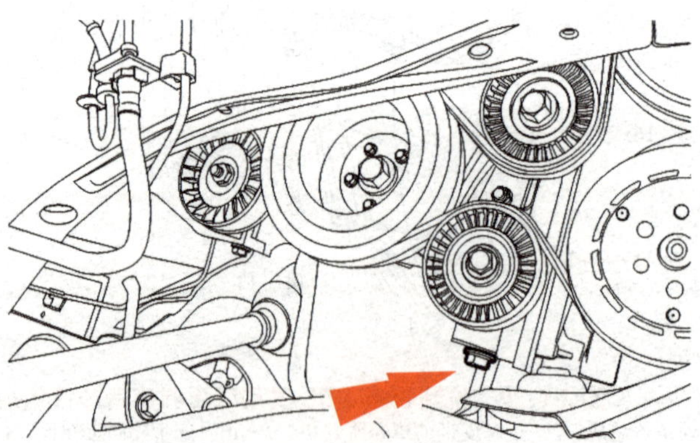 图 2-6-31　空调压缩机皮带张紧轮张紧螺栓识别

续表

步骤	操作方法
5	③按照图 2-6-32 所示，拆卸右支架连接板的 2 个固定螺栓 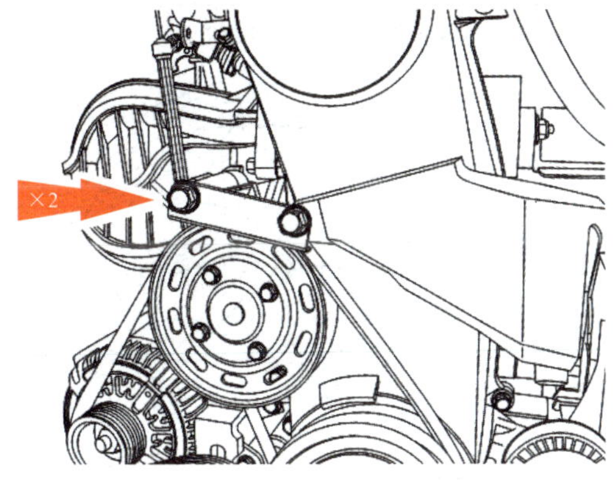 图 2-6-32 右支架连接板固定螺栓识别 ④按照图 2-6-33 所示，拧松水泵皮带张紧轮固定螺母  图 2-6-33 水泵皮带张紧轮固定螺母识别 ⑤按照图 2-6-34 所示，沿顺时针方向转动水泵皮带轮张紧螺栓，直至水泵皮带能从张紧轮上取下为止 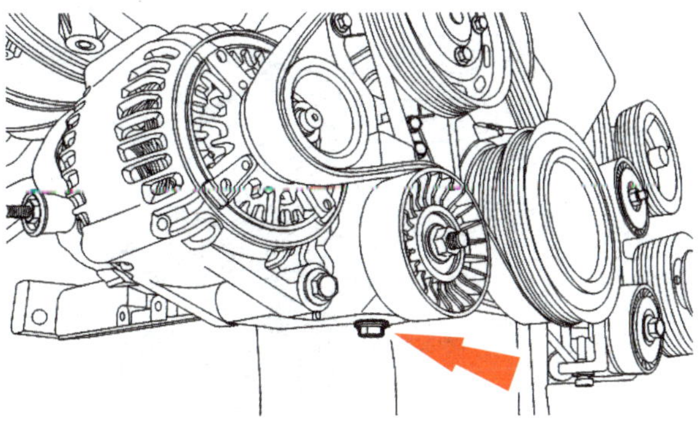 图 2-6-34 水泵皮带轮张紧螺栓识别

续表

步骤	操作方法
6	放下车辆
7	按照图 2-6-35 所示，使用卧式千斤顶支撑发动机总成 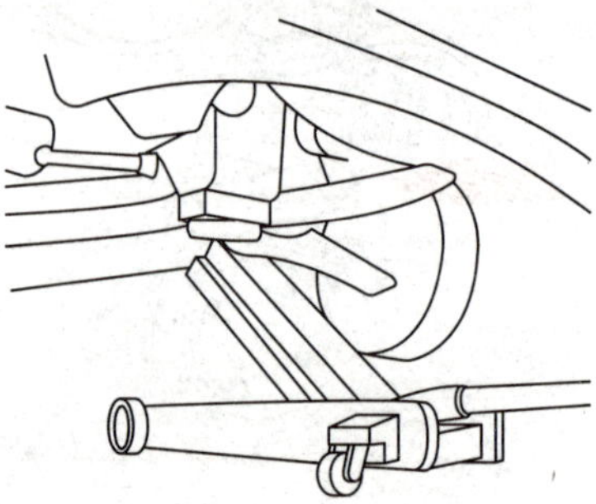 图 2-6-35　使用卧式千斤顶支撑发动机总成
8	拆卸空调压缩机
9	按照图 2-6-36 所示，拆卸空调压缩机托架和发动机右支架 ①分离动力转向泵油管 ②拆卸空调压缩机托架的 7 个固定螺栓 ③拆下空调压缩机托架和发动机右支架 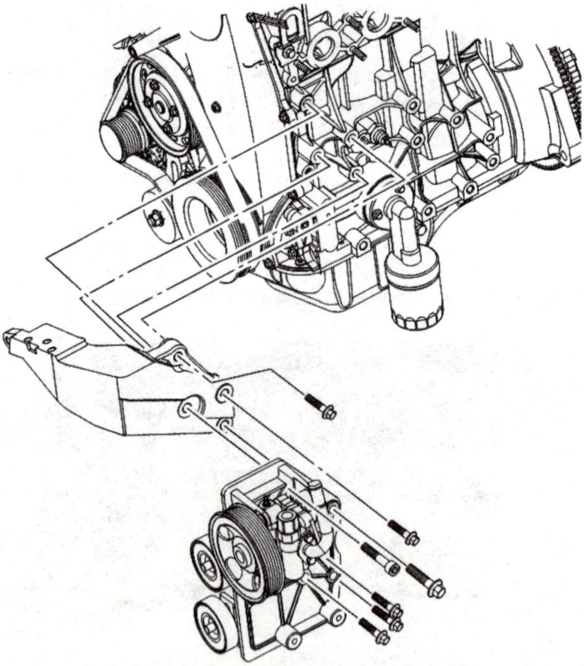 图 2-6-36　拆卸空调压缩机托架和发动机右支架

续表

步骤	操作方法
10	按照图 2-6-37 所示，拆卸曲轴皮带轮 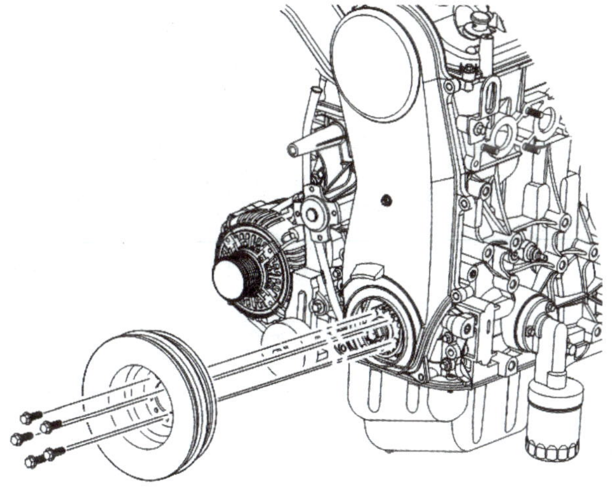 图 2-6-37　拆卸曲轴皮带轮
11	按照图 2-6-38 所示，拆卸水泵皮带轮上的 4 个固定螺栓 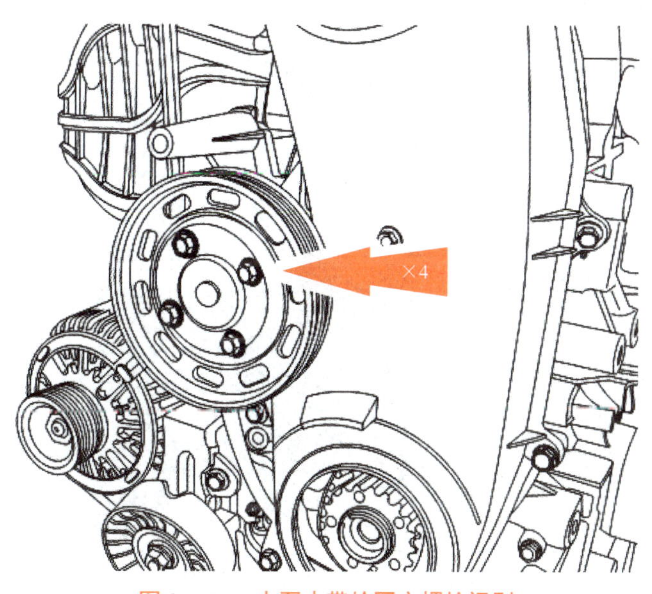 图 2-6-38　水泵皮带轮固定螺栓识别

续表

步骤	操作方法
12	按照图 2-6-39 所示，拆卸正时皮带前罩壳的固定螺栓及螺母 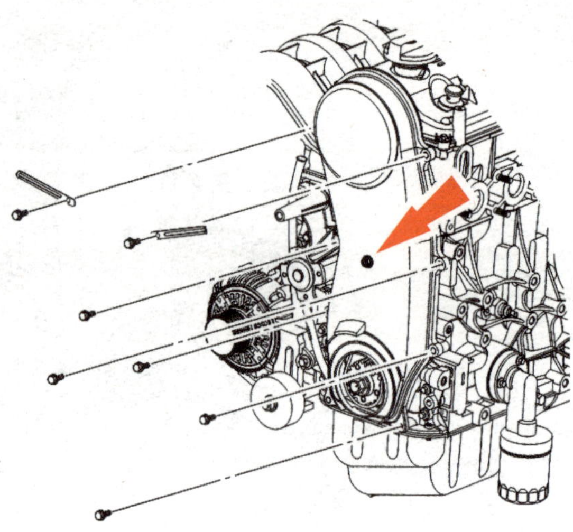 图 2-6-39　正时皮带前罩壳的固定螺栓及螺母识别
13	转动曲轴，使正时标记如图 2-6-40 所示对齐。**注意：**凸轮轴皮带轮上的正时标记（标有字母 E）应对齐气门室盖罩上的正时标记 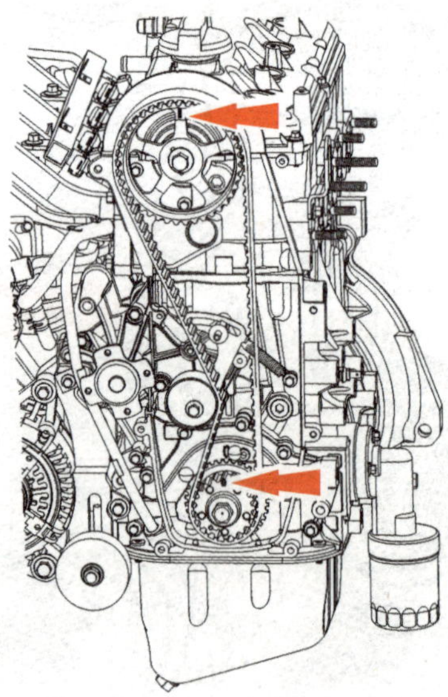 图 2-6-40　对准正时标记

续表

步骤	操作方法
14	按照图 2-6-41 所示，拆卸正时皮带张紧轮、张紧轮板、张紧轮弹簧和正时皮带 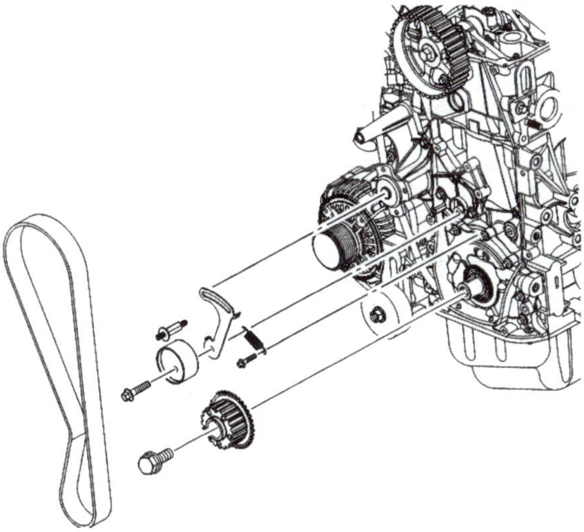 图 2-6-41　拆卸正时皮带张紧轮、张紧轮板、张紧轮弹簧和正时皮带

3. 检查正时皮带

按照图 2-6-42 所示，检查拆下的正时皮带是否有裂纹或磨损，如果有，要更换新的正时皮带。

按照图 2-6-43 所示检查正时皮带张紧轮，确认张紧轮转动顺畅灵活，否则应更换新的张紧轮。

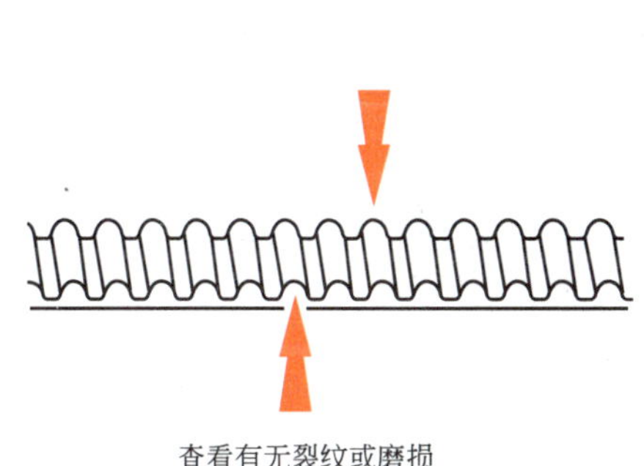

图 2-6-42　检查正时皮带

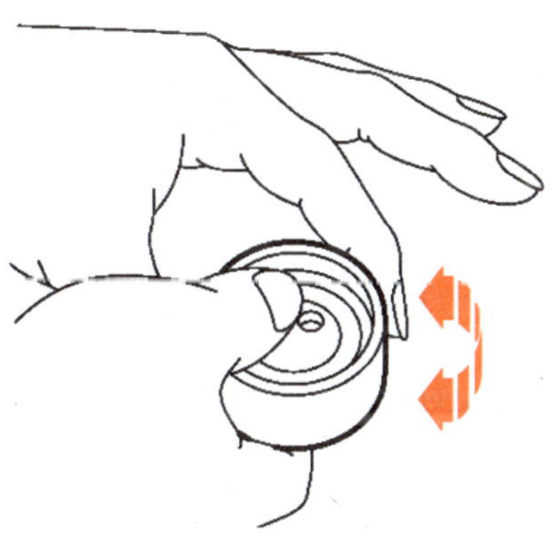

图 2-6-43　检查正时皮带张紧轮

4. 悦翔轿车 1.5L 发动机正时皮带安装（表 2-6-2）

表 2-6-2 悦翔轿车 1.5L 发动机正时皮带安装步骤

<table>
<tr><th>步骤</th><th>操作方法</th></tr>
<tr><td>1</td><td>把张紧轮板安装到张紧轮上</td></tr>
<tr><td>2</td><td>按照图 2-6-44 所示，把张紧轮板的凸齿插入张紧轮孔中
凸齿
张紧轮孔
图 2-6-44 把张紧轮板的凸齿插入张紧轮孔中</td></tr>
<tr><td>3</td><td>安装张紧轮和张紧轮板。注意：不要拧紧张紧轮螺栓（图 12-6-45 中的 1），检查张紧轮板（图 2-6-45 中的 2）能够按如图 2-6-45 所示的箭头方向运动，移动张紧轮板时，如果张紧轮（图 2-6-45 中的 3）沿同方向运动，应拆下张紧轮和张紧轮板，将轮板凸齿重新插入张紧轮孔中
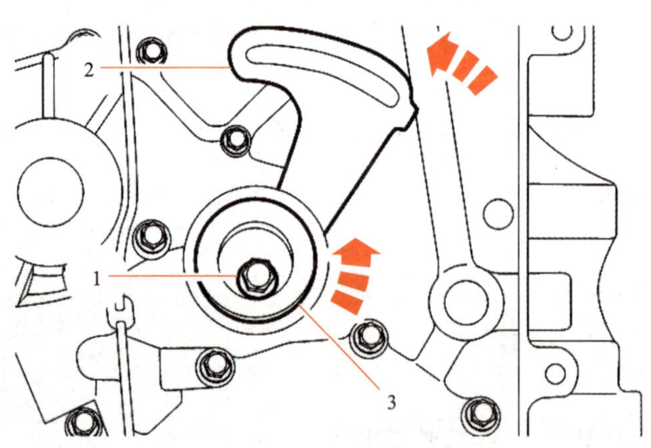

图 2-6-45 安装张紧轮和张紧轮板</td></tr>
<tr><td>4</td><td>检查凸轮轴正时皮带轮上的正时标记，该标记应对准气缸盖罩上的 V 形缺口，如果没有对准，可转动凸轮轴对准，但凸轮轴转动幅度不要超过正时标记左右各 45° 范围</td></tr>
<tr><td>5</td><td>检查曲轴皮带轮上的冲印标记，该标记应与油泵壳上的箭头对准，如果没有对准，可转动曲轴使标记对准，但转动幅度不要超过正时标记左右各 45° 范围</td></tr>
</table>

续表

步骤	操作方法
6	安装正时皮带和张紧轮弹簧，使两组标记对准，将张紧轮板向上推，在两个皮带轮上安装正时皮带，使皮带的驱动侧绷紧，然后安装张紧轮弹簧，再安装张紧轮螺栓，但暂时不要拧紧，如图 2-6-46 所示 图 2-6-46　正时皮带驱动侧和张紧轮弹簧识别
7	如图 2-6-47 所示，为了张紧松弛的正时皮带，可沿顺时针方向转动曲轴 2 周，当确认皮带无松弛后，首先将张紧轮板螺栓紧固到 11N・m，然后将张紧轮螺栓紧固到 27N・m 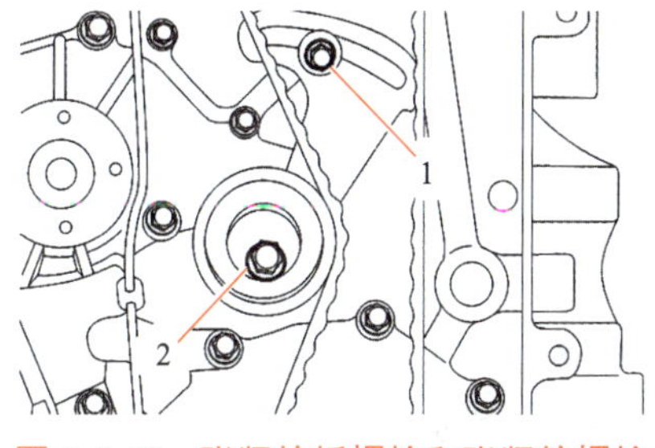 图 2-6-47　张紧轮板螺栓和张紧轮螺栓 1—张紧轮板螺栓；2—张紧轮螺栓
8	再次检查正时记号是否对齐
9	确认密封件位于水泵和油泵壳之间，安装正时皮带前罩壳
10	安装正时皮带前罩壳螺栓
11	安装曲轴皮带轮，紧固皮带轮固定螺栓
12	安装水泵皮带轮

续表

步骤	操作方法
13	安装发动机右支架及空调压缩机托架
14	安装发动机附件传动皮带
15	加注动力转向油液
16	加注空调制冷剂
17	加注发动机冷却液

三、发动机传动皮带检查

1. 传动皮带外观检查

在进行维护保养时，应检查发动机传动皮带是否出现裂纹或破损，检查带齿是否正常，参见图 2-6-48。如果发现传动皮带磨损、破裂或带齿不正常，必须换装新的发动机传动皮带并按照正确的盘绕方法进行安装。

2. 检查传动皮带张力

（1）准备皮带张力测试器　皮带张力测试器是用来检查传动皮带张力的测试工具，参见图 2-6-49。测试方法参见表 2-6-3。

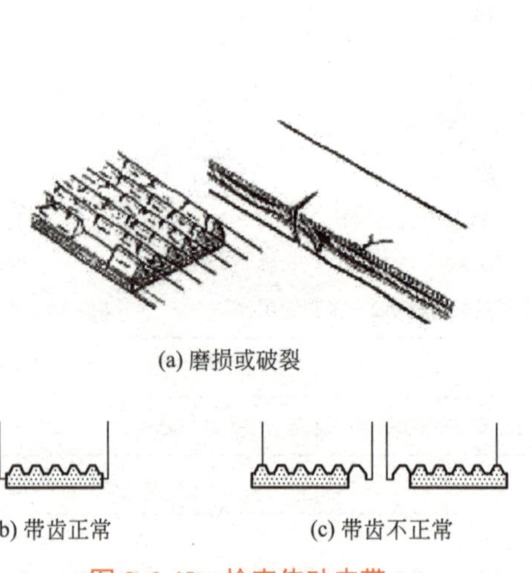

图 2-6-48　检查传动皮带（雷克萨斯 ES350 轿车）

图 2-6-49　美国 OTC 公司生产的指针式皮带张力测试器

（2）检测方法（表 2-6-3）

表 2-6-3　皮带张力测试器的检测方法

步骤	检测方法
1	按照图 2-6-50 所示，彻底按下球形手柄，让张力测试器的挂钩咬合到需测试的皮带上
2	皮带张力测试器必须与皮带呈垂直状态，挂钩压到皮带边上，然后释放球形手柄，参见图 2-6-51
3	参照图 2-6-52，读取测试器刻度盘的张力数值，确认皮带张力是否正常

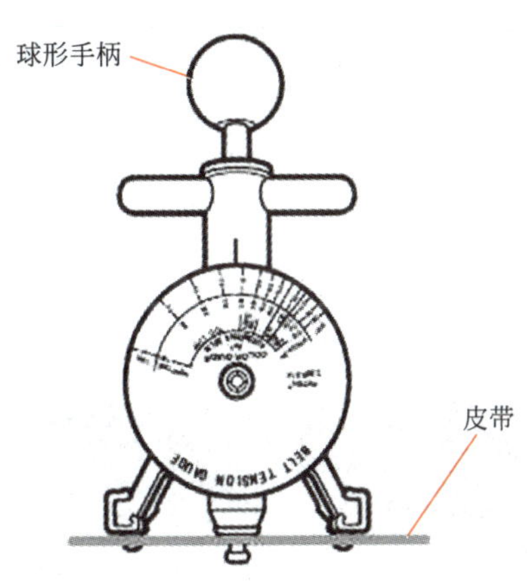

图 2-6-50　按下球形手柄

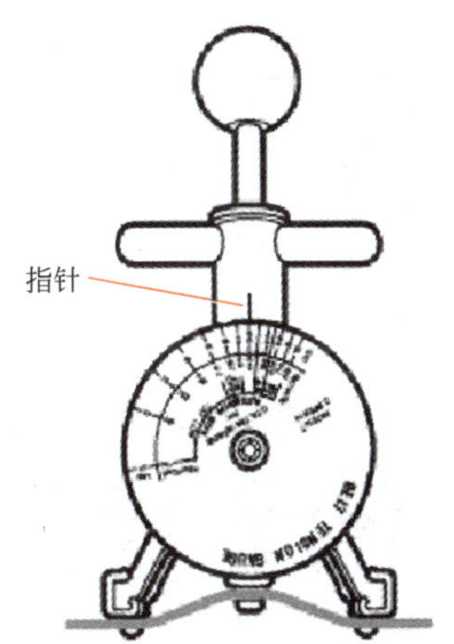

图 2-6-51　释放球形手柄

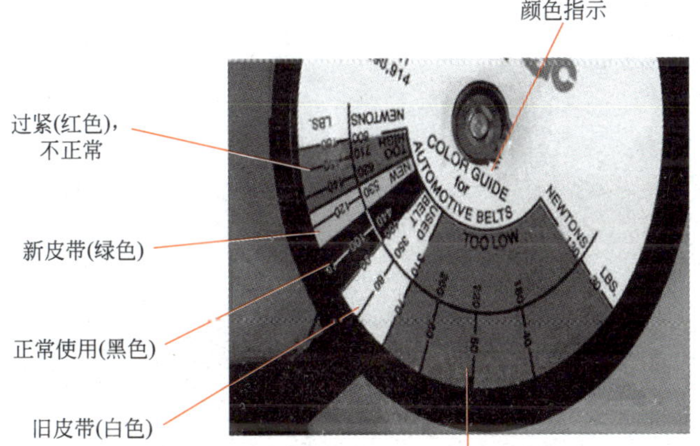

图 2-6-52　测试器刻度盘说明

第三章

传动系统维护保养

第一节　离合器维护保养

一、离合器的功能

离合器是使汽车发动机与传动系统分离或接合的一个总成，安装在汽车发动机与变速器之间，用来切断和传递发动机传动系统的动力。离合器主要有以下3大功能。

① 使发动机与传动系统逐渐接合，保证车辆平稳起步。

② 暂时切断发动机的动力传动，保证变速器换挡平稳。

③ 限制所传递的扭矩，防止汽车传动系统过载。

运行正常、功能良好的离合器必须能满足如下要求。

① 既能可靠地传递发动机最大扭矩，又能防止传动系统过载。

② 接合时平顺柔和，使车辆能平稳起步，减小冲击。

③ 分离时迅速彻底，使变速器换挡平顺，发动机启动顺利。

④ 旋转部分的平衡性好，从动部分的转动惯量小。

⑤ 具备良好的通风散热能力，防止离合器温度过高。

⑥ 操作灵活轻便，减轻驾驶员的疲劳。

二、离合器部件组成

离合器一般由飞轮、压盘、离合器片、分离轴承、离合器踏板等部件组成，可分为4个部分。

（1）主动部分　包括飞轮、离合器片、压盘，主动部分与发动机飞轮相连。

（2）从动部分　包括从动盘（也称作离合器盘）、从动轴，从动部分与变速器相连。

（3）压紧机构　包括压紧弹簧（通常为膜片式弹簧）等。

（4）操纵机构　包括离合器踏板、分离拉杆、分离叉、分离套筒、分离轴承和分离杠杆等。

以本田飞度轿车为例，该车的离合器组成部件参见图3-1-1。

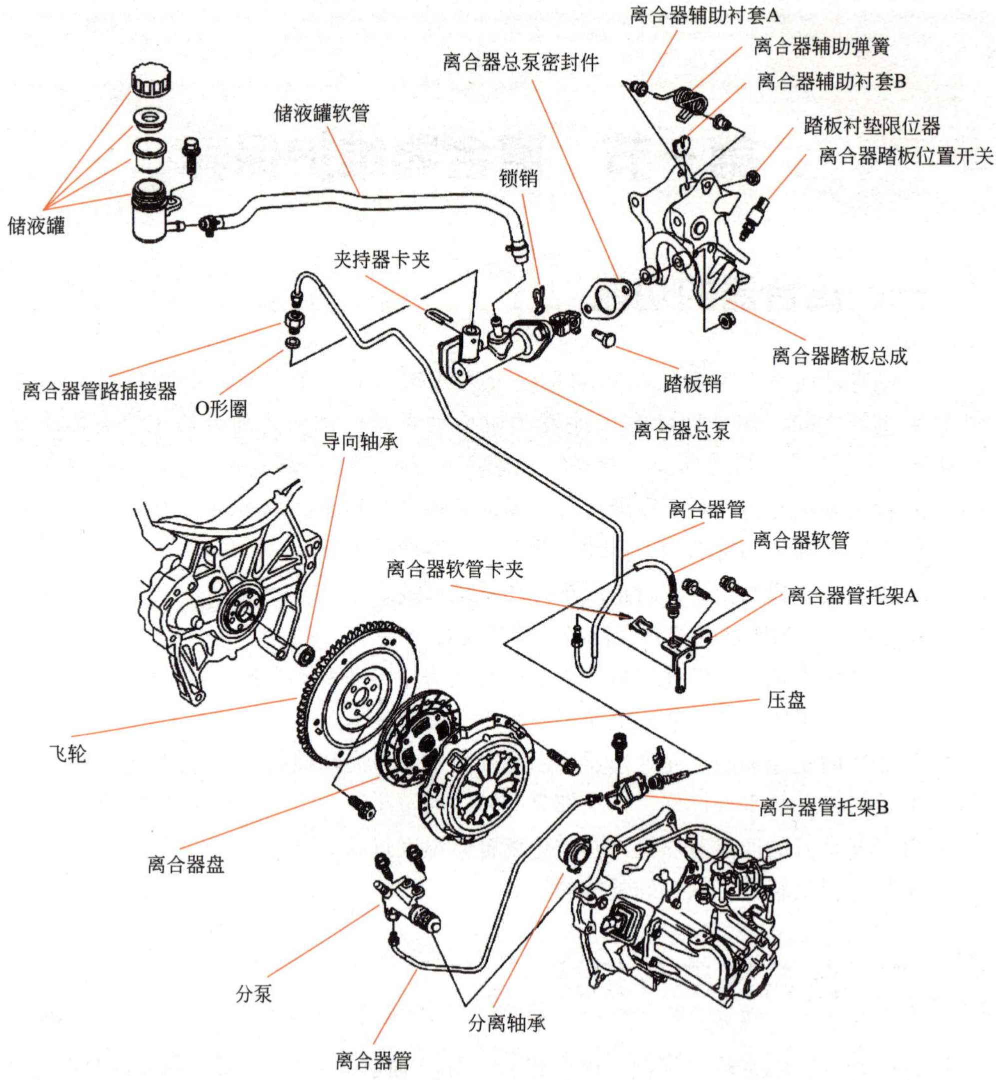

图 3-1-1　本田飞度轿车离合器组成部件

三、离合器常见维护项目

1. 离合器液面高度检查（以本田飞度轿车为例）

在车辆维修时，要仔细检查离合器液面高度，确认液面高度符合规范。本田飞度轿车的离合器液压系统使用本田 DOT3 或 DOT4 制动液。检查时，查看离合器储液罐，确认储液罐内的制动液位于储液罐上的 MAX 和 MIN 标记之间，如图 3-1-2 所示。如果液面过低，应添加制动液到储液罐上的指定标记处。

2. 排放离合器液压系统中的空气（以本田飞度轿车为例）

离合器液压系统中如果混入空气，会导致气阻，影响离合器系统的正常工作，因此应执行空气排放操作（表 3-1-1），将混入的空气彻底排放干净。

表 3-1-1　空气排放操作步骤

步骤	操作方法
1	确认离合器储液罐中的液面高度达到储液罐的指定标记处
2	按照图 3-1-3 所示，把一根透明的软管连接到放气螺钉上，软管的另一端放入容器中，拧开放气螺钉，放出系统内的空气
3	缓缓将离合器踏板彻底踩下，让另一位维修技师暂时将放气螺钉拧紧，然后松开离合器踏板
4	再次松开放气螺钉，并将离合器踏板彻底踩下
5	重复步骤 3 ～ 4，直至软管内再也没有气泡出现
6	将放气螺钉拧紧，将足量的制动液添加到离合器储液罐的指定标记处

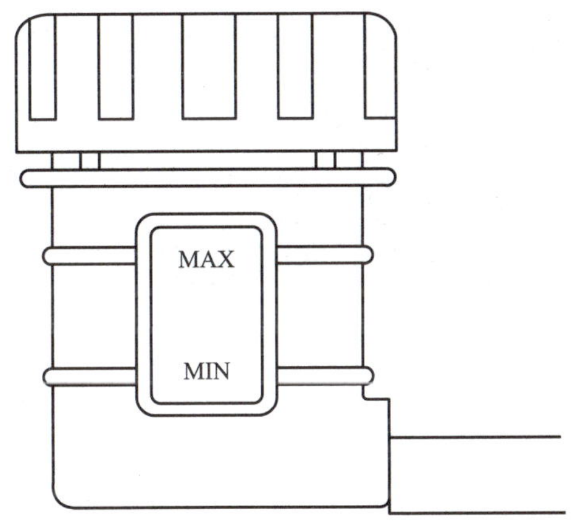

图 3-1-2　检查离合器液面高度

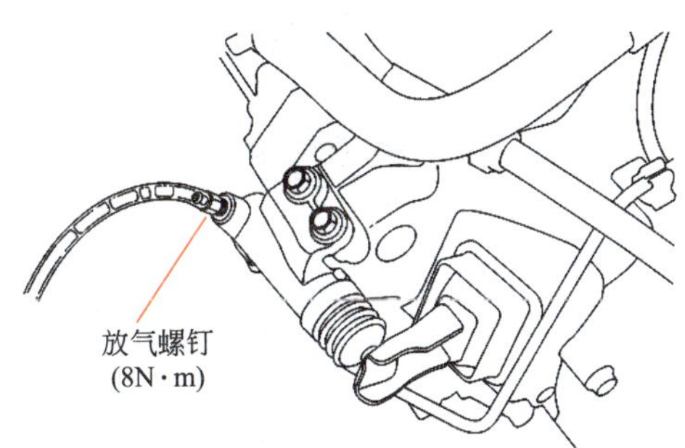

图 3-1-3　放气螺钉识别

3. 离合器压盘检查（以本田飞度轿车为例，见表 3-1-2）

表 3-1-2　离合器压盘检查操作步骤

步骤	操作方法
1	拆下变速器
2	按照图 3-1-4 所示，用百分表检查膜片弹簧销钉的高度，如果高度超过维修极限，应更换压盘

续表

步骤	操作方法
3	按照图 3-1-5 所示，安装齿圈固定器和离合器定位工具组件
4	为防止弯曲，以交叉方式，分几步拧松压盘安装螺栓，然后拆下压盘
5	按照图 3-1-6 所示，检查膜片弹簧销钉与分离轴承接触的区域是否磨损
6	按照图 3-1-7 所示，检查压盘表面是否磨损、开裂
7	按照图 3-1-8 所示，检查压盘翘曲度，如果超过维修极限，应更换压盘

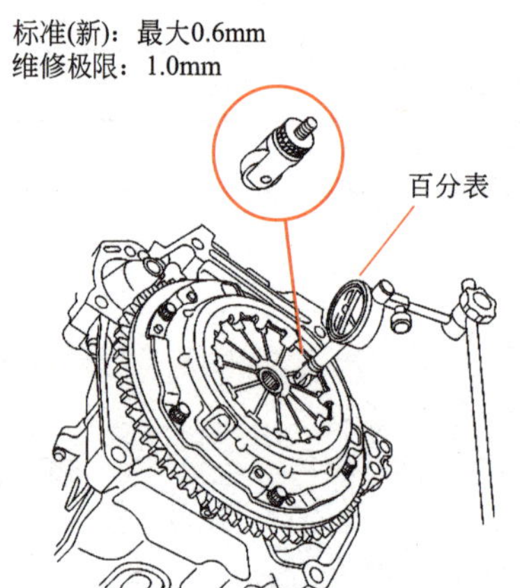

图 3-1-4　用百分表检查膜片弹簧销钉的高度

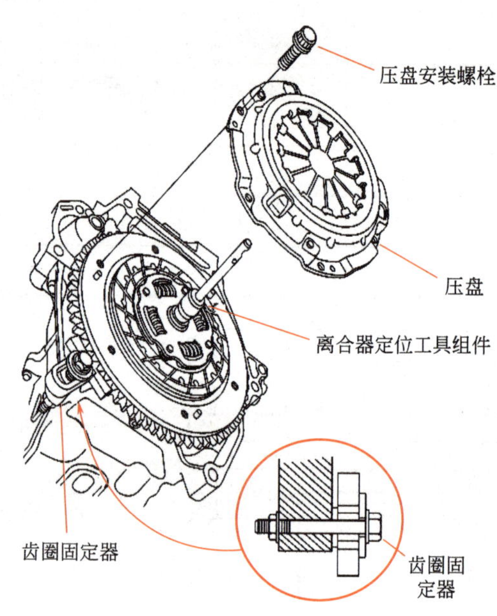

图 3-1-5　安装齿圈固定器和离合器定位工具组件

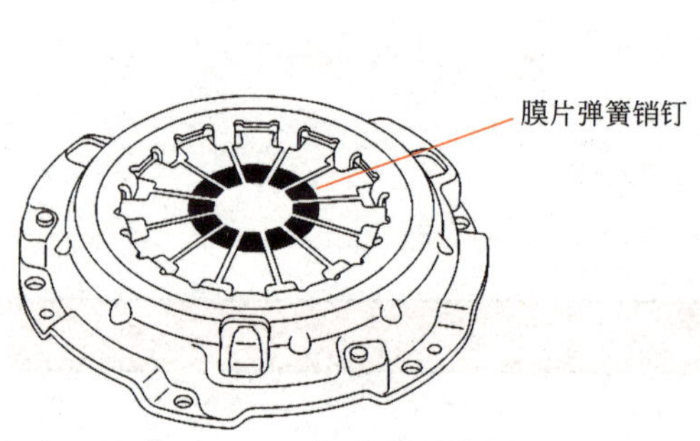

图 3-1-6　膜片弹簧销钉

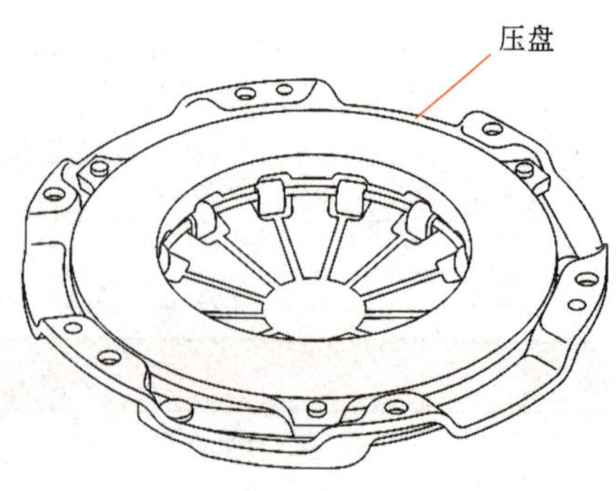

图 3-1-7　压盘识别

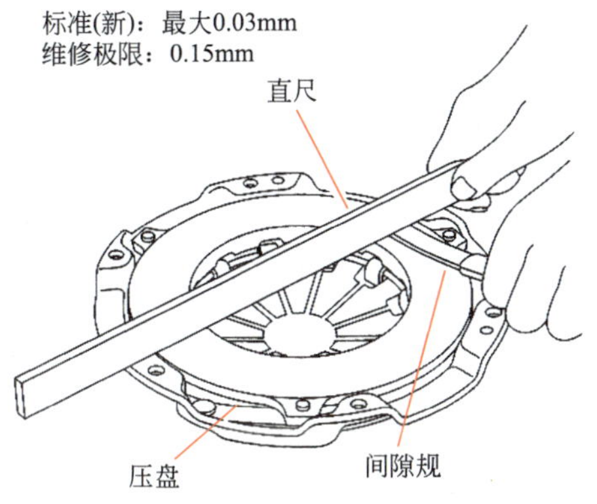

图 3-1-8　检查压盘翘曲度

4. 离合器盘（从动盘）检查（以本田飞度轿车为例，见表 3-1-3）

表 3-1-3　离合器盘（从动盘）检查

步骤	操作方法
1	按照图 3-1-9 所示，拆下离合器盘和离合器定位工具组件
2	检查离合器盘衬片是否有打滑或沾有油液，如果发现离合器盘有烧蚀或沾有油液，应更换离合器盘
3	按照图 3-1-10 所示，测量离合器盘厚度，如果测量的厚度低于维修极限，应更换离合器盘
4	按照图 3-1-11 所示，测量离合器盘衬片到两侧铆钉的深度，如果测量值小于维修极限，应更换离合器盘

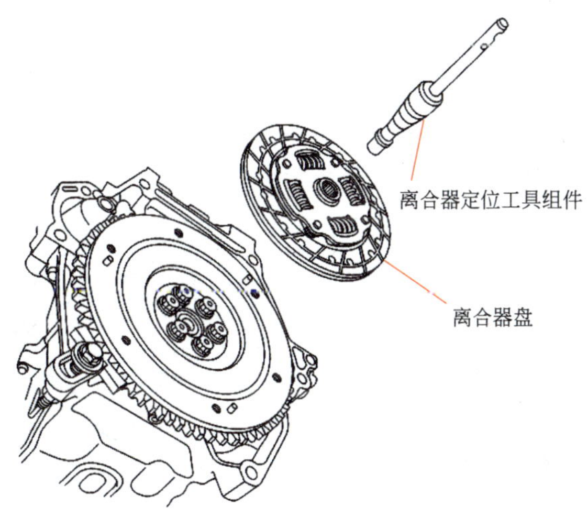

图 3-1-9　离合器盘和离合器定位工具组件

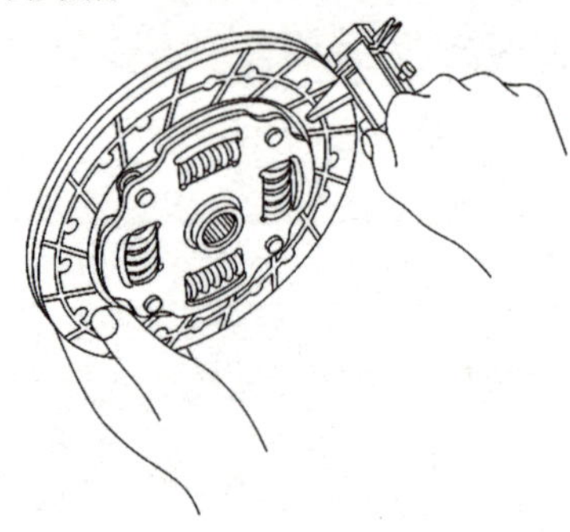

图 3-1-10　测量离合器盘厚度

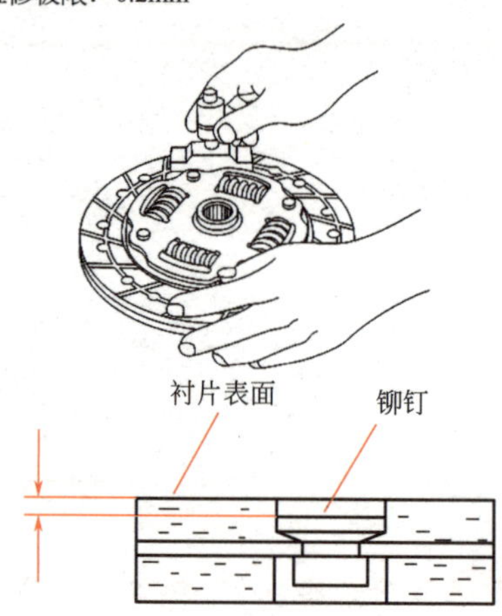

图 3-1-11　检查离合器盘衬片表面和铆钉

5. 离合器踏板自由行程检查

离合器踏板自由行程是指当踩下离合器踏板时，有一些自由距离，即分离轴承与离合器分离爪开始接触前的空隙，在这个距离内，离合器不发生作用。自由行程一般为 10 ～ 20mm，视具体车型不同而有所差别，具体规范值应查阅相应车型的维修手册。离合器踏板自由行程检测与调节参见表 3-1-4。

表 3-1-4　离合器踏板自由行程检测与调节

步骤	操作方法
1	用直尺抵在驾驶室底板上，先测量离合器踏板完全放松时的高度，然后用手按压离合器踏板，等感到阻力增大时再测量离合器踏板高度，两次测量的高度差即为离合器踏板自由行程，参见图 3-1-12
2	离合器踏板自由行程可通过图 3-1-12 所示的调节螺母来进行调整

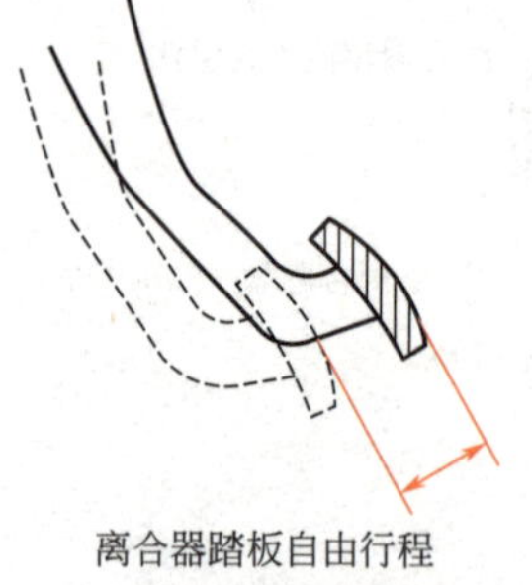

(a) 离合器踏板自由行程的检查

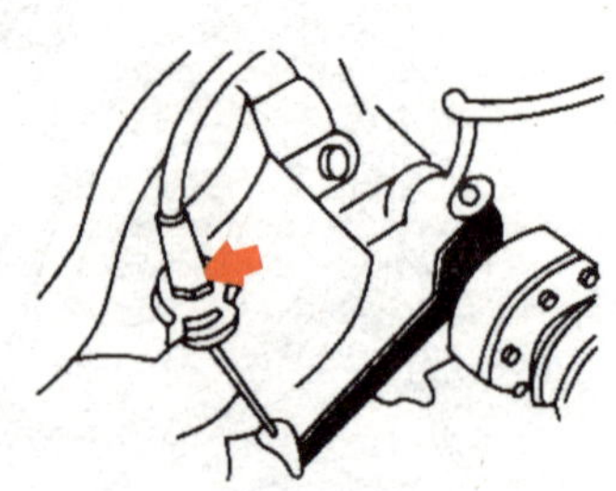

(b) 离合器踏板自由行程的调整

图 3-1-12　离合器踏板自由行程的检查与调整

6. 分离轴承检查（以本田飞度轿车为例，见表 3-1-5）

表 3-1-5　分离轴承检查操作步骤

步骤	操作方法
1	拆下变速器
2	按照图 3-1-13 所示，把分离拨叉和防尘罩从离合器壳体上拆下
3	用钳子把分离拨叉固定弹簧从分离拨叉上拆下，拆下分离轴承
4	按照图 3-1-14 所示，用手检查分离轴承，如果发现间隙过大或转动时有噪声，应更换分离轴承。注意：分离轴承上涂有润滑脂，因此切勿用溶剂清洗轴承

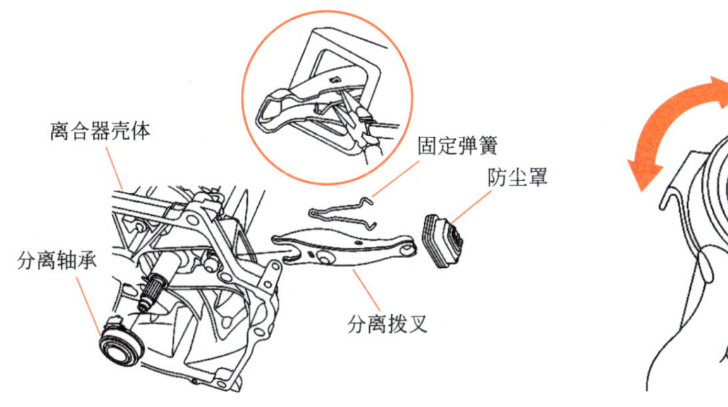

图 3-1-13　拆卸分离轴承

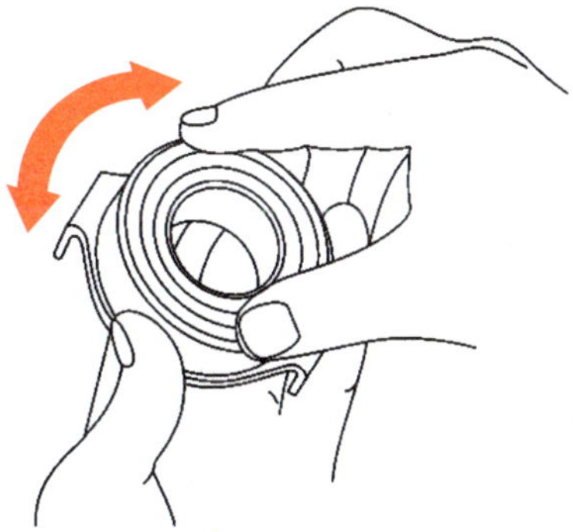

图 3-1-14　检查分离轴承

7. 离合器常见故障处理方法

以凯越轿车为例，该车离合器常见故障处理方法参见表 3-1-6。

表 3-1-6　凯越轿车离合器常见故障处理方法

故障现象	检查	操作
离合器分离不彻底	驾驶方法是否正确	纠正错误的驾驶方法
	离合器踏板行程是否合理	调整离合器踏板行程
	油液是否不足或高压油管是否泄漏	修理泄漏并添加油液
	离合器盘是否翘曲或磨损	更换离合器盘
	输入花键是否磨损	修理或更换输入轴花键
	膜片弹簧是否过软	更换压盘

续表

故障现象	检查	操作
离合器打滑	同心分泵是否卡滞	更换同心分泵
	离合器油回油是否正常	进行排气操作
	离合器盘是否磨损或离合器油是否污染	更换离合器盘
	压盘是否翘曲	更换压盘
离合器振动	飞轮是否污染或翘曲	修理或更换飞轮
	膜片弹簧是否过软	更换膜片弹簧
	离合器盘是否被油污染	更换离合器盘
	输入轴花键是否磨损	更换输入轴花键
	压盘或飞轮是否翘曲	更换压盘或飞轮
离合器踏板过硬	离合器踏板是否润滑不良	添加润滑脂或修理
	油管是否堵塞	检查或更换堵塞的油管
	同心分泵是否卡滞	更换同心分泵
离合器踏板有噪声	离合器踏板衬套是否润滑不良	润滑离合器踏板衬套
	离合器踏板复位弹簧是否卡滞	拆卸并重新安装离合器踏板复位弹簧

第二节　手动变速器和自动变速器维护保养

一、手动变速器维护保养

1. 手动变速器的结构与部件组成

手动变速器又称机械式变速器，即必须用手拨动变速杆才能改变变速器内的齿轮啮合位置，改变传动比，从而达到变速的目的。轿车手动变速器大多为四挡或五挡有级式齿轮传动变速器，并且通常带同步器，换挡方便，噪声小。手动变速器在操纵时必须踩下离合器踏板，方可拨动变速杆。手动变速器的结构如图 3-2-1 所示，手动变速器部件组成如图 3-2-2 所示。

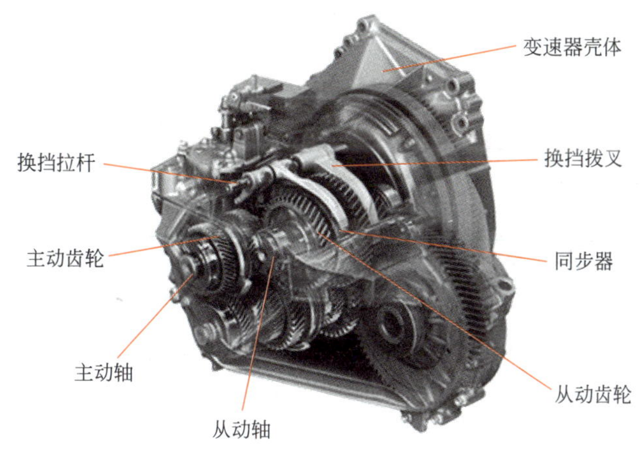

图 3-2-1　手动变速器的结构

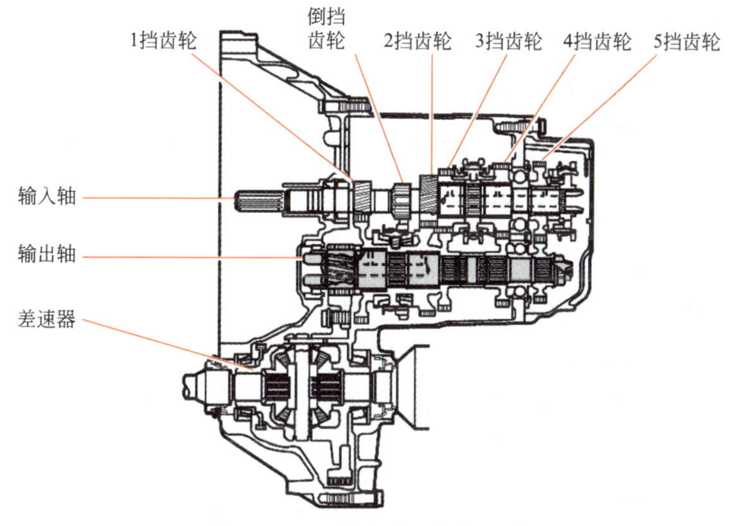

图 3-2-2　手动变速器部件组成

2 手动变速器的特点

① 配置手动变速器的车辆更省油。

② 手动变速器构造简单，维护保养比自动变速器简便。

③ 制造成本低，生产工艺成熟。

④ 由于构造简单，出故障的概率低，因此可靠性较高。

⑤ 手动变速器换挡时要同时控制离合器、换挡杆和油门，对驾驶员操作熟练性要求较高。

3. 手动变速器常见维护项目（以本田飞度轿车为例）

（1）手动变速器油位检查和油液更换操作（表 3-2-1）

表 3-2-1　手动变速器油位检查和油液更换操作

步骤	操作方法
1	举升车辆，按照图 3-2-3 所示，拆下加注塞和密封圈，查看油位，正常情况下油位应与加注塞孔底边齐平
2	如果检查中发现油液脏污，应按照图 3-2-3 所示，拆下手动变速器卸放塞，放出手动变速器油液
3	把卸放塞上的密封圈更换成新的，将卸放塞重新安装好
4	从加注塞孔处加注手动变速器油液至合适的油位

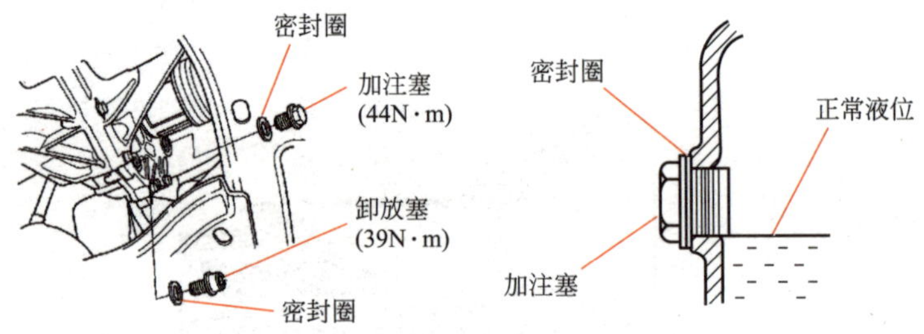

图 3-2-3　手动变速器油液卸放塞和加注塞识别

（2）倒挡拨叉间隙检查　手动变速器的倒挡拨叉与中间齿轮必须保持一定的间隙，本田飞度轿车的手动变速器倒挡拨叉间隙可参照图 3-2-4 检查。

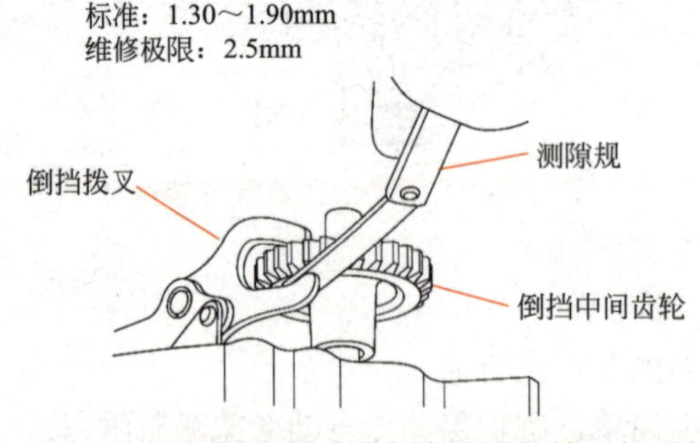

图 3-2-4　本田飞度轿车手动变速器倒挡拨叉间隙检查

（3）变速杆间隙检查　手动变速器变速杆与换挡杆之间要保持一定的间隙，变速杆间隙检查可参照图 3-2-5。

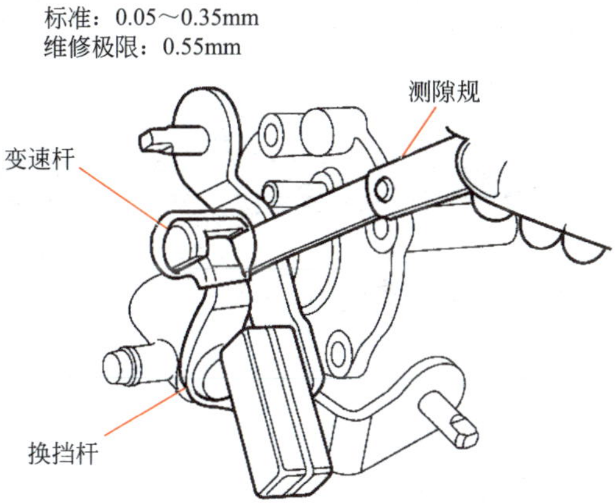

标准：0.05～0.35mm
维修极限：0.55mm
测隙规
变速杆
换挡杆

图 3-2-5　本田飞度轿车手动变速器变速杆间隙检查

（4）换挡拨叉间隙检查　检修手动变速器时，每个换挡拨叉和与之匹配的同步器齿套之间的间隙必须符合规范，换挡拨叉间隙检查参见图 3-2-6。

标准：0.35～0.65mm
维修极限：1.0mm
同步器齿套
换挡拨叉

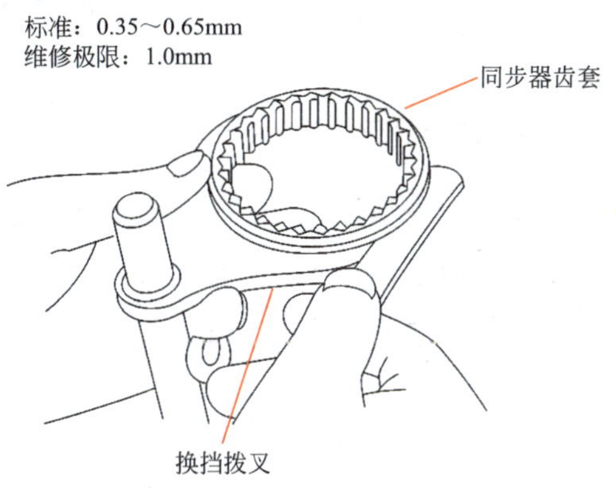

图 3-2-6　本田飞度轿车手动变速器换挡拨叉间隙检查

（5）主轴检查　检查齿轮轴承表面是否有磨损或损坏，然后按照图 3-2-7 所示，测量主轴的 A ～ E 位置，如果测量值超出规范，应更换新的主轴。然后用 V 形架支撑主轴，按照图 3-2-8 所示测量主轴跳动量，如果跳动量超过维修极限，则更换主轴。

（6）副轴检查　检查齿轮轴承表面是否有磨损或损坏，然后按照图 3-2-9 所示，测量副轴的 A ～ C 位置，如果测量值超出规范，应更换新的副轴。然后用 V 形架支撑副轴，按照图 3-2-10 所示测量副轴跳动量，如果跳动量超过维修极限，则更换副轴。

标准

A（滚珠轴承接触区域）：25.987～26.000mm

B（隔圈接触区域）：28.992～29.005mm

C（滚针轴承接触区域）：34.984～35.000mm

D（滚珠轴承接触区域）：25.977～25.990mm

E（导向轴承接触区域）：14.870～14.890mm

维修极限

A：25.93mm

B：28.93mm

C：34.93mm

D：25.92mm

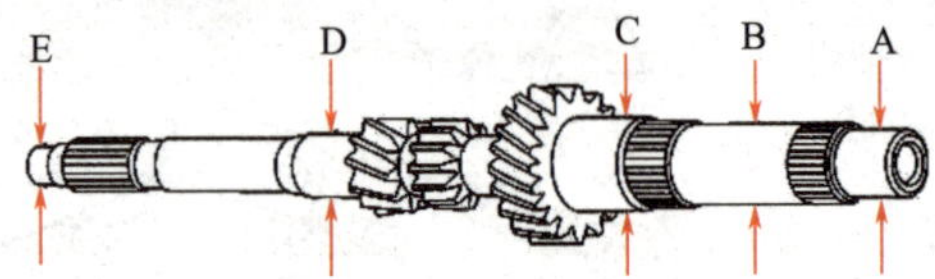

图 3-2-7 测量本田飞度轿车手动变速器主轴

标准：最大0.02mm

维修极限：0.05mm

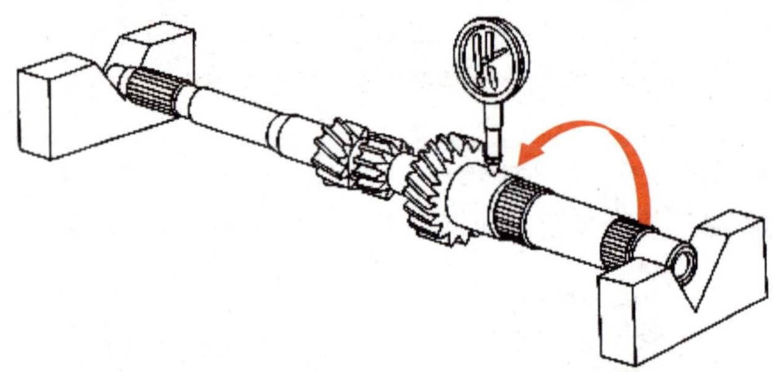

图 3-2-8 测量本田飞度轿车手动变速器主轴跳动量

标准

A（滚珠轴承接触区域）：24.980～24.993mm

B（隔圈接触区域）：36.487～36.500mm

C（滚针轴承接触区域）：34.000～34.015mm

维修极限

A：24.93mm

B：36.44mm

C：33.95mm

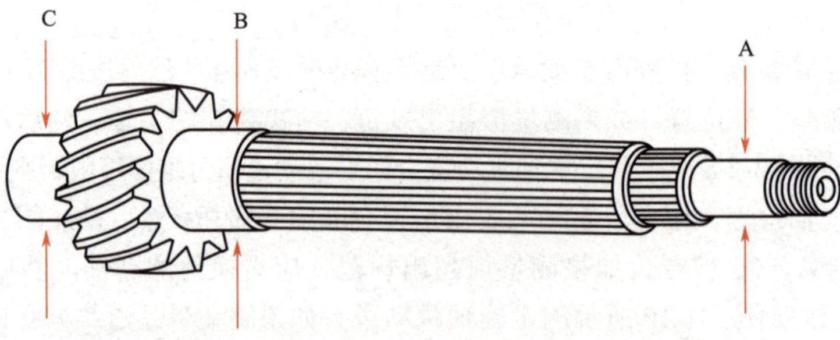

图 3-2-9 测量本田飞度轿车手动变速器副轴

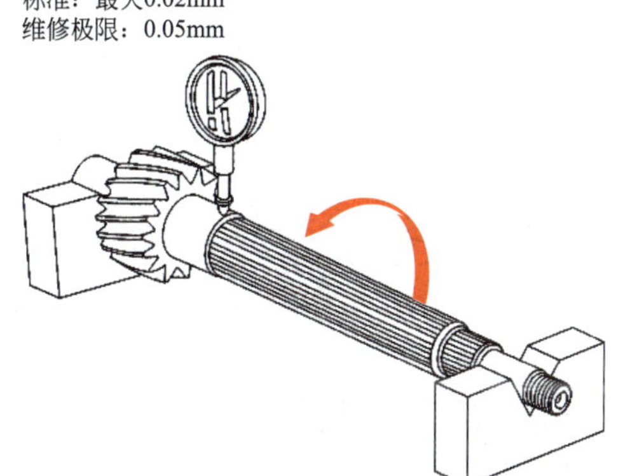

图 3-2-10 测量本田飞度轿车手动变速器副轴跳动量

（7）同步器锁环与齿轮间隙检查 同步器锁环与齿轮间隙必须符合规范，以本田飞度轿车为例，该车同步器锁环与齿轮间隙检查参见图 3-2-11。

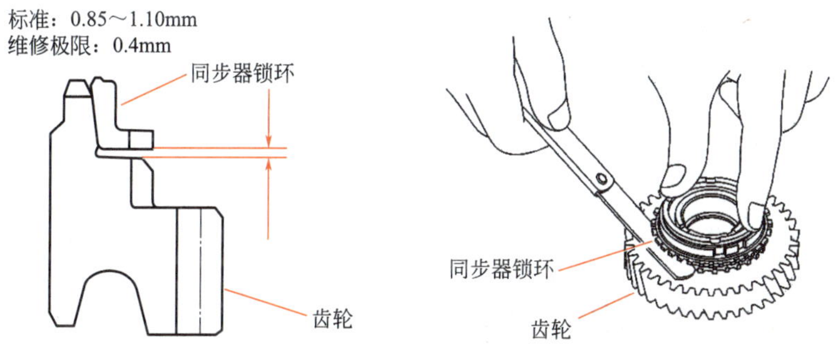

图 3-2-11 本田飞度轿车手动变速器同步器锁环与齿轮间隙检查

二、自动变速器维护保养

1. 自动变速器的作用和原理

自动变速器的作用就是根据汽车行驶阻力的变化，在一定范围内自动改变变速器的传动比和转矩比。采用自动变速器的汽车，换高挡和低挡时，驾驶员不需要进行判断，而是由自动变速器的控制单元根据汽车的车速和驾驶员踩下加速踏板的幅度自动执行换挡操作。采用电子控制单元控制自动变速器进行换挡的称为电控自动变速器，如图 3-2-12 所示；不采用电子控制单元，而是采用速控阀以液压方式检测车速，并通过检测节气门拉索的位移量来确定加速踏板的位移量，以机械方式实现换挡的，称为全液压控制自动变速器，如图 3-2-13 所示。目前汽车应用最广泛的是电控自动变速器。

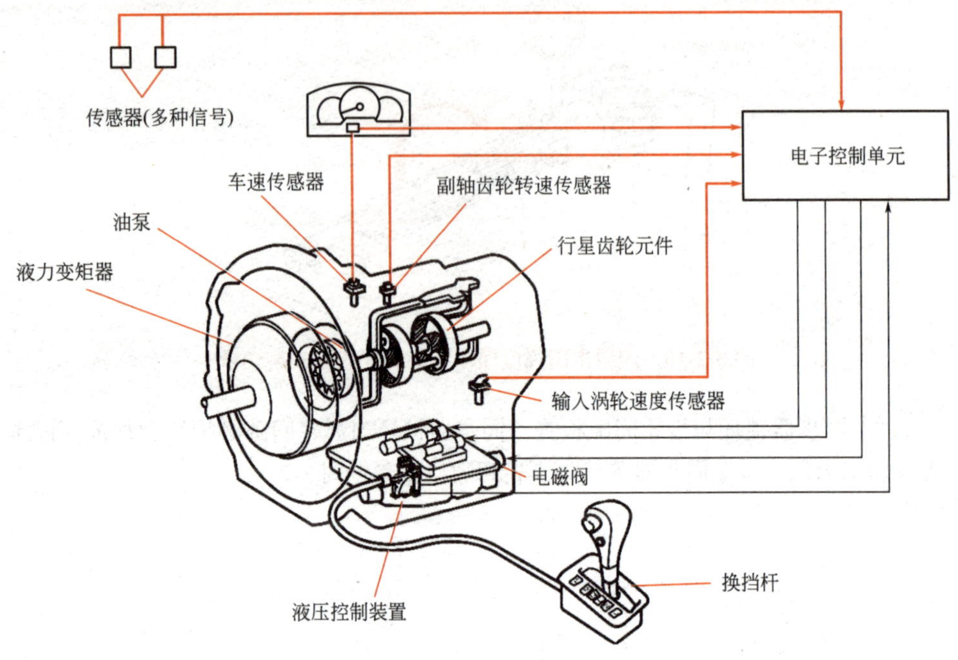

图 3-2-12　电控自动变速器

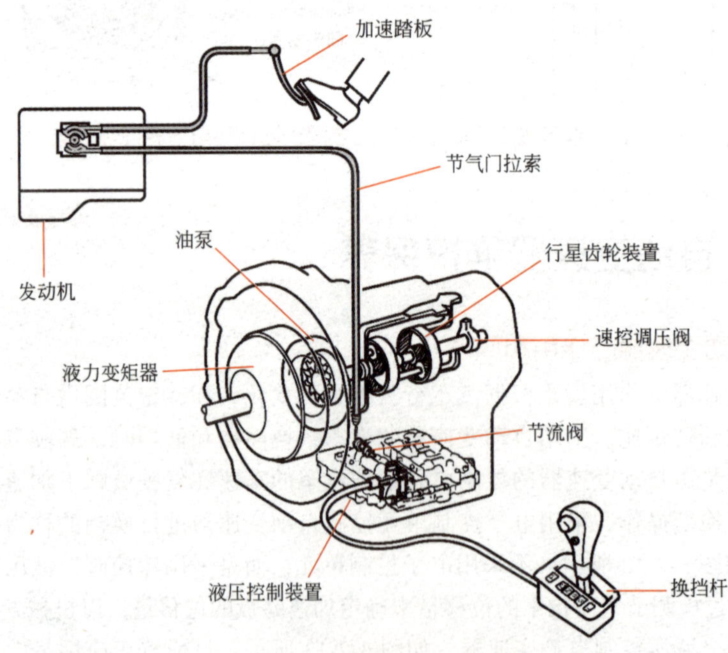

图 3-2-13　全液压控制自动变速器

2. 自动变速器的特点

① 自动变速器取消了离合器踏板，驾驶员换挡时无需频繁踩下和松开离合器踏板及用手扳动换挡杆进行换挡操作，使驾驶员操作简单省力，可提高行车安全性。

② 自动变速器采用自动变速器油液传递动力，使得车辆的起步加速更加平稳，有效避免了汽车因负荷突然增加而导致过载和发动机熄火现象，提高了车辆的通过性。

③ 自动变速器能吸收和衰减换挡过程中的振动及冲击，提高车辆乘坐的舒适性，同时也有利于延长发动机和传动系统部件的使用寿命。

④ 自动变速器执行换挡时，能自动适应车速和行车阻力的变化，提高了汽车的动力性和平均车速。

⑤ 自动变速器属于动力换挡，发动机工况相对比较稳定，可使汽车经常处于最佳挡位行驶，提高了汽车的燃油经济性并减少了废气排放。

⑥ 与手动变速器相比，自动变速器结构复杂，制造成本高，维修复杂。

3. 自动变速器常见的维护保养项目

（1）自动变速器油液基础知识　自动变速器油（Automatic Transmission Fluid，ATF），是专门用于自动变速器的油液。自动变速器专用油液既是液力变矩器的传动油，又是行星齿轮结构的润滑油和换挡装置的液压油。

自动变速器油一般正常行驶情况每 12 万千米更换一次，恶劣行驶情况每 6 万千米更换一次。应尽量选用原厂的 ATF。不能错用或混用自动变速器油。ATF 由于型号不同，摩擦系数也不同。某些汽车厂家根据汽车变速器的技术指标设计出有针对性的油品，使用这样的油品可以保持变速器良好的力学性能，延长寿命。因此如果自动变速器油错用或混用，会造成打滑或零件早期磨损。

ATF 在自动变速器中工作时必须要满足如下要求。

① 适当的黏度。ATF 的使用温度为 -40 ～ 170℃，范围很宽，又因自动变速器对其工作油的黏度极其敏感，所以黏度是 ATF 重要的特性之一。不同种类变速器所需要的 ATF 黏度也不相同，因此不能随意更换汽车使用 ATF 的标准油，避免由于 ATF 黏度与自动变速器黏度要求不适应，导致出现不良反应。当使用 ATF 的黏度偏大时，不仅影响变矩器的效率，而且可能造成低温启动困难；当使用 ATF 的黏度偏小时，会导致液压系统的泄漏增加。特别是变速器在高速工作时，变速器阀体膨胀量大，此时黏度小则可能引起换挡不正常。

② 良好的热氧化安定性。ATF 的热氧化安定性是使用中的一个极为重要的问题。和机油一样，油品的氧化安定性直接决定着 ATF 的使用寿命和自动变速器的使用寿命。因为 ATF 的使用温度很高，如果热氧化安定性不好，就会导致形成油泥、

清漆、积炭及沉淀物等，从而造成离合器片和制动片打滑，控制系统失灵等故障的发生。

③ 良好的抗起泡性。自动变速器中的 ATF 产生泡沫对于传动系统的危害很大，这是由液力自动变速器油的工作性质所决定的。目前普遍采用的液力变矩器和变速器是由同一油路系统供油的，因此它既是变矩器传递功率的介质，又是变速器自动控制的介质和润滑冷却的介质。泡沫可导致变矩器传递功率下降，泡沫的可压缩性可导致液压系统压力波动和油压下降，严重时可使供油中断。油中混入大量空气，实际是减少了润滑油量。这些气泡在压缩过程中，温度升高，又加速了油品老化，影响了油品使用寿命，且导致机件早期磨损。

④ 良好的抗磨性能。只有良好的抗磨性能才能保证行星齿轮中各齿轮传动、离合器片的工作效能。

⑤ 与系统中橡胶密封材料的匹配性好。目前自动变速器中多使用的是丁腈橡胶、丙烯橡胶及硅橡胶等，要求 ATF 使其不能有太明显的膨胀，也不能使之硬化变质。

⑥ 防腐（防锈）性能优良。在传动装置和冷却器中安装有铜接头、黄铜轴瓦、黄铜过滤器及止推垫圈等部件。这些部件中均含有大量的有色金属，因此 ATF 必须要保证不会引起铜腐蚀和其他金属生锈。

⑦ 储存安定性优良。ATF 在一定温度范围内和一定时间内应该保证均相，没有分解，而且 ATF 各成分不应该出现分层或析出等现象。

（2）自动变速器油液位检查（以英菲尼迪 QX56 汽车为例，见表 3-2-2） 自动变速器油液位必须符合规范，如果液位过低，会导致自动变速器内的离合器和制动器发生打滑，加速性能变差和润滑不良；如果液位过高，会导致自动变速器油液溢出，控制阀阀体排油孔堵塞，排油不畅，影响离合器分离。

表 3-2-2 自动变速器油液位检查操作方法

步骤	操作方法
1	把车停放在平坦地面上，拉起驻车制动器
2	启动发动机，将变速器挡位在各个挡位移动一遍，最后将变速器挡位设置到 P 挡
3	按照图 3-2-14 所示，把故障诊断仪连接到故障诊断连接器上，操作故障诊断仪，读取自动变速器油液温度
4	按照图 3-2-15 所示，插入自动变速器油尺，测量自动变速器油液位，根据故障诊断仪读取的油温数据，判别油温是处于 HOT（热）状态还是 COLD（冷）状态，根据图 3-2-16 所示判断液位高度是否在合理范围，如果低于合理液位，应予以添加

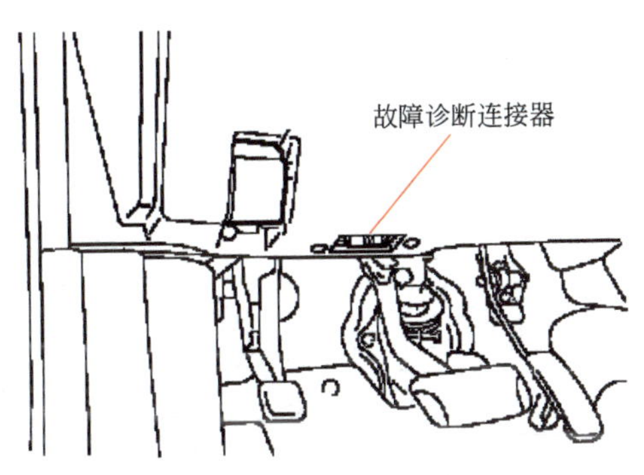

图 3-2-14　故障诊断连接器位置识别

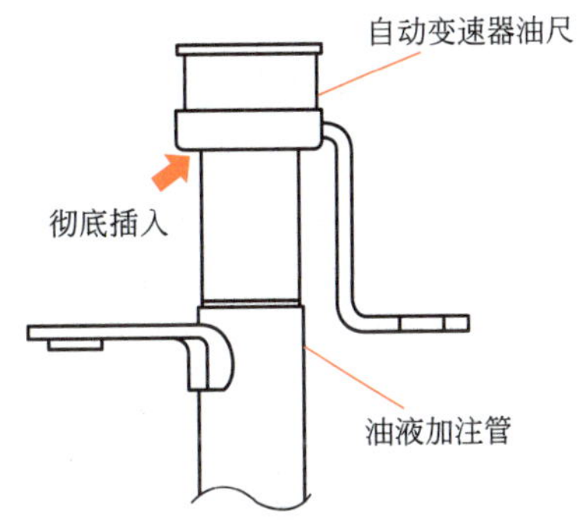

图 3-2-15　插入自动变速器油尺

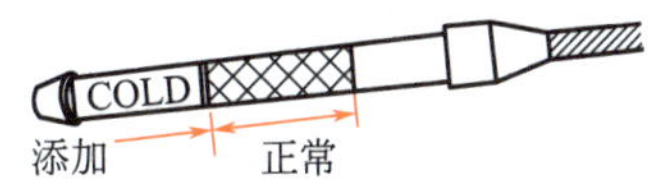

(a) 油温在30～50℃之间

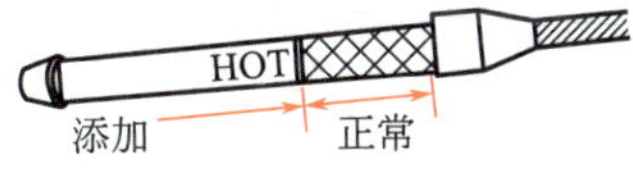

(b) 油温在50～80℃之间

图 3-2-16　自动变速器油液位识别

（3）自动变速器油更换（以讴歌车系 ZDX 汽车车为例，见表 3-2-3）

表 3-2-3　自动变速器油更换操作方法

步骤	操作方法
1	把车停放在平坦地面上，变速器挡位设置到 N 挡或 P 挡，启动发动机，直至发动机冷却风扇开始运转
2	观察到冷却风扇运转后，关闭发动机
3	用举升机举升车辆
4	按照图 3-2-17 所示，拆下发动机底部护板
5	拆下空气滤清器和进气管路
6	按照图 3-2-18 所示，拆下自动变速器油加注螺栓和密封圈
7	按照图 3-2-19 所示，拆下自动变速器油卸放螺栓，排干自动变速器油液
8	换装新的油液卸放螺栓密封圈，安装好卸放螺栓
9	按照图 3-2-18 所示的加注口位置，加注自动变速器油
10	换装新的自动变速器油加注螺栓密封圈，将加注螺栓安装好
11	检查自动变速器油液位，确认液位高度符合规范
12	安装空气滤清器和进气管路
13	按照图 3-2-20 所示，将故障诊断仪连接到故障诊断连接器上，用故障诊断仪执行 ATF LIFE（自动变速器油寿命）保养提示归零操作

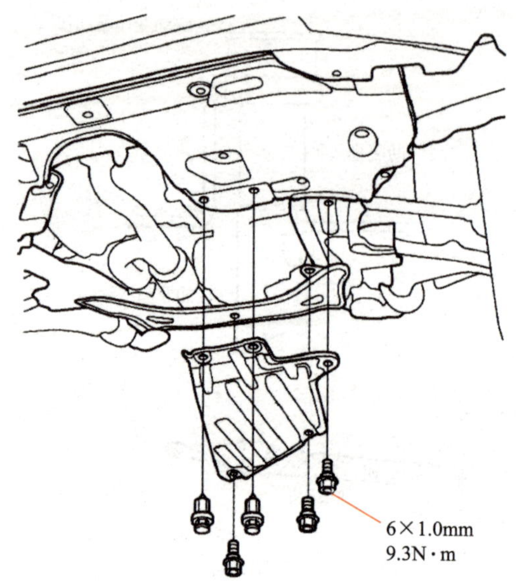

图 3-2-17　发动机底部护板

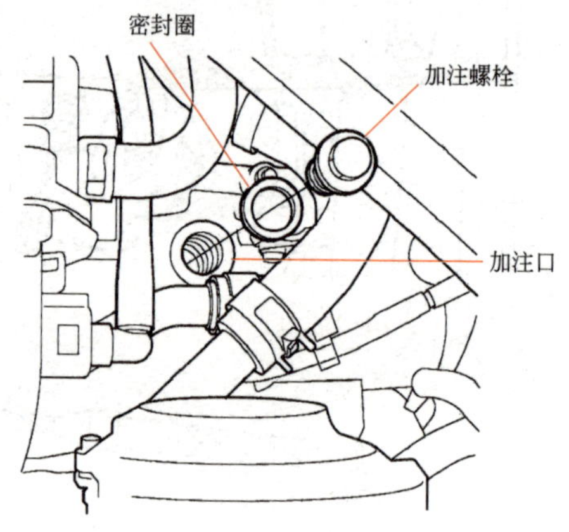

图 3-2-18　自动变速器油加注螺栓和密封圈识别

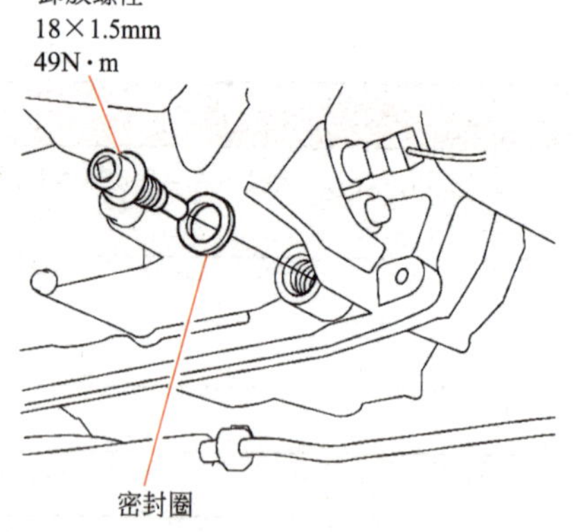

图 3-2-19　自动变速器油卸放螺栓和密封圈识别

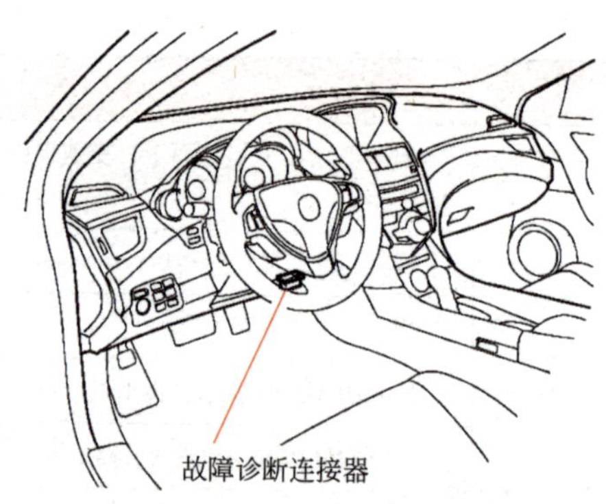

图 3-2-20　故障诊断连接器位置识别

（4）自动变速器油过滤器检查和更换　如果接修车辆的自动变速器配备自动变速器油过滤器，维护时要仔细检查自动变速器油过滤器是否裂纹、破损，过滤器附近是否有油液泄漏现象，如果有，要及时更换自动变速器油过滤器。以本田飞度轿车为例，该车自动变速器油过滤器更换步骤参见表 3-2-4。

表 3-2-4　本田飞度轿车自动变速器油过滤器更换步骤

步骤	操作方法
1	拆下空气滤清器总成

续表

步骤	操作方法
2	按照图 3-2-21 所示，把自动变速器油冷却器软管从自动变速器油滤清器上断开
3	拆下自动变速器油滤清器支架
4	拆下自动变速器油滤清器，将其更换
5	把新的自动变速器油滤清器安装到托架上，用螺栓把滤清器和托架紧固到一起
6	把自动变速器油冷却器软管用卡扣固定到自动变速器油滤清器壳体 6 ～ 8mm 位置
7	安装空气滤清器总成

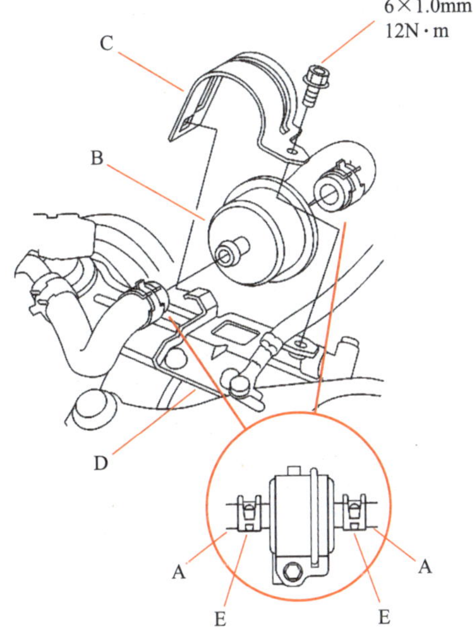

图 3-2-21　更换自动变速器油滤清器

A—自动变速器油冷却器软管；B—自动变速器油滤清器；C—自动变速器油滤清器支架；D—自动变速器油滤清器安装托架；E—卡扣

（5）自动变速器标牌识别　一般在自动变速器后部均贴有标牌，在标牌上注明了自动变速器的序列号、型号和制造厂商等信息，这种信息在订购配件时都要准确提供给配件供货商，以免发生错配或错订，如图 3-2-22 所示。

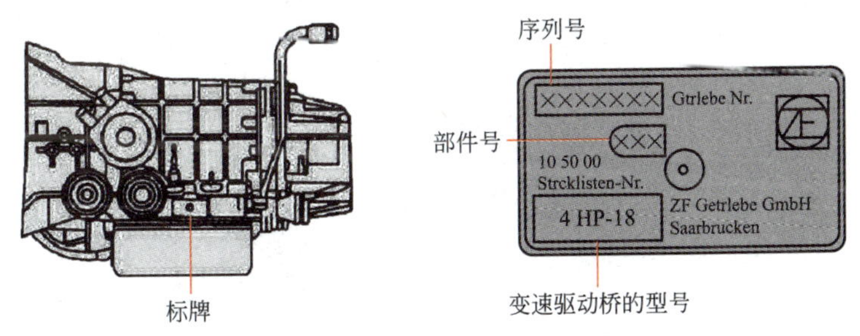

图 3-2-22　自动变速器标牌识别

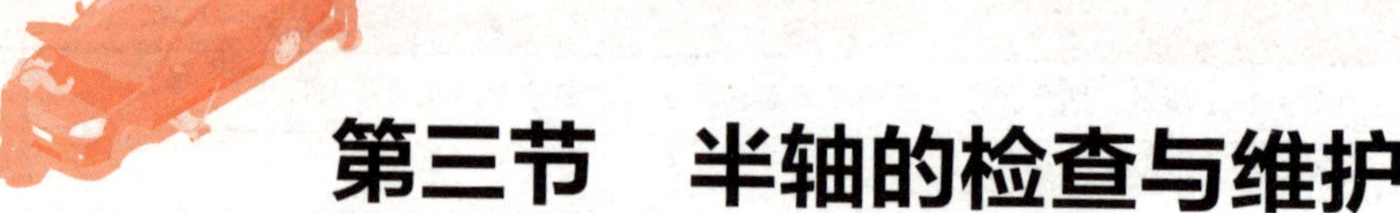

第三节 半轴的检查与维护

一、半轴的功能与部件组成

半轴是将动力从差速器传到驱动车轮的钢制轴，每侧车轮分别由各自的半轴驱动。在后轮驱动车辆上，半轴和主减速器都被封闭在驱动桥的桥壳里，对其进行支撑和保护。每个半轴与差速器内一侧的半轴齿轮连接，半轴内端用花键与半轴齿轮滑动配合。半轴齿轮转动时，通过花键带动与之连接的半轴，使其以相同的转速转动。以本田飞度轿车为例，该车半轴部件识别参见图 3-3-1。

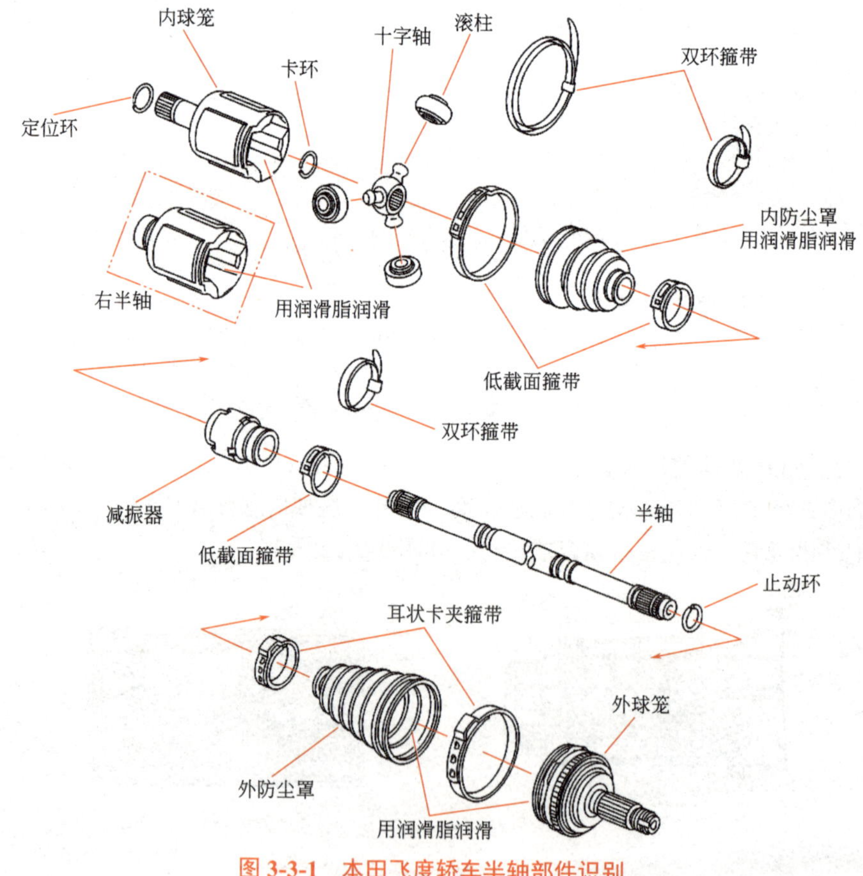

图 3-3-1 本田飞度轿车半轴部件识别

二、半轴检查与维护项目

1. 半轴检查（以本田飞度轿车为例，见表 3-3-1）

表 3-3-1　半轴的检查操作方法

步骤	操作方法
1	按照图 3-3-2 所示，检查半轴内防尘罩和外防尘罩是否有裂纹、损坏，防尘罩内是否发生润滑脂泄漏，防尘罩箍带是否松动，如果发现有异常情况，应立即更换半轴防尘罩和防尘罩箍带
2	检查半轴是否有裂纹或损坏，如果发现有裂纹或损坏，应更换半轴
3	检查半轴的内球笼和外球笼是否有裂纹或损坏，如果发现有裂纹或损坏，应更换内球笼和外球笼
4	握住内球笼，用手转动前轮，检查内球笼是否过于松旷，如果过于松旷，应更换内球笼

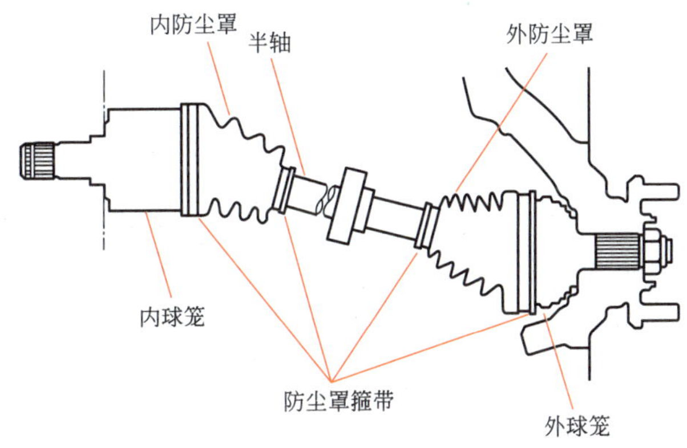

图 3-3-2　半轴检查

2. 半轴拆卸操作（以本田飞度轿车为例，见表 3-3-2）

表 3-3-2　半轴拆卸操作方法

步骤	操作方法
1	用举升机举升车辆
2	拆下汽车前轮
3	按照图 3-3-3 所示，拆下芯轴螺母上的锁紧凸舌，拆下螺母
4	排放变速器油液，换装新的密封垫圈，然后将变速器放油螺栓重新安装好
5	按照图 3-3-4 所示，把锁销从下臂球节上拆下，拆下槽顶螺母，然后用球节拆卸工具从转向节上分离球节

续表

步骤	操作方法
6	按照图 3-3-5 所示，向外拉出转向节，用塑料锤从前轮毂上分离外球笼
7	按照图 3-3-6 所示，用撬棒把左侧半轴的内球笼从差速器上撬下，把左侧半轴拆下
8	按照图 3-3-7 所示，用冲子和锤子把右侧半轴的内球笼从差速器上撬下，把右侧半轴拆下
9	按照图 3-3-8 所示，从左侧半轴内球笼上拆下定位环
10	按照图 3-3-9 所示，从中间轴上拆下定位环

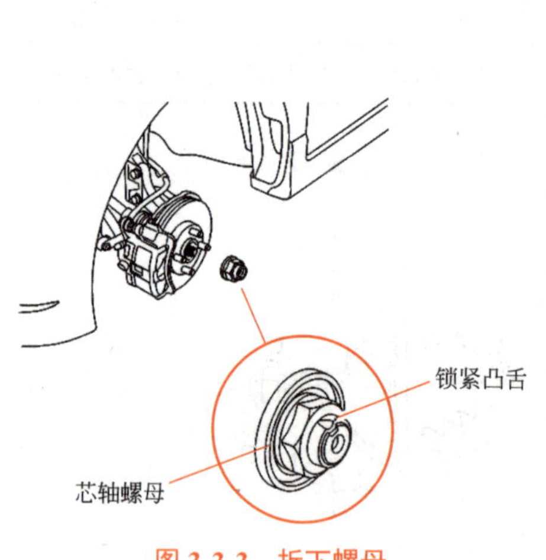

图 3-3-3　拆下螺母

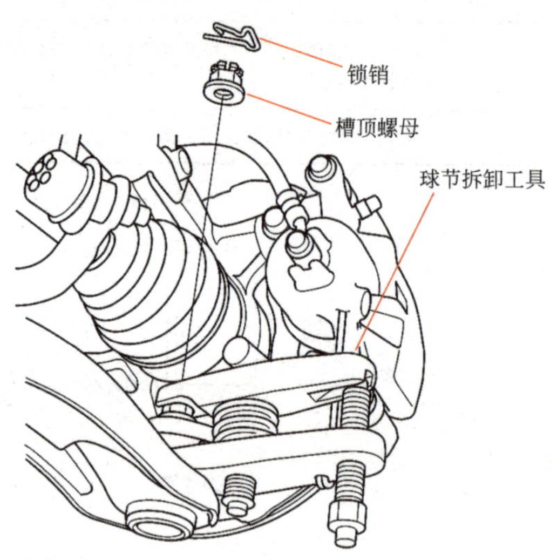

图 3-3-4　分离球节

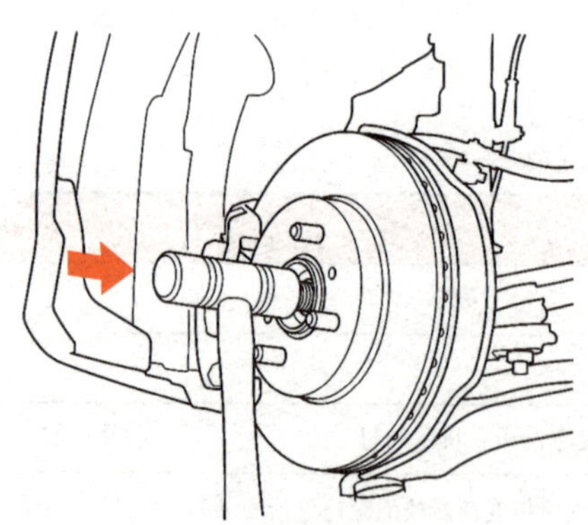
图 3-3-5　用塑料锤分离外球笼

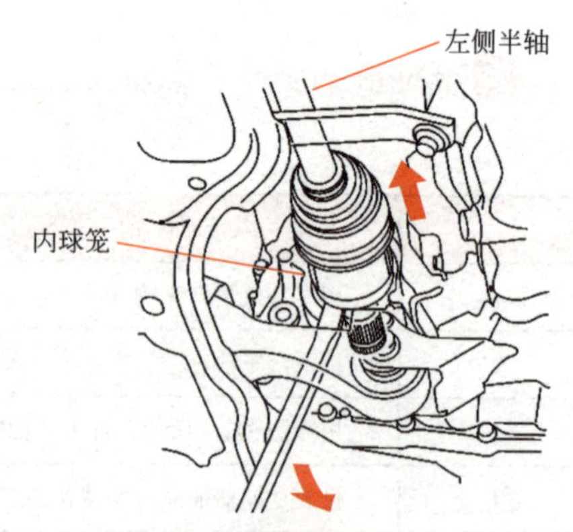

图 3-3-6　拆卸左侧半轴

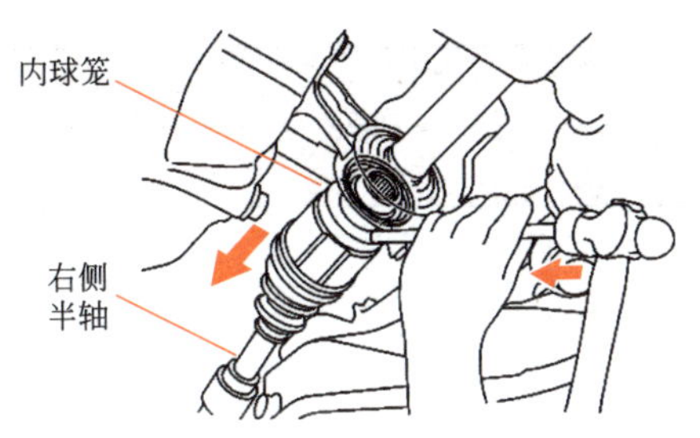

图 3-3-7　拆卸右侧半轴

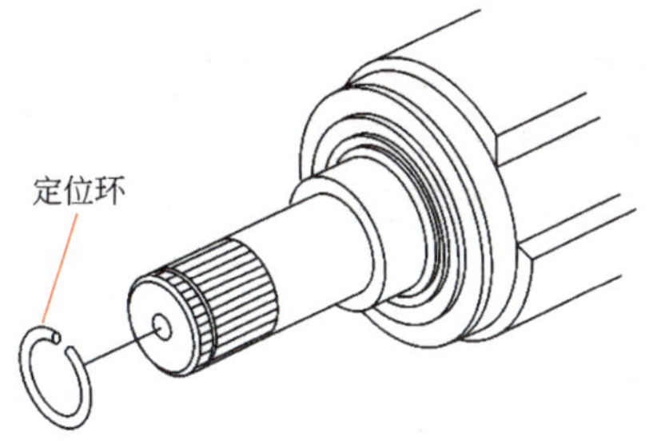

图 3-3-8　从左侧半轴内球笼上拆下定位环

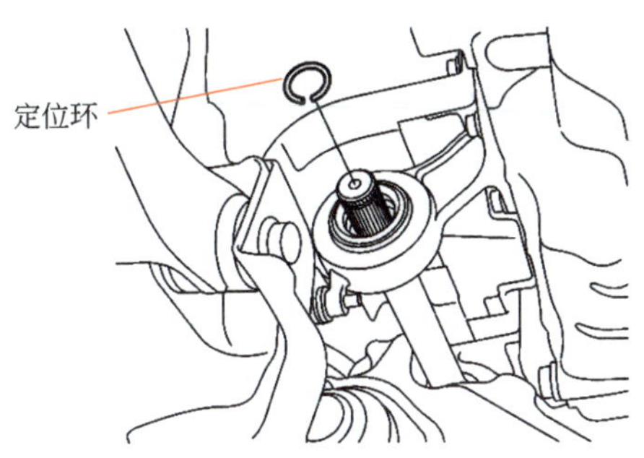

图 3-3-9　从中间轴上拆下定位环

3. 半轴部件拆解（以本田飞度轿车为例，见表 3-3-3）

表 3-3-3　半轴部件拆解操作步骤

内球笼侧	
步骤	操作方法
1	按照图 3-3-10 所示，拆下防尘罩箍带
2	按照图 3-3-11 所示，在滚柱和内球笼上做好标记，以便准确识别内球笼滚柱至凹槽的位置，拆下内球笼，放置在干净的毛巾上
3	按照图 3-3-12 所示，在滚柱（B）和十字轴（C）上做好标记（A），以便准确识别十字轴上滚柱的位置，便于重新安装时参考，然后拆下滚柱
4	按照图 3-3-12 所示，拆下卡环（D）
5	按照图 3-3-12 所示，在十字轴和半轴（F）上做好标记（E），以便准确识别半轴上十字轴的位置，便于重新安装时参考
6	拆下十字轴
7	按照图 3-3-13 所示，用乙烯树脂胶带缠绕半轴上的花键，以防损坏防尘罩
8	拆下内防尘罩
9	把胶带拆下

续表

外球笼侧	
步骤	操作方法
1	按照图 3-3-14 所示，用螺丝刀翘起 3 个凸舌，拆下防尘罩箍带
2	按照图 3-3-15 所示，将外防尘罩部分滑向内球笼侧
3	清除润滑脂，露出半轴和外球笼内座圈
4	按照图 3-3-16 所示，在半轴和外球笼边缘相同的高度位置做上标记
5	用干净的毛巾包住半轴后将半轴牢固地夹入台钳中
6	按照图 3-3-17 所示，用惯性锤组件和 22mm×1.5mm 的螺纹接头拆下外球笼
7	从台钳上取下半轴
8	按照图 3-3-18 所示，拆下半轴的定位环
9	按照图 3-3-19 所示，用胶带包住半轴花键，防止损坏外防尘罩
10	拆下外防尘罩，然后拆下胶带

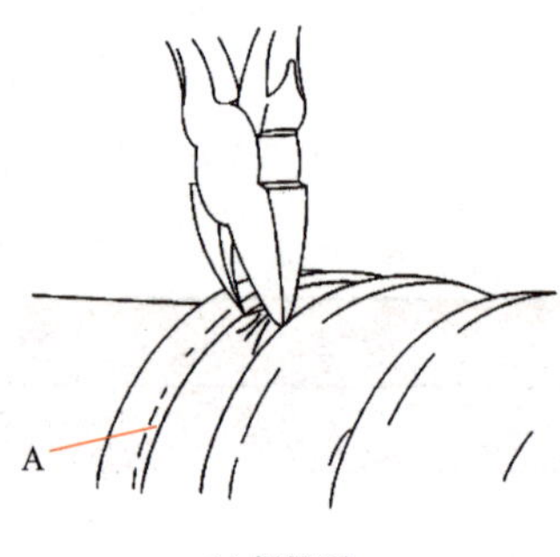

(a) 焊接型

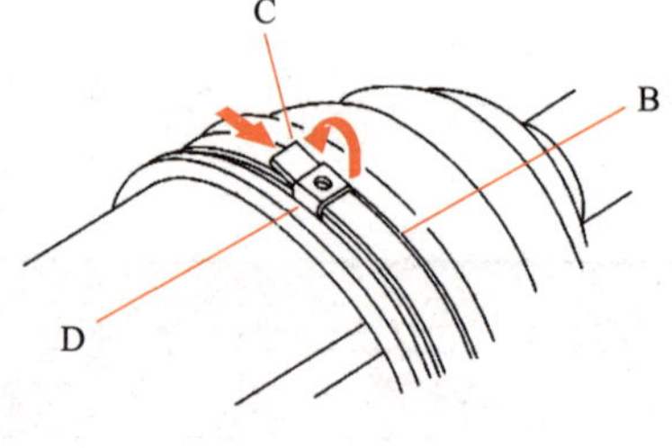

(b) 双环型

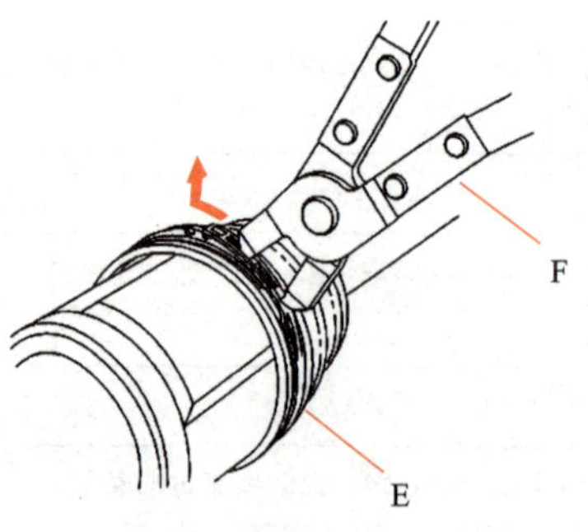

(c) 低截面型

- 如果防尘罩箍带是焊接型(A)，则剪断防尘罩箍带
- 如果防尘罩箍带是双环型(B)，则拉起箍带的端部(C)，并将其推进卡扣(D)中
- 如果防尘罩箍带是低截面型(E)，则用通用防尘罩箍带钳(F)夹住防尘罩箍带

图 3-3-10　拆下防尘罩箍带

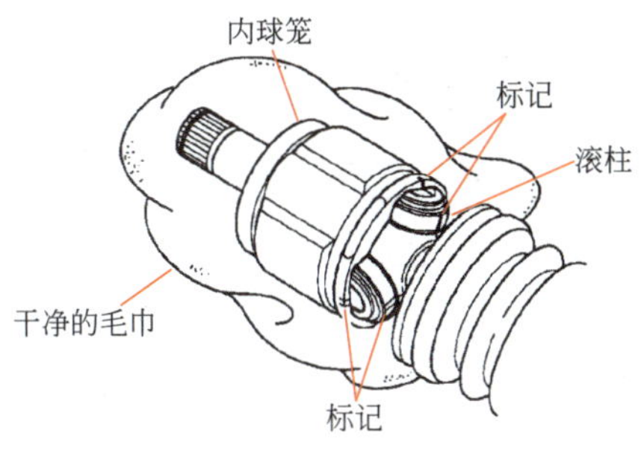

图 3-3-11　做好标记

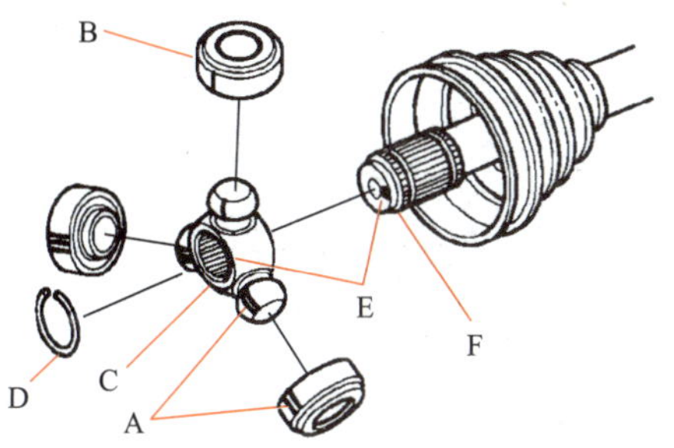

图 3-3-12　在十字轴和半轴上做好标记

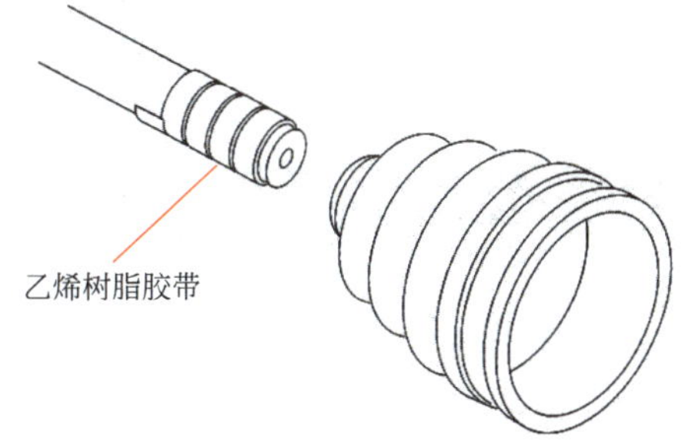

图 3-3-13　用胶带缠绕花键

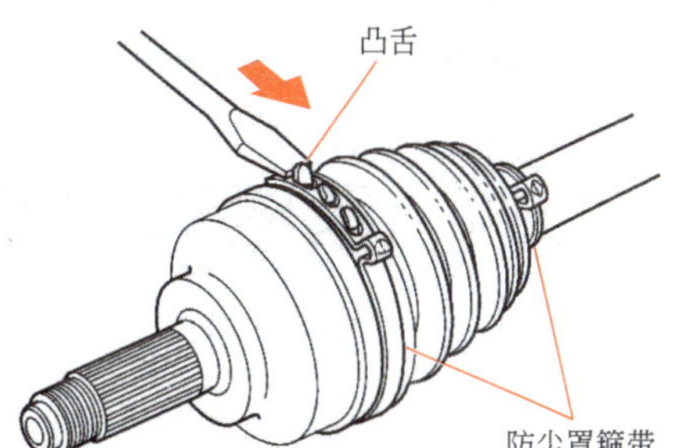

图 3-3-14　拆卸防尘罩箍带

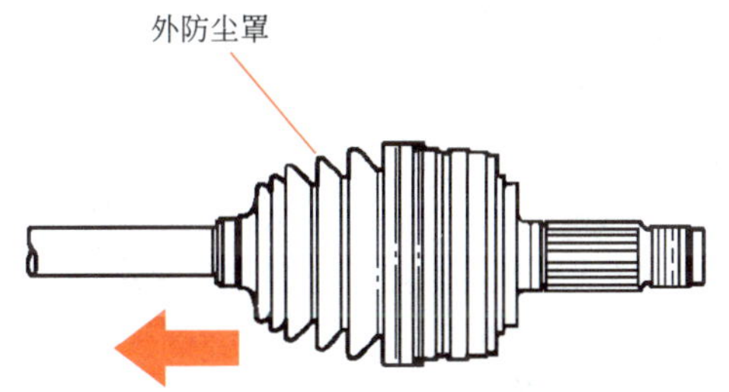

图 3-3-15　将外防尘罩部分滑向内球笼侧

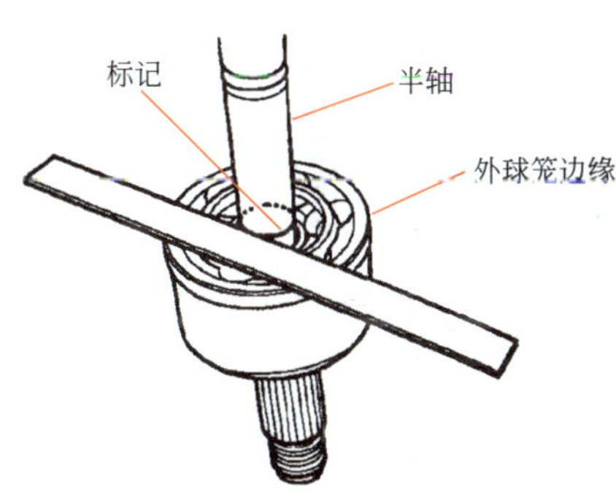

图 3-3-16　做上标记

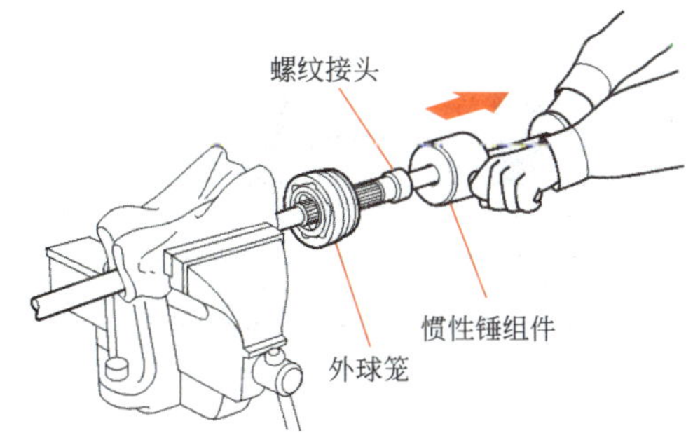

图 3-3-17　拆下外球笼

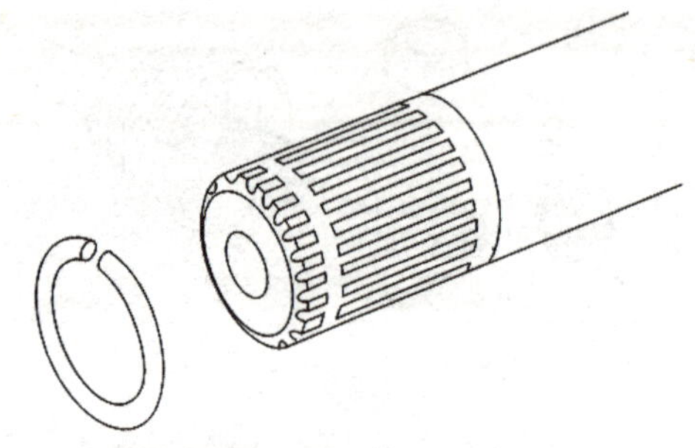

图 3-3-18 拆下半轴的定位环

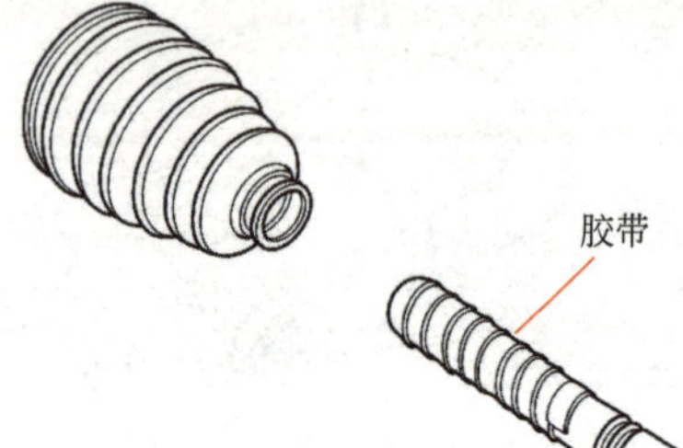

图 3-3-19 用胶带包住半轴花键

第四节 差速器维护保养

一、差速器的作用

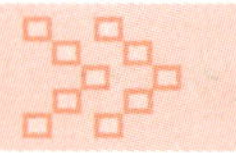

差速器的作用是在左侧和右侧车轮之间产生转速差，使车辆转弯时，外侧车轮比内侧车轮转动的速度快，从而保证车辆能顺利转弯，如图 3-4-1 所示。

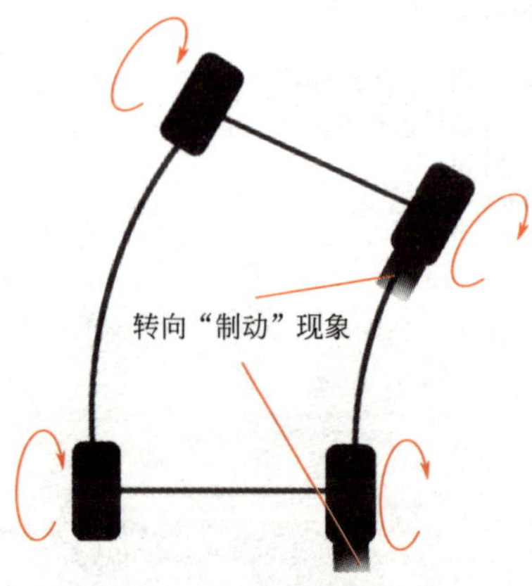

(a) 在汽车转弯时，内侧车轮和外侧车轮存在转速差(外侧车轮转速比内侧车轮快)，如驱动轮没差速器，会导致内侧车轮发生“制动”的现象

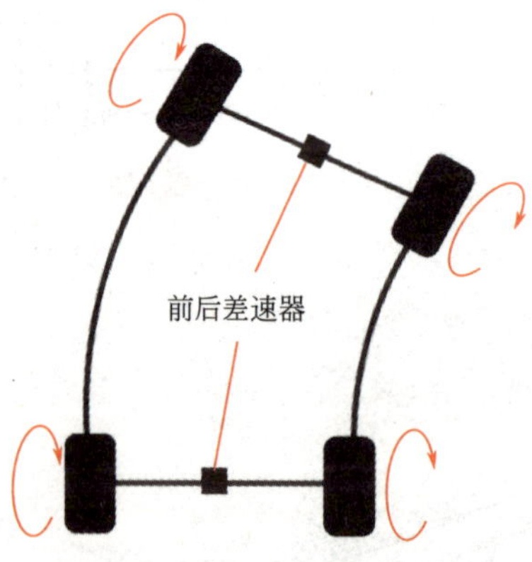

(b) 如在传动轴上安装差速器，驱动轮内外侧的转速差可以由差速器来均衡，从而避免了转弯“制动”的现象

图 3-4-1 差速器作用示意图

二、差速器分类

按照差速器部件构造的不同，大致分为 3 种，即锥齿轮式差速器、行星齿轮式差速器和斜齿圆柱齿轮式差速器，如图 3-4-2 所示。

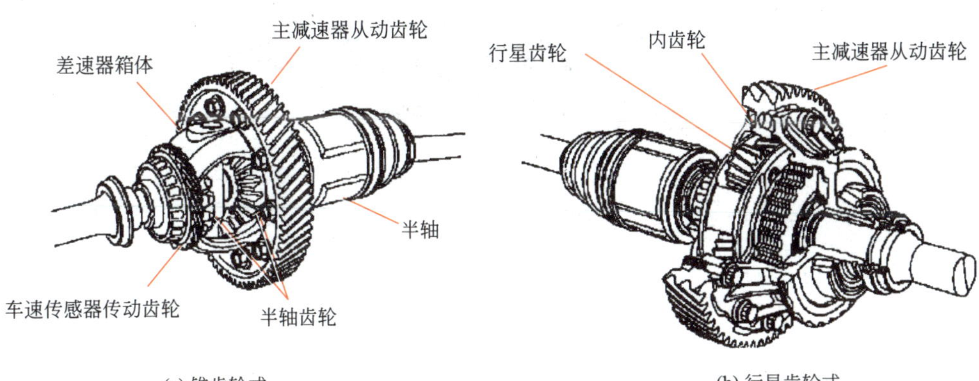

(a) 锥齿轮式

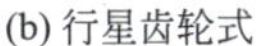

(b) 行星齿轮式

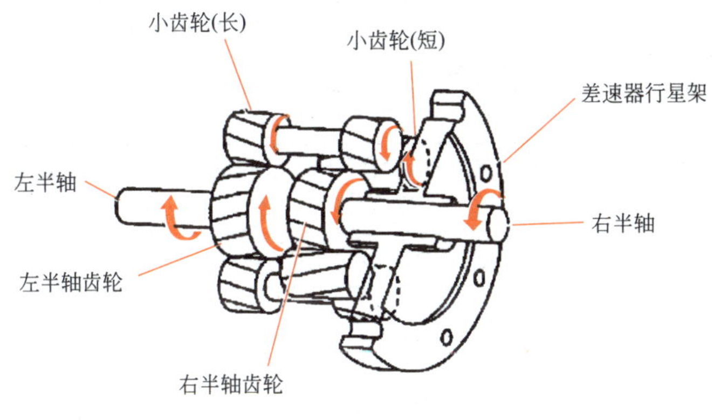

(c) 斜齿圆柱齿轮式

图 3-4-2　差速器分类及部件组成

三、差速器油液液位检查（以英菲迪尼 QX56 汽车为例）

1. 前桥差速器油液液位检查

按照图 3-4-3 所示，拆下前桥差速器油液加注塞，用手指伸入加注塞内检查油液高度，正常情况下油液高度应与加注塞孔底部齐平。

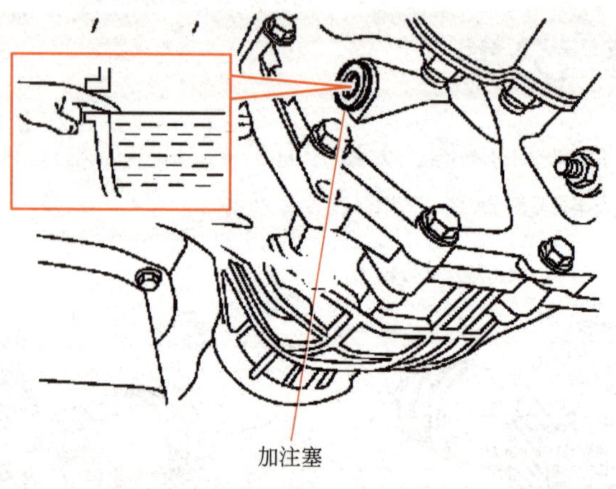

图 3-4-3 前桥差速器加注塞识别

2. 前桥差速器油液更换（表 3-4-1）

表 3-4-1 前桥差速器油液更换操作方法

步骤	操作方法
1	当需要更换前桥差速器油液时，先参照图 3-4-4 所示，拧开前桥差速器油液卸放塞，将油液彻底放出
2	给卸放塞换装上新的密封垫片，把卸放塞重新紧固好
3	按照图 3-4-3 所示，将 0.75L 前桥差速器油液通过加注塞加注到前桥差速器中，直至液位达到与加注塞孔齐平的位置
4	给加注塞换装上新的密封垫片，把加注塞重新紧固好

3. 后桥差速器油液液位检查

按照图 3-4-5 所示，拆下后桥差速器油液加注塞，用手指伸入加注塞内检查油液高度，正常情况下油液高度应与加注塞孔底部齐平。

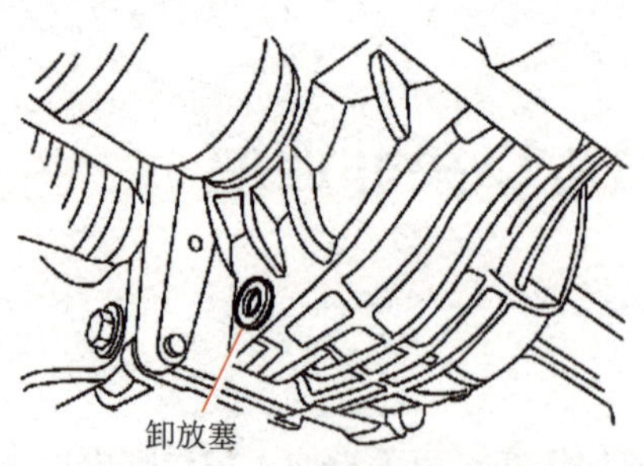

图 3-4-4 前桥差速器油液卸放塞

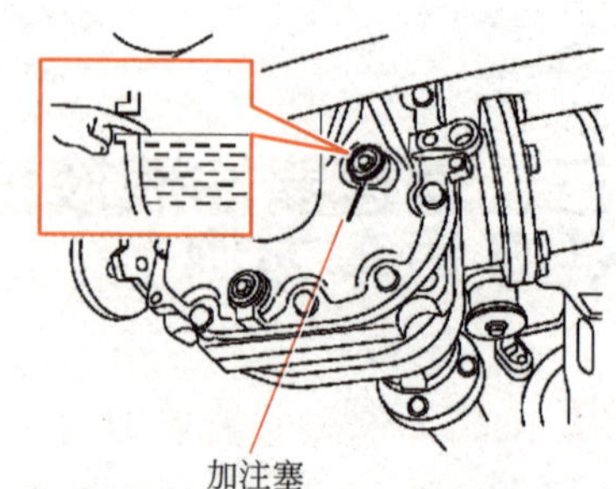

图 3-4-5 后桥差速器油液加注塞识别

4. 后桥差速器油液更换（表 3-4-2）

表 3-4-2　后桥差速器油液更换操作方法

步骤	操作方法
1	当需要更换后桥差速器油液时，先参照图 3-4-6 所示，拧开后桥差速器油液卸放塞，将油液彻底放出
2	给卸放塞换装上新的密封垫片，把卸放塞重新紧固好
3	按照图 3-4-5 所示，将 1.75L 前桥差速器油液通过加注塞加注到后桥差速器中，直至液位达到与加注塞孔齐平的位置
4	给加注塞换装上新的密封垫片，把加注塞重新紧固好

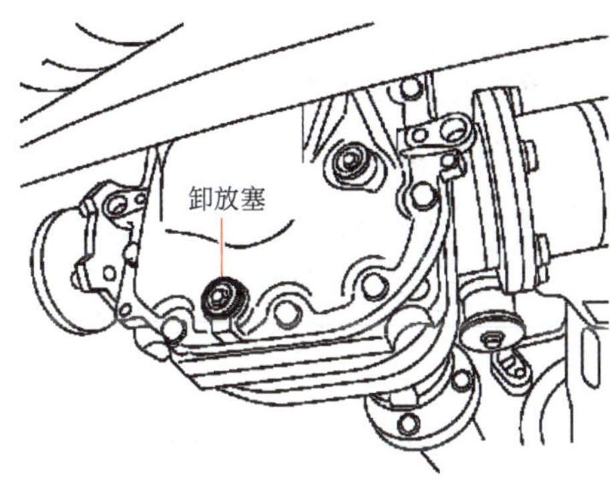

图 3-4-6　后桥差速器油液卸放塞识别

四、差速器部件检查与更换（以本田飞度轿车为例）

1. 本田飞度轿车差速器部件识别（图 3-4-7）

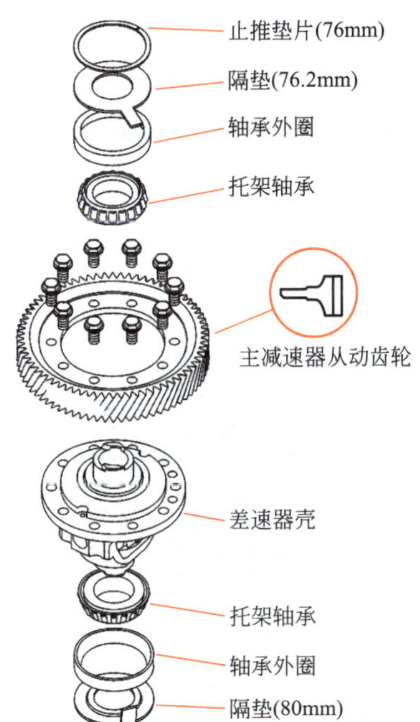

图 3-4-7　本田飞度轿车差速器部件识别

2. 检查小齿轮齿隙

① 按照图 3-4-8 所示，把半轴和中间轴安装到差速器总成上，将车桥放在 V 形块上。

② 齿隙的规范值为 0.05 ~ 0.15mm，如果测量值超出规范，应更换差速器托架。

3. 差速器托架和主减速器从动齿轮更换

① 按照图 3-4-9 所示，把主减速器从动齿轮从差速器托架上拆下。**注意：**主减速器从动齿轮是左旋螺纹。

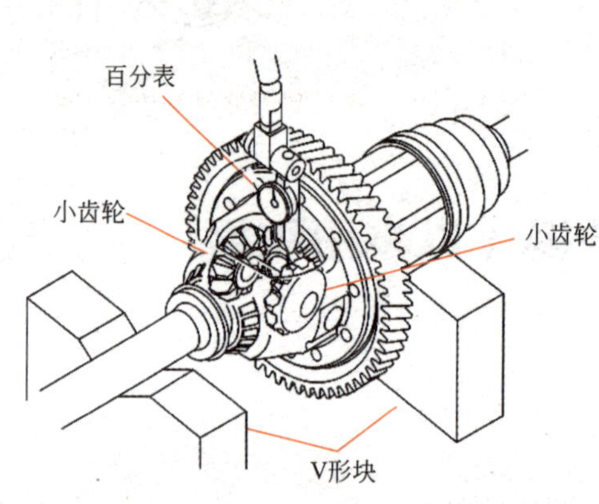

图 3-4-8 测量小齿轮齿隙

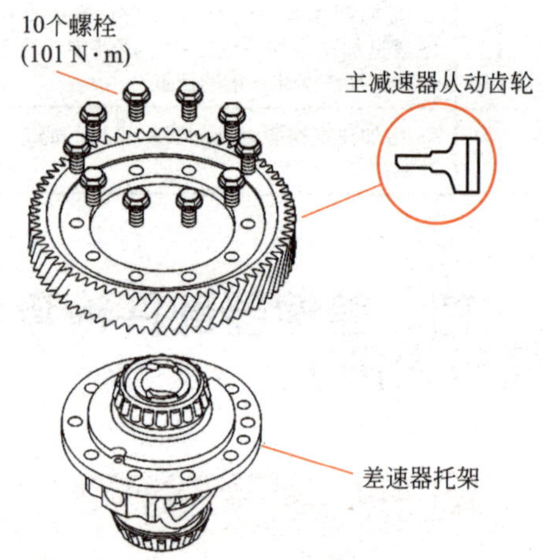

图 3-4-9 差速器托架与主减速器从动齿轮

② 把新的主减速器从动齿轮安装到新的差速器托架上。

③ 将 10 个螺栓紧固至 101N·m。

4. 差速器托架轴承更换

① 按照图 3-4-10 所示，用轴承分离器固定住托架轴承。

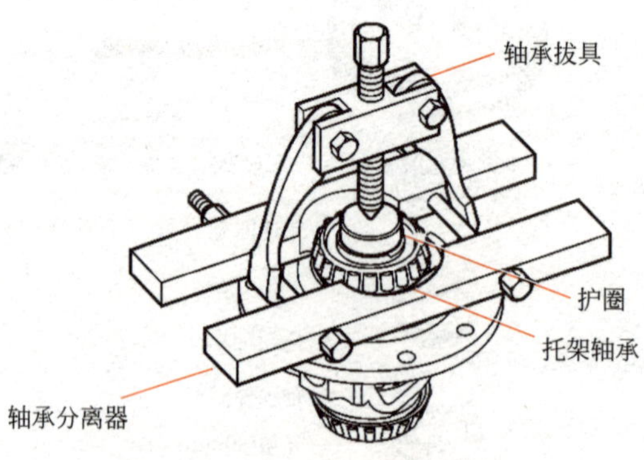

图 3-4-10 更换差速器托架轴承

② 把护圈放置在差速器托架上，固定轴承拔具，然后拆下托架轴承。

③ 按照图 3-4-11 所示，用工具将新的轴承压入，使轴承和差速器托架之间没有间隙。

5. 差速器托架轴承外座圈更换

① 按照图 3-4-12 所示，用加热枪加热变速器壳体至 100℃，将差速器轴承外座圈、76.2mm 的隔圈和 76mm 的止推垫片从变速器壳体上拆下。

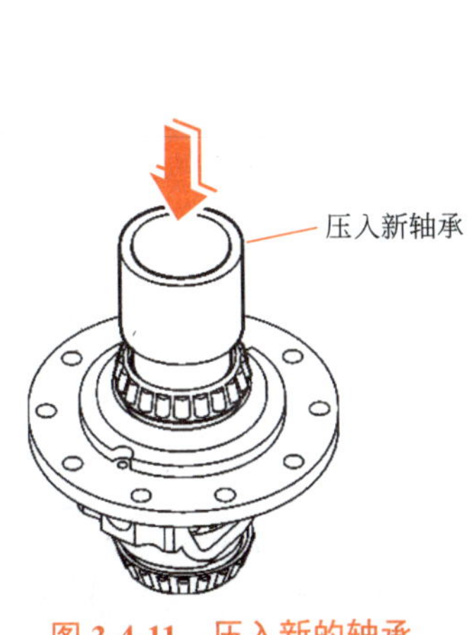

图 3-4-11　压入新的轴承

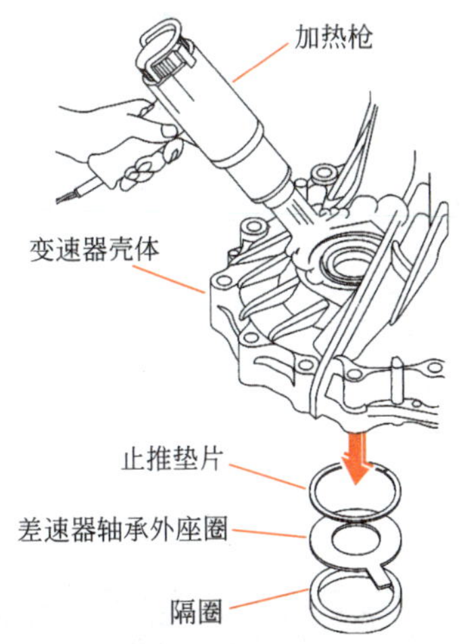

图 3-4-12　加热变速器壳体

② 换装新的外座圈，按照图 3-4-13 所示，将止推垫片、隔圈和外座圈安装到变速器壳体中。

③ 按照图 3-4-14 所示，使用拆装工具把外座圈敲入壳体，使外座圈、隔圈、止推垫片和变速器壳体之间没有间隙。

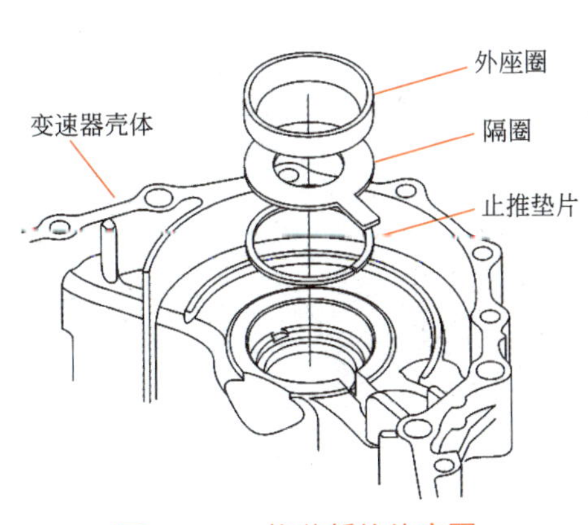

图 3-4-13　换装新的外座圈

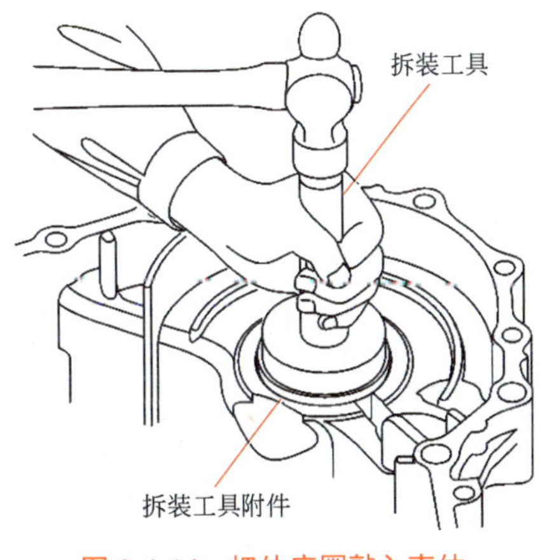

图 3-4-14　把外座圈敲入壳体

第四章

底盘系统维护保养

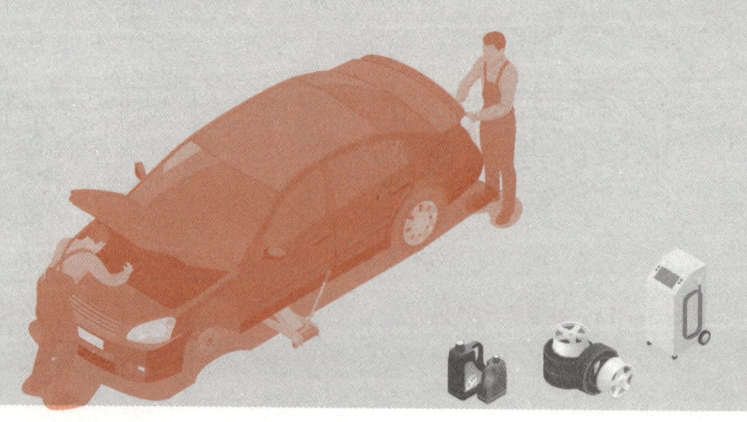

第一节　轮胎维护

一、轮胎的功能

（1）负荷功能　支撑车体、乘员以及货物的重量。

（2）提高乘坐舒适性　吸收从路面传来的冲击力，缓冲振动，提高乘坐舒适性。

（3）牵引和制动功能　把发动机或制动器的力量传到路面，使车体启动或制动。

（4）操纵稳定功能　向预想方向转弯或保持直行。

二、轮胎的构造（图 4-1-1）

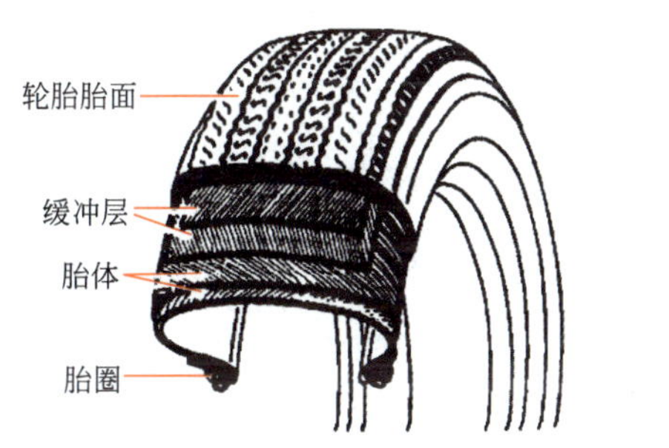

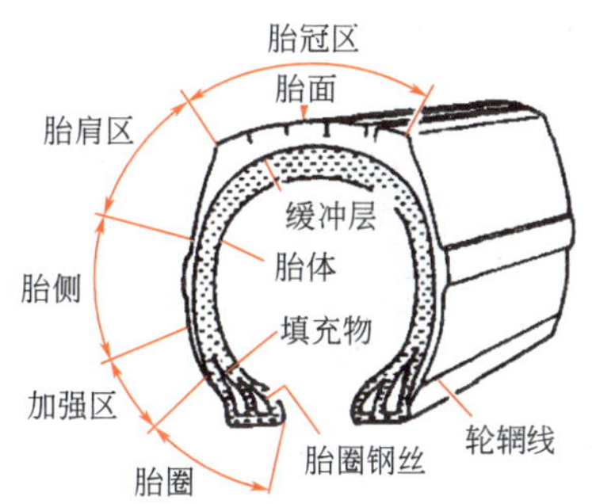

图 4-1-1　轮胎的构造

1. 胎体

胎体是轮胎的骨架或框架，其内充满气压。胎体的结构取决于轮胎各层的类型和布置，大致可以分为两类，大多数客车现在使用的是子午线轮胎，载货卡车上仍然使用坚固耐用的斜交轮胎。

2. 胎面

胎面是轮胎上直接与路面接触的部分，具备极高的抗磨损性和抗撕裂性。胎面由橡胶制成，不同的胎面花纹可以在轮胎与地面之间提供不同的接触效果。

3. 缓冲层或带束层

在斜交轮胎中，胎面与胎体的强度是不同的。在轮胎的使用过程中，胎面与胎体之间的连接区域很容易被削弱。为了防止这种情况发生，在连接区域使用帘线层进行加强。帘线层也称为缓冲层，缓冲层也可以防止橡胶和胎体剥落，它吸收车辆行驶过程中由胎面处传递过来的冲击。缓冲层可使胎体不直接承受冲击，从而使胎体不会受到来自外部的损坏。子午线轮胎中有一个带束层，其作用与斜交轮胎中的缓冲层一样。带束层呈直角连接到胎体上（相同方向）。

4. 胎圈

胎圈由编织到层中的钢丝组成。胎圈将轮胎牢靠地固定到轮辋上。

三、轮胎的规格及技术参数说明（图 4-1-2）

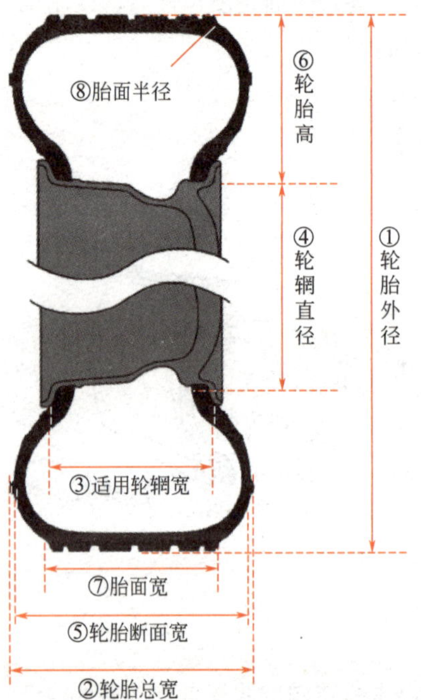

①轮胎外径
是在相应的轮辋上安装轮胎并按规定气压充气后，在没有承重时的轮胎直径

②轮胎总宽
是指包括轮胎侧面的文字及花纹的轮胎最大宽度

③适用轮辋宽
是适合轮胎性能的轮辋宽度
标准轮辋：最适合的宽度和形状
适用轮辋：能够使用的轮辋

④轮辋直径
是指适合轮胎的车轮的轮辋直径，与轮胎内径相同

⑤轮胎断面宽
从轮胎的总宽中去除轮胎侧面的文字及花纹厚度的宽度

⑥轮胎高
是用轮胎外径减去轮辋直径后的数字的1/2

⑦胎面宽
是轮胎踏面的宽度，指两面最突出部分的宽度

⑧胎面半径
是指胎面部分的曲率半径

图 4-1-2　轮胎的规格及技术参数说明

四、轮胎编码识读

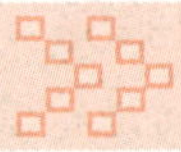

轮胎的规格、性能和构造均可通过查看轮胎侧壁上的国际标准化组织轮胎编码加以识别，参见图 4-1-3。

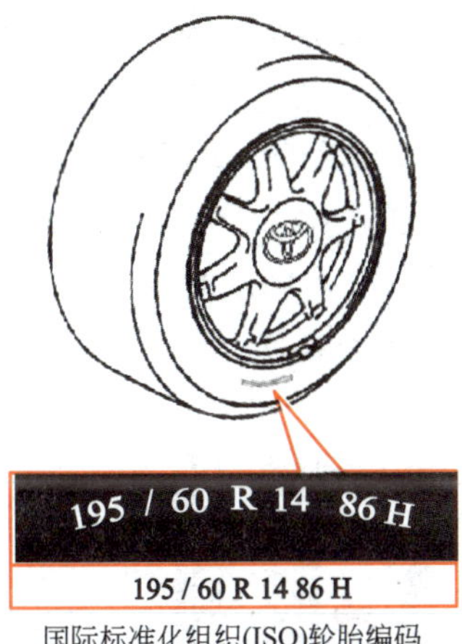

国际标准化组织(ISO)轮胎编码

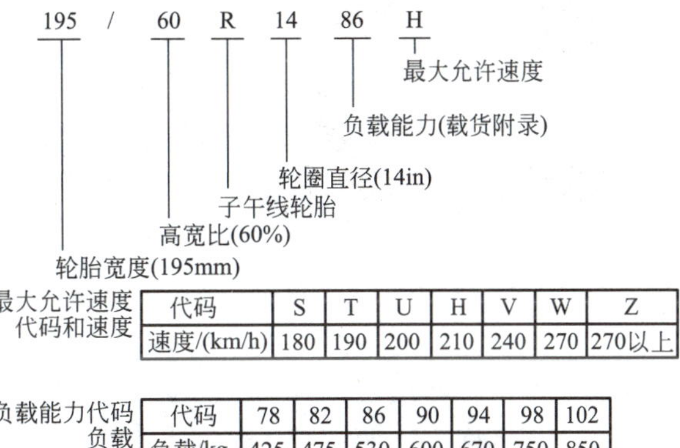

最大允许速度代码和速度

代码	S	T	U	H	V	W	Z
速度/(km/h)	180	190	200	210	240	270	270以上

负载能力代码负载

代码	78	82	86	90	94	98	102
负载/kg	425	475	530	600	670	750	850

图 4-1-3 轮胎编码识读

1in=2.54cm

五、子午线轮胎和斜交轮胎

轮胎根据胎体帘线层排列的不同，有子午线构造和斜交状构造，现代轿车所用的轮胎均为子午线轮胎。子午线轮胎和斜交轮胎的结构见图 4-1-4。

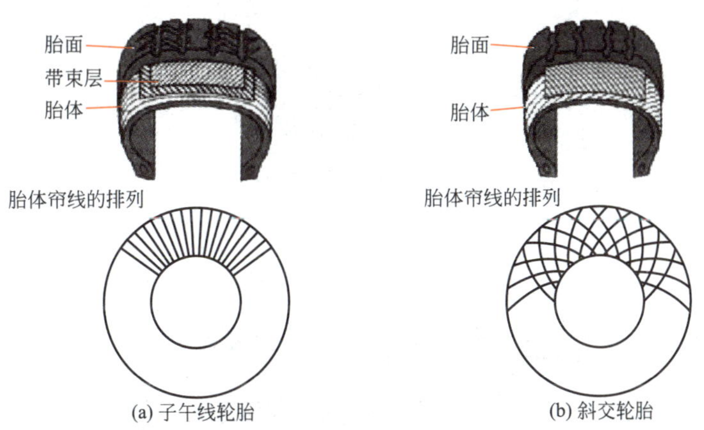

(a) 子午线轮胎　(b) 斜交轮胎

图 4-1-4 子午线轮胎和斜交轮胎的结构

六、轮胎常见维护项目

1. 检查轮胎压力

汽车轮胎压力必须保持规范。轮胎压力合乎规范，轮胎能与地面均匀接触，抓

图 4-1-5　适当的轮胎气压

地性好，不但可以使轮胎行驶更多的里程，还可以缩短制动距离、提高转弯稳定性和行驶的舒适性，如图 4-1-5 所示。如果轮胎压力过低或过高，均会导致轮胎产生不规则磨损，影响行车安全，如图 4-1-6 所示。轮胎压力的规范值可查阅维修手册或查看粘贴在驾驶员侧 B 柱上的轮胎压力规范值标签，如图 4-1-7 所示。

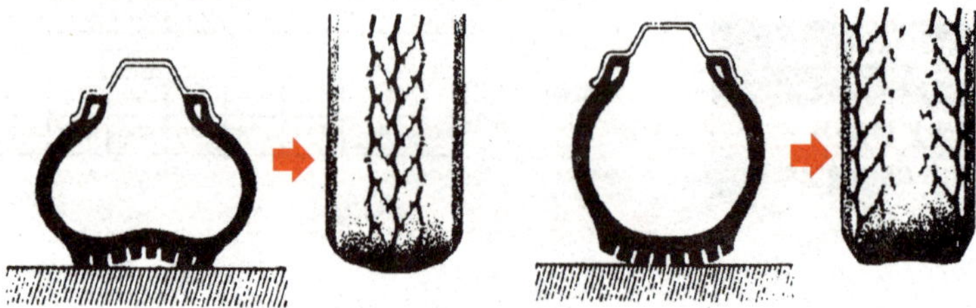

(a) 压力过低导致胎肩磨损　　(b) 压力过高导致胎面中间磨损

图 4-1-6　轮胎压力过低或过高所导致的轮胎磨损

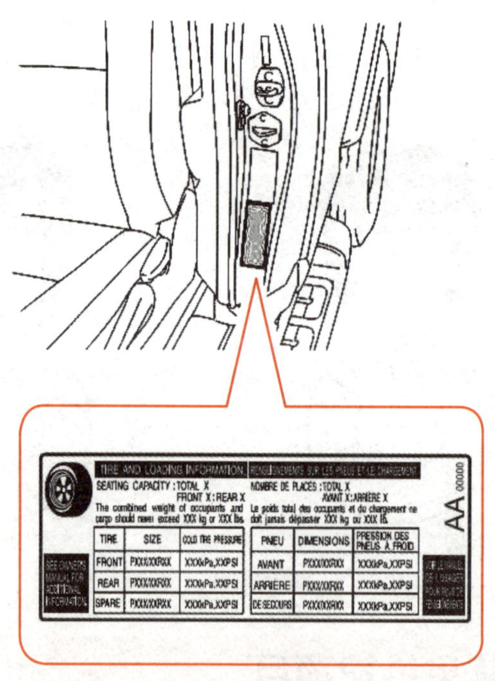

图 4-1-7　轮胎压力规范值标签粘贴位置（丰田酷路泽汽车）

轮胎压力检查步骤如下。

① 准备好轮胎压力表。轮胎压力表如图 4-1-8 所示，它不但可以测量轮胎充气压

力是否规范，还可对充气过量的轮胎进行放气操作。

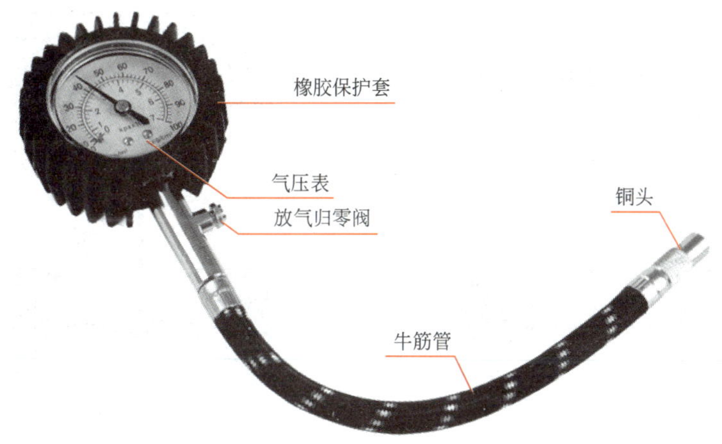

图 4-1-8　轮胎压力表

② 在轮胎处于冷态状态下（车辆停放 3h 以上或行驶距离不足 1.6km），将轮胎压力表连接到轮胎气门嘴上执行测量，如图 4-1-9 所示。

图 4-1-9　测量轮胎压力

2. 轮胎换位

为了使轮胎磨损均匀，在车辆使用过程中要按照使用手册中规定的里程对汽车的轮胎进行换位操作，起到使轮胎磨损均匀，延长轮胎使用寿命的作用。发动机前置、前轮驱动的车型轮胎换位方法如图 4-1-10 所示；发动机前置、后轮驱动的车型轮胎换位方法参见图 4-1-11；有方向性要求的轮胎换位方法如图 4-1-12 所示。有方向性要求的轮胎一般在轮胎侧壁上均标有箭头符号，如图 4-1-13 所示。轮胎换位时要注意将轮胎上的箭头方向朝向汽车的行驶方向。

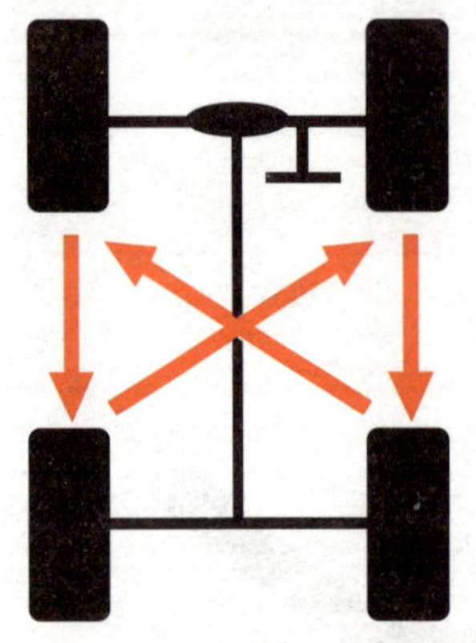
图 4-1-10 发动机前置、前轮驱动的车型轮胎换位方法

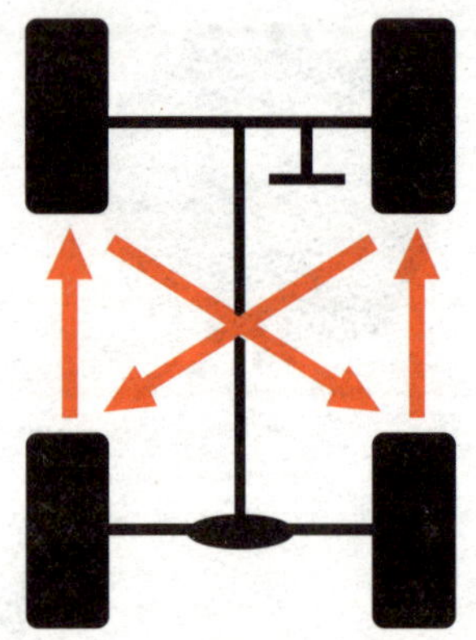
图 4-1-11 发动机前置、后轮驱动的车型轮胎换位方法

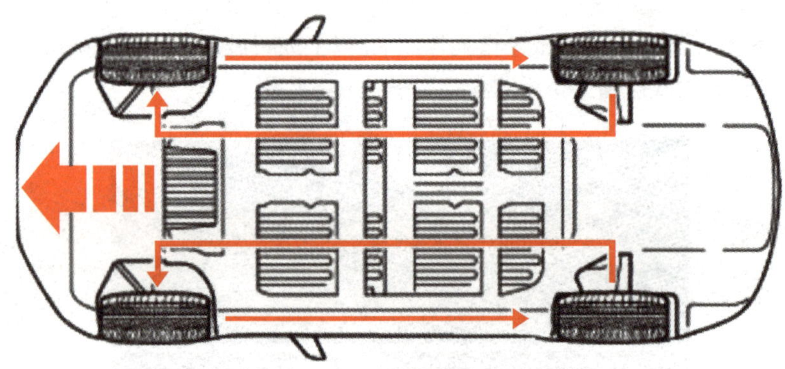
图 4-1-12 有方向性要求的轮胎换位方法

图 4-1-13 轮胎侧壁上的方向标志

3. 轮胎磨损指示标记

轮胎胎面磨损后，转弯时就容易发生打滑，尤其是在湿滑路面行驶时，因此为了保证行车安全，一般禁止使用胎面花纹深度不足 1.6mm 的轮胎。轮胎上一般都带有磨损指示标记，标记的位置在胎壁上用"△"标记或字母"TWI"（Tire Wear Indicator）标出，如图 4-1-14 所示。当胎面磨损到轮胎花纹深度不足 1.6mm 时，轮胎上的磨损指示标记就会露出；当检查轮胎时发现胎面磨损，露出磨损指示标记后，应及时更换新的轮胎。

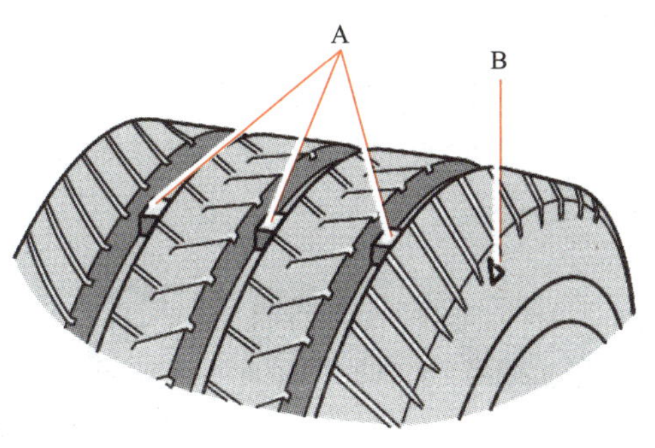

图 4-1-14　轮胎磨损指示标记

A—磨损指示标记；B—磨损指示标记的位置

4. 轮胎花纹深度测量

对轮胎执行花纹深度测量可以及时掌握轮胎的磨损程度并判定各个轮胎是否磨损均匀，如果在检测中发现某个轮胎与其他轮胎的花纹深度差别较大，就要及时检查并予以更换。轮胎花纹深度测量尺如图 4-1-15 所示，其使用方法如图 4-1-16 所示。

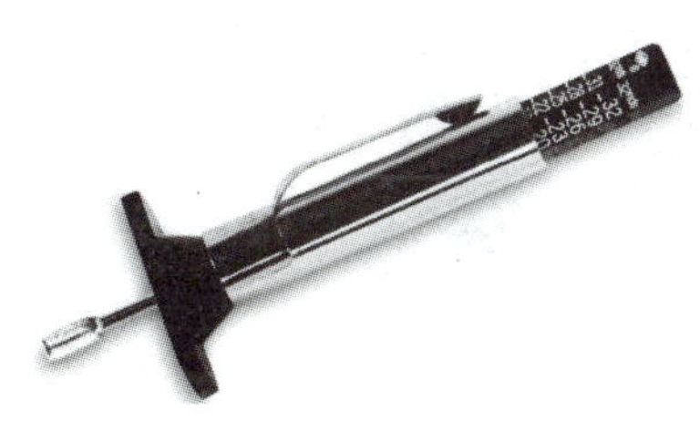

(a) 机械式轮胎花纹深度测量尺

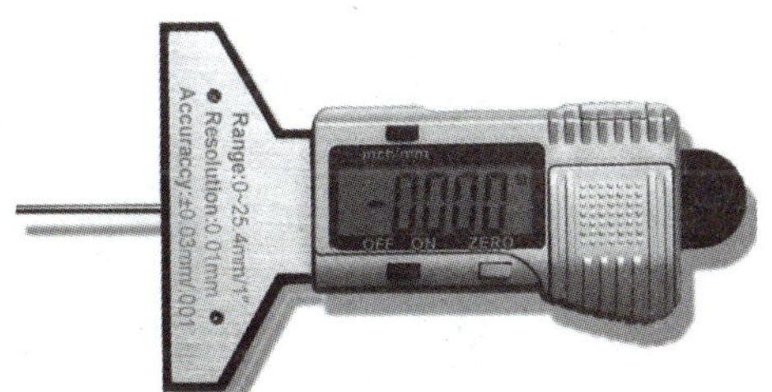

(b) 数显式轮胎花纹深度测量尺

图 4-1-15　轮胎花纹深度测量尺

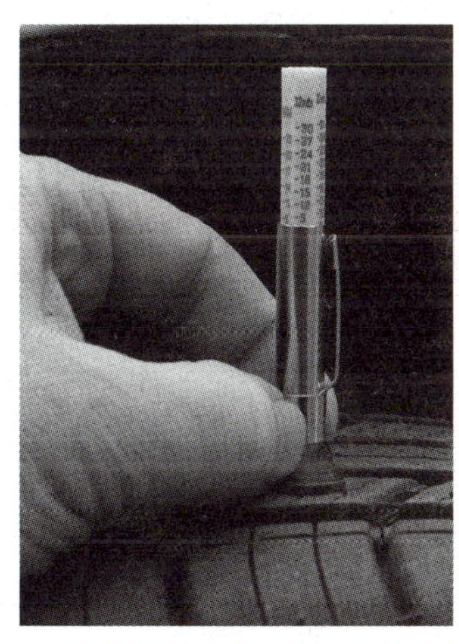

图 4-1-16　轮胎花纹深度测量尺的使用方法

5. 轮胎压力监测系统重新设定

轮胎压力监测系统是利用安装在每一个轮胎里的压力传感器来直接测量轮胎气压的，利用无线发射器将压力信息从轮胎内部发送到中央接收器模块上，然后对各轮胎气压数据进行显示。该系统的构造（以捷豹 XJ 轿车为例）参见图 4-1-17。当轮胎气压过低、过高或快速漏气时，系统会自动点亮仪表板上的“轮胎压力异常”提示灯提示驾驶员，如图 4-1-18 所示。轮胎压力监测系统可以在轮胎出现异常危险征兆时及时报警，提示驾驶员采取相应措施，避免严重的事故发生。当更换轮胎的压力传感器或执行车轮换位后，需要对轮胎压力监测系统执行重新设置操作，使轮胎压力监测系统重新识别并记忆各个轮胎的压力传感器信号。捷豹 XJ 轿车轮胎压力监测系统重新设定操作方法参见表 4-1-1。

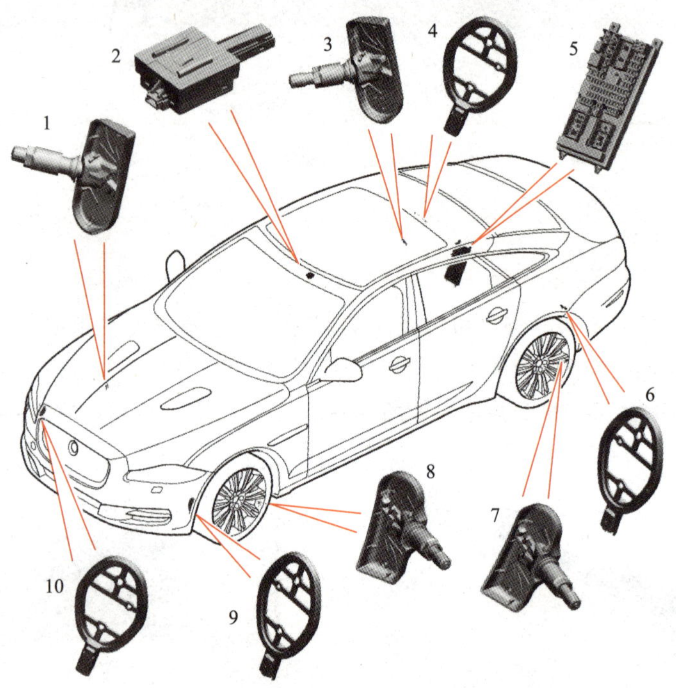

图 4-1-17　捷豹 XJ 轿车轮胎压力监测系统的构造

1—右前轮胎压力传感器；2—轮胎压力接收器；3—右后轮胎压力传感器；4—右后轮胎压力监测系统启动器；5—中央接线盒；6—左后轮胎压力监测系统启动器；7—左后轮胎压力传感器；8—左前轮胎压力传感器；9—左前轮胎压力监测系统启动器；10—右前轮胎压力监测系统启动器

图 4-1-18　轮胎压力异常提示灯

表 4-1-1　捷豹 XJ 轿车轮胎压力监测系统重新设定操作方法

步骤	操作方法
1	将车辆停放 15min 以上
2	驾驶车辆行驶 15min 左右，车速应高于 25km/h
3	将车辆再次停放 15min 以上，轮胎压力监控系统会重新设定新安装的轮胎压力传感器

第二节　车轮的维护保养

一、车轮的作用

① 支承整车重量。

② 缓和及衰减由路面传来的冲击力。

③ 产生驱动力和制动力。

④ 提供汽车转向行驶时需要的侧向力，保持车轮正确的直线行驶方向。

二、车轮的部件组成

车轮由轮毂、轮辋和轮辐等组成，如图 4-2-1 所示。

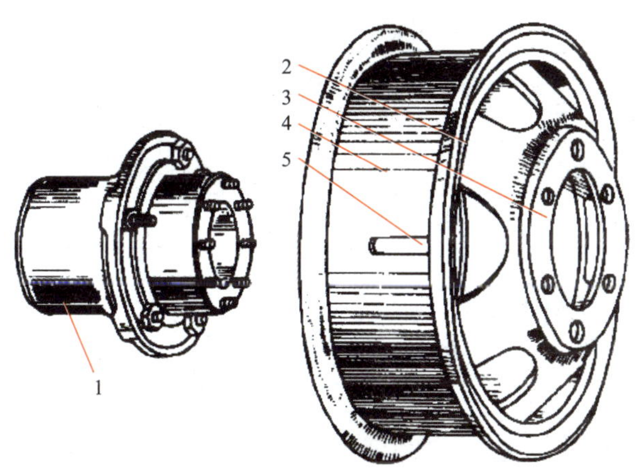

图 4-2-1　车轮的部件组成

1—轮毂；2—挡圈；3—轮辐；4—轮辋；5—气门嘴出口

三、车轮常见的维护项目

1. 车轮螺母紧固（以捷豹 XK 轿车为例）

紧固车轮螺母时，必须按照规定的紧固顺序和力矩来操作，参见图 4-2-2。

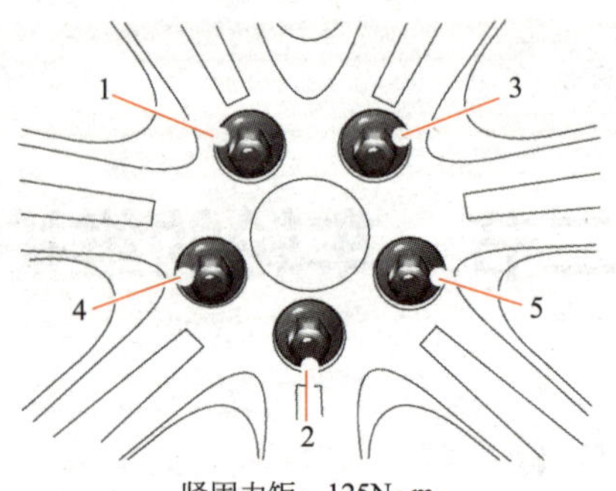

图 4-2-2　车轮螺母紧固顺序和力矩

2. 车轮轴承轴向间隙检查

对车轮进行检查时，要检测车轮轴承轴向间隙，如果超出规范值，应更换轮毂轴承单元。以本田雅阁轿车为例，该车车轮轴承轴向间隙的检查操作方法参见表 4-2-1。

表 4-2-1　本田雅阁轿车车轮轴承轴向间隙的检查操作方法

步骤	操作方法
1	举升车辆，将安全架放置在恰当位置，把车辆支撑住
2	拆下车轮
3	按照图 4-2-3 所示，安装平垫圈和车轮螺母，将车轮螺母紧固至规定的力矩，使制动盘紧靠轮毂
4	按照图 4-2-3 所示，把百分表紧靠轮毂法兰放置，内外移动制动盘，测量轴承轴向间隙
5	轴向间隙的规范为 0 ～ 0.05mm，如果超出规范值，应更换轮毂轴承单元

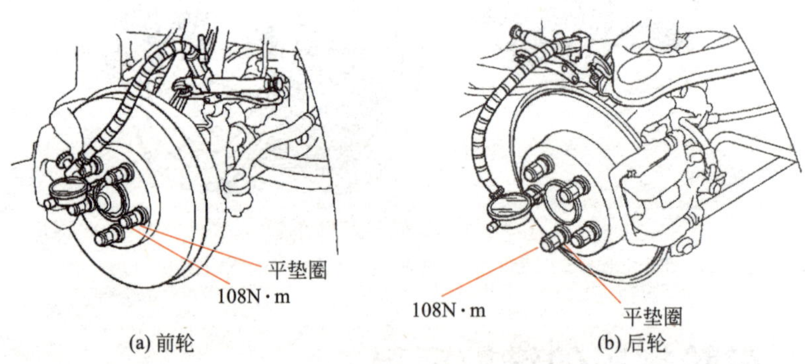

图 4-2-3　测量车轮轴承轴向间隙

3. 车轮跳动检查（以本田雅阁轿车为例）

（1）车轮轴向跳动检查（表 4-2-2）

表 4-2-2　车轮轴向跳动检查操作方法

步骤	操作方法
1	举升并支撑车辆
2	检查车轮是否弯曲或变形
3	按照图 4-2-4 放置好百分表，转动车轮，测量车轮轴向跳动，如果测量值超过维修极限值，应更换车轮

（2）车轮径向跳动检查（表 4-2-3）

表 4-2-3　车轮径向跳动检查操作方法

步骤	操作方法
1	举升并支撑车辆
2	检查车轮是否弯曲或变形
3	按照图 4-2-5 放置好百分表，转动车轮，测量车轮径向跳动，如果测量值超过维修极限值，应更换车轮

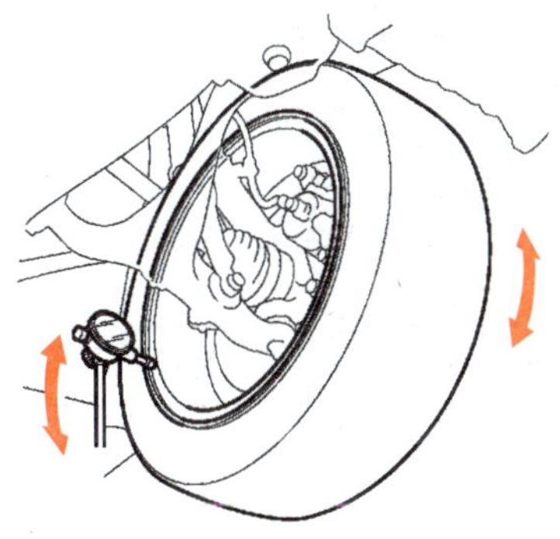

图 4-2-4　测量车轮轴向跳动

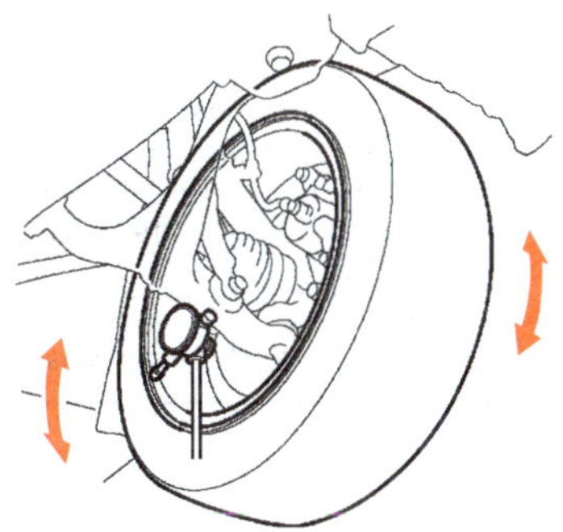

图 4-2-5　测量车轮径向跳动

4. 车轮螺栓更换（表 4-2-4）

表 4-2-4　车轮螺栓更换操作方法

步骤	操作方法
1	拆下轮毂
2	按照图 4-2-6 所示，用液压机从轮毂上分离车轮螺栓，用液压机附件支撑轮毂
3	当轮毂孔上的花键与车轮螺栓对准时，把新的车轮螺栓插入轮毂
4	安装轮毂

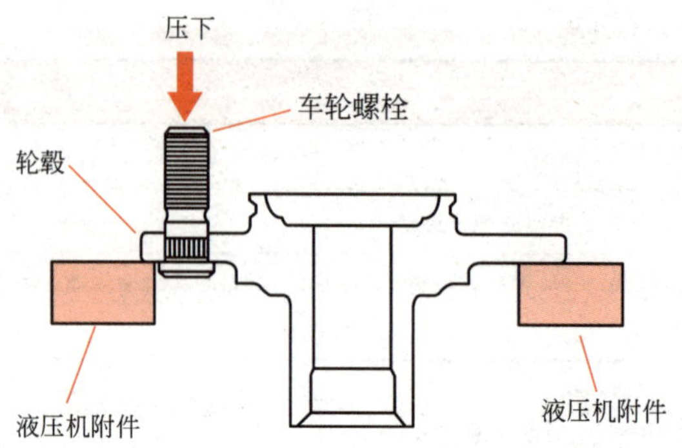

图 4-2-6　用液压机分离车轮螺栓

5. 车轮轴承更换（表 4-2-5）

表 4-2-5　车轮轴承更换操作方法

步骤	操作方法
1	按照图 4-2-7 所示，使用轮毂拆装工具和液压机，从转向节上分离轮毂。用液压机附件固定转向节，操作时要注意不要损坏挡泥板
2	按照图 4-2-8 所示，使用轮毂拆装工具、轴承分离器和液压机，将车轮轴承内座圈从轮毂上压出
3	按照图 4-2-9 所示，把挡泥板和卡环从转向节上拆下
4	按照图 4-2-10 所示，使用轴承拆装器和轴承拆装器手柄及液压机，把车轮轴承从转向节上压出
5	用溶剂彻底清洗转向节和轮毂，然后按照与拆卸相反的步骤组装车轮轴承

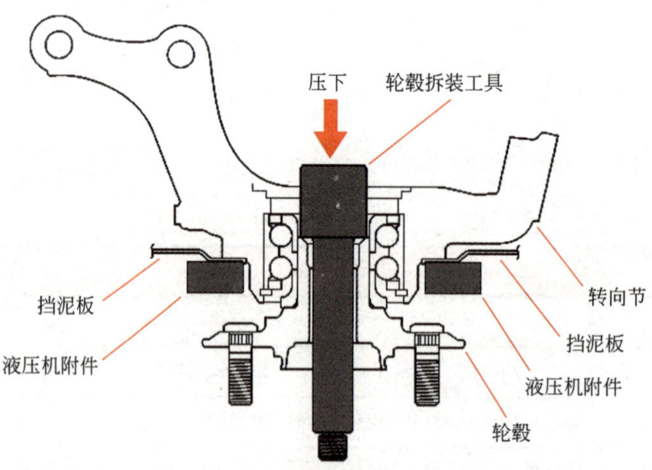

图 4-2-7　从转向节上分离轮毂

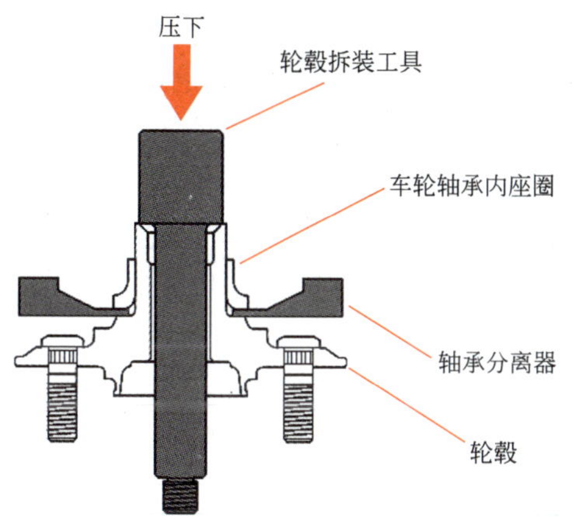

图 4-2-8　把车轮轴承内座圈从轮毂上压出

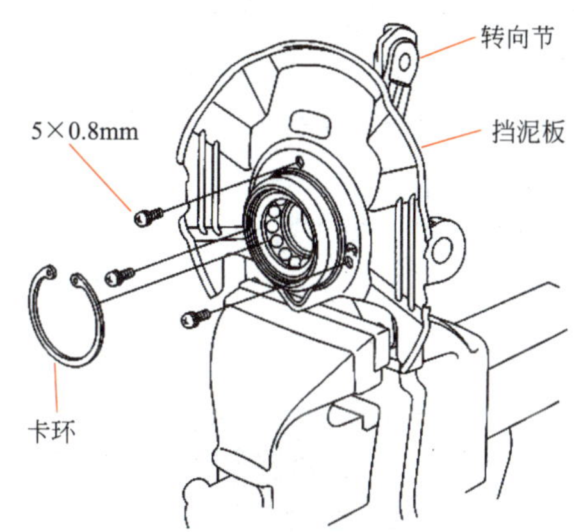

图 4-2-9　拆下挡泥板和卡环

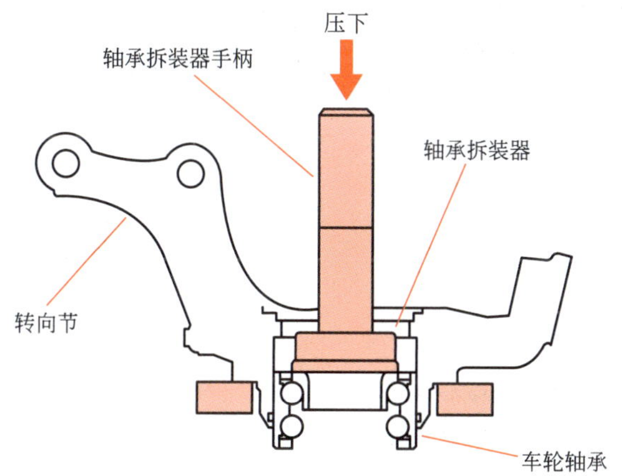

图 4-2-10　把车轮轴承从转向节上压出

6. 车轮的动平衡

汽车的车轮是由轮胎和轮辋组成的一个整体，但由于制造上的原因，这个整体各部分的质量分布不可能达到绝对均匀的程度。当车辆高速行驶时，车轮处于高速旋转状态，会形成动不平衡，造成车轮抖动、方向盘振动的现象，影响驾驶舒适度和行驶安全。为了避免这种情况发生，就要使车轮在动态情况下通过增加配重的方法，校正车轮各个边缘部分的平衡，校正的过程就称为动平衡。

在以下情况下需要执行动平衡。

① 车轮更换新轮胎或发生碰撞事故维修后。

② 车轮轮胎发生单侧偏磨。

③ 驾车行驶时方向盘过重或漂浮发抖。

④ 车辆直线行驶时发生向左或向右跑偏。

车辆在做动平衡检查时要使用车轮动平衡机执行检查操作。车轮动平衡机的主要作用有两个：一是测量车轮的不平衡量；二是指示出不平衡量的位置。维修人员使用动平衡机对车轮执行动平衡测量后，动平衡机会测量出轮辋内侧和外侧需要增加的平衡块（一般用铅或锡制成，常用的平衡块有 5g、10g、15g、20g、25g、30g、50g、100g 等）质量和安装位置，维修人员根据动平衡机测出的数值和指示出的平衡块安装位置，将相应质量的平衡块嵌扣或贴装到轮辋上。典型的车轮动平衡机如图 4-2-11 所示。

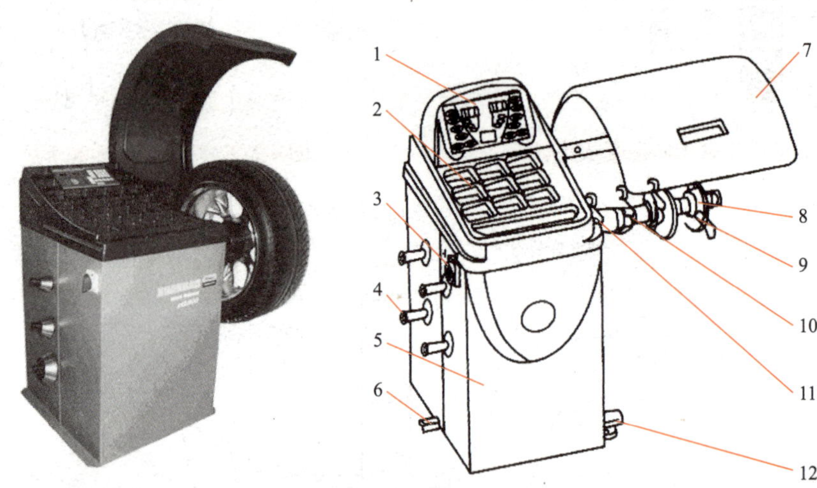

图 4-2-11　典型的车轮动平衡机

1—操作面板；2—平衡块盛放盒；3—电源开关；4—锥体挂杆；5—动平衡机箱体；6—固定底脚；7—安全护罩；8—快速紧固螺母；9—专用锥体；10—平衡轴；11—自动测量尺；12—制动脚刹

车轮动平衡机的操作流程见表 4-2-6。

表 4-2-6　车轮动平衡机的操作流程

步骤	检测方法
1	将被测车轮上的平衡块全部取下
2	在车轮还没有安装到动平衡机上时，先检查动平衡机的精度（转动后测试平衡情况，应该为 0）
3	选择合适的适配器，安装车轮，将适配器旋紧，防止松动
4	测量被测车轮的轮辋宽度和直径，将测量值输入动平衡机中，参见图 4-2-12
5	把被测车轮胎纹中的杂物（如石子等）清理干净
6	盖上轮胎罩
7	按下动平衡机的启动按钮，使动平衡机带动车轮旋转，等动平衡机发出提示音后，踩下动平衡机上的制动脚刹

续表

步骤	检测方法
8	动平衡机即可显示车轮内侧和外侧的不平衡值，参见图 4-2-13
9	根据被测车轮轮辋的类型，选择合适的平衡块，参见图 4-2-14
10	按照动平衡机的测试结果，将重量合适的平衡块安装到轮辋外侧的指定位置
11	按照动平衡机的测试结果，将重量合适的平衡块安装到轮辋内侧的指定位置

拆卸所有平衡块

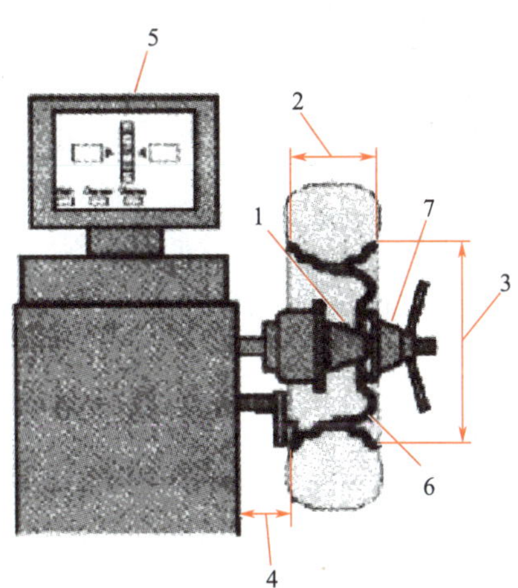

图 4-2-12　输入车轮参数

1—车轮中心；2—轮辋宽度；3—轮辋直径；4—轮辋内侧与动平衡机之间的距离；5—动平衡机；6—车轮；7—适配器

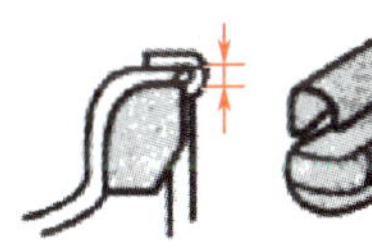
(a) 适合于钢制轮辋的平衡块

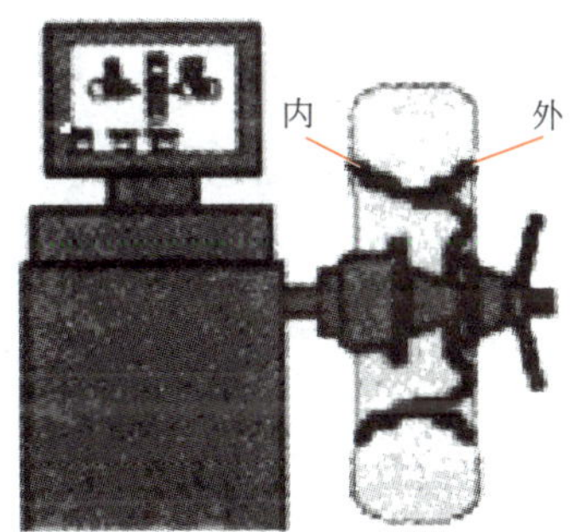

图 4-2-13　动平衡测量

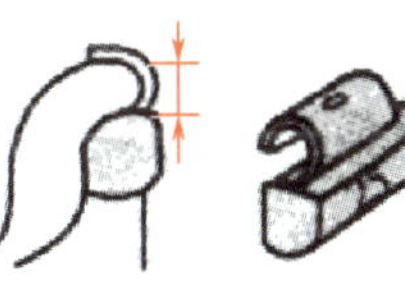
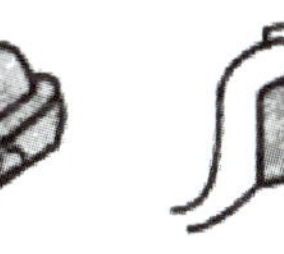
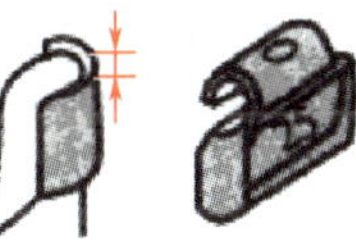
(b) 适合于铝合金轮辋的平衡块

(c) 贴装式平衡块

图 4-2-14　不同类型的平衡块

图 4-2-15　典型的四轮定位仪

7. 四轮定位

车辆的四轮、转向机构、前后车轴之间的安装应具有一定的相对位置，这个相对位置由厂家制定。调整恢复这个位置的安装，就是车轮定位。

当车辆发生事故引起底盘或悬架系统损伤、轮胎发生异常磨损、悬架部件执行了更换操作等，都需要用四轮定位仪执行车轮定位。典型的四轮定位仪参见图 4-2-15。

车轮定位常见的检测项目如下。

（1）外倾角　外倾角指穿过轮胎的中心线，相对于垂直的轮胎中心线的轮胎的倾斜程度。负外倾角过大将导致轮胎内侧胎面磨损；正外倾角过大将导致轮胎外侧胎面磨损，见图 4-2-16。

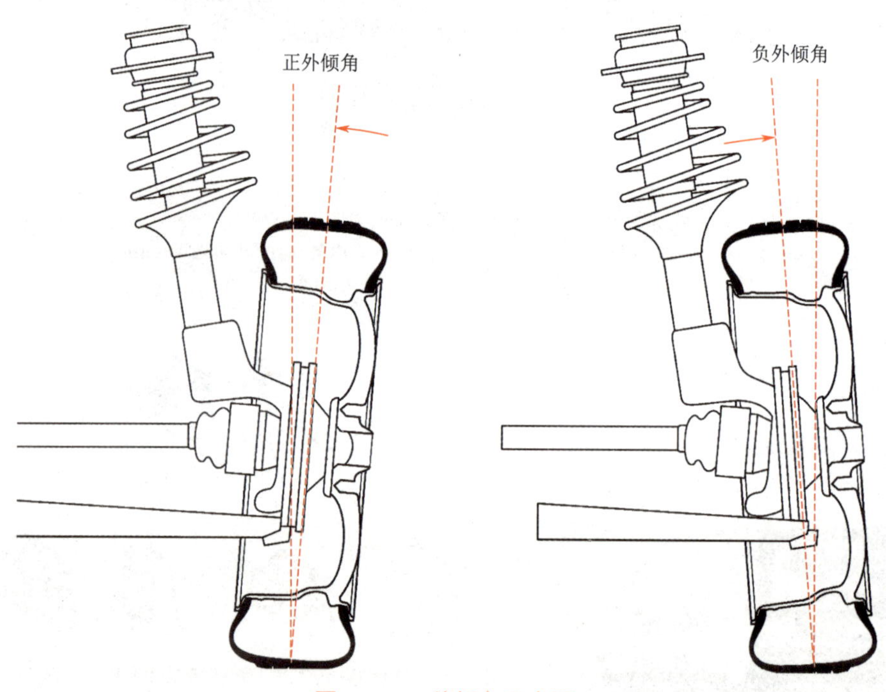

图 4-2-16　外倾角示意图

（2）后倾角　后倾角是指从侧面看去，转向节相对上下球头的位置而前后倾斜的角度。如果向前倾斜，即上球头在下球头前面，就产生负后倾角；如果向后倾斜，即上球头在下球头前面，就产生正后倾角，见图 4-2-17。

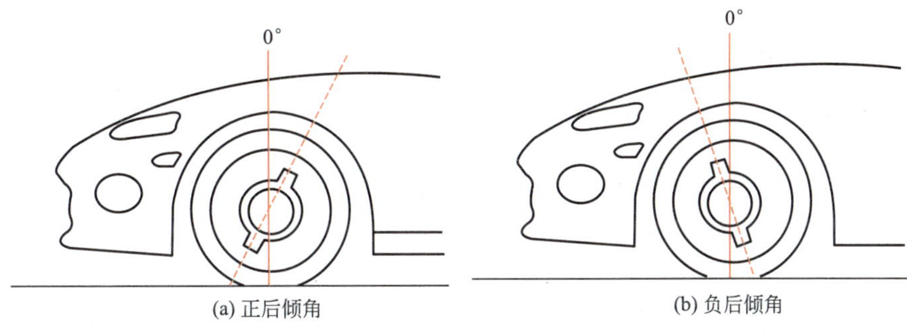

图 4-2-17　后倾角示意图

（3）前束　前束可以用两种方法表示。一是前束值，即左前轮和右前轮之间的后端距离数值与前端距离数值之差，也称为总前束，参见图 4-2-18，如果 $A=B$，则为零前束；如果 $A < B$，则为正前束；如果 $A > B$，则为负前束。二是前束角，指前轮中心线与纵向中心线的夹角。前轮前束的作用是保证汽车的行驶性能，减少轮胎的磨损。前轮在滚动时，其惯性力会自然使轮胎向内偏斜，如果前束适当，轮胎滚动时的偏斜方向就会抵消，轮胎内外侧磨损的现象就会减少。不同的汽车前束调校值是不一样的。前轮前束可通过转向横拉杆长度来调整。

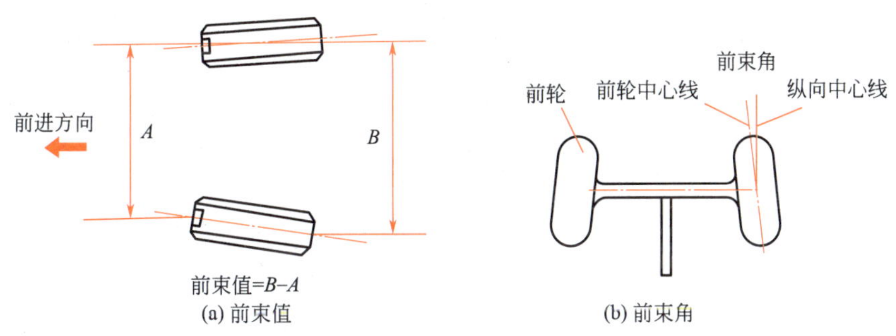

图 4-2-18　前束值与前束角

（4）转向轴线内倾　转向轴线内倾又称为主销内倾角，是指汽车前轮的主销在横向平面内与垂直的轮胎中心线所形成的角度，见图 4-2-19。在一些货车的前悬架中，转向节是绕安装在工字梁式前轴上的主销旋转的，这种悬架上的转向轴线也称为主销内倾线。汽车的主销内倾角在设计转向节时已经设定好，绝大部分车辆的主销内倾角均不能调节。

（5）包容角　包容角是指主销内倾角和车轮外倾角的和，见图 4-2-20。

（6）摩擦弧径　摩擦弧径指主销内倾角线与轮胎中心线在路面交点之间的距离，它的作用是保证车辆行驶方向的稳定性，见图 4-2-21。

（7）车辆离地间隙　车辆离地间隙是指车门的门槛与地面之间的距离，又称行驶高度或悬吊高度，见图 4-2-22。

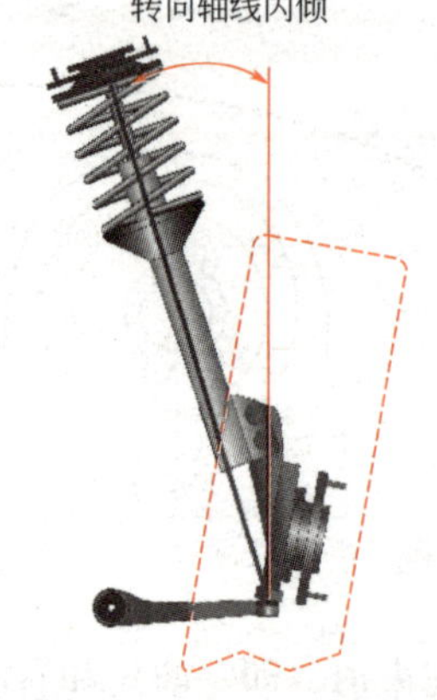

图 4-2-19　转向轴线内倾示意图

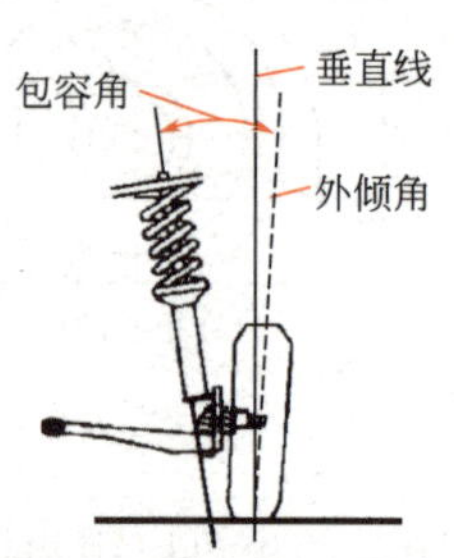

图 4-2-20　包容角示意图

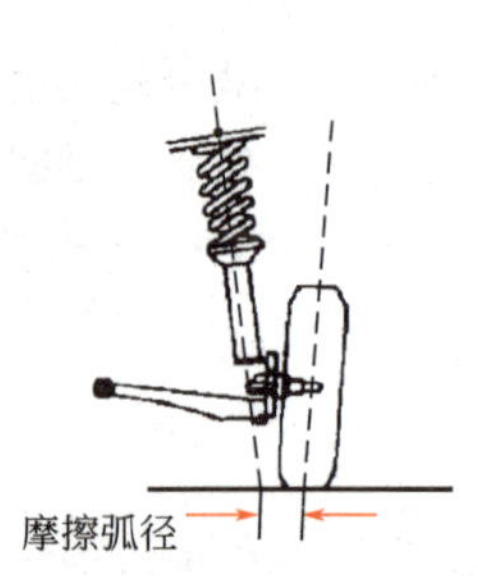

图 4-2-21　摩擦弧径示意图

图 4-2-22　车辆离地间隙示意图

四轮定位仪中一般存储有很多车型的车轮定位数据，如果接修的车型很新，四轮定位仪的数据库中还没有存储该车的四轮定位数据时，可在该车配备的使用说明手册中查询，维修人员在平时的工作中也要注意搜集新款车型的四轮定位数据，及时补充到定位数据库中。

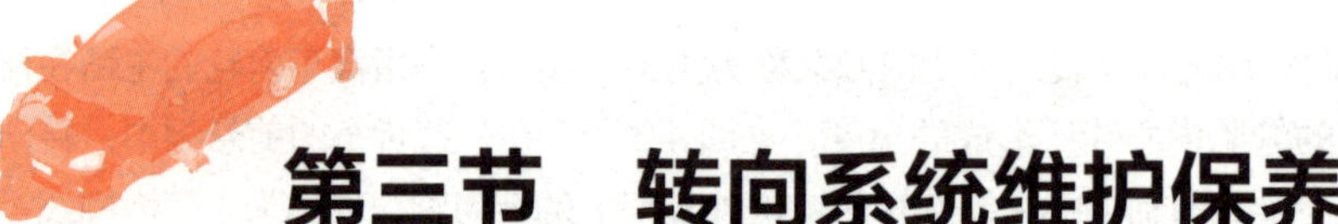

第三节　转向系统维护保养

一、汽车转向系统基本知识

1. 汽车转向系统的功能

汽车转向系统的功能就是保证按照汽车驾驶员的意愿改变和恢复汽车行驶方向。

2. 汽车转向系统的分类

汽车转向系统分为机械式转向系统和动力转向系统两大类。

机械式转向系统是指以汽车驾驶员的体力作为转向能源。在机械式转向系统中，所有传递力量的部件都是机械式的，如图 4-3-1 所示。机械式转向系统结构简单，但使用起来比较费力。

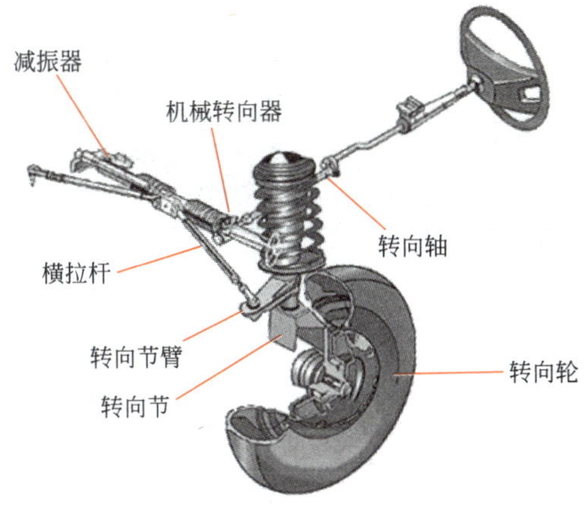

图 4-3-1　机械式转向系统

动力转向系统是以发动机或电动机的动力作为主要的转向能源。动力转向系统使转向操作轻松省力，还能有效吸收路面对前轮产生的冲击，因此目前现代轿车已经很少采用机械式转向系统，而是普遍采用动力转向系统。动力转向系统主要分为液压式动力转向系统和电动助力转向系统。液压式动力转向系统主要组成部分有油泵、油管、转向轴、转向节臂、储油罐等。这种转向动力方式是将一部分发动机动力输出转化成转向油泵压力，对转向系统施加辅助作用力，从而使车轮转向，如图 4-3-2 所示。

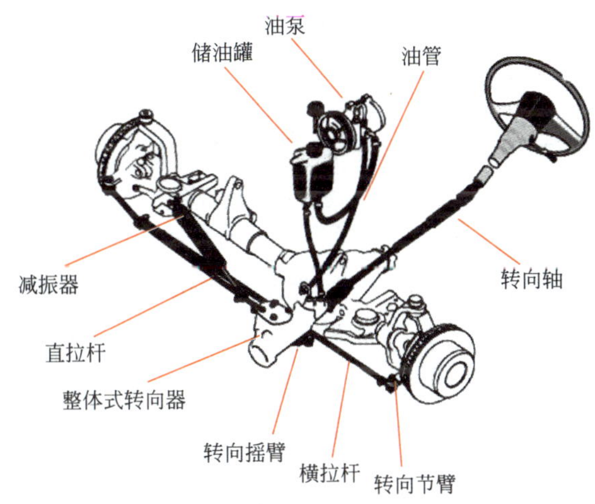

图 4-3-2　液压式动力转向系统

电动助力转向系统是采用电动机作为动力元件驱动汽车转向机构进行助力转向的，驾驶员转动方向盘时，转矩传感器产生电压信号并输送到电控单元，电控单元结合车速信号产生控制指令控制电动机的运转，给转向机构提供适当的助力，如图 4-3-3 所示。

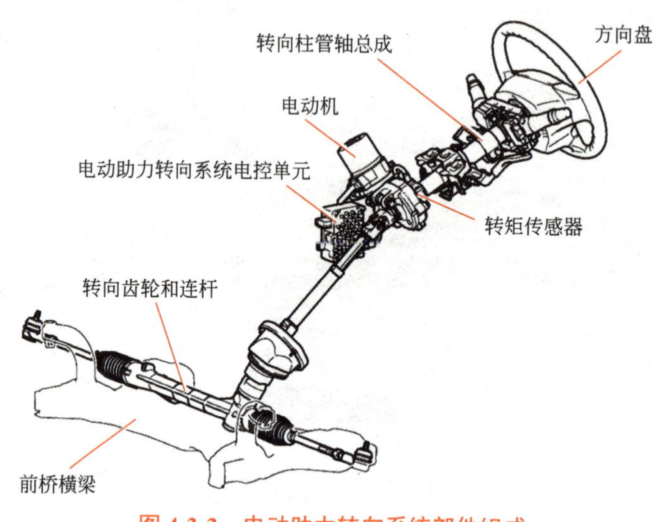

图 4-3-3　电动助力转向系统部件组成

二、汽车转向系统常见维护保养项目

1. 方向盘转向间隙检测（以本田飞度轿车为例）

方向盘转向间隙必须保持在规定范围内，转向间隙过大会导致转向不灵活，影响行车安全。

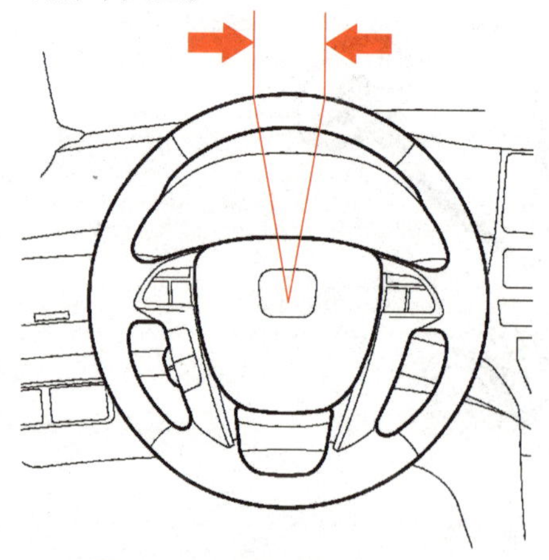

图 4-3-4　测量方向盘转向间隙

① 转动方向盘，把前轮转到正前方位置。

② 按照图 4-3-4 所示，在前轮不移动的情况下，测量方向盘向左和向右的转动量。

③ 规范值应为 0 ～ 10mm。

④ 如果测出的转向间隙值超出规范，应调节齿条导向机构。如果调节齿条导向机构后，转向间隙仍然过大，应检查转向拉杆和转向器。

2. 动力转向助力检查（以本田飞度轿车为例）

① 将车辆停放在清洁干燥的地面上，检查轮胎压力，确保轮胎压力处于正常范围。

② 启动发动机，怠速运行。

③ 把弹簧秤连接到方向盘上，发动机保持怠速运转状态，按照图 4-3-5 所示，拉动弹簧秤，当方向盘开始转动时读取弹簧秤的测量值。

④ 方向盘初始转动力量应为 29N。

3. 转向柱倾斜力检查（以本田飞度轿车为例）

① 把方向盘设置在正前位置，完全松开方向盘锁止杆。

② 按照图 4-3-6 所示，把弹簧秤连接到方向盘最高点，并且使转向柱倾斜到最低位置。

③ 把弹簧秤笔直向上拉，读取移动转向柱所需的力。规范值应低于 69N。

④ 将弹簧秤连接到方向盘最低点，把弹簧秤笔直向下拉，读取移动转向柱所需的力。规范值应低于 69N。如果测量值高于规范值，应更换转向柱总成。

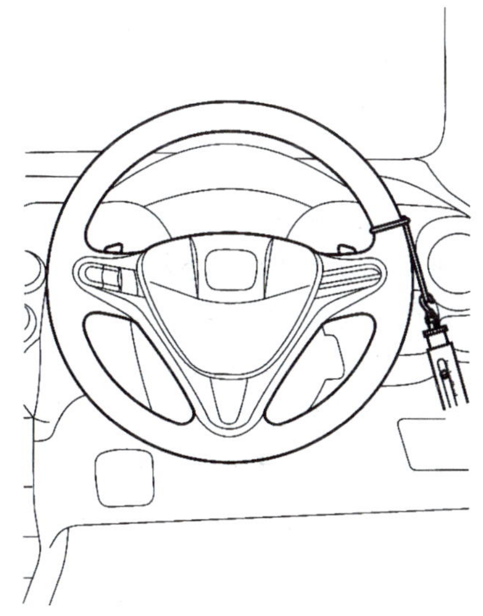

图 4-3-5　测量动力转向助力

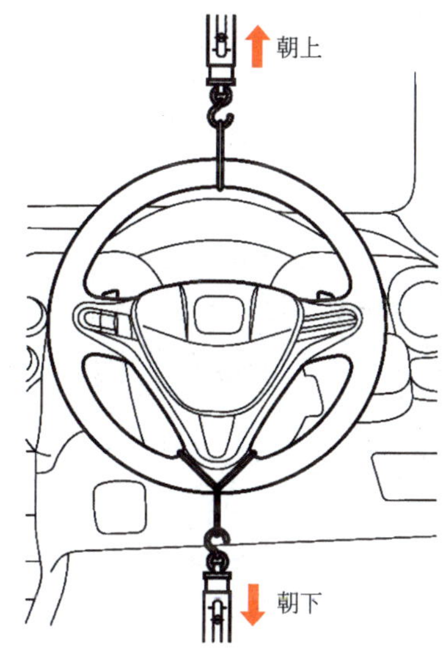

图 4-3-6　转向柱倾斜力检查

4. 转向柱伸缩力检查

① 把方向盘设置在正前位置，完全松开方向盘锁止杆。

② 按照图 4-3-7 所示，把弹簧秤连接到方向盘中心点。

③ 拉动弹簧秤，读取移动转向柱所需的力，最大值不应超过 140N。如果测量值超出规范值，应更换转向柱总成。

5. 助力转向液液位检查（以捷豹 XJ 轿车为例）

① 按照图 4-3-8 所示，定期检查助力转向液储液罐。

② 如果液位低于下限（图中的 MIN 标记），要选用符合规范的助力转向液进行

添加，直至储液罐内的助力转向液达到上限（图中的 MAX 标记）位置。

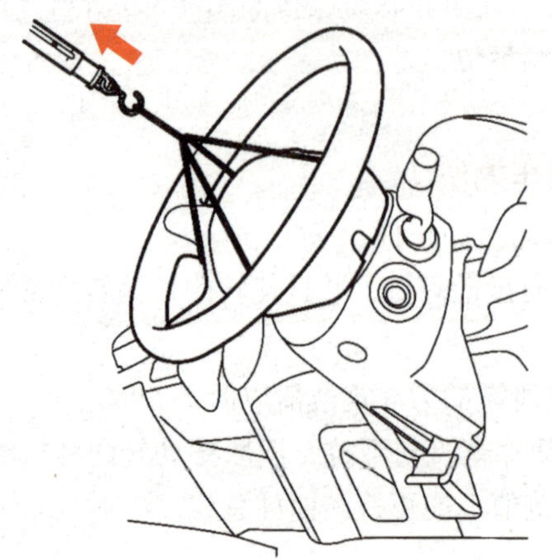
图 4-3-7　转向柱伸缩力检查

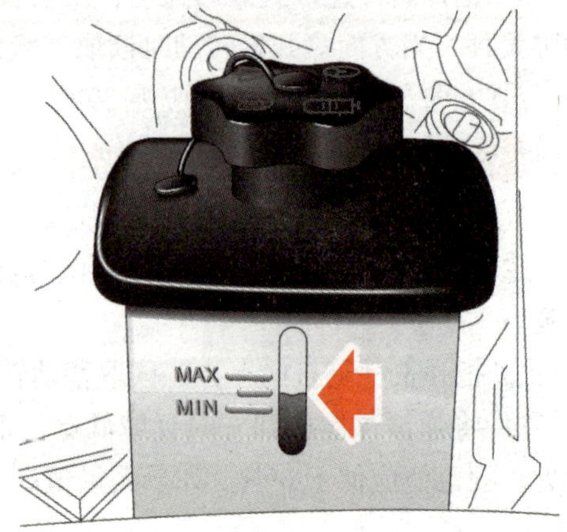

图 4-3-8　助力转向液储液罐及液位标记识别

6. 助力转向液更换（以讴歌 RL 轿车为例）

① 按照图 4-3-9 所示，把助力转向液储液罐抬起。

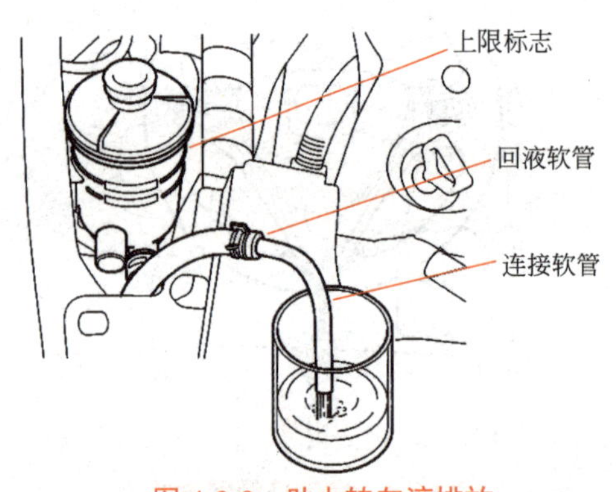

图 4-3-9　助力转向液排放

② 断开储液罐的回液软管，在断开的回液软管上连接一条软管，将连接软管的末端放入合适的容器中。

③ 启动发动机怠速运行，把方向盘从一个极限位置转动到另一个极限位置，反复操作数次，直至助力转向液不再从软管中流出为止。

④ 关闭发动机，把流到容器中的助力转向液废弃。

⑤ 重新安装储液罐上的回液软管。

⑥ 加注新的助力转向液，直至液面高度达到储液罐上的上限标志。

⑦ 启动发动机以较高的怠速运行，把方向盘从一个极限位置转动到另一个极限位置，反复操作数次，使助力转向系统中的空气彻底排出。

⑧ 重新检查助力转向液液位，如有必要，进行添加。

7. 电控助力转向系统故障码读取

当 EPS（电控助力转向系统）指示灯点亮时，如图 4-3-10 所示，表示电控助力转向系统有故障，应执行电控助力转向系统故障码读取操作，调取故障码进行分析。将故障诊断仪连接到故障诊断连接器上，将点火开关转至 ON 位置，即可用故障诊断仪读取电控助力转向系统故障码。连接故障诊断仪读取故障码如图 4-3-11 所示，典型的电控助力转向系统故障码如表 4-3-1 所示。

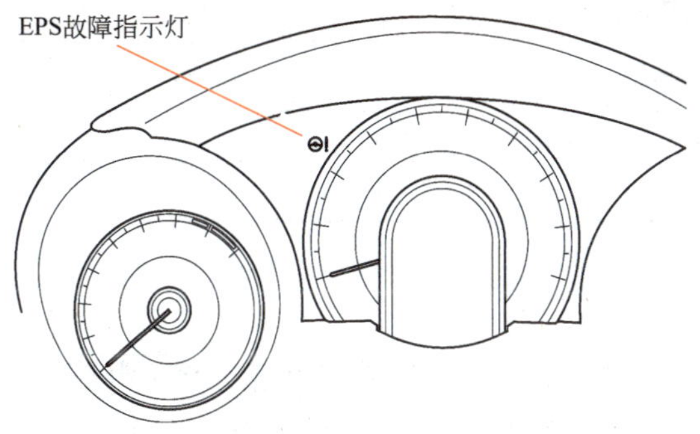

图 4-3-10 EPS 故障指示灯识别（本田车系）

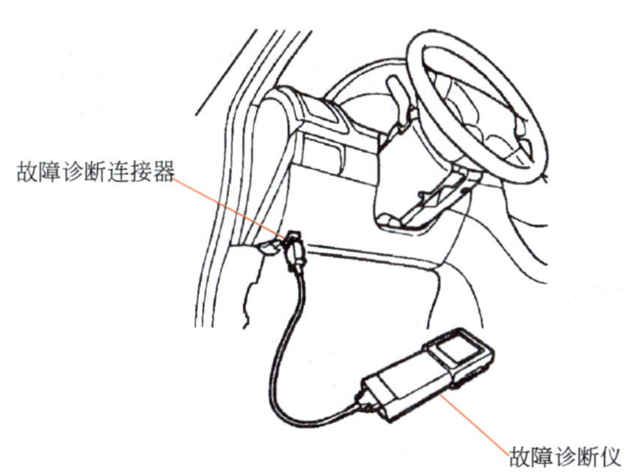

图 4-3-11 连接故障诊断仪读取故障码

表 4-3-1 典型的电控助力转向系统故障码

故障码	故障码含义	可能的故障原因
B1238	电控助力转向装置故障	由于持续的静态转向等原因，使得电控助力转向装置内的液压泵内部温度过高
B1342	电控助力转向系统控制模块内部故障	电控助力转向系统控制模块内部异常；电控助力转向系统控制模块连接器连接不良
B2477	电控助力转向系统控制模块配置设定错误	电控助力转向系统控制模块配置未能正确完成
C1099	电控助力转向系统电动机转速过低	电控助力转向系统电动机故障
C1955	转向角度传感器电路电压过低	转向角度传感器故障；转向角度传感器电路故障

续表

故障码	故障码含义	可能的故障原因
C1956	转向角度传感器电路电压过高	转向角度传感器故障；转向角度传感器电路故障
U2011	电控助力转向系统控制模块传送异常信息	车载网络故障；电控助力转向系统控制模块故障

8. 转矩传感器学习设定

在车辆维护保养作业中，如果更换转向器或 EPS（电控助力转向系统）控制单元后，必须执行转矩传感器学习设定操作，以本田飞度轿车为例，其设定操作方法参见表 4-3-2。

表 4-3-2　本田飞度轿车转矩传感器学习设定操作方法

步骤	操作方法
1	注意：在环境温度高于 20℃时执行设定操作 将点火开关设置到 LOCK 位置
2	按照图 4-3-11 所示，将故障诊断仪连接到故障诊断连接器接口上
3	把点火开关设置到 ON 位置
4	确认故障诊断仪与车辆和 EPS（电控助力转向系统）通信正常
5	在故障诊断仪上的 EPS 系统测试选项中选择“MISCELLANEOUS TEST（其他测试项目）”，然后选择“TORQUE SENSOR LEARN（转矩传感器学习）”选项
6	按照故障诊断仪的屏幕操作提示执行学习设定操作
7	设定完毕后，将点火开关设置到 LOCK 位置

9. 方向盘位置传感器设定（以奔驰 GL 汽车为例）

维护保养过程中如果断开过蓄电池，维修完毕，重新连接蓄电池后要按照表 4-3-3 的操作方法执行转向位置传感器的设定操作方法。

表 4-3-3　方向盘转向位置传感器设定操作方法

步骤	操作方法
1	启动发动机
2	使发动机怠速运行
3	将方向盘从一侧极限位置转动到另一侧极限位置
4	将点火开关设置到 OFF 状态

第四节　悬架维护

一、汽车悬架的作用

汽车悬架弹性地连接车轮与车身，缓和行驶中车辆受到由于路面不平引起的冲击力，保证乘坐的舒适性；悬架系统可以迅速衰减弹性系统引发的振动，传递垂直、纵向、侧向反力及其力矩；悬架系统还起到导向作用，使车轮沿一定的轨迹相对车身运动。

二、汽车悬架的分类

汽车悬架系统一般分为独立悬架和非独立悬架，这两种悬架的特点参见图 4-4-1 和图 4-4-2。轿车一般多采用独立悬架来保证乘坐的舒适性；非独立悬架，货车或大客车采用较多。

汽车的独立悬架系统大致分为 3 种类型：双叉臂式悬架、麦弗逊式悬架和多连杆式悬架，其结构与特点如图 4-4-3 ～图 4-4-5 所示。

独立悬架的车轴分成两段，每个车轮用螺旋弹簧独立地安装在车架(或车身)下面，当一边车轮发生跳动时，另一边车轮不受波及

特点
★左右轮可独立动作
★复杂，成本高
★簧下重量轻，车轮对地的挤压力大，抓地力好
★乘坐舒适，操纵性好
★设计自由度大，底盘低

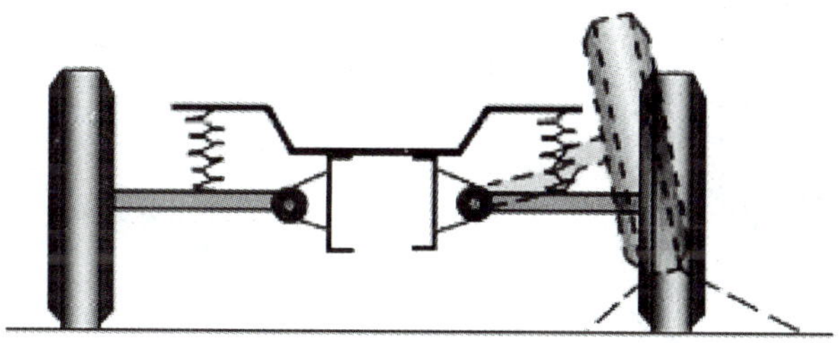

图 4-4-1　独立悬架的特点

两侧的车轮由一根整体式车桥(或车身)连接。当一侧车轮因道路不平而发生跳动时，必然引起另一侧车轮在汽车横向平面内发生摆动

特点
★车辆的左右轮与单轴连接，车轮的负荷由单轴支承
★简单，强度高，成本低
★左右轮动作互相干涉
★乘坐舒适性差

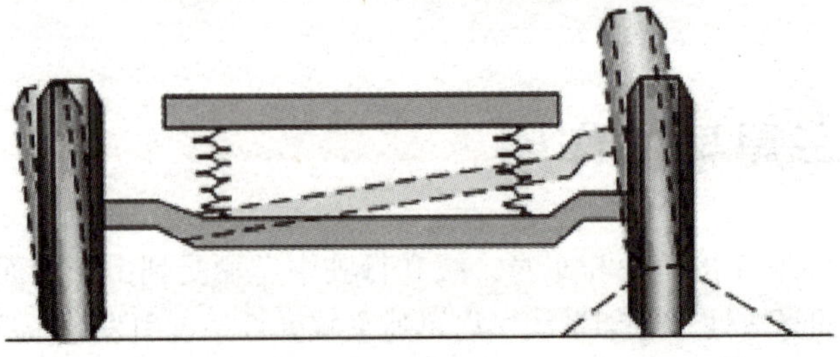

图 4-4-2　非独立悬架的特点

由上下臂和减振器总成及其他部件构成，各臂通过衬套与转向节和车身相连接

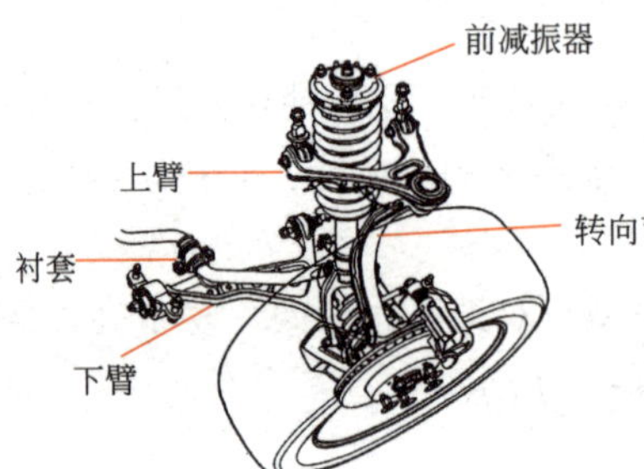

特点
★设计自由度大
★控制臂长度可自由设定
★转弯时，减振器受摩擦力小(转弯时的侧向力被上下臂抵消)
★悬架的垂直尺寸可伸缩
★转弯时外倾角变小，增大轮胎接地面积(上下臂的少量变形移动可以抵消转弯时的侧向力，从而使得外倾角变小)

图 4-4-3　双叉臂式悬架的结构与特点

由下臂和减振器总成构成，减振器兼当支柱(转向主销)

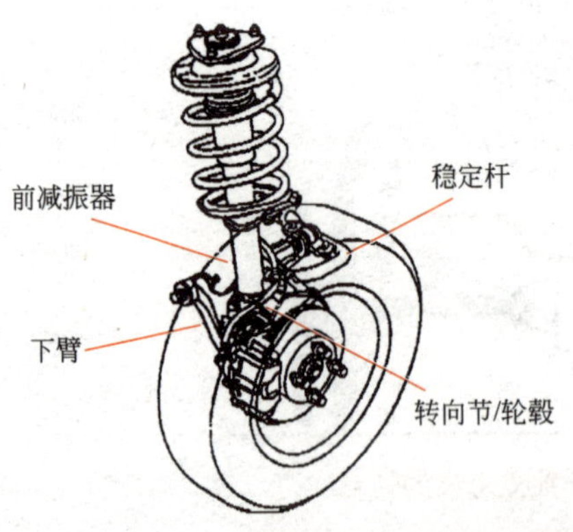

特点
★零件少，简单，易保养
★簧下重量轻
★自由度较小
★车头高，整车造型受限制
★转弯时，减振器受摩擦力大

图 4-4-4　麦弗逊式悬架的结构与特点

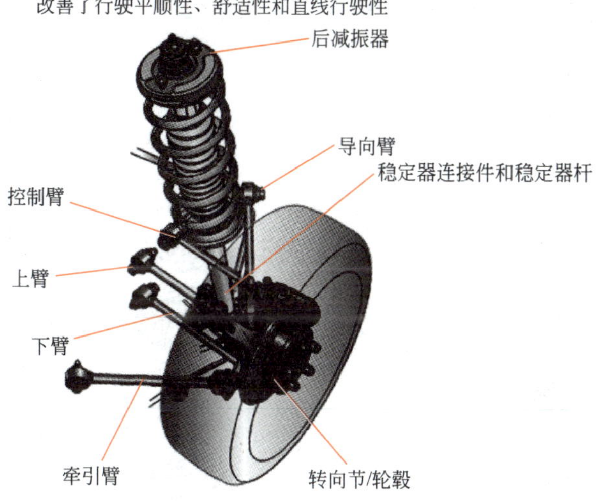

图 4-4-5　多连杆式悬架的结构与特点

三、悬架常见维护项目

1. 前悬架减振器 / 支柱弹簧分解检查（以本田飞度轿车为例）

① 从前悬架上拆下减振器，按照图 4-4-6 所示，用弹簧压缩工具压缩弹簧，用六角扳手固定住减振器轴，拆下螺母。

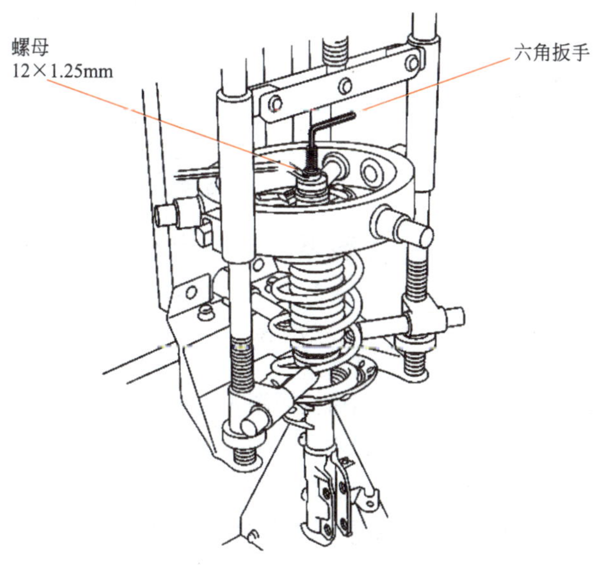

图 4-4-6　压缩支柱弹簧

② 卸去支柱弹簧压缩工具的压力，按照图 4-4-7 所示的分解图，分解减振器部件。

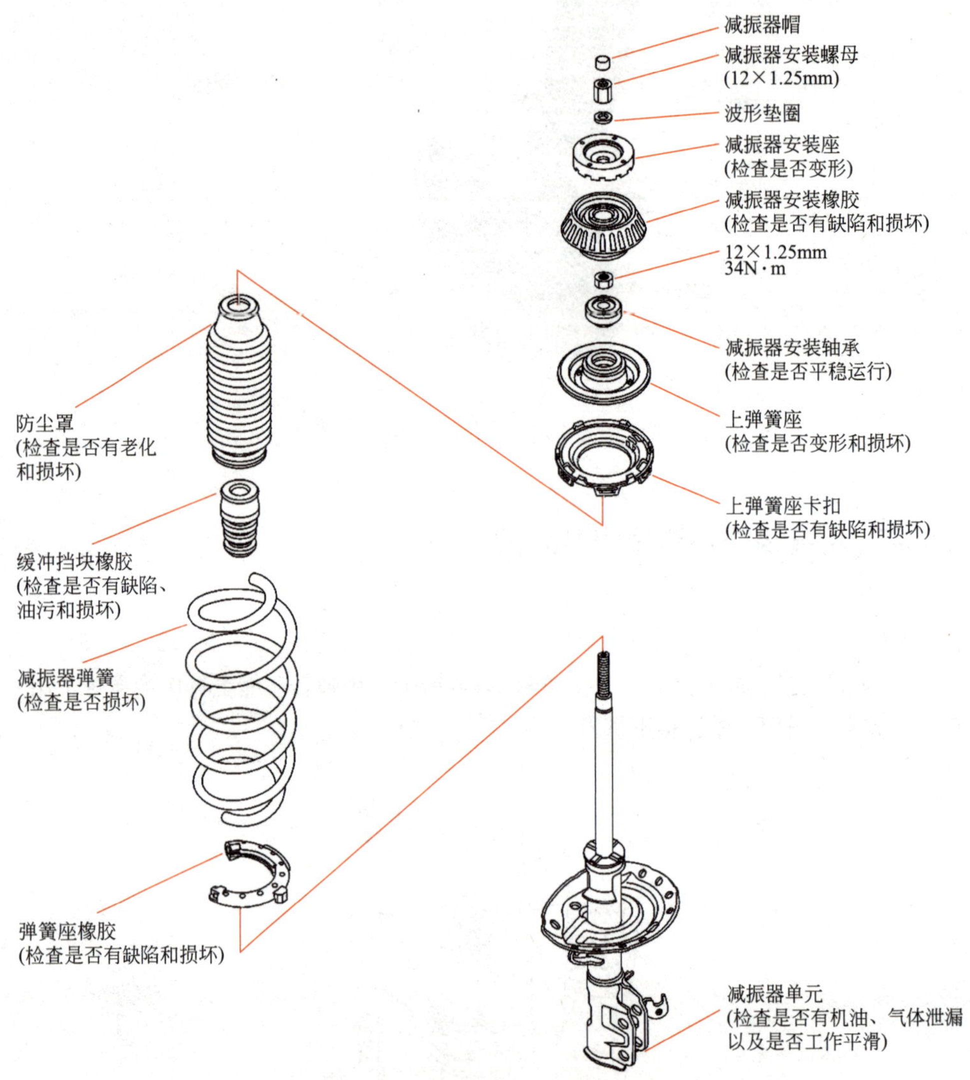

图 4-4-7　前悬架减振器部件分解

③ 把螺母安装到减振器轴端，然后按照图 4-4-8 所示，在螺母上固定好套筒扳手和 T 形把手，按住 T 形把手，压缩减振器总成，然后停止压缩，检查减振器是否能在一个完整的行程中平稳地压缩和伸展，当停止压缩时，减振器应能平稳持续地伸展。如果不能，应更换新的减振器。如果在检查过程中发现有漏油、异常噪声或卡滞，也应更换新的减振器。

2. 后悬架弹簧拆卸与检查（以本田飞度轿车为例）

① 举升车辆后部，把安全支架放置到合适的位置，牢固地支撑住车辆。

② 拆下后车轮。

③ 按照图 4-4-9 所示，把轮速传感器和传感器支撑条从轴臂两侧拆下，但不要断开传感器线束接头。

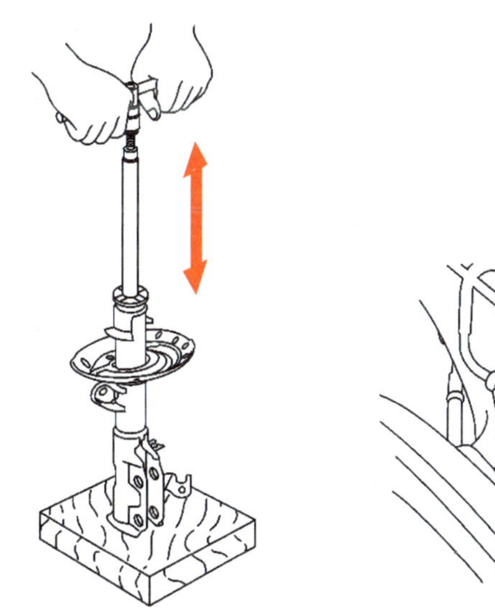

图 4-4-8　检查前悬架减振器

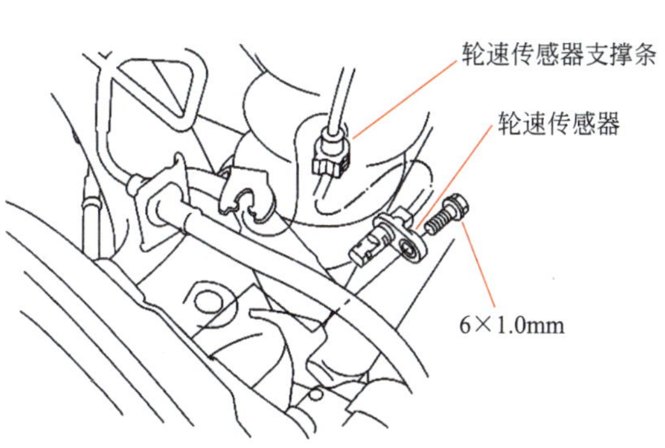

图 4-4-9　拆下轮速传感器

④ 按照图 4-4-10 所示，把地板式千斤顶放置到轴臂两侧下弹簧座下方，举升千斤顶，直至悬架开始压缩。拆下连接轴臂和减振器的安装螺栓。

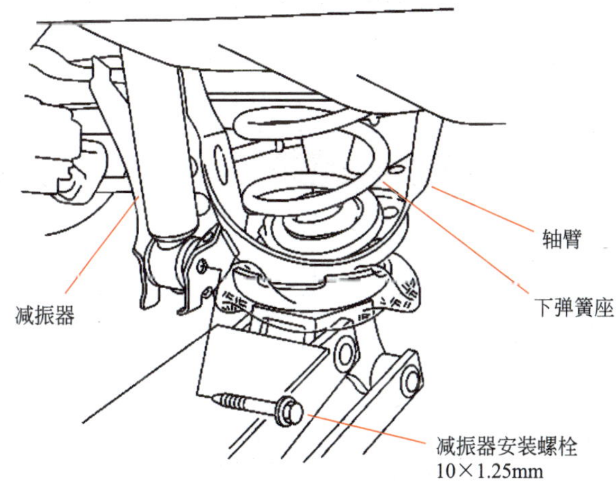

图 4-4-10　安装千斤顶并拆卸减振器的安装螺栓

⑤ 逐渐降低千斤顶。

⑥ 拆下后悬架弹簧及安装橡胶，如果发现弹簧和安装橡胶有破损，应予以更换，如图 4-4-11 所示。

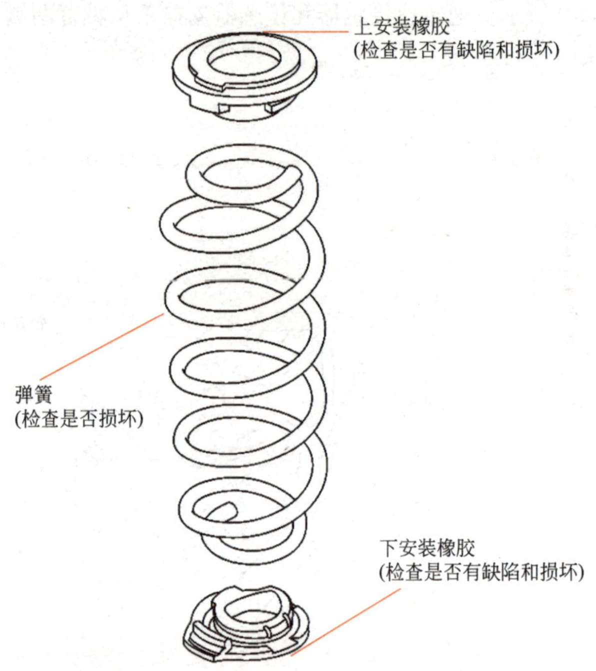

图 4-4-11　检查后悬架弹簧和安装橡胶

四、悬架系统常见故障症状诊断（表 4-4-1）

表 4-4-1　悬架系统常见故障症状诊断

故障	检查	操作
车辆跑偏	轮胎是否匹配或摩擦是否均匀	更换轮胎
	弹簧是否折断或下垂	更换弹簧
	子午线轮胎是否存在横向力	检查车轮定位，调换车轮，必要时更换轮胎
	前轮定位是否在规范值内	对前轮进行定位
	转向机是否偏心	重装小齿轮总成，必要时更换小齿轮总成
	前制动器是否拖滞	调整前制动器

续表

故障	检查	操作
轮胎异常或严重磨损	前轮和后轮定位是否合乎规范	对前后车轮进行定位
	前后车轮前束是否过大	调整前后车轮的前束
	弹簧是否折断或下垂	更换弹簧
	轮胎是否不平衡	平衡轮胎
	支柱减振器是否磨损	更换支柱减振器
	轮胎是否不转	转动车轮，必要时更换车轮
	车辆是否超载	保持恰当的负载重量
	轮胎气压是否过低	将轮胎气压充到合适的压力
轮胎划伤	前后车轮前束是否不正确	调整前后车轮的前束
	悬架臂是否扭曲	更换悬架臂
车轮不匹配	轮胎或车轮是否不平衡	平衡轮胎或车轮
	支柱减振器的动作是否不正确	更换支柱减振器
摆振、摇振或颤动	轮胎或车轮是否不平衡	平衡轮胎或车轮
	轮毂跳动是否过大	测量轮毂法兰的跳动，必要时更换轮毂
	制动鼓或制动盘是否严重失衡	调整制动器，必要时更换制动鼓或制动盘
	转向横拉杆端头是否磨损	更换外转向横拉杆
	车轮装饰盖是否失衡	平衡车轮
	下球节是否磨损	更换下球节
	车轮跳动是否过大	测量车轮跳动，必要时更换车轮
	承载条件下轮胎和车轮总成的径向跳动是否过大	配装轮胎和车轮总成
转向困难	转向装置预紧力调整	执行齿条预紧力调整
	动力转向系统压力是否正常	必要时更换密封件和软管
	转向机是否卡滞	润滑转向装置，必要时修理或更换转向机
	转向机座是否过松	紧固转向机装配架螺母
转向系统间隙过大	车轮轴承是否磨损或过松	紧固驱动桥螺母，必要时更换车轮轴承
	转向机座是否过松	紧固转向机装配架螺母
	转向柱与转向机之间的连接是否过松或磨损	紧固中间轴夹紧螺栓，必要时更换中间轴
	转向装置预紧力调整	调整齿条预紧力

续表

故障	检查	操作
回位性差	球节和外转向横拉杆端头是否润滑不足	更换球节和外转向横拉杆
	球节是否卡滞	更换球节
	转向柱是否卡滞	润滑转向柱，必要时更换转向柱
	前轮定位是否准确	定位前轮
	转向装置预紧力是否正常	调整齿条预紧力
	阀门是否卡滞	润滑小齿轮阀总成，必要时更换小齿轮阀总成
	转向机中间轴是否卡滞	更换中间轴
前悬架系统有异常噪声	球节和外转向横拉杆端头是否润滑不足	更换球节和外转向横拉杆
	悬架部件是否损坏	更换损坏的悬架部件
	控制臂衬套或转向横拉杆头是否磨损	更换控制臂衬套或转向更拉杆
	稳定轴连杆是否过松	紧固稳定轴连杆
	车轮螺栓是否过松	紧固车轮螺栓
	悬架螺栓或螺母是否过松	紧固悬架螺栓或螺母
	支柱减振器或支柱座是否磨损	更换支柱减振器，紧固支柱座螺栓
	支柱弹簧是否错位	将支柱弹簧调整到合适位置
摆动或方向性差	轮胎是否不匹配或不均匀	更换轮胎
	球节和外转向横拉杆端头是否润滑不足	更换球节和外转向横拉杆
	支柱减振器是否磨损	更换支柱减振器
	稳定轴连杆是否过松	紧固稳定轴连杆
	弹簧是否折断或下垂	更换弹簧
	转向装置预紧力是否正常	调整齿条预紧力
	前轮和后轮定位是否准确	对前后车轮进行定位
制动跑偏	车轮轴承是否磨损或过松	更换车轮轴承
	弹簧是否折断或下垂	更换弹簧
	车轮制动分泵或制动钳是否漏油	更换车轮制动分泵或制动钳
	制动盘是否漏油	更换制动盘
	主销内倾是否合乎规范	检查车架并进行必要的修理

续表

故障	检查	操作
翘头高度过低或不均匀	弹簧是否折断或下垂	更换弹簧
	车辆是否超载	保持合适的负载重量
	弹簧是否过软	更换弹簧
乘坐过软	支柱减振器是否磨损	更换支柱减振器
	弹簧是否折断或下垂	更换弹簧
乘坐过硬	支柱减振器是否正常	更换支柱减振器
	弹簧是否正常	更换弹簧
转弯时车身倾斜或侧摆	稳定轴连杆是否过松	紧固稳定轴连杆
	支柱减振器或支柱座是否磨损	更换支柱减振器，紧固支柱总成装配螺栓
	车辆是否超载	保持合适的负载重量
	弹簧是否折断或下垂	更换弹簧
悬架下沉	支柱减振器是否磨损	更换支柱减振器
	车辆是否超载	保持合适的负载重量
	弹簧是否折断或下垂	更换弹簧
方向盘反冲	动力转向系统中是否有空气	排出动力转向系统中的空气
	转向机座是否松动	紧固转向机座装配螺母
	转向柱与转向机之间的连接是否过松或磨损	紧固中间轴夹紧螺栓，必要时更换中间轴
	转向横拉杆端头是否过松	紧固转向横拉杆端头，必要时更换外转向横拉杆
	车轮轴承是否过松或磨损	紧固驱动桥螺母，必要时更换车轮轴承
方向盘颤动或不稳	动力转向系统压力是否正常	必要时更换密封件和软管
	转向机阀是否过松或响应迟缓	清洗小齿轮阀总成，必要时更换小齿轮阀总成
	动力转向泵蛇形皮带是否过松	调整蛇形皮带的张紧度
轮胎卷边	前轮和后轮定位是否正确	对前后车轮进行定位
	支柱减振器是否磨损	更换支柱减振器
	车轮轴承是否磨损或过松	紧固驱动桥螺母，必要时更换车轮轴承
	轮胎或车轮跳动是否过大	配装轮胎，必要时更换轮胎或车轮
	球节是否磨损	更换球节
	转向装置预紧力是否正常	调整转向装置预紧力

续表

故障	检查	操作
支柱过软	检查轮胎压力	按照轮胎标签上的轮胎压力规范值调整轮胎压力
	检查汽车正常行驶条件下的负载情况	询问驾驶员并确认驾驶员清楚正常的负载条件
	检查支柱减振器的压缩和回弹效果	必要时更换支柱减振器
支柱有噪声	检查支柱座是否松动或损坏	紧固支柱减振器螺母，必要时更换支柱减振器
	检查支柱减振器的压缩和回弹效果	必要时更换支柱减振器
油液泄漏	检查支柱完全伸展时密封罩是否完好	必要时更换支柱减振器
	检查支柱减振器油液是否过多	必要时更换支柱减振器

第五节 制动系统维护保养

一、常规制动系统部件的组成与作用

1. 常规制动部件的组成

典型的常规制动部件有制动总泵、制动管路、前后制动器、制动踏板等，参见图 4-5-1。

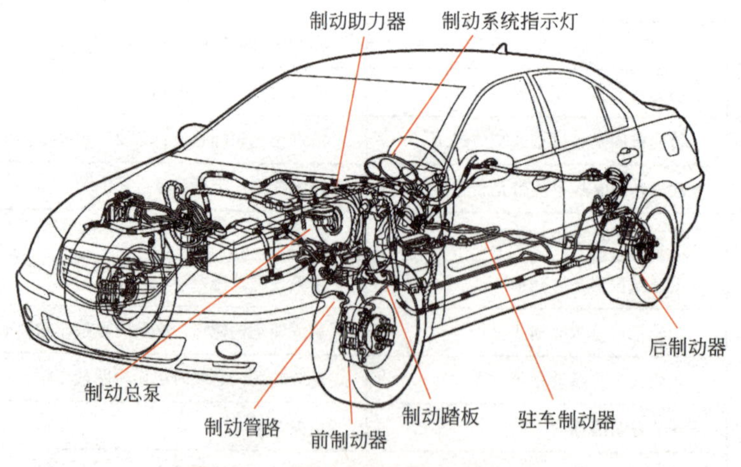

图 4-5-1　典型的常规制动部件识别

2. 常规制动部件的作用（表 4-5-1）

表 4-5-1　常规制动部件的作用

部件名称	作用
制动踏板	制动力施动元件，驾驶员踩下制动踏板，其作用力通过制动总泵转换为液压力，作用到制动系统上
制动助力器	利用发动机进气真空作为动力源，产生制动助力作用
制动总泵	是负责将驾驶员踩下制动踏板的作用力转换为液压力的元件，它包括一个储存制动液的储存罐和一个产生液压的液压缸，将液压力通过制动油管传递到各个车辆的制动分泵
制动管路	也称制动油管，负责传递制动液的动力
制动器	制动力的执行元件

二、ABS（防抱死制动）系统说明与组成

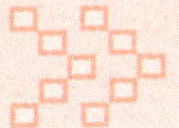

ABS 系统就是在原常规制动系统的基础上，增加了一套防止车轮制动抱死的控制系统，属于汽车上的主动安全系统，其作用是在车辆制动时，防止车轮抱死，在路面上滑拖，提高汽车制动过程中的方向稳定性和转向控制能力，并有效缩短制动距离，使汽车制动更为方便有效。ABS 系统一般由前后轮速传感器、制动压力调节器和 ABS 控制模块组成。典型的 ABS 系统部件组成参见图 4-5-2。

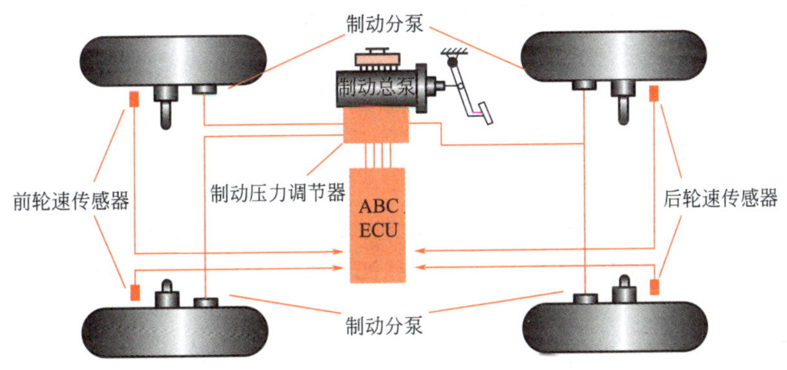

图 4-5-2　典型的 ABS 系统部件组成

轮速传感器是 ABS 系统中最主要的传感器，用来检测车轮的运动状态，获取车轮的转速信号。ABS 控制模块俗称 ABS 控制电脑，负责接收轮速传感器发送来的轮速信号并进行计算，参考车速、车轮加速度（减速度）、滑移率等信号，输出控制指令给 ABS 制动压力调节器。此外 ABS 控制模块还具备监测功能，当 ABS

系统发生故障时，会使ABS系统停止工作，恢复常规制动并点亮车辆仪表板上的ABS警示灯，提醒驾驶员及时到维修厂维修ABS系统。制动压力调节器是ABS系统中的主要执行器，其作用是接收ABS控制模块的指令，驱动调节器中的电磁阀动作，对制动器的压力进行调节，使制动压力增大、保持或减小，实现制动压力的控制功能。

三、制动液简介

汽车制动液（Brake Fluid），又名机动车辆制动液、机动车制动液、刹车油或刹车液，是用于汽车液压制动系统中传递压力，使车轮制动器实现制动作用的一种功能性液体。对汽车制动液的性能要求是：黏温性好，凝固点低，低温流动性好；沸点高，高温下不产生气阻；使用过程中品质变化小，并不引起金属件和橡胶件的腐蚀及变质，制动液在使用一定的时间后，会出现沸点降低、污染及不同程度的氧化变质，所以应根据气候、环境条件、季节变化和工况及时检查其质量性能，及时更换。在普通驾驶环境下，制动液在使用2年或50000km后就应更换。

制动液分为三种类型：醇型、矿油型和合成型。其中醇型与矿油型已经淘汰，目前汽车上使用的制动液一般为合成型。醇型制动液是由低碳醇类和蓖麻油配制而成。寒冷地区，用蓖麻油（34%）、丙三醇（甘油）（13%）、乙醇（53%）配制成的制动液，在-35℃左右仍能保证正常制动。虽然醇型制动液价格低廉，但由于其高低温性能均差，沸点低，易产生气阻，所以容易引发交通事故。我国自1990年5月起就已明令淘汰。矿油型制动液是用精制的轻柴油馏分加入稠化剂和其他添加剂制成。这种制动液温度适应性较醇型好，工作温度范围为-70～150℃。它的使用性能良好，但由于其对天然橡胶有溶胀作用，故在使用本制动液以前应将制动系统的所有皮碗、软管更换成耐油橡胶制品，以免受到腐蚀而使制动失灵。我国的矿油型制动液分“7号”和“9号”两种，“7号”用于严寒地区，“9号”用于气温不低于-25℃的地区。各种制动液不可混存和混用，否则会出现分层而失去作用。合成型制动液为人工合成的，是以聚醚、水溶性聚酯和硅油等为主体，加入润滑剂和添加剂组成。其使用性能良好，工作温度可高达200℃以上。它对橡胶和金属的腐蚀作用均很小，适合于高速、大功率、重负荷和制动频繁的汽车使用，因此成为目前使用最多、最广的一种制动液。

合成型制动液又分为醇醚型、酯型和硅油型三大类型，但使用最多的是醇醚型和酯型。

（1）醇醚型　常见于DOT3制动液。醇醚型制动液的化学成分为低聚乙二醇或丙二醇，低聚乙二醇或丙二醇具有较强的亲水性。DOT3制动液每年能通过制动系统的微孔或密封部位吸收 2%（体积分数）的水分，所以在使用或储存的过程中其含水量会逐渐增高。由于制动液的沸点会随着水分含量的增高而降低，所以其制动性能会随之下降，驾驶员踩下制动踏板时往往会感觉制动踏板发软，因此 2 年或行驶 50000km 后就要及时更换。DOT3 制动液属于有机溶液，因此添加或更换 DOT3 制动液时要注意，千万不要把制动液滴落在汽车油漆表面，这样会使汽车漆层褪色。

（2）酯型　常见于 DOT4 制动液和 DOT5.1 制动液。酯型制动液则是在醇醚型制动液的基础上添加大量的硼酸酯，硼酸酯是由低聚乙二醇或丙二醇通过和硼酸的酯化反应而成。硼酸酯的沸点比低聚乙二醇或丙二醇更高，所以其制动性能更好。硼酸酯还具有较强的抗湿能力，它能分解所吸收的水分，从而减缓由于吸水而导致的沸点下降。所以酯型制动液性能比醇醚型制动液更好，当然价格也更高。DOT4 制动液的价格大约是 DOT3 制动液的 2 倍。使用 DOT3 制动液的车辆也可换用 DOT4 制动液，但是使用时不要把两种制动液混合在一起使用，而是应该先把 DOT3 制动液清除干净，再换用 DOT4 制动液。DOT5.1 制动液的颜色呈琥珀色，是一种用于重制动负荷下的制动液，其沸点温度可到 260℃，可与 DOT3 制动液或 DOT4 制动液混合使用。

（3）硅油型　常见于 DOT5 制动液。硅油型制动液的化学成分为聚二甲基硅氧烷，它的沸点在三种制动液中是最高的，所以价格也最贵。DOT5 制动液的价格大约是 DOT3 制动液的 4 倍。由于聚二甲基硅氧烷具有很强的疏水性，因此它几乎完全不吸水。然而，正是由于它对水分极强的排斥能力，进入其管道内的水分不能与其混溶，而以水相存在。因为相对于制动液而言，水的沸点极低，所以这不混溶的水分会导致制动性能的急剧下降。因此，硅油型制动液的应用范围较窄。这种制动液不能和其他类型的制动液混合使用，如果制动系统要使用 DOT5 制动液，必须先用 DOT5 制动液彻底清洗整个制动系统，再充满 DOT5 制动液。所谓的 DOT3、DOT4 和 DOT5 是指美国联邦政府运输部（Department of Transportation，DOT）对汽车制动液制定的标准，DOT 将制动液分为四类：DOT3、DOT4、DOT5 和 DOT5.1，如图 4-5-3 所示。目前在进口轿车上使用最广的制动液是 DOT3 和 DOT4 制动液。DOT 制动液标准参见表 4 5-2。

表 4-5-2　DOT 制动液标准

参数	单位	类型			
		DOT3	DOT4	DOT5	DOT5.1
干沸点	℃	205	230	260	260
湿沸点	℃	140	155	180	180

图 4-5-3　各种规格的制动液

我国现行的制动液标准 GB 12981—2012《机动车辆制动液》为强制性标准，共有 14 项技术指标要求，分别是外观、平衡回流沸点、湿平衡回流沸点、运动黏度（100℃、-40℃）、pH 值、液体稳定性、腐蚀性、低温流动性和外观、蒸发性、溶水性、液体相容性、抗氧化性、橡胶相容性、行程模拟性能。

（1）外观　制动液的外观应清澈透明，无杂质，无沉淀和悬浮物。该指标是辨别制动液是否合格的一个最为简便的方法，也是制动液最基本的指标。

（2）平衡回流沸点　是指在规定试验条件下测得的制动液的沸腾温度。平衡回流沸点越高，制动液的高温性能才有可能越好。但并不是所有平衡回流沸点高的制动液一定具有优良的高温性能，只有在平衡回流沸点和湿平衡回流沸点都高的情况下，制动液才具有良好的高温性能。

（3）湿平衡回流沸点　是指在规定的试验条件下，加入一定量水分后测得的平衡回流沸点，它是衡量制动液吸收一定水分情况下的耐高温性能指标。湿平衡回流沸点越高，在使用过程中的耐高温性能越好。由于合成制动液在储存和使用过程中容易吸收空气中的水分，因此湿平衡回流沸点指标相对于平衡回流沸点，更能反映制动液在实际使用过程中的耐高温性能。

（4）运动黏度　运动黏度是液体石油产品的主要性能指标之一。为了保证制动液在使用过程中当温度升高到一定程度时，仍能具有良好的润滑和密封性能，同时防止在高温条件下的渗漏，标准要求 100℃运动黏度应不小于 $1.5mm^2/s$。-40℃低温运动黏度是汽车制动液的重要低温性能指标，它反映产品在低温条件下的流动性大小，该指标直接关系到车辆在低温条件下的制动性能。低温黏度越小，制动越灵敏；低温黏度越大，制动越迟缓，甚至导致制动失灵。

（5）pH 值　制动液在储存和使用过程中会发生氧化，生成一定量的酸性物质，为了使其具有适当的中和酸性物质的能力，减小对金属的腐蚀性，制动液应具有一定的碱性和储备碱度，标准要求 pH 值为 7.0 ～ 11.5。

（6）液体稳定性　制动液的液体稳定性包括高温稳定性和化学稳定性两项指标。该指标主要用来反映制动液在一定试验条件下的物理和化学稳定性能。

（7）腐蚀性　汽车制动系统中与制动液接触的金属管路和零部件较多，并涉及多种金属元素，为了保证这些零部件不被破坏，制动液必须具有优良的金属防护性能，以减少和控制车辆制动系统中金属腐蚀现象的发生，确保其长期正常、可靠工作，保证车辆行驶安全。

（8）低温流动性和外观　制动液的低温流动性和外观指标主要用来评定制动液的低温稳定性。制动液除了要能在较高气温条件下保证车辆制动系统正常工作外，还需要在低温条件下确保制动系统操作灵活、制动刹车可靠，保证行车安全。

（9）蒸发性　制动液的蒸发性是控制制动液在一定温度条件下蒸发损失大小的指标，该指标对于制动液的润滑性能、使用寿命和保证制动液在较高温度条件下使用时，制动系统正常、可靠工作都具有重要意义，是制动液的一项重要高温性能评定指标。

（10）溶水性　溶水性指标主要用来评定水分对制动液性能的影响，即在标准规定条件下观察其是否分层、是否有沉淀物及透明度等。制动液在储存一定时间后，由于其对金属包装罐焊料的侵蚀作用而产生铅盐，在进行溶水性试验时，铅盐化合物会水解生成沉淀物。

（11）液体相容性　主要用来评定制动液与其他同类型的制动液混合后，是否分层、产生沉淀等，以考察制动液产品之间的物理和化学相容性。虽然不同制动液生产厂家的产品，其液体相容性试验均能符合要求，但不同品牌的制动液产品仍应避免混合作用，以防因产品混合改变制动液的配方组成而对其使用性能产生不利影响。

（12）抗氧化性　制动液在常温条件下是比较稳定的，但受高温和金属催化等因素的影响，会促使其氧化变质，因此，要求制动液具有优良的抗氧化性，它决定制动液在储存和使用过程中是否容易氧化变质，是决定制动液储存期和使用寿命的重要因素。抗氧化性越好，则越不易氧化变质，储存期和使用期就越长。

（13）橡胶相容性　在汽车制动系统中，为了保证制动液不渗漏，并传递制动能量，使用了多种橡胶零部件。制动液直接与这些橡胶零部件相接触，为了保证这些橡胶零件正常工作，不引起过度的软化、溶胀、溶解、固化和收缩，要求制动液具有良好的橡胶适应性能。

（14）行程模拟性能　行程模拟试验是利用制动系统模拟装置，评定制动液的润滑性能和材料适应性能的一种实验室试验方法。与理化性能和使用性能相比，试验条件更接近于制动液的实际使用条件。因此，其试验结果更能说明制动液的实际使用性能，且该方法相对实际行车试验简便易行，试验时间短、费用低，试验结果重复性好。因此，制动液行程模拟试验是制动液性能检验中最重要的实际使用性能试验。

接修不同类型的车辆时，要查询接修车型的维修手册和使用手册，严格按照手册上的类型要求选择合适的制动液进行更换操作。维修厂在采购制动液时，要优先选择用金属容器密封存储的制动液，因为金属容器密封性比塑料容器好，因此使用金属容器封装的制动液吸收水分的可能性要低于使用塑料容器封装的制动液。

四、制动系统常见维护保养项目

1. 制动液检查与测试

（1）制动液液面高度检查　正常情况下，制动液储液罐内的液面高度应在MΛX和MIN标记之间，参见图4-5-4。

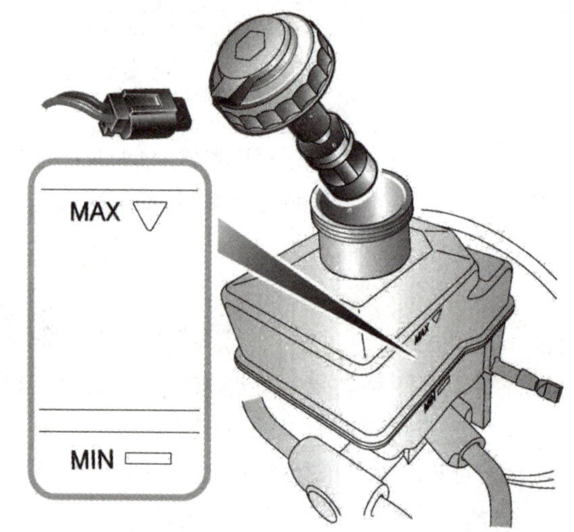

图 4-5-4　制动液液面高度标记识别（以路虎揽胜汽车为例）

（2）制动液颜色鉴别　将接修车辆上的制动液颜色与新制动液颜色对照，如果发现接修车辆上的制动液颜色发黑、浑浊，应予以更换。

（3）制动液试纸测试　所谓试纸就是制动液水分检测测试纸，这种测试纸含有特定的指示剂，将试纸浸入被测车辆的制动液中，测试纸会随制动液含水量的不同而呈现不同的颜色，维修工通过查看测试纸上的颜色，即可判定制动液中含水量的高低。

（4）制动液沸点测试　沸点测试就是使用制动液沸点测试仪测试制动液沸点是否符合规范，制动液沸点测试仪的结构大同小异，一般由两部分组成：一是带加热室的便携探头，用于吸取或浸蘸样品；二是温度传感器，用于检测并显示热场温度，参见图4-5-5。将仪器探头浸入制动液液面下一定深度，制动液由底部孔进入加热室。由于加热室内顶部存量空气及液位控制孔的存在，加热室内制动液液面恰好保持在温度传感器下方。由直流电池供电的电加热丝，能迅速将加热室里的制动液加热至沸腾，在液面上方形成蒸气层，液体沸腾时液气两相平衡，温度传感器所检测到的温度将不再上升，恒定在某一数值，通过显示屏可看出所测制动液沸点。

沸点法测试便捷直观，用户根据显示结果可迅速判断制动液是否失效。沸点检测仪加热时间为 30 ～ 90s，探头需完全冷却后方可再次测试。对于高沸点样品，沸点检测仪重复性较差，推荐检测 2 次以上。

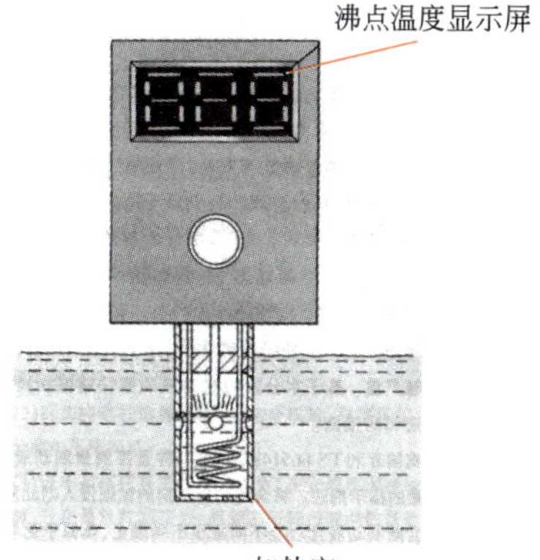

图 4-5-5　使用制动液沸点检测仪检测制动液沸点

（5）制动液污染检查　如果制动液中混入了其他油液，比如发动机机油、助力转向油、自动变速器油等，就会造成制动系统的橡胶元件膨胀而使制动系统失效，因此维护车辆时要仔细检查制动液是否被污染，维修工可打开制动主缸上的盖子，查看橡胶膜片是否膨胀或变形，如果膨胀或变形，则说明制动液很有可能已经被污染。测量制动液污染时，可使用一个由聚苯乙烯材料制成的杯子，杯子中放入水，在制动储液罐中抽取少量制动液放入杯中，如果制动液未被污染，放入的制动液就会完全溶入水中；如果制动液被污染，混入的油液便会漂浮在杯子中的水面上，确认制动液被污染后，应放出所有的制动液并冲洗，制动系统中的所有橡胶元件也应全部更换。

（6）制动液更换　维护时应根据车辆行驶里程或时间间隔定期更换车辆的制动液，操作方法可参见表 4-5-3。

表 4-5-3　车辆制动液更换操作方法

步骤	操作方法
1	将车辆置于地沟上或用举升机举起
2	两位技师配合操作，一位技师在车下，摘掉放油口上的橡胶防尘帽，将准备好的透明软管两端分别装在放油口和废油收集瓶中，之后用扳手沿逆时针方向松开放油口螺栓，同时车上的另一位维修技师反复踩制动踏板。此时制动液会从放油口喷出，查看制动液储液罐内的液面，要随液面下降添加新制动液。待出液清亮后拧紧放油口螺栓
3	车上的技师反复踩动制动踏板，然后踩下踏板不要松开。车下的技师松开放油口螺栓，待制动液喷净后拧紧螺栓并通知车上的技师松开制动踏板。以上操作反复数次，直到放出的制动液中无气泡为止。查看制动液储液罐内的液面，要随液面下降添加新制动液
4	对其他车轮重复步骤 1 ～ 3 的操作
5	4 个轮的制动液更换完成后路试，如发现制动踏板发软，不灵敏，应重复步骤 3 进行放气操作

2. 检查制动器制动摩擦片厚度（以讴歌 ZDX 轿车为例，见表 4-5-4）

表 4-5-4 本田讴歌 ZDX 轿车制动器制动摩擦片厚度检查操作方法

步骤	操作方法
1	举升并支撑住车辆
2	拆下汽车的 2 个前轮
3	按照图 4-5-6 所示，测量前轮制动盘内侧制动摩擦片和制动盘外侧制动摩擦片的厚度，如果低于 1.6mm，说明制动摩擦片磨损过度，应更换新的制动摩擦片
4	拆下汽车的 2 个后轮
5	按照图 4-5-7 所示，测量后轮制动盘内侧制动摩擦片和制动盘外侧制动摩擦片的厚度，如果低于 1.0mm，说明制动摩擦片磨损过度，应更换新的制动摩擦片

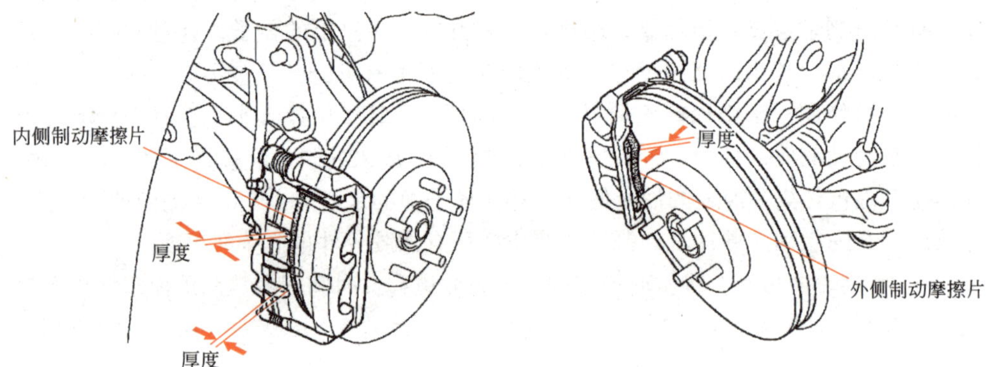

图 4-5-6 测量前轮制动器制动摩擦片厚度

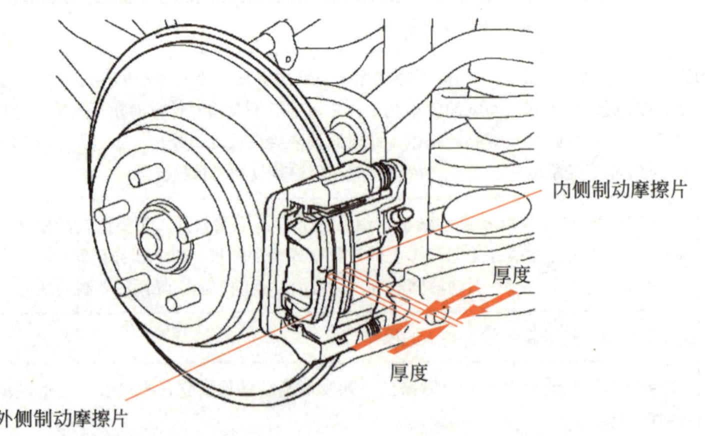

图 4-5-7 测量后轮制动器制动摩擦片厚度

3. 制动盘跳动量检查

制动盘的跳动量必须符合规范，否则会影响制动效果。以讴歌 ZDX 轿车为例，该车轮前制动盘跳动量检查方法参见表 4-5-5。

表 4-5-5　讴歌 ZDX 轿车前轮制动盘跳动量检查方法

步骤	检查方法
1	举升车辆前部，将安全支架放置在正确位置，支撑车辆
2	拆下前车轮
3	拆下制动摩擦片
4	检查前轮制动盘表面是否有损坏或裂纹，将前轮制动盘彻底清洁并清除制动盘上的所有铁锈
5	按照图 4-5-8 所示，安装合适的平垫圈和车轮螺母，将车轮螺母紧固至规定的力矩，使制动盘紧靠轮毂
6	把百分表对着制动盘放置，在距离制动盘外缘 10mm 处，测量前轮制动盘跳动量，维修极限为 0.04mm
7	如果测量值超出维修极限，应用车床对制动盘表面执行修整，修整时，前轮制动盘最小厚度不能低于 26mm，如果制动盘厚度小于 26mm，则必须更换新的前轮制动盘
8	如果测量值符合规范，则安装制动摩擦片
9	清理制动盘和车轮内侧的接合面，然后安装前轮

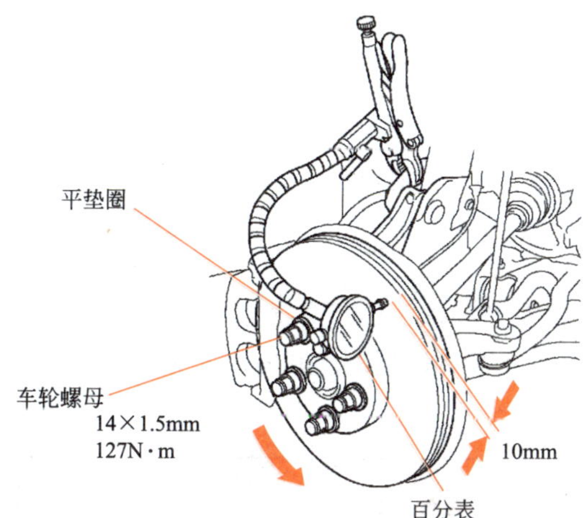

图 4-5-8　测量前轮制动盘跳动量

4. 制动盘厚度和平整度检查

以讴歌 ZDX 轿车为例，该车前轮制动盘厚度和平整度检查方法参见表 4-5-6。

表 4-5-6　讴歌 ZDX 轿车前轮制动盘厚度和平整度检查方法

步骤	检查方法
1	举升车辆前部，将安全支架放置在正确位置，支撑车辆
2	拆下前车轮
3	拆下制动片
4	按照图 4-5-9 所示，在制动盘上大约间隔 45°，距离制动盘外缘 10mm 的 8 个测量点上，使用螺旋测微计测量制动盘厚度，如果测量值低于制动盘表面维修极限，则更换制动盘
5	检查制动盘平整度，把 8 个测量点的测量值加以对比，最大允许差值不能超过 0.015mm
6	如果制动盘平整度超出维修极限，应用车床对制动盘表面执行修整。修整时，前轮制动盘最小厚度不能小于 26mm，如果小于 26mm，则必须更换新的前轮制动盘
7	安装制动摩擦片
8	清理制动盘和车轮内侧的接合面，然后安装前轮

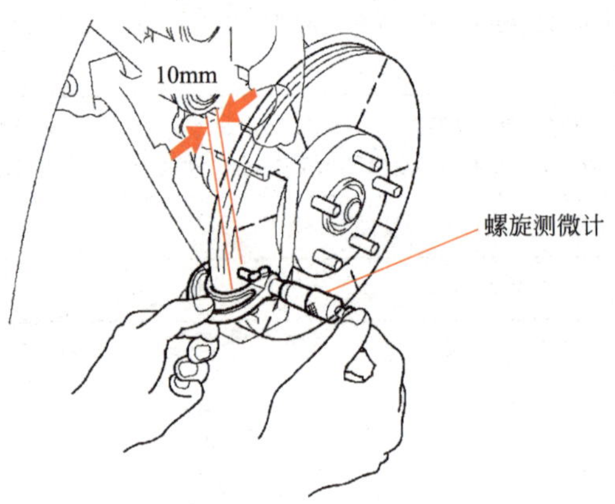

图 4-5-9　测量前轮制动盘厚度和平整度

5. 制动摩擦片更换

如果在检修中发现制动摩擦片已经磨损过度，应及时更换新的制动摩擦片，以本田飞度轿车为例，该车前轮制动器制动摩擦片的更换方法如表 4-5-7 所示。

表 4-5-7　本田飞度轿车前轮制动器制动摩擦片更换方法

步骤	更换方法
1	从制动总泵中排出一些制动液
2	举升车辆前部，将安全支架放置在正确位置，支撑车辆
3	拆下前车轮

续表

步骤	更换方法
4	按照图 4-5-10 所示，拆下制动软管安装螺栓
5	按照图 4-5-10 所示，用扳手固定住制动钳销，拆下法兰螺栓，沿图中箭头所示方向将制动钳向上转出，检查制动软管和制动钳销护套是否损坏和老化
6	按照图 4-5-11 所示，拆下制动摩擦片垫片和制动摩擦片
7	按照图 4-5-12 所示，拆下制动摩擦片夹持器
8	按照图 4-5-12 所示，彻底清洁制动器托架，检查并确认制动钳销能平稳移进和移出
9	检查制动盘，确认制动盘没有裂纹或损坏
10	安装制动摩擦片夹持器
11	按照图 4-5-13 所示，把制动钳活塞压缩工具安装到制动钳钳体上
12	用制动钳活塞压缩工具压缩活塞，把制动钳安装到制动摩擦片上
13	拆下制动钳活塞压缩工具
14	按照图 4-5-14 所示，在垫片、制动摩擦片背面和图中箭头所示部位涂抹二硫化钼 M77 润滑脂，但操作时要注意不要让润滑脂沾到制动盘和制动摩擦片表面
15	安装垫片和制动摩擦片，将磨损指示器置于内侧上部
16	按照图 4-5-15 所示，将制动钳沿箭头所示方向转下，用扳手固定住制动钳销，安装法兰螺栓
17	安装制动软管安装螺栓
18	清理制动盘和车轮内侧的接合面，然后安装前轮
19	踩踏制动踏板数次，若有必要，添加制动液

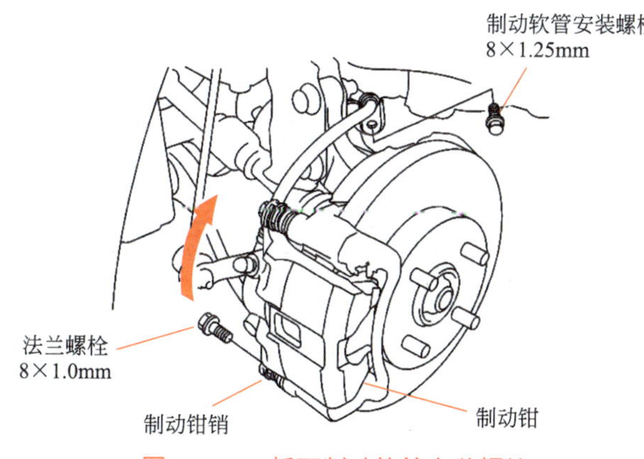

图 4-5-10　拆下制动软管安装螺栓

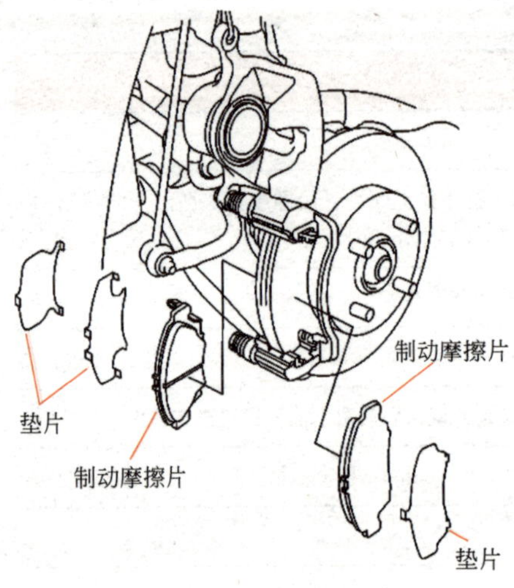

图 4-5-11　垫片和制动摩擦片

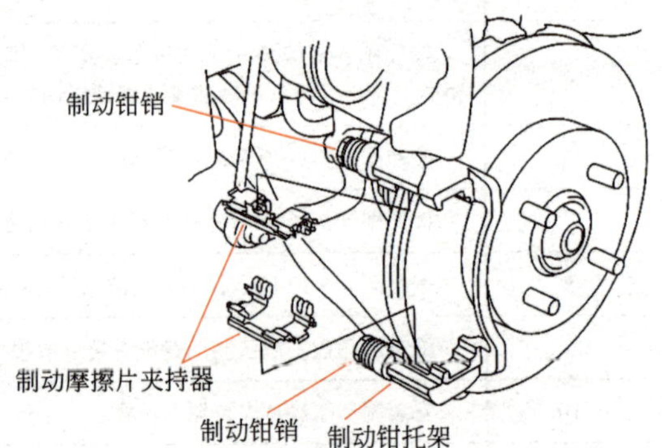

图 4-5-12　拆下制动摩擦片夹持器

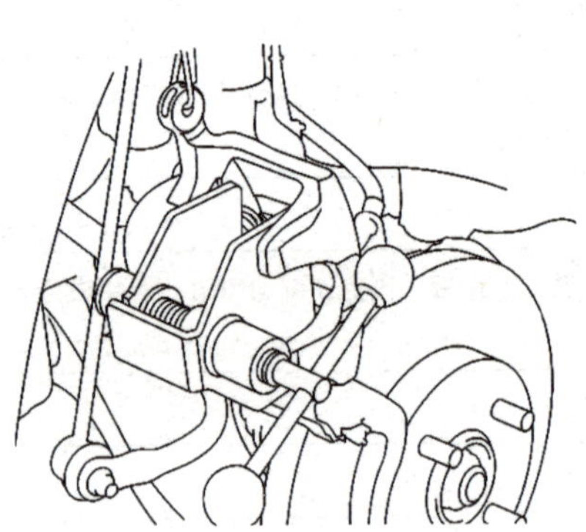
图 4-5-13　安装制动钳活塞压缩工具

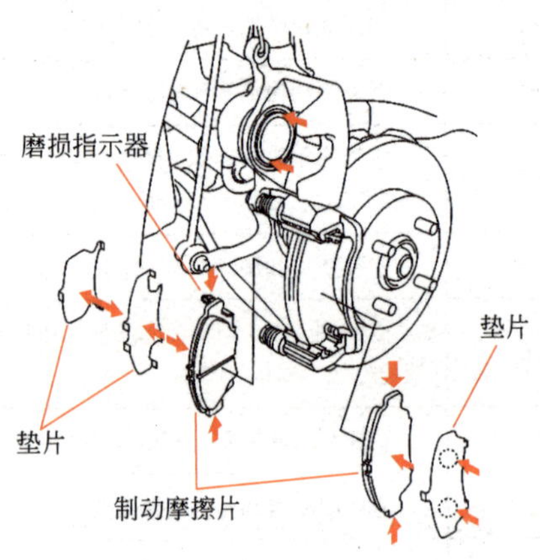

图 4-5-14　在垫片和制动摩擦片背面涂抹润滑脂

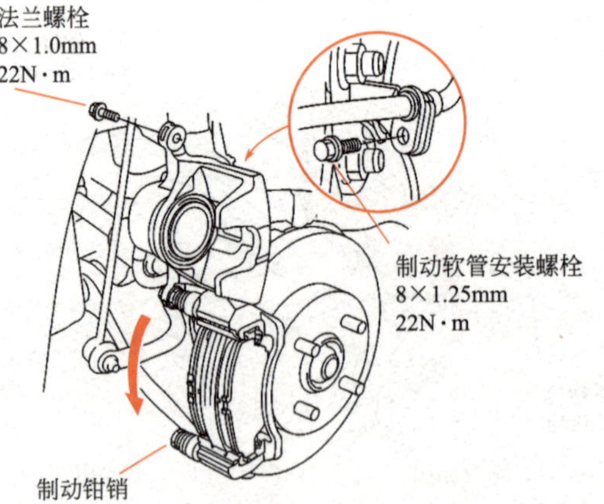

图 4-5-15　安装制动软管安装螺栓

第五章

发动机电气系统维护保养

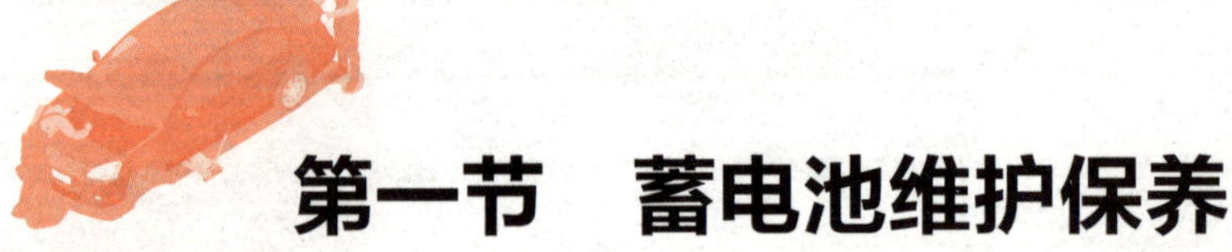

第一节 蓄电池维护保养

一、蓄电池的作用

汽车蓄电池俗称“电瓶”，是一种能将化学能转换为电能的装置，配备在车辆上，充当低压直流电源使用。蓄电池向用电设备供电时，可将化学能转换成电能；对蓄电池进行充电时，蓄电池又可将电能转换为化学能。

① 在发动机启动时，蓄电池向起动机提供强劲的启动电流，并向点火系统等主要用电设备供电。

② 发动机不运行或低速运行时，蓄电池向各种用电设备（收音机、雨刷、点烟器、车灯、喇叭等）供电。

③ 当用电设备过多，用电量超出汽车发电机的供电能力时，蓄电池协助发电机向各种用电设备供电。

④ 蓄电池具有稳定电压的作用，它相当于一个大电容，可以吸收电路中瞬间的过电压，保护用电设备。

二、汽车蓄电池的结构与部件说明

目前轿车配备的蓄电池一般均为12V免维护型铅酸蓄电池，由极群组、汇流排和外壳等组成，如图5-1-1所示。

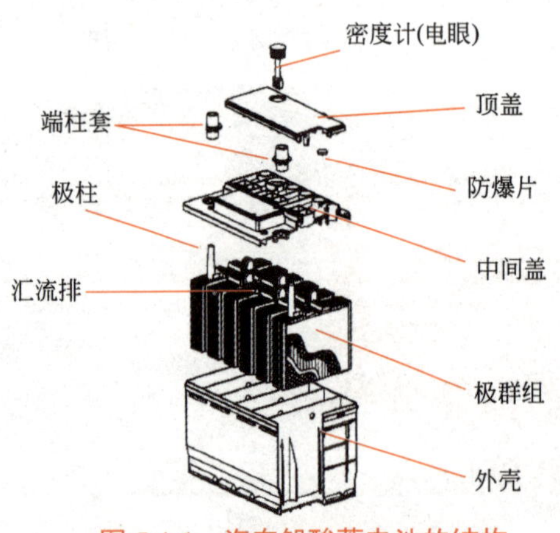

图5-1-1 汽车铅酸蓄电池的结构

蓄电池的极群组由正极板、负极板和隔板组成。正极板上的活性物质为二氧化铅，负极板上的活性物质为纯铅，与蓄电池中的电解液产生化学反应，能实现化学能与电能的相互转化。隔板的作用是防止极板短路。隔板具备良好的绝缘性、耐酸性和抗氧化性能，隔板上有很多微孔，可以让电解液畅通无阻。

蓄电池内的电解液的作用是参与化学反应，进行能量转换。电解液是用纯硫酸和蒸馏水按照一定的比例配制而成的。

蓄电池外壳的作用是容纳极板和电解液，多采用硬橡胶或塑料制成。

三、汽车蓄电池维护保养项目

1. 汽车蓄电池测试

汽车蓄电池利用化学作用产生电流并存储电能，汽车的起动机、点火线圈、车灯、喇叭等均由蓄电池供电。蓄电池本身由汽车发动机上的发电机充电，也可以在维修时将蓄电池从车辆上拆下，用充电机进行充电。以本田雅阁 2.4L 轿车为例，该车蓄电池检测方法如表 5-1-1 所示。

表 5-1-1　本田雅阁 2.4L 轿车蓄电池检测方法

步骤	检测方法	规范值
1	准备好蓄电池检测仪（检测仪配有量程为 0 ～ 18V 的电压表，量程为 0 ～ 100A 和 0 ～ 500A 的电流表，一个 0 ～ 300W 的碳板变阻器）和一台 12V 蓄电池充电器（具备 50A 的快速充电能力和 5A 的慢速充电能力），如图 5-1-2 所示	
2	目视检查蓄电池壳体是否有损坏、破裂或蓄电池端子发生松动，如果有，可更换蓄电池	
3	检查蓄电池的指示器，如果指示器指示蓄电池液短缺，可撕下蓄电池扎带，拆下蓄电池盖，加入蒸馏水，然后重新装上蓄电池盖和扎带。如果指示器指示蓄电池电荷过低，则转入步骤 4	
4	将蓄电池连接到蓄电池检测仪上，施加 3 倍于蓄电池额定电流时的负载，检测蓄电池负载容量	当负载施加达到 15s 时，蓄电池电压应保持在 9.6V 以上
5	如果测量的数值在 6.5 ～ 9.6V 之间，则将蓄电池连接至 12V 蓄电池充电器，以 40A 的初始标准充电量充电 3min，在整个充电的 3min 内，查看蓄电池电压，如果电压高于 15.5V，则说明蓄电池已经损坏，应予以更换	最高电压应低于 15.5V
6	如果检测的蓄电池负载容量低于 6.5V，可将蓄电池连接到 12V 蓄电池充电器上，以 5A 的电流慢速充电，直至蓄电池指示器显示充满电为止；然后再次测试负载能力，如果所测的电压在 9.6V 以上，说明蓄电池已经正常，可将蓄电池重新安装好；如果慢速充电后进行负载测试，电压仍然低于 6.5V，则说明蓄电池损坏，应予以更换	

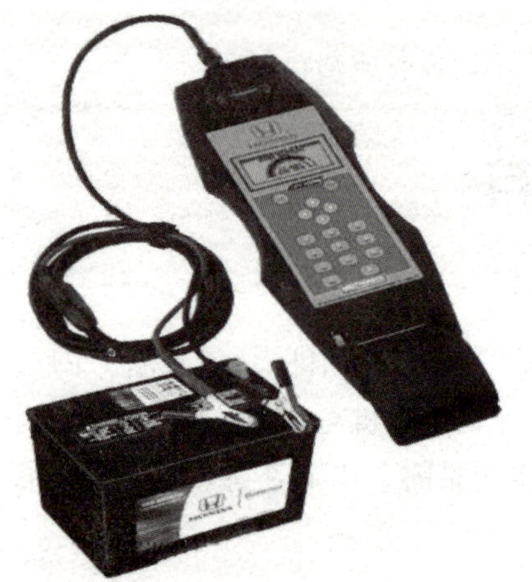

图 5-1-2　本田雅阁 2.4L 轿车蓄电池检测仪

2. 蓄电池电解液液面高度检查

汽车蓄电池电解液液面高度应处于图 5-1-3 所示的上限和下限之间，如果很难确定液面高度，可以拆下蓄电池的一个通风孔孔塞进行查看。如果电解液液位高度过低，应添加蒸馏水；有些车辆的蓄电池可以通过蓄电池上的蓄电池指示器（图 5-1-1 中的密度计）查看液位和蓄电池状况，根据指示器的颜色判定液位和蓄电池状况是否正常。

3. 清理蓄电池电缆端子

如果维护保养过程中发现蓄电池电缆端子脏污，应及时按照图 5-1-4 所示用硬刷将端子上的污垢清理干净。

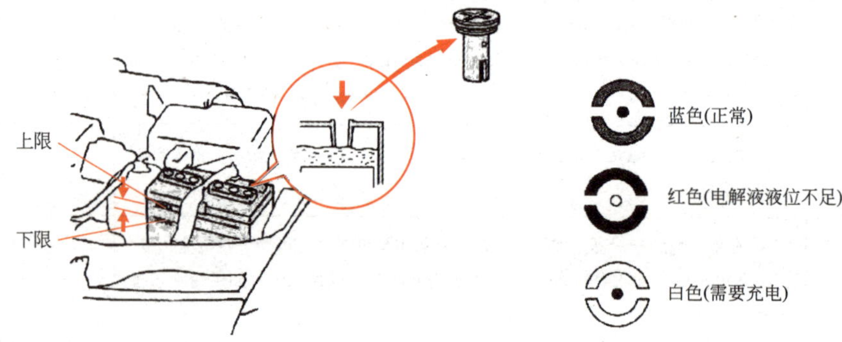

图 5-1-3　蓄电池电解液液面高度和蓄电池状况检查

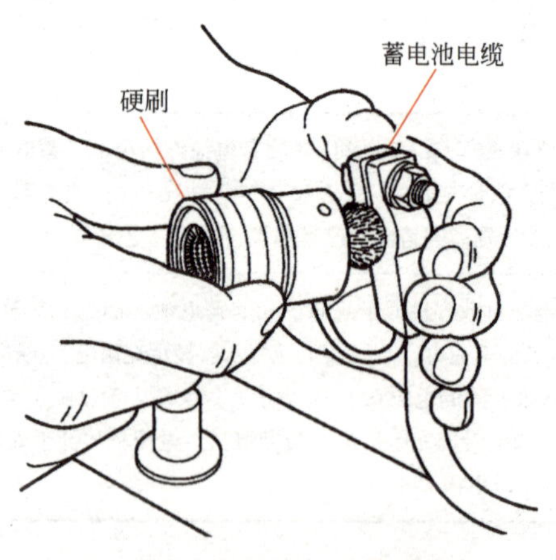

图 5-1-4　清理蓄电池电缆端子

4. 蓄电池故障后的应急启动

当车辆的蓄电池电量耗尽，需要跨接其他车辆的蓄电池进行应急启动时，应按照图 5-1-5 所示的跨接方法执行启动操作。

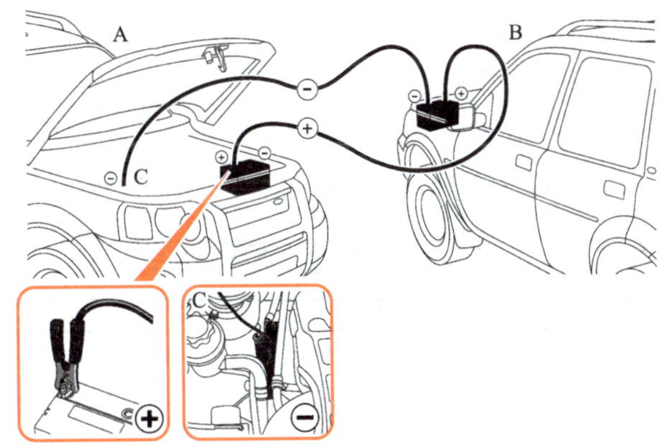

图 5-1-5 使用外接蓄电池应急启动（以路虎揽胜汽车为例）

A—事故车；B—救援车；C—接地点

5. 蓄电池端子断开和重新连接（以吉利帝豪轿车为例）

（1）蓄电池端子断开操作　车辆在维护保养时有时要断开蓄电池端子，要按照表 5-1-2 的操作方法执行操作。

表 5-1-2 吉利帝豪轿车蓄电池端子断开操作方法

步骤	操作方法
1	关闭所有用电设备，确认车辆的点火开关设置在 LOCK 位置，如图 5-1-6 所示
2	按照图 5-1-7 所示，把蓄电池的负极电缆断开
3	断开蓄电池的正极电缆，如图 5-1-8 所示

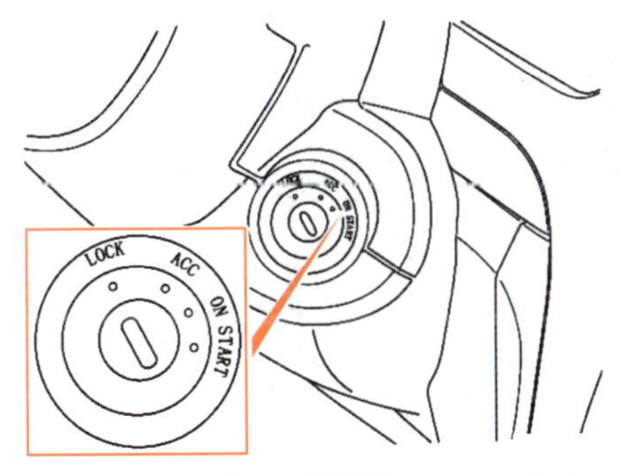

图 5-1-6 点火开关设置在 LOCK 位置

图 5-1-7 断开蓄电池的负极电缆

（2）蓄电池端子重新连接操作（表 5-1-3）

表 5-1-3　吉利帝豪轿车蓄电池端子重新连接操作方法

步骤	操作方法
1	清洁蓄电池端子
2	对蓄电池进行测试，确认蓄电池性能良好
3	按照图 5-1-9 所示，首先把蓄电池的正极电缆连接到蓄电池，确认点火开关处于 LOCK 位置
4	按照图 5-1-10 所示，连接蓄电池的负极电缆
5	在蓄电池端子上涂抹多用途润滑脂，防止蓄电池端子发生腐蚀
6	将音响系统防盗代码输入并设置好电子时钟的时间

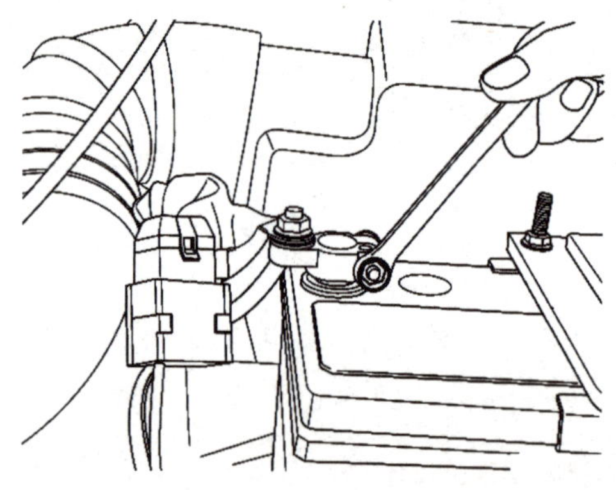

图 5-1-8　断开蓄电池的正极电缆

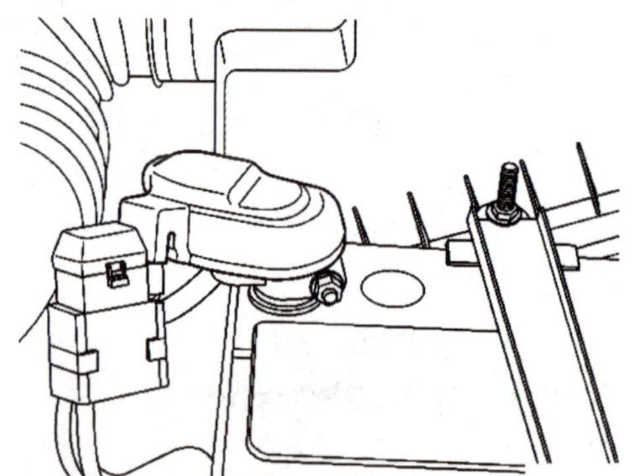

图 5-1-9　连接蓄电池的正极电缆

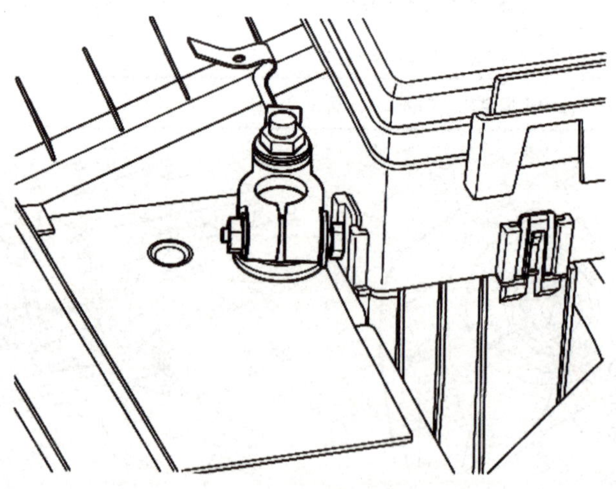

图 5-1-10　连接蓄电池的负极电缆

第二节　启动与充电系统维护

一、启动系统

1. 汽车启动系统的部件组成

汽车的启动系统主要由蓄电池、点火开关、启动继电器、起动机等部件组成，如图 5-2-1 所示。启动系统的作用就是通过起动机，将汽车蓄电池的电能转换为机械能，启动发动机运转。

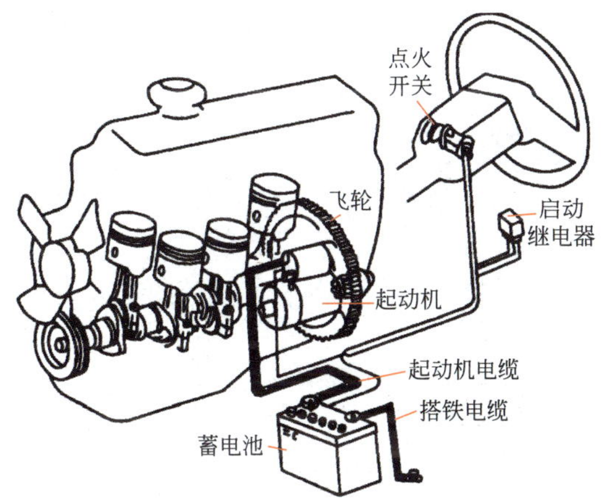

图 5-2-1　典型的汽车启动系统部件组成

2. 起动机的检查与维护（以本田雅阁 2.4L 轿车为例）

起动机的部件组成和部件检测参见图 5-2-2 和表 5-2-1。

表 5-2-1　本田雅阁 2.4L 轿车起动机的检查与测试

步骤	操作方法
1	把起动机从车上拆下，按照图 5-2-2 所示将起动机分解
2	检查电枢表面是否有接触永久磁铁而造成的磨损或损坏，参见图 5-2-3。如果发现有磨损，则必须更换电枢
3	参照图 5-2-4，检查换向器表面，如果表面脏污或烧蚀，可用 500 号或 600 号砂纸修整打磨，把脏污或烧蚀去除

续表

步骤	操作方法
4	参照图 5-2-5，测量换向器直径，如果超出维修极限，则更换电枢
5	参照图 5-2-6，测量换向器振摆，如果超出维修极限，则更换换向器振摆
6	参照图 5-2-7，检查云母层厚度（图 5-2-7 中的 *A*），如果云母层过高（图 5-2-7 中的 *B*），应使用钢锯将云母切至正确的厚度。换向器片之间的云母层（图 5-2-7 中的 *C*）应彻底清除，切口不应过窄、过浅或呈 V 形断面（图 5-2-7 中的 *D*）
7	参照图 5-2-8，检查换向器片之间电路的导通性，如果不导通，应予以更换
8	参照图 5-2-9，用电枢测试仪检查电枢，把钢锯片放在电枢铁芯上，在铁芯转动时，如果钢锯片被吸到铁芯上或出现振动，说明电枢发生短路，应予以更换
9	参照图 5-2-10，用欧姆表检查换向器与电枢铁芯之间是否导通，如果导通，应更换电枢；用欧姆表检查换向器与电枢轴之间是否导通，如果导通，应更换电枢
10	参照图 5-2-11，测量起动机电刷长度，如果长度低于维修极限，应更换电刷架总成
11	参照图 5-2-12，检查电刷 A 与电刷 B 之间是否存在导通，如果导通，应更换电刷架总成
12	参照图 5-2-13，检查起动机行星齿轮和齿圈，如果发现磨损或损坏，应予以更换

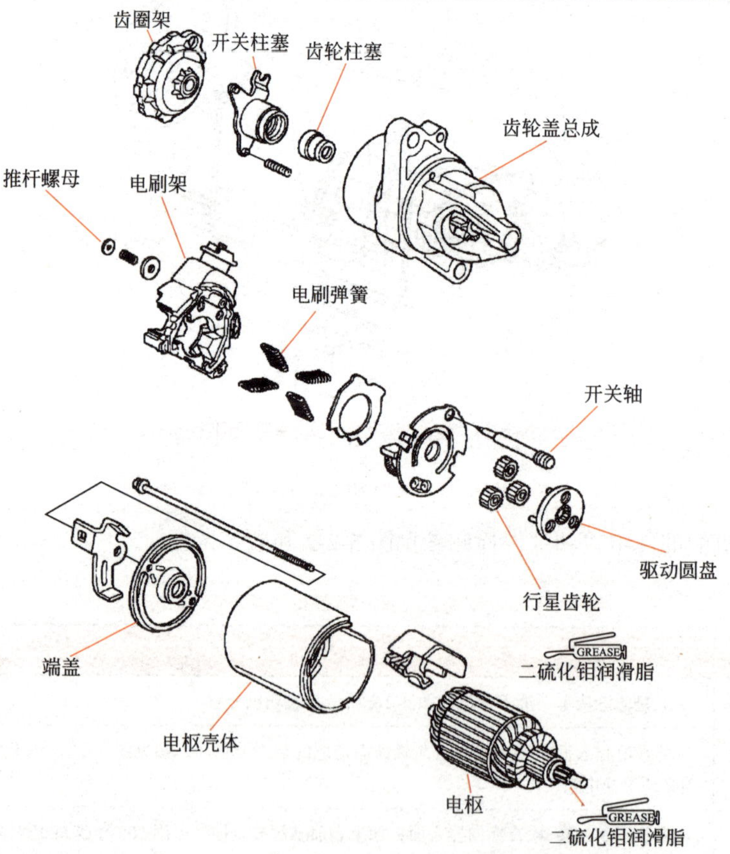

图 5-2-2　本田雅阁 2.4L 轿车起动机的部件组成

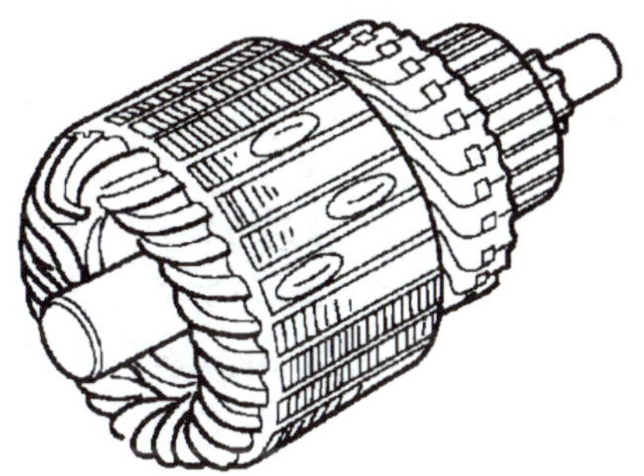

图 5-2-3　检查电枢表面

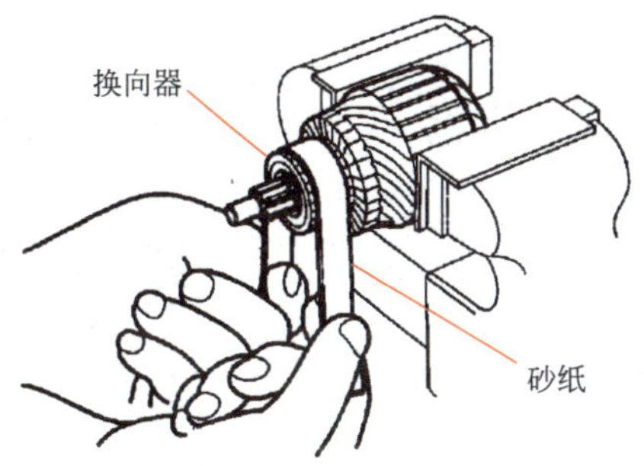

图 5-2-4　用砂纸打磨换向器表面

标准(新)：28.0～28.1mm
维修极限：27.5mm

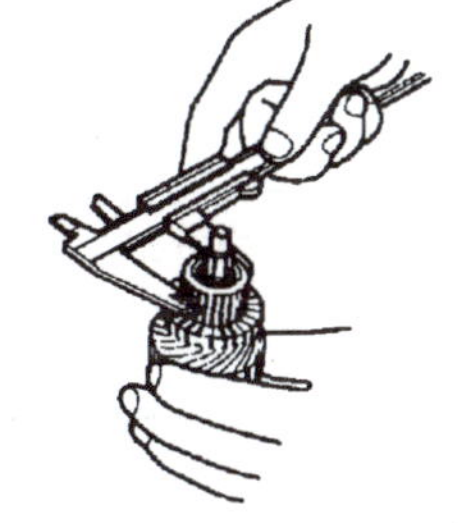

图 5-2-5　测量换向器直径

标准(新)：0.02mm
维修极限：0.05mm

图 5-2-6　测量换向器振摆

标准(新)：0.4～0.5mm
维修极限：0.15mm

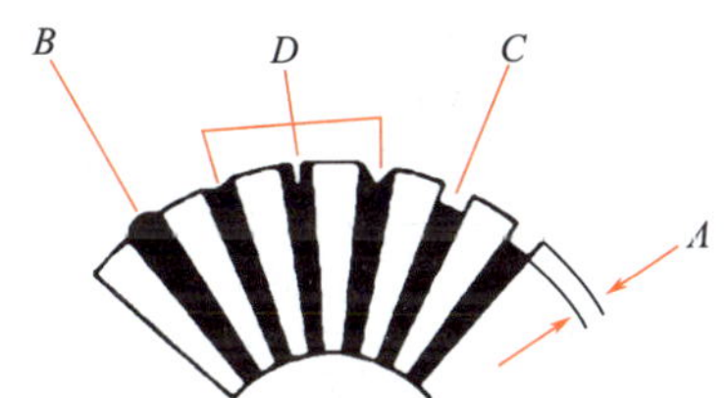

图 5-2-7　检查云母层厚度

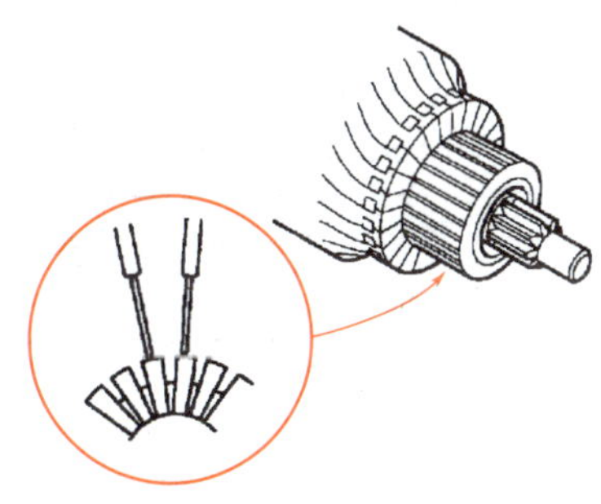

图 5-2-8　检查换向器片之间电路的导通性

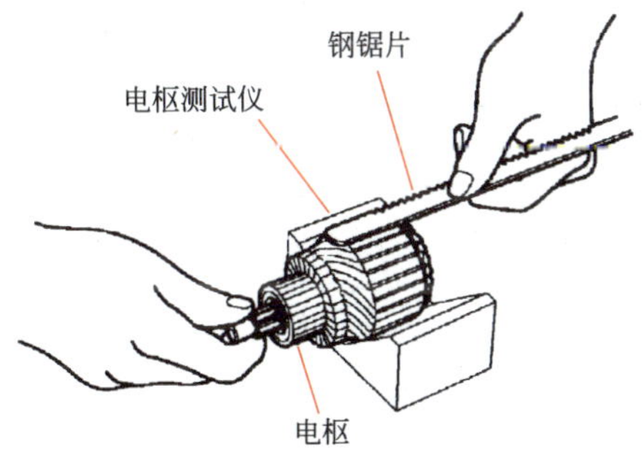

图 5-2-9　用电枢测试仪检查电枢

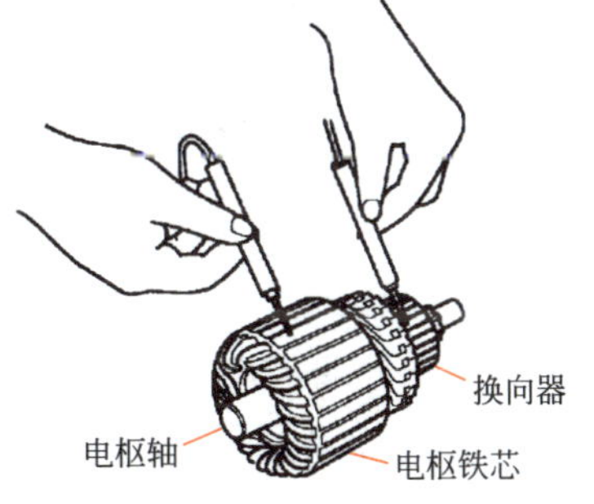

图 5-2-10　检测换向器与电枢铁芯和电枢轴之间的电阻

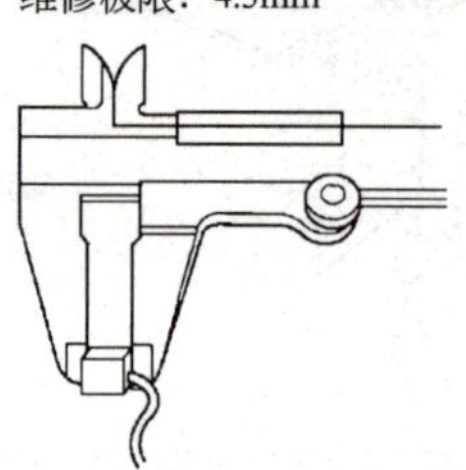

图 5-2-11　测量起动机电刷长度

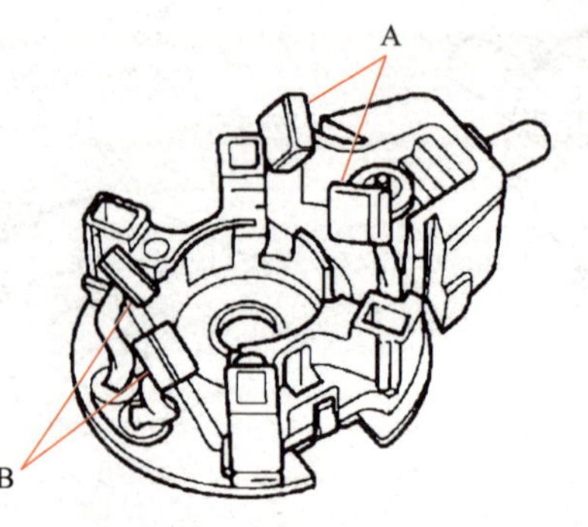

图 5-2-12　检查电刷 A 和 B 之间的导通性

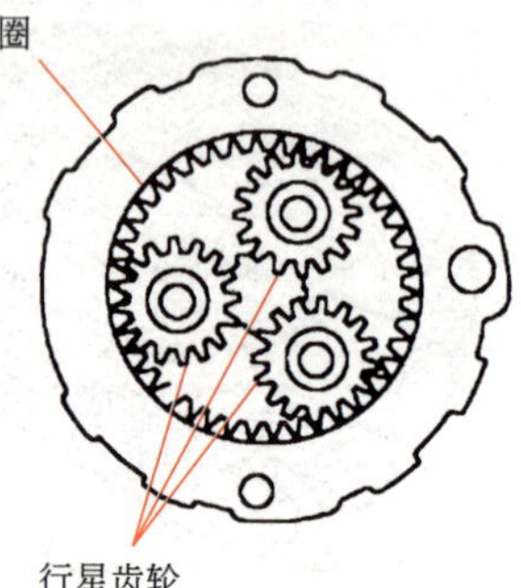

图 5-2-13　检查行星齿轮和齿圈

3. 起动机性能测试（表 5-2-2）

表 5-2-2　起动机性能测试操作方法

步骤	操作方法
1	把起动机从车辆上拆下
2	用虎钳把起动机牢固固定
3	按照图 5-2-14 所示，用电缆连接蓄电池（连接时间不要超过 5s），用欧姆表检查端子 B 与起动机壳体之间是否导通，如果导通，说明起动机工作正常
4	按照图 5-2-15 所示，断开蓄电池连接，用欧姆表检查端子 B 与起动机壳体之间是否导通，如果不导通，说明起动机工作正常
5	按照图 5-2-16 所示，连接蓄电池和起动机，确认起动机转动，用电流表测量启动电流，应为 80A 或更低；如果测量值符合规范，则说明起动机工作正常

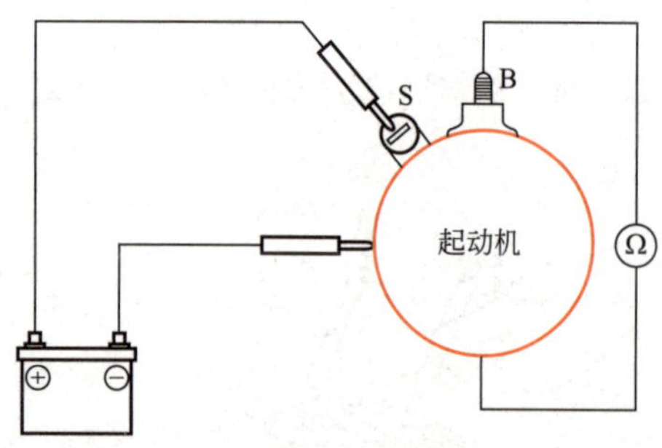

图 5-2-14　连接蓄电池并用欧姆表测量

S—启动端子

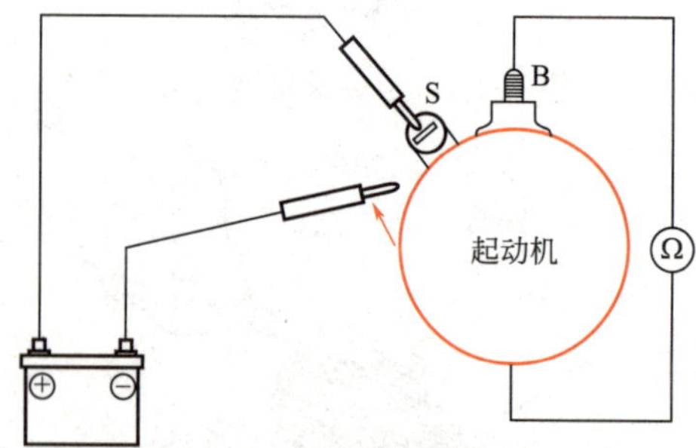

图 5-2-15　断开蓄电池并用欧姆表测量

S—启动端子

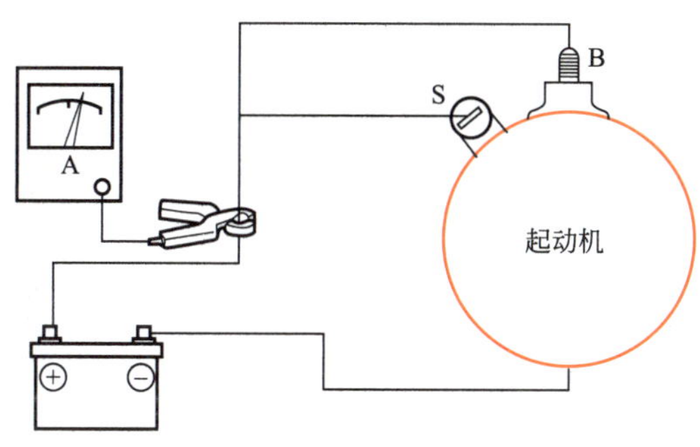

图 5-2-16　用电流表测量起动机启动电流

S—启动端子

二、充电系统维护保养

1. 充电系统部件组成

充电系统主要由点火开关、交流发电机（内装电压调节器）、充电指示灯、蓄电池等部件组成，发动机运转时，发动机传动皮带带动交流发动机运行，发电机发电后产生交流电，经过整流变为直流电后对蓄电池进行充电。以本田讴歌ZDX轿车为例，该车的充电系统部件组成参见图 5-2-17。

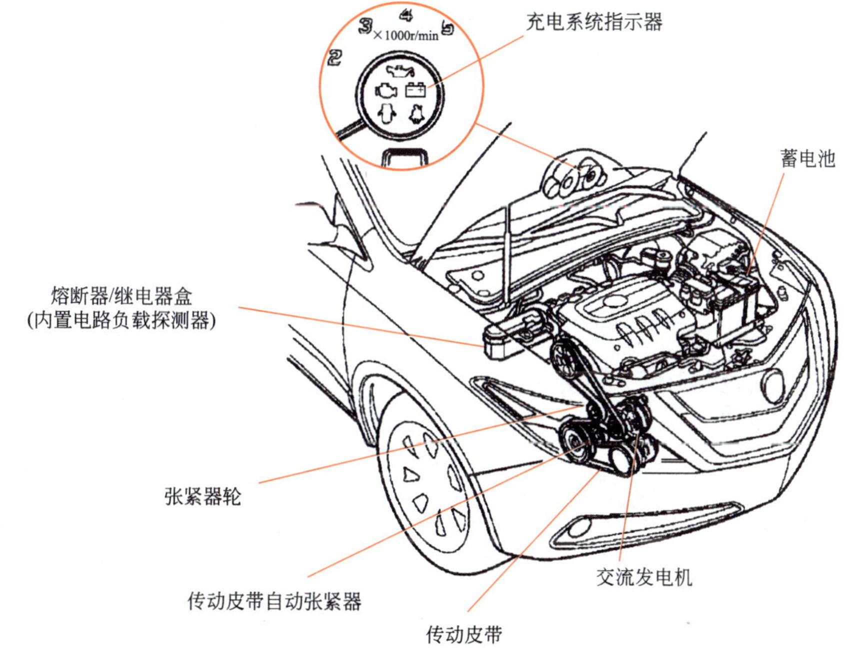

图 5-2-17　本田讴歌 ZDX 轿车充电系统部件组成

2. 充电系统各个部件的作用

（1）交流发电机　它是一种将机械能转变为电能，产生交流电的装置。交流发电机在汽车上使用时，产生的交流电经过整流器整流，变成直流电后供蓄电池充电和车辆的用电设备使用。汽车上使用的交流发电机均配有电压调节器，在发电机转速产生变化时能自动调节发电机的输出电压并使其保持稳定。以本田雅阁轿车为例，该车发电机部件组成见图 5-2-18。

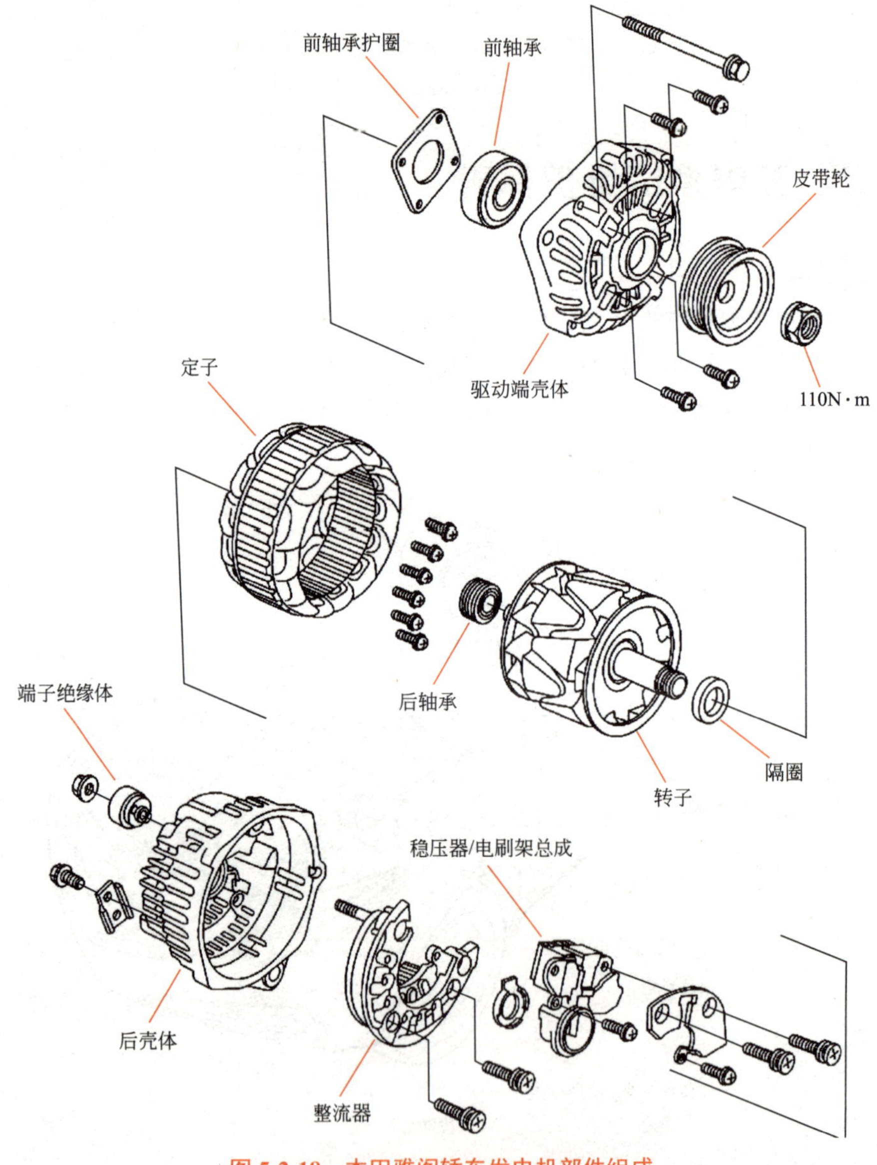

图 5-2-18　本田雅阁轿车发电机部件组成

（2）电压调节器　安装在汽车的交流发电机内，又称稳压器，其基本作用是：当发动机的转速在正常情况时，保持发电机输出电压在规定范围内。

（3）充电指示灯　用于指示汽车充电系统的工作情况，指示灯点亮时，表示蓄电池的供电或充电系统有故障。

（4）蓄电池　当汽车发动机停机或发电机不发电时，蓄电池负责向汽车的电气设备供电或启动发动机。

（5）点火开关　点火开关用来启动发动机，使汽车的发电机发电。

3. 充电系统常见维护保养项目（以本田雅阁轿车为例）

（1）交流发电机维护检查（表 5-2-3）

表 5-2-3　交流发电机维护检查

步骤	检查项目
1	检查发电机驱动皮带。发电机是由发动机的传动皮带进行驱动的，如果传动皮带过松，会影响发电机的发电量；而皮带如果过紧，会导致发电机轴承过早损坏，因此发动机传动皮带必须保持合适的挠度，可使用皮带张紧力测试器来测试皮带张紧力是否符合规范，参见图 5-2-19
2	检查发电机、调节器的线束连接是否牢固可靠
3	检查蓄电池的电缆和极柱是否正常
4	检查蓄电池有无充电不足或过充迹象

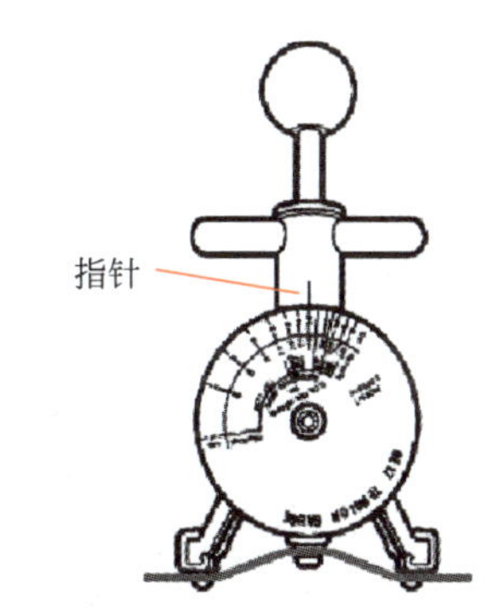

图 5-2-19　用皮带张紧力测试器测试传动皮带张紧力

（2）交流发电机部件分解检查　将交流发电机部件分解后，可按照表 5-2-4 中的检查步骤执行检查。

表 5-2-4　交流发电机部件分解检查

步骤	检查项目
1	部件分解后，先把分解的部件清洁干净。通过使前、后轴承在转子轴上旋转的方法，检查轴承是否有噪声、晃动或转动不灵活，如果有上述情况，应更换轴承
2	目视检查定子和转子有无烧蚀的迹象，如果有，应予以更换
3	目视检查壳体是否有裂纹，如果有，应更换该部件
4	检查电刷长度，如果发现不符合规定范围，必须更换电刷

（3）充电系统测试　在发动机运行时，可以用蓄电池负载测量仪测量蓄电池电压来判断车辆的充电系统是否工作正常。充电测试的操作方法参见表 5-2-5。

表 5-2-5　充电测试操作方法

步骤	操作方法
1	启动发动机运行 10 ～ 15min，使发动机达到正常工作温度
2	关闭发动机
3	将点火开关设置到 ACC 状态，打开车辆的前照灯，将鼓风机转速设置到高速运行状态，保持 1min 以上，使车辆的蓄电池耗费一些电力
4	关闭前照灯和鼓风机，将点火开关设置到 OFF 状态
5	按照图 5-2-20，连接测量线线夹
6	启动发动机，使发动机转速保持在高怠速状态（1200 ～ 1500r/min），读取蓄电池负载测量仪上的测量值，如果车辆充电系统工作正常，读数应在 13.5 ～ 15.5V 之间

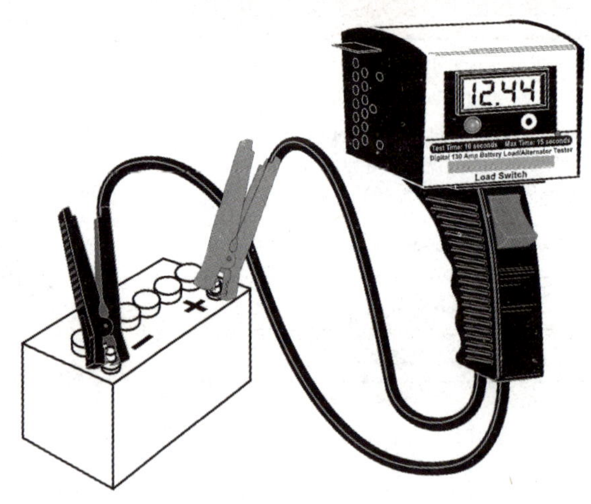

图 5-2-20　充电测试

第三节　汽车点火系统维护保养

一、汽车点火系统的作用

汽车点火系统的作用是在发动机处于各种转速和负荷时，均能在恰当的时刻向发动机提供足够的电压，使火花塞能产生足以点燃气缸内混合气的火花，使发动机做功。

二、汽车点火系统的类型（表 5-3-1）

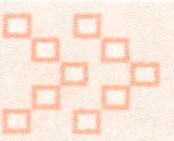

表 5-3-1　汽车点火系统的类型

分类方法	名称	说明
按点火能量的储存方式分类	电感储能式电子点火系统	也称电感放电式电子点火系统，即点火系统产生的电火花能量以磁场的形式储存在点火线圈中。这种类型的点火系统在汽车中广泛采用
	电容储能式电子点火系统	也称电容放电式电子点火系统，即点火系统产生的电火花能量以电场的形式储存在储能电容器中。这种类型的点火系统在普通汽车中应用较少，主要应用于赛车上
按信号发生器的原理分类	电磁感应式电子点火系统	一般由分电器轴驱动导磁转子转动，改变磁路磁阻，使感应线圈的磁通量发生变化而产生点火电压信号，丰田车系的很多车型就采用此类点火系统
	霍尔效应式电子点火系统	一般由分电器轴驱动导磁转子转动，利用霍尔元件所通过的磁通量的变化而产生点火信号，德国大众车系广泛采用这种点火系统
	光电式电子点火系统	一般由分电器轴驱动遮光转子转动，通过遮挡和穿过发光二极管光线的变化使光敏三极管产生点火信号，日产车系很多车型采用过这种点火系统
按点火初级电路的控制方式分类	传统点火系统	也称蓄电池点火系统，由断电器的触点（俗称“白金”）来控制点火初级电路的接通和切断。这种点火系统结构简单，成本低廉，但工作可靠性差，故障率高，目前已经淘汰
	电子点火系统	也称晶体管点火系统，由晶体管控制初级电路的接通和切断，工作可靠性高、体积小，点火时间精确，桑塔纳车型应用过这种点火系统，目前这种点火系统正在被计算机控制点火系统所取代
	计算机控制点火系统	也称微机（电脑）控制点火系统，由计算机（发动机电控单元）根据各个传感器的输入信号进行计算和处理，来控制点火初级电路的接通和切断。这种点火系统可根据发动机的各种工况的变化来调整点火提前角，使发动机获得良好的动力性、经济性和排放性能。这种点火系统是目前最先进的点火系统，在现代新型轿车中应用最为广泛
按高压电的配电方式分类	机械配电点火系统	也称分电器点火系统，在传统点火系统和电子点火系统中曾经广泛应用
	计算机配电点火系统	也称直接点火系统，这种点火系统将各个气缸的火花塞直接与点火线圈的次级绕组连接，在计算机控制下，各个次级绕组产生的高压电直接加到各个气缸的火花塞上，依照发动机点火顺序控制各个气缸的火花塞点火，目前生产的轿车均广泛采用

三、典型的计算机控制（发动机控制电脑）点火系统组成（图 5-3-1）

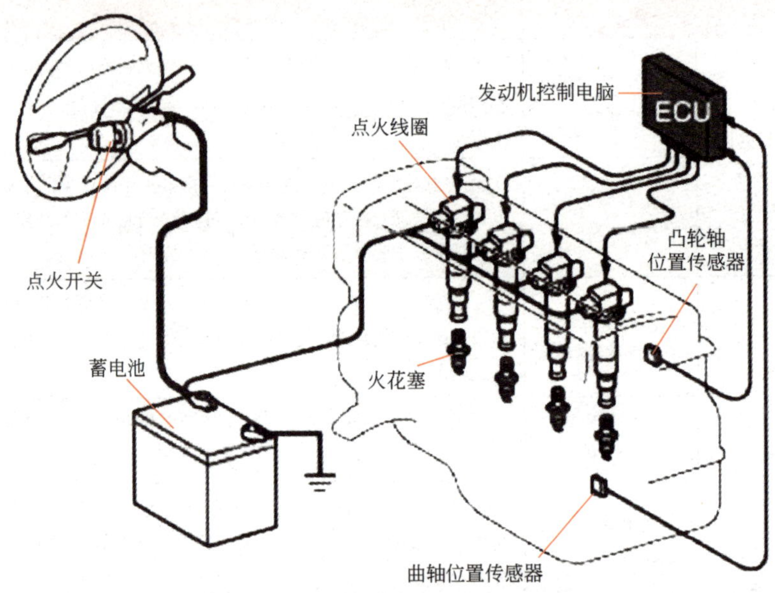

图 5-3-1　典型的计算机控制点火系统组成

四、点火系统维护保养项目

1. 火花塞检查（以本田飞度轿车为例）

① 准备好火花塞套筒扳手（图 5-3-2），它是用来安装和拆卸汽车发动机火花塞的。使用时应将套筒正对火花塞，确认套筒与火花塞六角螺套嵌合牢固，再逐渐加力扭转。火花塞套筒扳手配有薄筒形扳头，筒身很长，可将整个火花塞套进，上端用手柄旋松或旋紧，使火花塞瓷质部分不受损伤。火花塞套筒扳手是拆装火花塞时必备的工具。

图 5-3-2　火花塞套筒扳手

② 用火花塞套筒扳手拆下火花塞。

③ 按照图 5-3-3 所示的检查项目，检查火花塞。

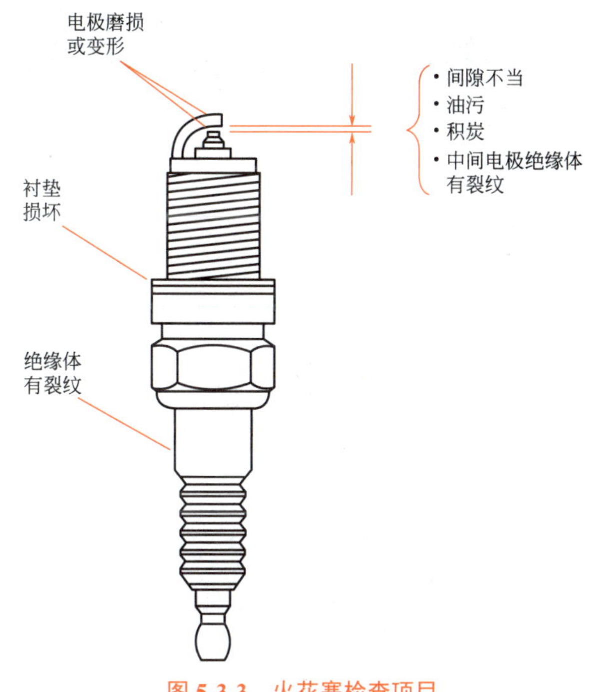

图 5-3-3　火花塞检查项目

2. 测量火花塞间隙（以本田飞度轿车为例）

本田飞度轿车的火花塞间隙规范值为 1.2 ～ 1.3mm；如果测量后发现间隙不符合规范，应更换新的火花塞，如图 5-3-4 所示。

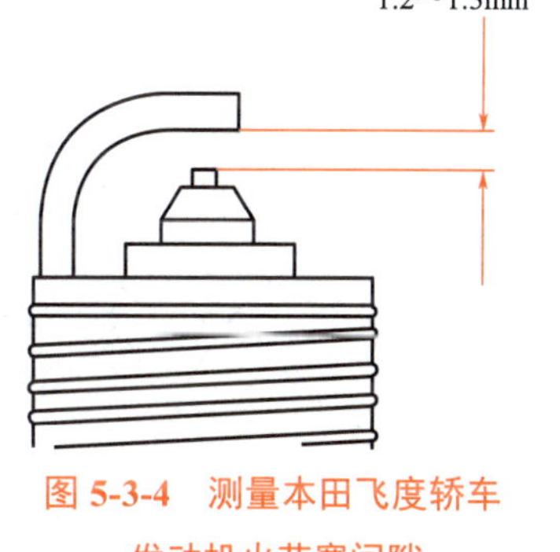

图 5-3-4　测量本田飞度轿车发动机火花塞间隙

3. 检查点火正时（以本田讴歌 MDX 汽车为例）

① 准备好点火正时测试灯，如图 5-3-5 所示。点火正时测试灯是一种试验点火正时的工具，使用时点火正时测试灯的一端接在发动机第一气缸的高压线上，另一端接在火花塞上，启动发动机后，将点火正时测试灯凑近飞轮壳上的小圆孔，每次第一气缸点火时，点火正时测试灯发出的灯光正好照耀点火正时的记号。

图 5-3-5　本田讴歌 MDX 汽车点火正时测试灯

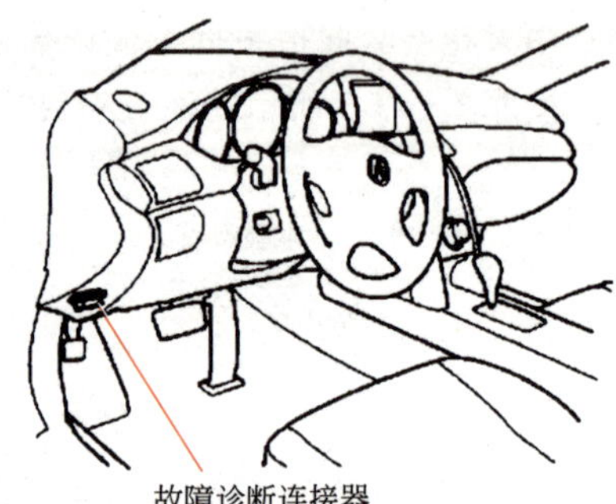

图 5-3-6　本田讴歌 MDX 汽车故障诊断连接器位置识别

② 按照表 5-3-2 的操作方法执行点火正时检查操作。

表 5-3-2　本田讴歌 MDX 汽车点火正时检查操作方法

步骤	操作方法
1	把故障诊断仪连接到故障诊断连接器上，参见图 5-3-6
2	将点火开关设置到 ON 位置
3	检查是否有故障码，如果有，则先检查和维修故障码表示的故障
4	启动发动机，将发动机转速保持在 3000r/min，变速器挡位设置到 P 挡或 N 挡，直至发动机冷却风扇开始转动，然后将发动机设置到怠速运行状态
5	用故障诊断仪跨接 SCS（维修检查信号）线路
6	把点火正时测试灯连接到 1 号点火线圈线束上
7	将点火正时测试灯瞄准正时皮带罩上的指针，参见图 5-3-7，查看点火正时
8	点火正时应为上止点前（图 5-3-7 中的红色标记）10°±2°
9	检查完毕后，拆下故障诊断仪和点火正时测试灯

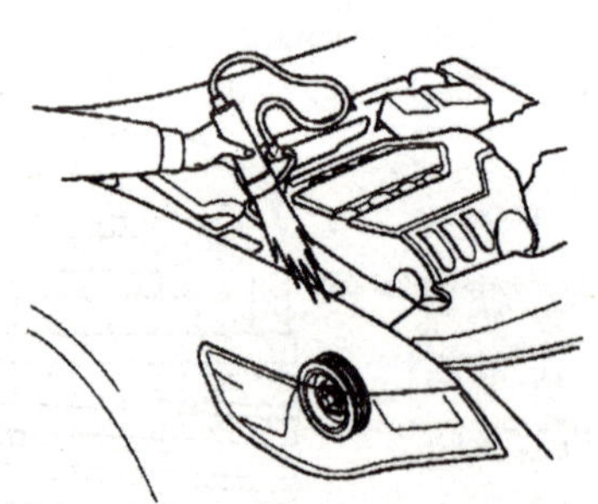

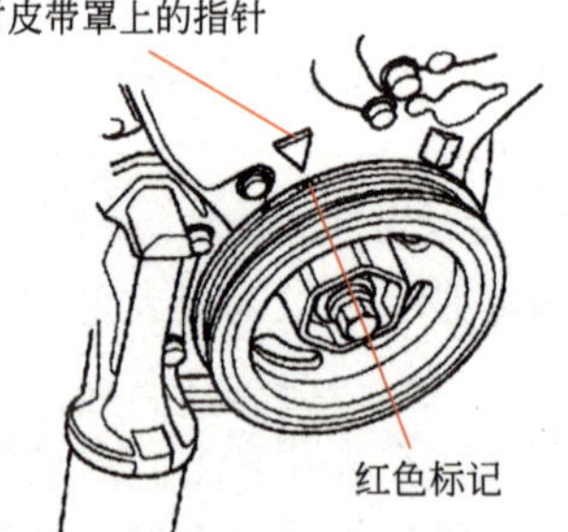

图 5-3-7　用点火正时测试灯检测点火正时

4. 点火高压线的检查（以斯巴鲁翼豹轿车为例）

首先检查点火高压线是否受损，端子是否有变形、烧损或锈蚀，如果有，要更换新的点火高压线，如果点火高压线外观正常，则使用欧姆表测量点火高压线电阻。以斯巴鲁翼豹轿车为例，该车点火高压线检测参见图 5-3-8。

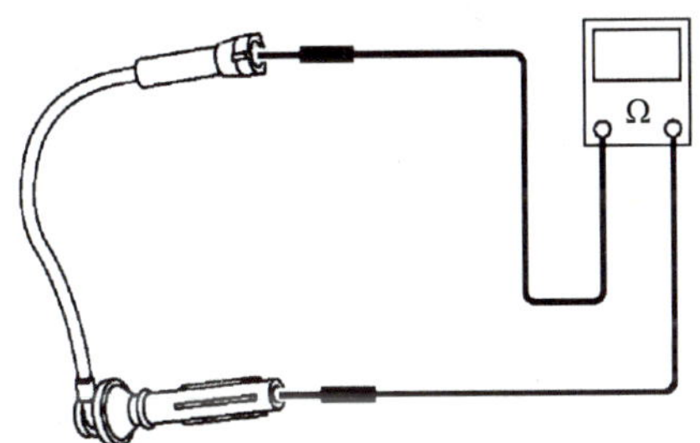

1缸点火高压线：6.1～10.5kΩ
2缸点火高压线：8.0～13.5kΩ
3缸点火高压线：6.4～11.1kΩ
4缸点火高压线：8.3～13.9kΩ

图 5-3-8　斯巴鲁翼豹轿车点火高压线电阻规范值

第六章

车身电气系统维护保养

第一节　熔断器与继电器

一、熔断器和继电器的功能

1. 熔断器的功能

熔断器也称熔丝，一般设置在汽车电路中，防止电气系统发生过载或烧毁贵重电路设备。比如由于意外接地或短路而发生电流急剧增大的情况，熔断器就会被烧毁，从而保护用电器、电路负载以及电路中的导线不受损坏。

2. 继电器的功能

继电器就是电路中的开关，其核心是用小电流控制大电流，在电路中起着安全保护、转换电路的作用，是自动化电路中的一个安全开关。作为自动开关，继电器既被控制，又起着控制作用。汽车继电器广泛用于控制汽车启动、预热、空调、灯光、雨刮、燃油电子喷射、油泵、防盗、音响、导航、电动风扇、电动门窗、安全气囊、防抱死制动、悬架以及汽车电子仪表和故障诊断系统中，其数量仅次于传感器。

汽车继电器主要有以下四大功能。

① 以小电流控制大电流。

② 减少手动开关数量。

③ 达到顺序控制用电器的目的。

④ 保护较小的开关和较细的导线。

在对电控轿车进行维护检修时，对车辆的熔丝和继电器进行检查及更换是一个非常重要的步骤，维修工在平时的工作中要注意积累相关资料（维修手册或用户使用手册），熟悉各个车型的熔丝和继电器的安装位置及所保护的电路，以便在维修工作中能提高工作效率。

二、熔断器与继电器功能举例说明

以国产长安 CS75 汽车为例，该车熔丝及继电器功能说明如下。

1. 发动机舱熔断器盒 1 继电器和熔断器识别与说明

（1）发动机舱熔断器盒 1 继电器和熔断器识别（图 6-1-1）

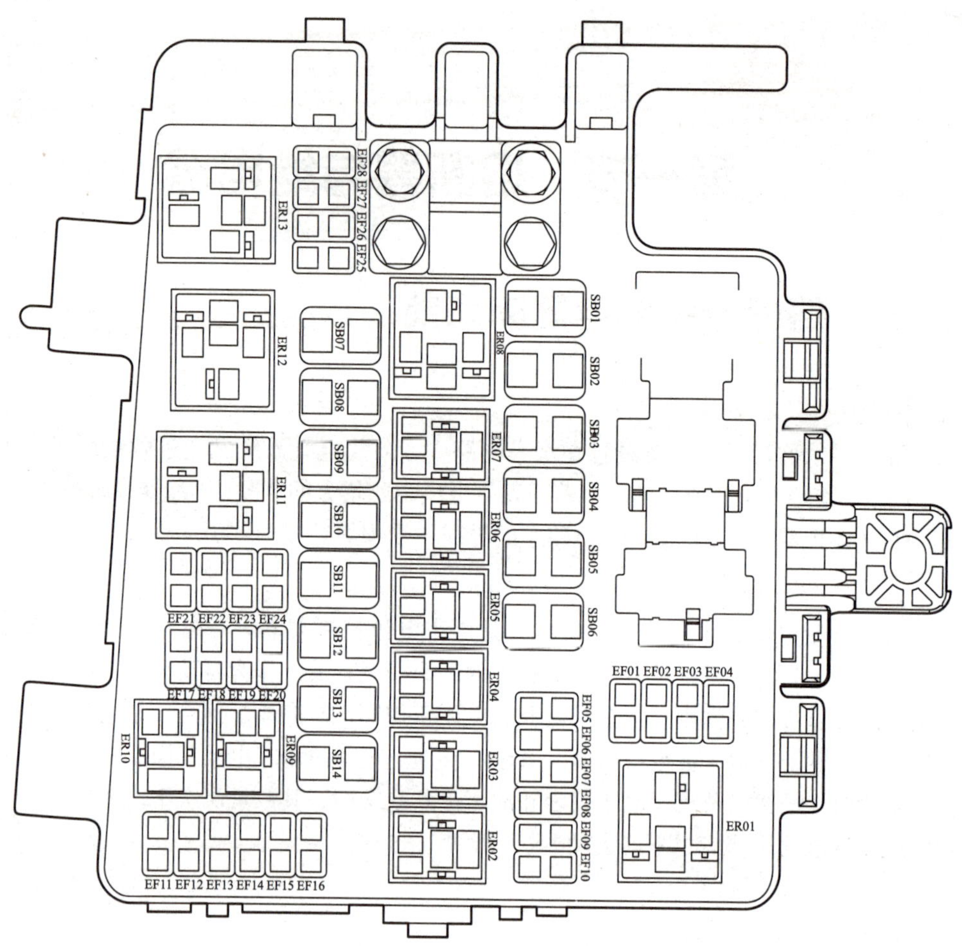

图 6-1-1　发动机舱熔断器盒 1 继电器和熔断器识别

（2）发动机舱熔断器盒 1 继电器与熔断器说明（表 6-1-1）

表 6-1-1　发动机舱熔断器盒 1 继电器和熔断器说明

继电器说明		
编号	功能	备注
ER01	主继电器	
ER02	油泵继电器	
ER03	空调压缩机继电器	
ER04	喇叭继电器	豪华型手动变速器车型、舒适型手动变速器车型
	后窗刮水器继电器	领先型手动变速器车型、自动变速器车型

续表

继电器说明		
编号	功能	备注
ER05	后挡风玻璃刮水器继电器	豪华型手动变速器车型、舒适型手动变速器车型
	ACC（附件）继电器	领先型手动变速器车型、自动变速器车型
ER06	后挡风玻璃除霜器继电器	豪华型手动变速器车型、舒适型手动变速器车型
	点火 IG2 继电器	领先型手动变速器车型、自动变速器车型
ER07	低速风扇继电器	
ER08	传动链继电器	领先型手动变速器车型
	中速风扇继电器	自动变速器车型
ER09	远光灯继电器	
ER10	近光灯继电器	
ER11	高速风扇继电器 1	手动变速器车型
	高速风扇继电器 2	自动变速器车型
ER12	启动继电器	
ER13	鼓风机继电器	豪华型手动变速器车型、舒适型手动变速器车型
	点火 IG1 继电器	领先型手动变速器车型、自动变速器车型

熔断器说明			
编号	额定电流 /A	功能说明	备注
EF01	15	点火线圈	
EF02	15	喷油器、发动机控制单元	
EF03	15	氧传感器、活性炭罐控制阀	
EF04	5	电池传感器	领先型手动变速器车型
EF05	—	未用	
EF06	20	ABS 制动系统控制模块	
EF07	10	ABS 制动系统控制模块	
EF08	15	自动变速器控制单元	自动变速器车型
EF09	15	燃油泵	
EF10	30	主继电器	

续表

熔断器说明			
编号	额定电流 /A	功能说明	备注
EF11	10	喷油器控制器	
EF12	20	近光灯	
EF13	20	远光灯	
EF14	15	电喇叭	
EF15	—	未用	
EF16	10	压缩机电动机	
EF17	15	左前近光灯	
EF18	15	右前近光灯	
EF19	—	未用	
EF20	—	未用	
EF21	10	后视镜加热	豪华型手动变速器车型、舒适型手动变速器车型
EF22	10	鼓风机	领先型手动变速器车型、自动变速器车型
EF23	15	后刮水器	领先型手动变速器车型、自动变速器车型
EF24	20	车身控制模块	领先型手动变速器车型、自动变速器车型
EF25	—	未用	
EF26	—	未用	
EF27	—	未用	
EF28	—	未用	
SB01	40	高速风扇	
SB02	40	ABS 制动系统控制模块	
SB03	30	电子驻车制动器	
SB04	30	电子驻车制动器	
SB05	30	电动座椅	

续表

熔断器说明			
编号	额定电流 /A	功能说明	备注
SB06	60	仪表供电	
SB07	40	鼓风机	
SB08	40	起动机	
SB09	30	低速风扇	
SB10	30	后挡风玻璃除霜器	豪华型手动变速器车型、舒适型手动变速器车型
SB11	30	车窗电动机 2	领先型手动变速器车型、自动变速器车型
SB12	30	车窗电动机 1	领先型手动变速器车型、自动变速器车型
	30	车窗电动机 2	豪华型手动变速器车型、舒适型手动变速器车型
SB13	30	车窗电动机 1	豪华型手动变速器车型、舒适型手动变速器车型
SB14	40	ACC（附件）、点火 IG1	

2. 发动机舱熔断器盒 2 继电器识别与说明

（1）发动机舱熔断器盒 2 继电器识别（图 6-1-2）

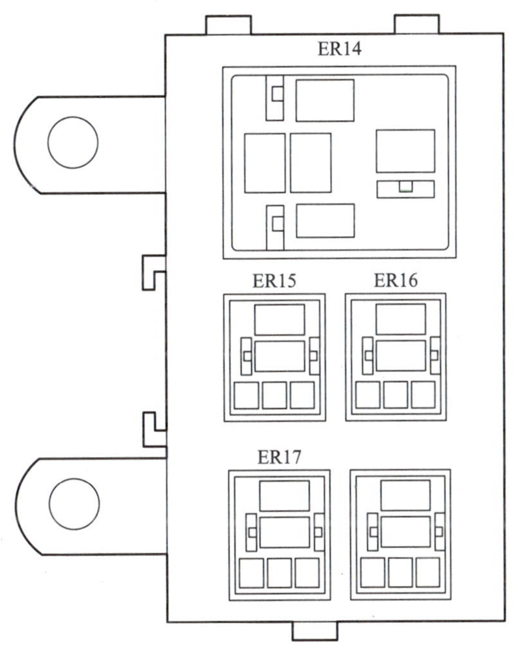

图 6-1-2　发动机舱熔断器盒 2 继电器识别

（2）发动机舱熔断器盒 2 继电器说明（表 6-1-2）

表 6-1-2　发动机舱熔断器盒 2 继电器说明

编号	功能	备注
ER14	鼓风机继电器	领先型手动变速器车型、自动变速器车型
ER15	倒车雷达继电器	自动变速器车型
ER16	换挡继电器	自动变速器车型
ER17	喇叭继电器	领先型手动变速器车型、自动变速器车型

3. 乘客舱熔断器盒继电器和熔断器识别与说明

（1）乘客舱熔断器盒继电器和熔断器识别（图 6-1-3）

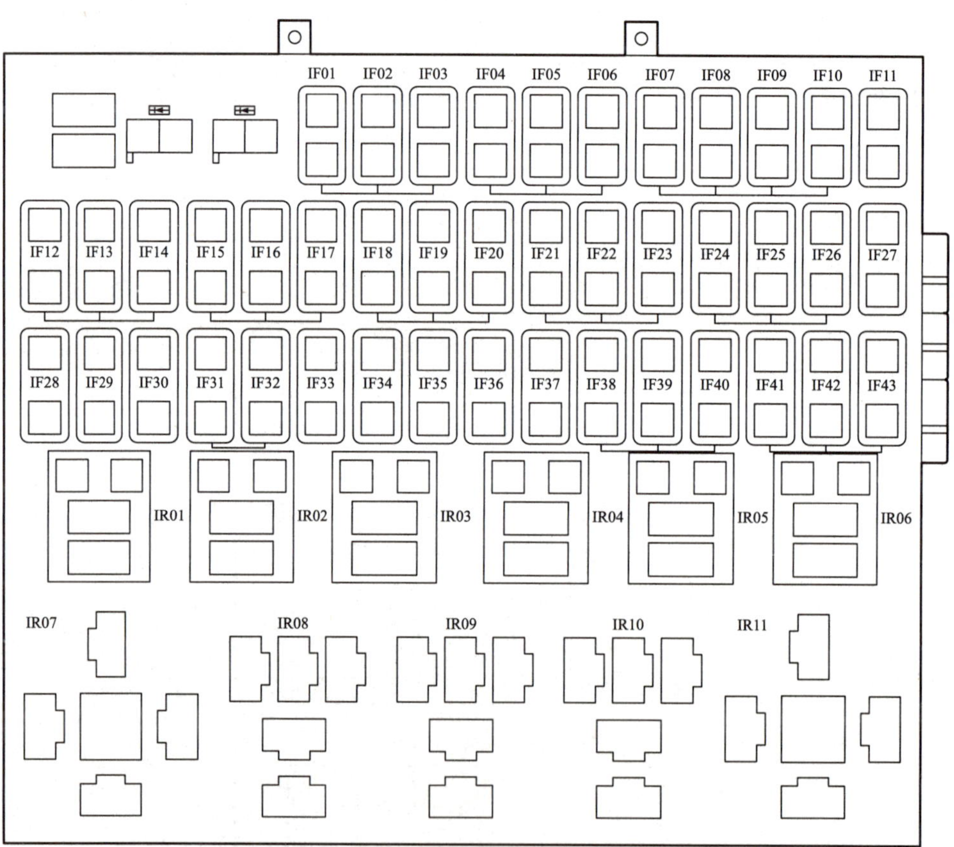

图 6-1-3　乘客舱熔断器盒继电器和熔断器识别

（2）乘客舱熔断器盒继电器说明（表 6-1-3）

表 6-1-3　乘客舱熔断器盒继电器说明

编号	功能	备注
IR01	后挡风玻璃除霜继电器	领先型手动变速器车型
IR02	未用	
IR03	前雾灯继电器	
IR04	示廓灯	
IR05	后雾灯继电器	
IR06	未用	
IR07	未用	
IR08	电动反光镜继电器 1	领先型手动变速器车型
IR09	电动反光镜继电器 2	舒适型手动变速器车型
IR10	点火 IGN2 继电器	舒适型手动变速器车型
IR11	点火 IGN1 继电器	舒适型手动变速器车型

（3）乘客舱熔断器盒熔断器说明（表 6-1-4）

表 6-1-4　乘客舱熔断器盒熔断器说明

编号	额定电流 /A	功能说明	备注
IF01	10	电子转向管柱锁	
IF02	10	发动机控制单元	
IF03	10	电子驻车制动	
IF04	10	仪表板	
IF05	10	转角传感器	
IF06	10	自动变速器控制单元	自动变速器车型
IF07	10	倒车开关、倒车雷达	
IF08	10	网关	
IF09	10	ABS 制动系统	
IF10	10	安全气囊	
IF11	—	未用	
IF12	10	无钥匙进入系统	

续表

编号	额定电流 /A	功能说明	备注
IF13	10	组合仪表	
IF14	10	网关	
IF15	15	转向灯	
IF16	15	喇叭	
IF17	15	电动门锁	
IF18	15	车身控制模块	
IF19	10	制动开关	
IF20	10	车载诊断	
IF21	15	DVD/CD 播放机	
IF22	15	前雾灯	
IF23	10	后雾灯	
IF24	10	电子转向锁控制	
IF25	25	座椅加热	
IF26	20	转向灯继电器	
IF27	20	电动天窗	
IF28	30	后挡风玻璃除霜器继电器	
IF29	10	右转向灯	
IF30	10	左转向灯	
IF31	30	后窗刮水器	
IF32	10	备用	
IF33	10	车身电子稳定系统	
IF34	10	前刮水器	
IF35	10	鼓风机	
IF36	10	后视镜加热	
IF37	—	未用	
IF38	15	电源插头 3	
IF39	10	后视镜调节电动机	

续表

编号	额定电流 /A	功能说明	备注
IF40	15	电源插头 1	
IF41	15	点烟器	
IF42	10	车身控制模块	
IF43	15	电源插头 2	

三、熔断器和继电器的检查

1. 检查熔断器

检查熔断器时要参照维修手册，逐一检查熔断器盒内的各个熔断器的额定电流是否符合规范，目视检查熔断器是否被烧毁或接触不良，如图 6-1-4 所示。

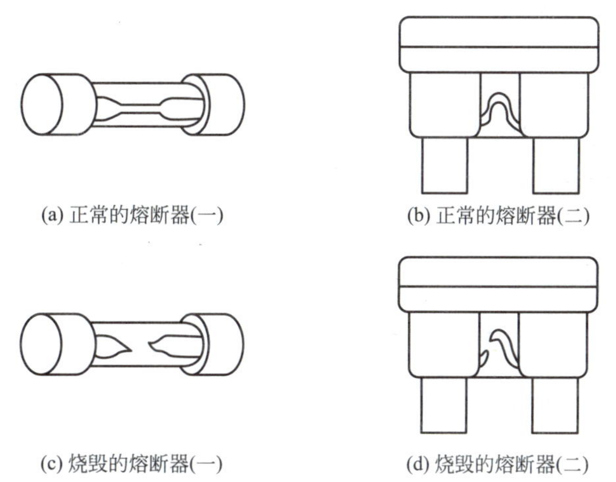

(a) 正常的熔断器(一)　(b) 正常的熔断器(二)

(c) 烧毁的熔断器(一)　(d) 烧毁的熔断器(二)

图 6-1-4　检查熔断器

2. 继电器检测

继电器主要通过用万用表测量继电器端子进行检测，以丰田凯美瑞轿车为例，当怀疑冷却风扇继电器发生故障时，可将冷却风扇继电器从发动机舱内的熔断器 / 继电器盒内拆下，按照图 6-1-5 所示，用万用表测量继电器端子 3 和 5 之间的电阻，在继电器端子 1 和 2 之间施加蓄电池电压，继电器端子 3 和 5 之间的电阻应低于 1Ω；如果在继电器端子 1 和 2 之间不施加蓄电池电压，继电器端子 3 和 5 之间的电阻应为 10Ω 或更高。

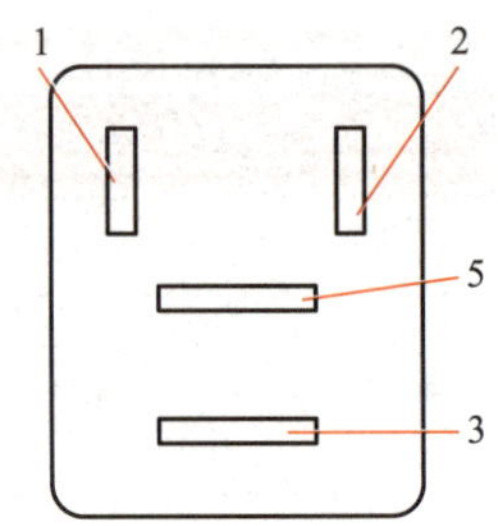

图 6-1-5　丰田凯美瑞轿车冷却风扇继电器端子识别

第二节　仪表板

一、仪表板指示符号识别

维修工在平时的维修工作中，要注意搜集整理各种车系和车型的使用手册及维修手册，以便在执行维护工作时能准确理解各种车型仪表板指示符号的含义。以长城哈弗 H6 汽车为例，该车仪表板常见的指示符号含义参见图 6-2-1 ～图 6-2-3。

转向指示灯兼危险警告灯

当发出换道或转向信号时，左侧或右侧转向指示灯将闪烁

按下危险警告灯按钮时，转向指示灯及车外转向灯将一起闪烁

i 注意

转向指示灯不闪烁或快速闪烁时，通常意味着转向指示灯灯泡损坏，应尽早更换灯泡，否则，其他驾驶员将看不到发出的信号

灯光开启指示灯

此指示灯点亮表示车外灯处于点亮状态

当灯光总开关旋钮处于 ≡D0≡ 或 ≡D 位置时，此指示灯点亮

位置指示灯（限于某些车型）

此指示灯点亮表示车外灯处于点亮状态

当灯光总开关旋钮处于 ≡D0≡ 或 ≡D 位置时，此指示灯点亮

远光指示灯

此指示灯点亮表示远光灯处于点亮状态

前雾灯指示灯（限于某些车型）

此指示灯点亮表示前雾灯处于点亮状态

后雾灯指示灯（限于某些车型）

此指示灯点亮表示后雾灯处于点亮状态

充电警告灯

点火开关处于ON模式时，此警告灯点亮；发动机启动后，此警告灯熄灭

当发动机启动后，此警告灯仍然点亮，表明充电系统出现故障。此时，请联系长城汽车服务商进行检修

发动机故障警告灯

点火开关处于ON模式时，此警告灯点亮；发动机启动后，此警告灯熄灭

若此警告灯在其他任何时候亮起，则表明系统有故障

i 注意

如果在发动机运行中此警告灯点亮，应将车辆安全地驶到路边，关闭发动机。重新启动发动机后，如果该警告灯仍然点亮，请速到长城汽车服务商处接受检查。在汽车故障查明之前，应小心驾驶。避免油门全开及高速行驶

安全气囊/预张紧器故障警告灯

将点火开关切换至ON模式时，此警告灯会点亮数秒后熄灭，表示系统正常

当安全气囊或座椅安全带自动预张紧器出现故障时，此警告灯点亮。此时，请联系长城汽车服务商

防抱死制动系统(ABS)故障警告灯

将点火开关切换至ON模式时，此警告灯会点亮数秒后熄灭，表示系统正常

当防抱死制动系统出现故障时，此警告灯点亮。此时，请联系长城汽车服务商进行检修

此警告灯点亮时，车辆仍具有普通的制动能力，但没有防抱死功能

制动系统故障指示灯/驻车制动指示灯

点火开关处于ON模式时，如果驻车制动没有完全释放，此指示灯点亮。此时行车，将会损坏制动器

如果驻车制动已完全释放，此指示灯仍然点亮，表明制动系统故障或制动液位低，请立即停车检修，否则可能造成意外伤害或死亡

燃油低位警告灯

点火开关切换至ON模式时，此警告灯点亮数秒后熄灭，表示系统正常

当燃油不足时，此警告灯点亮，请及时补充燃油

在坡道或转弯等情况下，因油箱内燃油流动，警告灯将提前点亮

图 6-2-1　长城哈弗 H6 汽车仪表板指示符号含义（一）

驾驶员安全带未系警告灯

当点火开关处于ON模式或发动机处于工作状态，未系驾驶员安全带时，此警告灯点亮，并发出报警声，报警声持续一段时间后消失，警告灯继续点亮。如果在报警期间，驾驶员扣紧座椅安全带，则警告灯熄灭并且报警声停止

在行车中，如果驾驶员仍未扣紧座椅安全带，每隔一段时间，会发出一次声音报警

机油压力警告灯

点火开关处于ON模式时，此警告灯点亮；发动机启动后，此警告灯熄灭

发动机启动后，当机油不足或机油压力低时，此警告灯点亮。此时，请联系长城汽车服务商，如果发动机继续工作，发动机将会受到严重的损害

发动机工作时，此警告灯偶尔亮几次，不会损害发动机系统

警告
该警告灯并没有指示低油位的功能，必须用发动机机油尺来检查油位

发动机维修警告灯

将点火开关切换至ON模式时，此警告灯点亮数秒后熄灭，表示系统正常

当发动机存在非排放方面的故障时，此警告灯点亮。此时，请联系长城汽车服务商

发动机预热指示灯

适用于搭载柴油发动机的车型

预热装置在预热期间，指示灯一直点亮，预热时间的长短，因发动机和冷却水温不同而不同。当预热塞充分预热后，指示灯熄灭，表示发动机已经可以启动

如果在行驶时预热指示灯闪烁，则表示发动机电子控制系统有故障。应立即检查发动机

如果点火开关处于ON模式时，此指示灯未点亮，则可能是预热装置有故障，应立即检查发动机

胎压监测系统（TPMS）故障警告灯（限于某些车型）

点火开关切换至ON模式时，此警告灯点亮数秒后熄灭，表示系统正常

胎压传感器出现故障或传感器电池亏电时，此警告灯和胎压异常警告灯同时点亮

警告
如果在行驶时此灯点亮，应避免急转弯、突然制动和减速，并将汽车驶入安全的地带尽快停车。在轮胎压力不足的情况下驾驶汽车可能永久损坏轮胎并增加轮胎发生故障的可能性，可能发生严重的汽车损坏并有可能导致事故和重大人身伤害。应检查四个轮胎的压力。将轮胎压力调整到轮胎信息标签上所标注的轮胎压力，使此灯熄灭。如果轮胎漏气，请尽快用备用轮胎更换

胎压异常警告灯（限于某些车型）

点火开关切换至ON模式时，此警告灯点亮数秒后熄灭，表示系统正常

当胎压监测系统出现故障（TPMS警告灯点亮）或者轮胎异常时，此警告灯点亮。此时，请停车检查并联系长城汽车服务商

驻车指示灯（限于某些车型）

当驻车灯打开时，此指示灯点亮

水温警告灯

当发动机冷却系统的温度过高时，此警告灯点亮。此时，请停车检修，否则会损坏发动机

120km/h报警指示灯（限于某些车型）

当车速大于等于120km/h时，此指示灯会点亮，同时伴有声音报警

两驱模式指示灯（限于某些车型）

当车辆切换至两驱模式运行时，此指示灯点亮

图 6-2-2　长城哈弗 H6 轿车仪表板指示符号含义（二）

四驱系统故障警告灯（限于某些车型）

将点火开关切换至ON模式时，此警告灯点亮数秒后熄灭，表示系统正常

当四驱系统出现故障或智能扭矩管理器内部油温过高时，此灯闪烁

警告
车辆前、后桥长时间处于大差速的工况时（如两前轮打滑，后轮不动），易引起智能扭转管理器内部油温过高，四驱保护系统报警，此灯闪烁。此时必须停止对车辆的操作，建议将车辆熄火。等待一段时间后再启动车辆，如果警告灯仍闪烁，请尽快到长城汽车服务商处进行检修

油水分离器水位警告灯

适用于搭载柴油发动机的汽车

当油水分离器中的积水超过标准值时，此警告灯点亮。此时，应及时停车检查并放水

变速器故障警告灯

适用于搭载自动变速器的汽车

当变速器发生故障时，此警告灯点亮，请尽快到长城汽车服务商处进行检修

整车防盗指示灯

整车防盗系统启动后，此指示灯开始闪烁

定速巡航主指示灯（限于某些车型）

定速巡航系统开启时，此指示灯点亮

定速巡航控制指示灯（限于某些车型）

当车辆进行定速巡航控制时，此指示灯点亮

自动灯光控制系统故障警告灯（限于某些车型）

将点火开关切换至ON模式时，此警告灯点亮数秒后熄灭，表示系统正常

当自动灯光控制系统发生故障后，此警告灯点亮

发动机防盗指示灯（限于某些车型）

- 未装配智能进入和启动系统的车辆

  当点火开关处于ON模式时，此指示灯点亮数秒后熄灭，表示密码验证成功。若此指示灯闪烁，表示密码验证失败

- 装配智能进入和启动系统的车辆

  当点火开关处于ON模式时，如果智能进入和启动系统与智能钥匙和发动机防盗系统验证失败，则此指示灯常亮

电子稳定控制系统（ESP）关闭指示灯（限于某些车型）

点火开关切换至ON模式时，此指示灯点亮数秒后熄灭，表示系统正常

当电子稳定控制系统关闭时，此指示灯点亮

电子稳定控制系统（ESP）指示灯（限于某些车型）

点火开关切换至ON模式时，此指示灯点亮数秒后熄灭，表示系统正常

当电子稳定控制系统工作时，此指示灯闪烁

当电子稳定控制系统故障时，此指示灯常亮

智能启停系统指示灯（限于某些车型）

下坡辅助控制系统指示灯（限于某些车型）

当下坡辅助控制系统处于准备状态，此指示灯点亮

当下坡辅助控制系统处于工作状态，此指示灯闪烁

无钥匙启动系统指示灯（限于某些车型）

当无钥匙启动条件不满足时，该指示灯闪烁

图 6-2-3　长城哈弗 H6 轿车仪表板指示符号含义（三）

二、仪表板电子时钟时间调节与设定（以捷豹 XK 轿车为例）

维修过程中如果断开过蓄电池，仪表板上的电子时钟会因断电而停止工作，维修完毕后，要按照表 6-2-1 所示的操作方法重新将电子时钟的时间调节准确。

表 6-2-1　电子时钟时间调节与设定操作方法

步骤	操作方法
1	按照图 6-2-4 所示，在显示屏主页选项上选择 Vehicle 选项
2	如图 6-2-5 中的 1 所示，在仪表板显示屏上选择 Clock adjust（时钟调节）选项
3	点击相应的时间调节箭头（图 6-2-5 中的 2 和 3），将小时和分钟时间调节准确
4	点击时间显示方式（图 6-2-5 中的 4），选定 12h 或 24h 方式显示
5	点击 Set（图 6-2-5 中的 5），完成时间调节操作

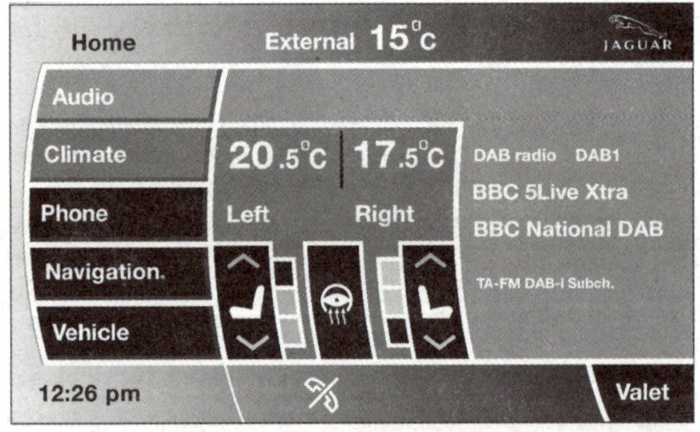

图 6-2-4　显示屏主页功能选项

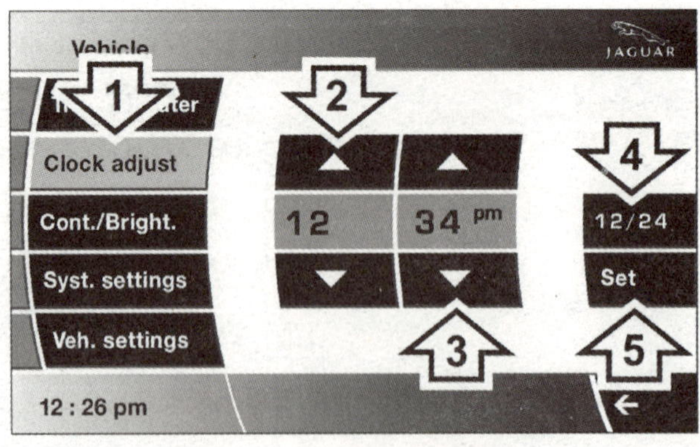

图 6-2-5　电子时钟调节

三、保养归零设定

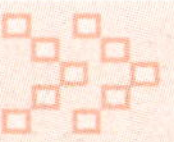

对车辆执行完机油更换等维护操作项目后，要执行保养 / 维护间隔归零设定操作，使保养提示系统重新恢复到初始工作状态。保养归零设定操作是维护保养工作中的热点操作项目，这种类型的维护项目具有操作难度小、效率高的特点，维修工应对此类项目高度重视，多搜集各种轿车的保养归零设定方法，加以掌握并熟练应用。以斯巴鲁森林人汽车为例，该车维护间隔归零设定操作方法参见表 6-2-2。

表 6-2-2　保养归零设定操作方法

步骤	操作方法
1	把点火开关设定到 ON 状态
2	扳住方向盘上的 SET（图 6-2-6 中的 2）按键，进入 Setting（项目设定）模式，显示屏显示项目名称，如图 6-2-7 所示
3	操作方向盘上的项目切换按键（图 6-2-6 中的 1 和 3），将显示屏中的 Maintenance 选项设置成高亮状态，然后扳动方向盘上的 SET（图 6-2-5 中的 2）按键进行确认
4	操作方向盘上的项目切换按键（图 6-2-6 中的 1 和 3），在天数和里程之间做出选择，选择完毕后，扳动方向盘上的 SET（图 6-2-6 中的 2）按键进行确认
5	操作方向盘上的项目切换按键（图 6-2-6 中的 1 和 3）来输入天数或里程，输入完毕后，扳动方向盘上的 SET（图 6-2-6 中的 2）按键进行确认
6	操作方向盘上的项目切换按键（图 6-2-6 中的 1 和 3），将显示屏上的 SET 选项设置成高亮状态，然后扳动方向盘上的 SET（图 6-2-6 中的 2）按键进行确认
7	系统会提示车主已经完成保养天数提示或里程提示设定

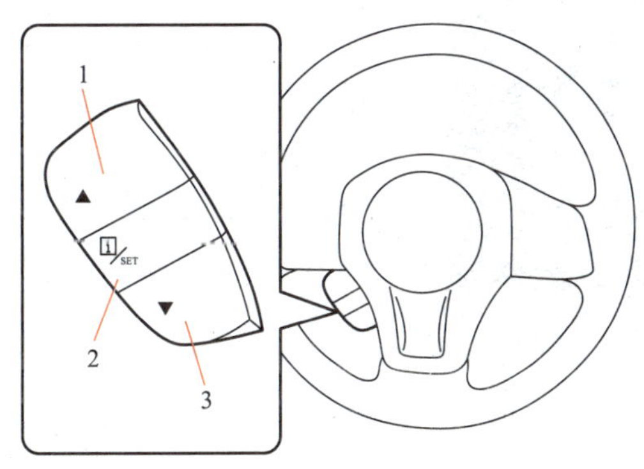

图 6-2-6　开关识别

1，3—项目切换；2—设定 / 确认

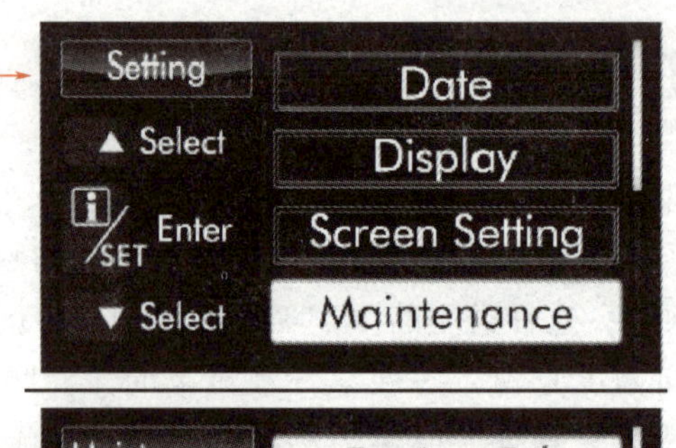

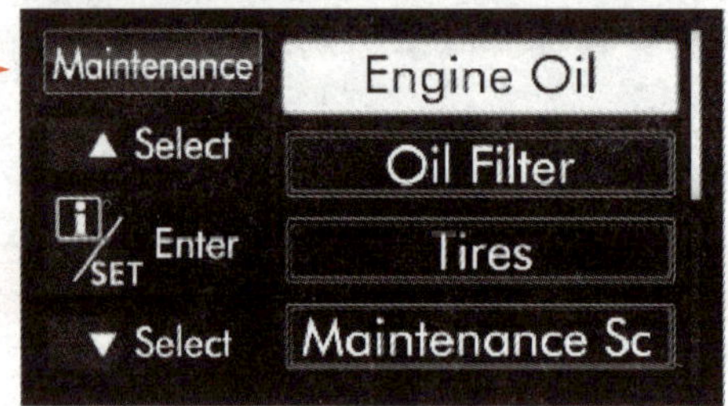

图 6-2-7　显示屏显示内容

四、仪表板指南针初始化设定

在维护保养过程中如果断开过蓄电池，应对车辆仪表板的指南针功能执行初始化设定操作，使其能正确指示行驶方向。以本田 CR-V 汽车为例，该车仪表板指南针初始化设定操作方法参见表 6-2-3。

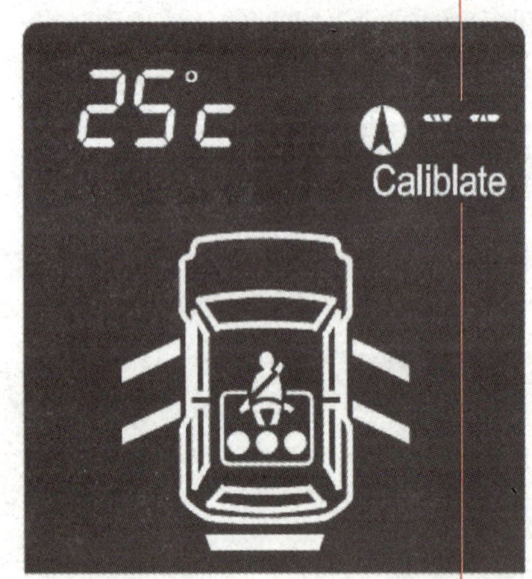

图 6-2-8　指南针初始化设定

表 6-2-3　指南针初始化设定操作方法

步骤	操作方法
1	把车开到一个远离高大建筑物、高压电线和其他车辆干扰的场地
2	把点火开关设置到 ON 状态
3	按照图 6-2-8 所示，查看指南针方向指示，如果显示“-”符号，说明校准设定正在执行
4	慢慢驾驶车辆完成 3 个圆周行驶，确认指南针方向已经准确显示

第三节　照明系统

一、汽车照明系统的功能

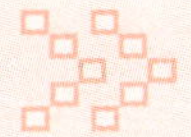

汽车照明系统一般由车身外部车灯和车内照明灯及车灯控制开关等部件组成，具有道路照明、车内照明和信号表示（转向、倒车、危急报警）的作用。

二、车灯组成及功能说明

典型的车灯组成如图 6-3-1 所示，车灯控制开关如图 6-3-2 所示，车灯的功能说明见表 6-3-1。

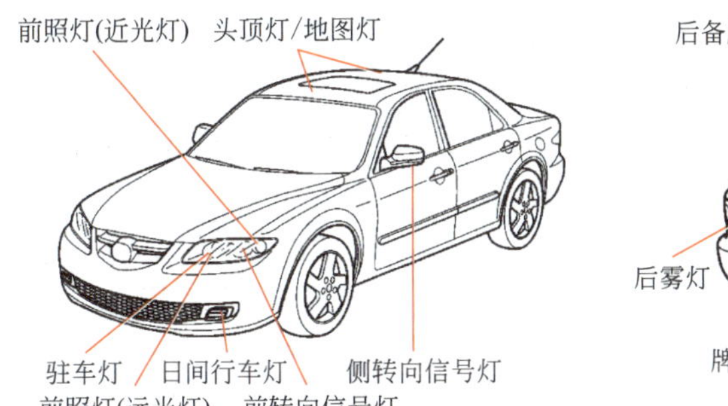

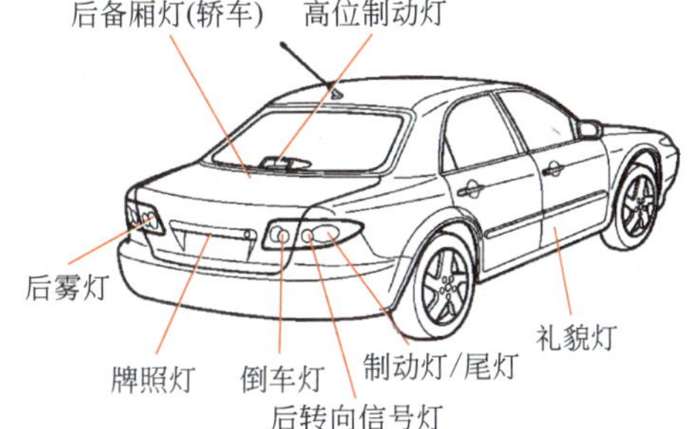

图 6-3-1　典型的车灯组成

前雾灯　自动灯光　灯光关闭　示宽灯　近光灯　仪表板背景灯亮度调节

后雾灯　灯光系统标志

图 6-3-2　车灯控制开关

表 6-3-1　车灯的功能说明

车灯	功能说明
近光灯	对车辆前方道路进行照明，对来车驾驶员和其他道路使用者不造成眩目或不舒适感
远光灯	对车辆前方远距离道路进行照明
转向信号灯	用于向其他道路使用者表明车辆将向左或向右转向
制动灯	向车辆后方的其他道路使用者表示车辆正在制动
牌照灯	对汽车牌照执行照明
前示廓灯	从车辆前方观察，表明车辆存在及其宽度，俗称小灯
后示廓灯	从车辆后方观察，表明车辆存在及其宽度
倒车灯	对车辆后方进行照明并警告其他道路使用者，本车正在或即将倒车
前雾灯	用于改善车辆在雾、雪、雨或尘埃情况下道路照明
后雾灯	在大雾情况下，从车辆后方观察，使车辆更为易见
驻车灯	也称停车灯，用来引起人们注意，在某区域内有静止车辆存在
仪表板背景照明	对仪表板进行背景照明，一般带有亮度调节功能，可根据需要调节背景照明强度，以便使驾驶员在不同的光照条件下均可准确识读仪表板显示信息
车顶灯	又称车内阅读灯，亮度柔和，不炫光，配光呈点状，只照射在需要的区域，不会对驾驶员开车造成影响
杂物箱照明灯	安装在副驾驶侧杂物箱处，可供杂物箱照明使用，也称作手套箱照明灯
后备厢照明灯	安装在后备厢盖内，可供开启后备厢取放物品时照明使用
门控灯	照亮室内脚下部分和室外落脚部分，能把开门的信号通知给后车或行人

三、照明系统常见维护保养项目

1. 仪表板背景照明调节（以路虎神行者汽车为例）

当车外光照过强或过暗，影响驾驶员识读车内的仪表显示时，可调节车内仪表板背景照明调节滚轮，如图 6-3-3 所示。将滚轮向上方转动，可增强仪表板照明亮度；将滚轮向下方转动，可降低仪表板照明亮度。

2. 灯泡规格识别（以丰田威驰轿车为例）

丰田威驰轿车灯泡规格识别参见图 6-3-4 和表 6-3-2。当发现灯泡损坏后，要按照相同的规格更换灯泡。

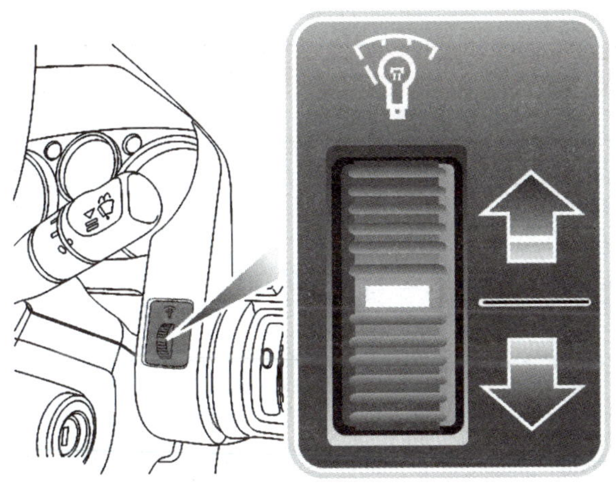

图 6-3-3　仪表板背景照明调节滚轮

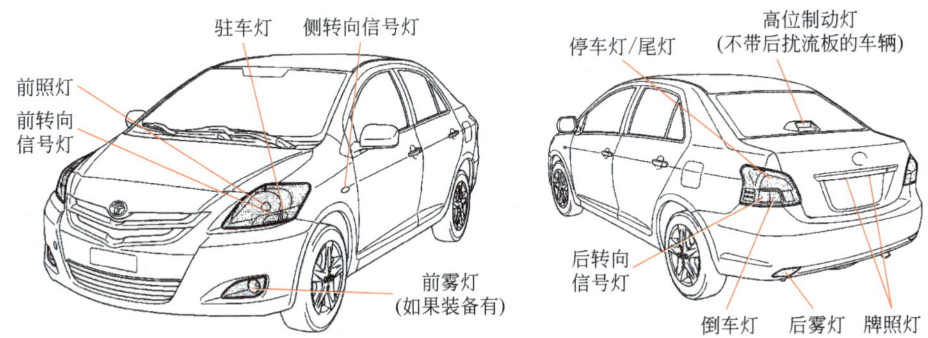

图 6-3-4　丰田威驰轿车灯泡规格识别

表 6-3-2　丰田威驰轿车灯泡规格

车灯	功率 /W	类型
前照灯	60/55	H4 卤素灯泡
前转向信号灯	21	单头灯泡（琥珀色）
驻车灯	5	楔形座灯泡
前雾灯	55	H11 卤素灯泡
侧转向信号灯	5	楔形座灯泡（琥珀色）
后转向信号灯	21	单头灯泡（琥珀色）
停车灯 / 尾灯	21/5	单头灯泡
倒车灯	16	楔形座灯泡
高位制动灯	16	楔形座灯泡

续表

车灯	功率 /W	类型
牌照灯	5	楔形座灯泡
后雾灯	21	楔形座灯泡
个人用灯（无天窗车型）	8	楔形座灯泡
个人用灯（带天窗车型）	10	单头灯泡
车厢灯	8	双头灯泡
后备厢照明灯	3.8	楔形座灯泡

3. 前照灯调节

车辆在使用过程中，有时由于颠簸或其他原因，会造成前照灯照射光束产生误差，影响照明效果，因此在维护时需要对前照灯进行检查和调节。以本田雅阁轿车为例，该车前照灯调节操作方法参见表 6-3-3。

表 6-3-3　本田雅阁轿车前照灯调节操作方法

步骤	操作方法
1	将汽车行驶到平坦场地停好
2	检查车轮的轮胎压力，确认所有车轮轮胎压力均在规范范围内
3	按照图 6-3-5 所示，把前照灯外部透镜擦拭干净，使操作者能清楚地看到前照灯的中心点
4	把车停放到屏幕或墙前面，使前照灯与屏幕的距离保持在 7.5m，如图 6-3-6 所示，让驾驶员坐在驾驶座椅上
5	开启前照灯近光照射
6	按照图 6-3-7 所示，确认前照灯近光照射在屏幕或墙上的明暗截止线与车灯高度相同
7	如果检查时发现明暗截止线与车灯高度不同，则要按照图 6-3-8 所示，支起发动机舱盖，用改锥转动前照灯调节螺钉，使前照灯近光照射在屏幕或墙上的明暗截止线与车灯高度相同

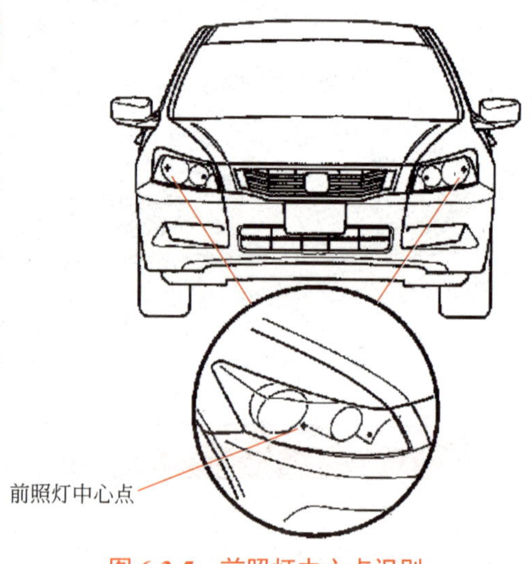

图 6-3-5　前照灯中心点识别

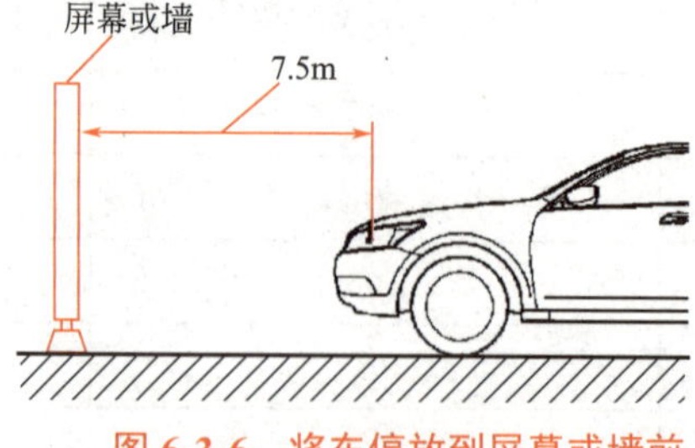

图 6-3-6　将车停放到屏幕或墙前

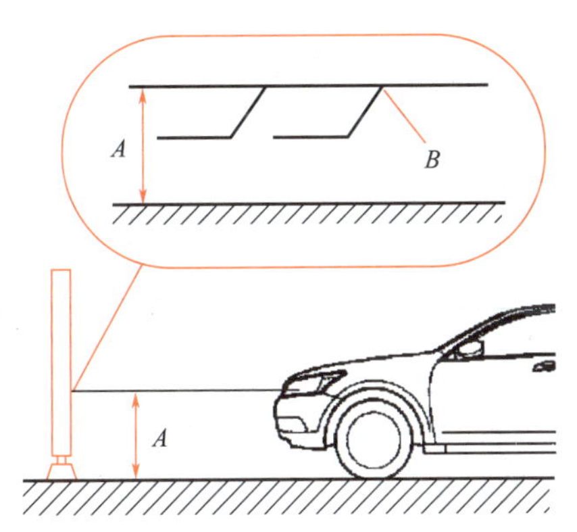

图 6-3-7　前照灯照射的明暗截止线与车灯高度相同

A—前照灯亮度；*B*—前照灯明暗截止线

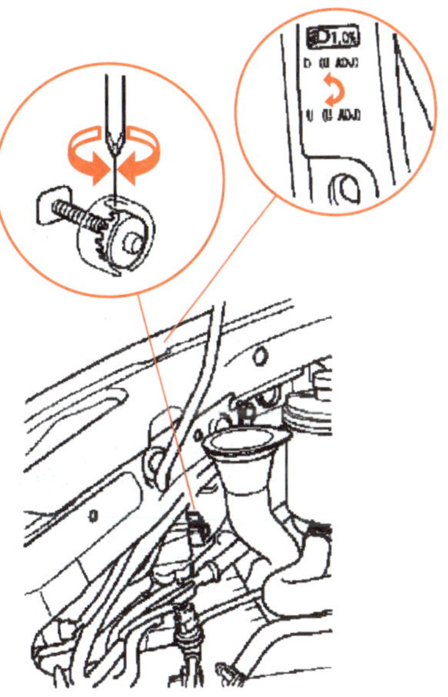

图 6-3-8　用改锥调节前照灯

第四节　空调系统

一、空调系统的功能与组成

汽车安装空调系统的功能是调节车内的温度、湿度，改善车内空气的流动，提高空气清洁度。

现代汽车空调主要由5大系统组成。

（1）制冷系统　对车内空气或由外部进入车内的新鲜空气进行冷却或除湿，使车内空气变得凉爽舒适。空调制冷系统部件组成如图6-4-1所示。

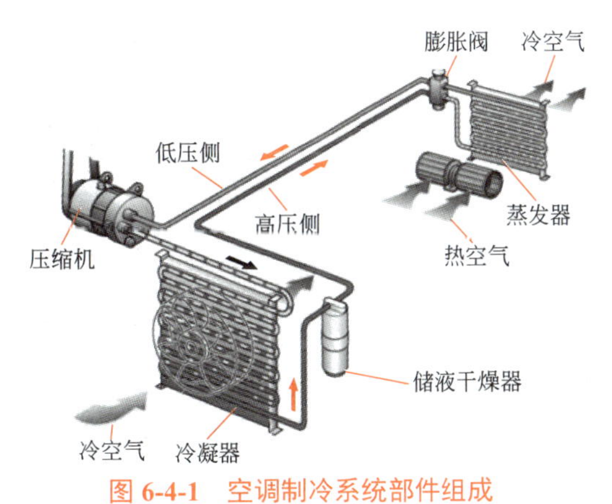

图 6-4-1　空调制冷系统部件组成

（2）暖风系统　对车内空气或由外部进入车内的新鲜空气进行加

热，达到取暖和除湿的目的。暖风系统部件组成如图 6-4-2 所示。

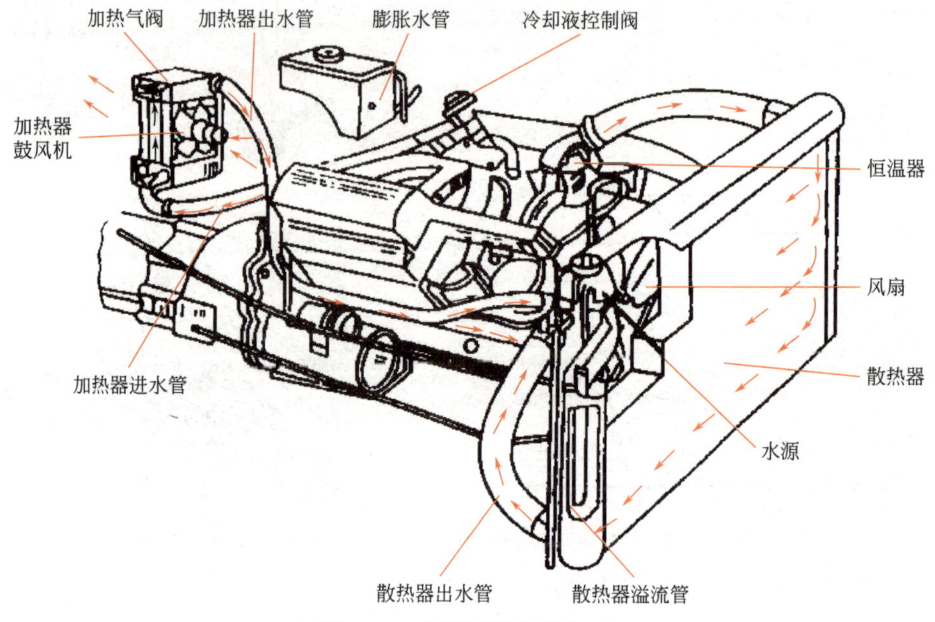

图 6-4-2　暖风系统部件组成

（3）通风系统　将车外的新鲜空气吸入车内，起到通风和换气的作用，也可以有效防止玻璃起雾，如图 6-4-3 所示。

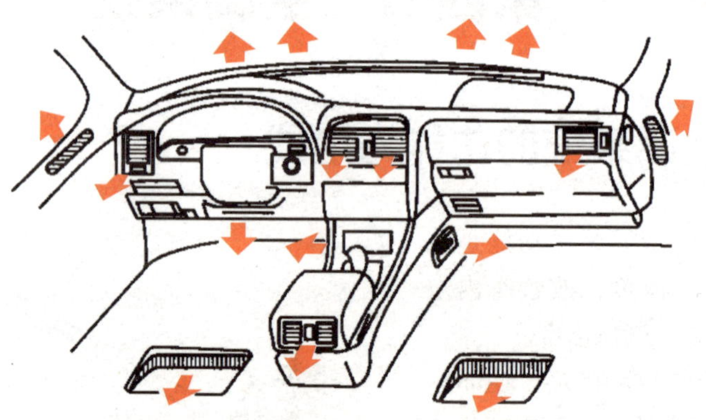

图 6-4-3　空调通风系统的出风风道

（4）空气净化系统　负责除去车内空气中的尘埃、臭味、烟气及其他有害气体，使车内空气清洁，如图 6-4-4 所示。有些车型的空气净化系统采用过滤方式对空气进行过滤净化，高级轿车往往采用静电除尘、活性炭过滤吸附、配装负离子发生器等多种手段对空气进行净化处理。

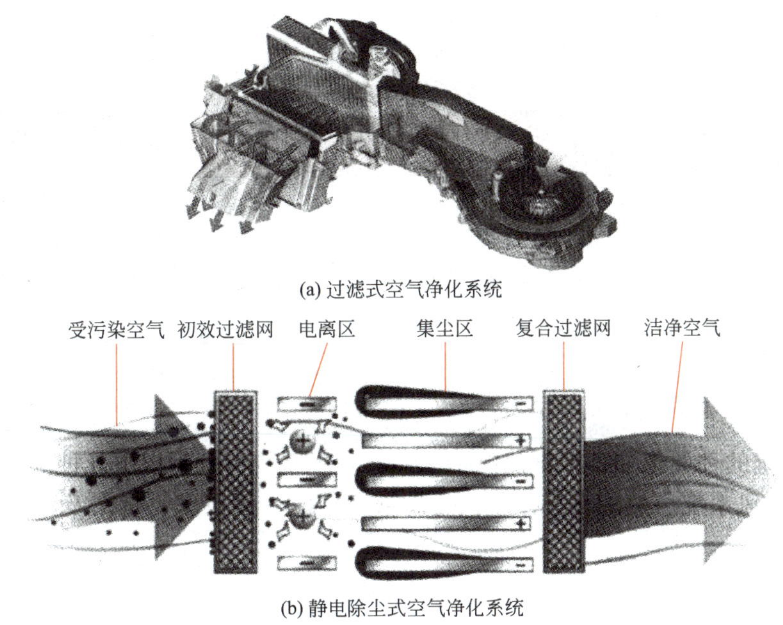

(a) 过滤式空气净化系统

(b) 静电除尘式空气净化系统

图 6-4-4　空气净化系统

（5）控制系统　对制冷和暖风系统的温度、压力进行控制，同时对车内空气的温度、风量、流向进行控制，完善空调系统的正常工作，如图 6-4-5 所示。

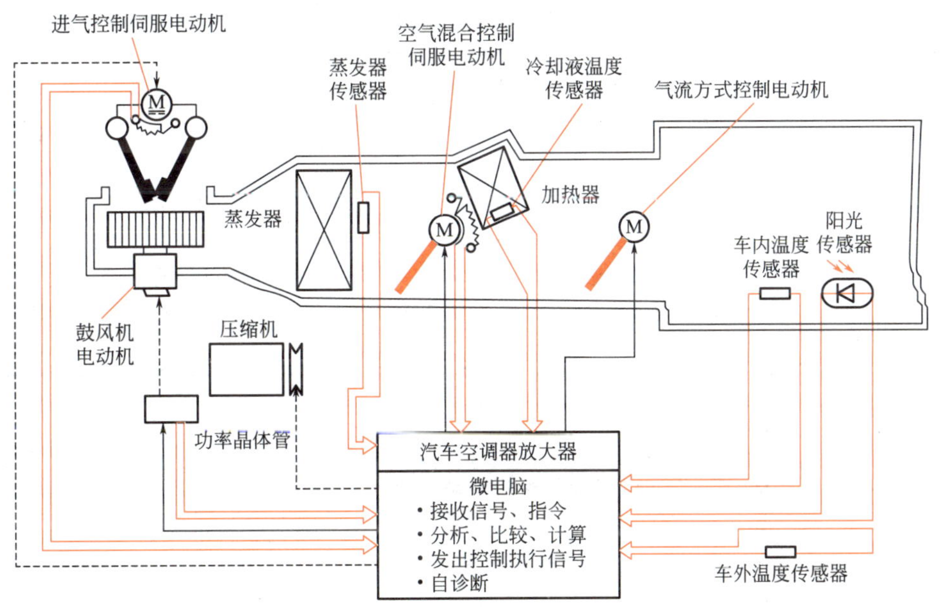

图 6-4-5　空调控制系统部件组成

空调系统部件组成及功能说明参见表 6-4-1。

表 6-4-1　空调系统部件组成和功能说明

部件名称	功能说明
制冷压缩机	制冷压缩机是空调制冷系统的“心脏”，负责维持制冷剂在制冷系统中的循环，吸入来自蒸发器的低温、低压制冷剂蒸气，压缩制冷剂蒸气使其压力和温度升高，并将制冷剂蒸气送往冷凝器
冷凝器	冷凝器是一种由管子和散热片组合而成的热交换器，其作用是把压缩机排出的高温、高压制冷剂蒸气进行冷却，使其凝结为高压制冷剂液体
蒸发器	蒸发器是制冷装置中产生和输出冷气的设备，其作用是把来自热力膨胀阀的低温、低压液态制冷剂在其管道中蒸发，使蒸发器和周围空气的温度降低，同时对空气起减湿作用，减湿后的空气由鼓风机吹入车内，即可使车内获得冷气
膨胀阀	也称节流阀，安装在蒸发器入口处，负责把来自储液干燥器的高压液态制冷剂节流减压，调节和控制进入蒸发器的液态制冷剂量，使其适应制冷负荷的变化
储液干燥器	安装在冷凝器和膨胀阀之间，负责临时储存从冷凝器流出的液态制冷剂，保证制冷剂流动的连续和稳定性。还可滤除制冷剂中的杂质，吸收制冷剂中的水分，防止制冷系统管路脏堵和冰塞
鼓风机	鼓风机是靠电动机带动的气体输送设备，对空气进行较小的增压，以便将冷空气送到所需要的车舱内或将冷凝器四周的热空气吹到车外
加热器	加热器使用加热器芯作为加热空气的热交换器，由发动机加热的冷却液进入加热器芯，将鼓风机风扇吸入的冷空气加热
空调压缩机离合器	目前现代轿车所用的空调系统一般是由汽车发动机驱动运行的，为了使空调系统的开启和关闭不影响汽车发动机的工作，空调压缩机的主轴不与汽车发动机曲轴直接相连，而是通过空调压缩机电磁离合器把发动机动力传递给空调压缩机。电磁离合器受空调开关、温控器、空调放大器、压力开关等控制，负责接通或切断发动机与压缩机之间的动力传递，一般安装在空气压缩机的前端面，成为压缩机总成的一部分

二、空调维护常见操作项目

1. 初步检查

在对空调系统执行维护时，首先要执行空调系统初步检查，以本田飞度轿车为例，该车空调系统初步检查如表 6-4-2 所示。

表 6-4-2 本田飞度轿车空调系统初步检查

步骤	操作说明
1	将点火开关设置到 LOCK 位置，检查空调部件、压力管路和软管是否有脏污，查看管路接头是否有制冷剂或空调压缩机机油泄漏
2	按照图 6-4-6 所示，检查空调冷凝器，用水和清洁剂将黏附在冷凝器散热片上的异物清理干净，将冷凝器彻底干燥
3	检查发动机传动皮带，查看传动皮带张紧度是否规范，如果皮带有裂纹或破损，要及时予以更换
4	参照图 6-4-7，检查车辆粉尘滤清器，如果有堵塞，应予以更换
5	启动发动机，开启空调系统，等待几分钟，使其恢复正常
6	确认当鼓风机风扇处于除 OFF 以外的其他位置时，空调均可运行
7	检查并确认空调压缩机离合器结合，压盘应当以与皮带轮相同的速度转动，当空调压缩机离合器结合时，检查并确认空调压缩机风扇和散热器风扇的工作情况，参见图 6-4-8
8	当空调压缩机离合器接合并分离、空调开关开启和关闭时，检查并确认发动机怠速正确

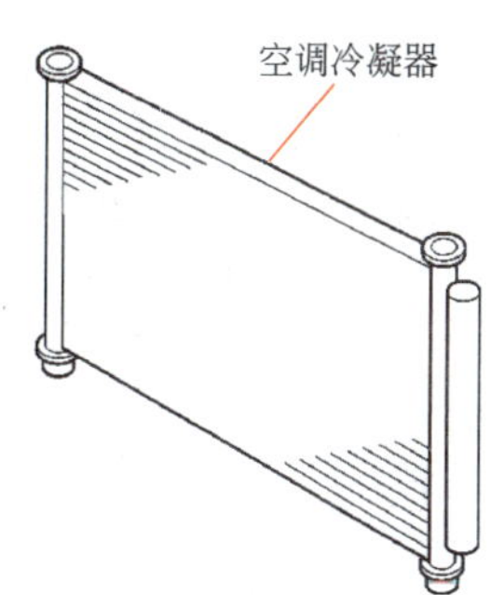

图 6-4-6 清理冷凝器散热片

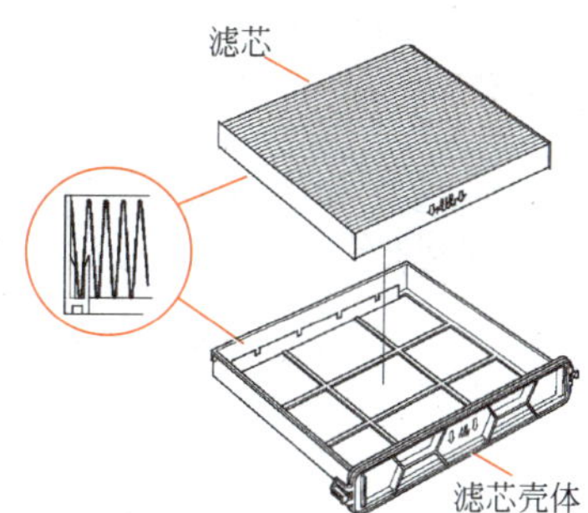

图 6-4-7 检查粉尘滤清器

2. 制冷剂回收

在维修过程中如果需要回收制冷剂，可使用制冷剂回收 / 循环 / 充注机，按照图 6-4-9 所示，将设备连接到空调系统的高压检修口和低压检修口上。执行操作时要确保操作场所通风良好，避免吸入制冷剂。

3. 制冷系统抽真空

对制冷系统抽真空的目的是为了排除制冷系统内的空气和水汽。对制冷系统执行维修或更换元件时，空气会进入制冷系统，进入制冷系统的空气中也包含一定量的水蒸气，会导致制冷系统膨胀阀冰堵、冷凝压力升高、系统零部件发生腐蚀，因此对制冷系统检查后，在未加入制冷剂之前，要执行系统抽真空操作，产生真空后就会降低水的沸点，使水在较低温度下沸腾后，以蒸汽形式从系统中抽出。按照图 6-4-9 所示，连接制冷剂回收 / 循环 / 充注机，按照操作说明执行制冷系统抽真空操作。

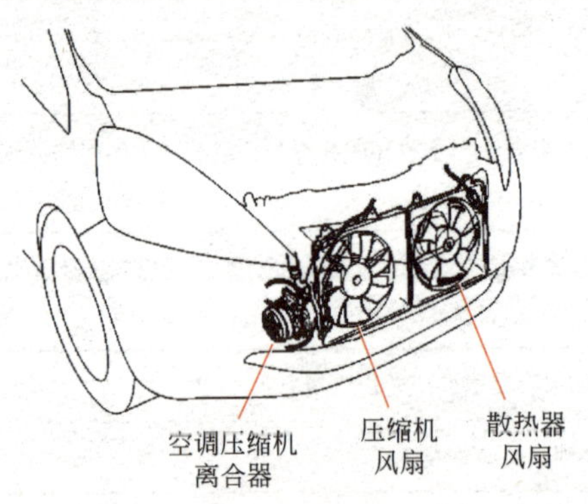

图 6-4-8 检查空调压缩机离合器、压缩机风扇和散热器风扇

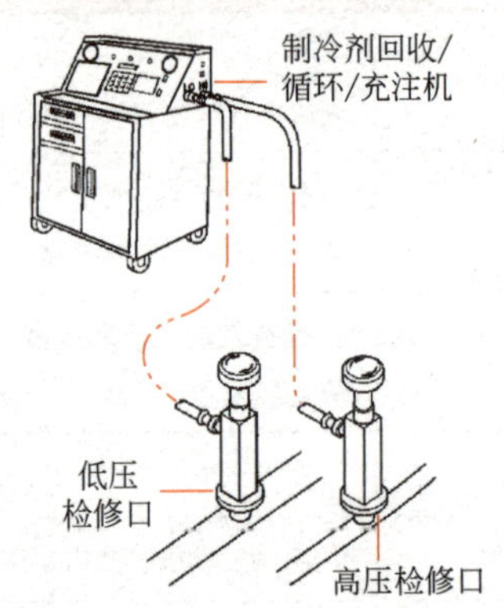

图 6-4-9 连接制冷剂回收 / 循环 / 充注机

4. 加注制冷剂

当制冷系统抽真空后达到要求并确认制冷系统没有泄漏后，可使用制冷剂回收 / 循环 / 充注机按照图 6-4-10 连接制冷系统，把规定数量的制冷剂加注到制冷系统中。

5. 空调系统工作性能测试

该项测试的目的就是检查空调工作性能是否正常。以别克凯越轿车为例，该车空调系统工作性能测试的方法参见表 6-4-3。

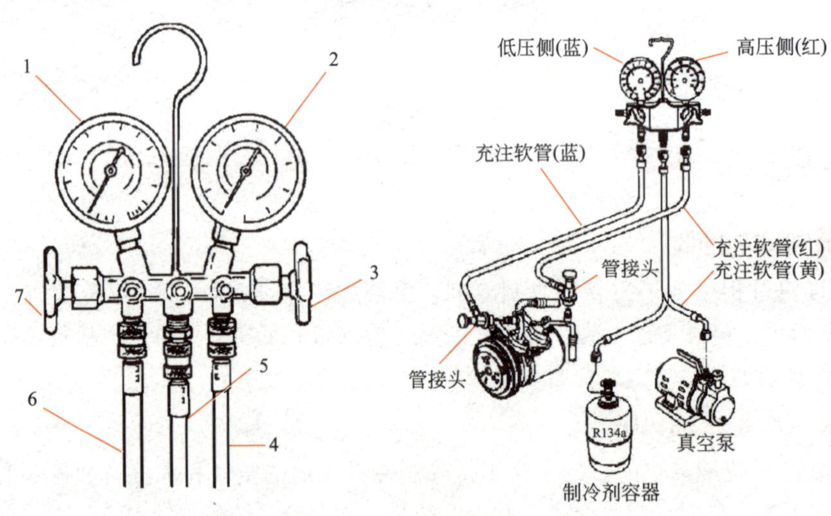

图 6-4-10 空调歧管压力计

1—低压表；2—高压表；3—高压手动阀；4—高压侧软管；5—维修用软管；6—低压侧软管；7—低压手动阀

表 6-4-3　别克凯越轿车空调系统工作性能测试

测试条件：如图 6-4-10 所示，连接空调歧管压力计，把车门和发动机罩打开，空调接通，选择循环模式及最冷和最高鼓风机转速，无阳光，风速为 8km/h

相对湿度 /%	环境空气温度 /℃	低压侧压力 /kPa	发动机转速 /(r/min)	中心空气管空气温度 /℃	高压侧压力 /kPa
20	21	179	2000	7	1103
	27	165		8	1462
	32	179		9	1910
	38	228		14	2296
30	21	179		7	1103
	27	165		8	1517
	32	186		10	1951
	38	234		15	2406
40	21	179		8	1117
	27	179		9	1565
	32	200		11	2034
	38	255		17	2510
50	21	179		8	1117
	27	179		9	1620
	32	221		13	2096
	38	490		19	2620
60	21	186		8	1138
	27	179		9	1696
	32	234		15	2234
	38	303		22	2710
70	21	186		9	1179
	27	193		10	1793
	32	248		16	2275
	38	324		24	2765
80	21	186		9	1227
	27	207		12	1834
	32	255		17	2337
90	21	186		9	1227
	27	207		12	1875
	32	262		18	2344

如果测量值不符合表 6-4-3 中的规范值，可参照表 6-4-4 执行诊断。

表 6-4-4　别克凯越轿车空调压力异常诊断处理

测试结果	相关症状	可能原因	排除方法
高压压力过高	在关闭压缩机后，压力先是迅速下降，然后逐渐下降	系统中有空气	回收、抽真空并重新加注定量的空调制冷剂
	冷凝器过热	系统中的制冷剂过多	
	通过冷凝器的气流过小或没有气流	冷凝器或散热器翅片堵塞	清理冷凝器或散热器翅片
		冷凝器或散热器风扇工作不正常	检查电压和风扇转速，检查风扇转向
	冷凝器连接管过热	系统中的制冷剂流动受阻	确定堵塞位置并修理
高压压力过低	冷凝器不热	系统缺制冷剂	检查系统是否泄漏，若有则进行维修，补充制冷剂
	在压缩机停机后，高、低压迅速平衡	压缩机泄压阀有故障	修理或更换压缩机
	低压侧压力表高于正常值	压缩机密封有故障	
	膨胀阀出口未结霜	膨胀阀有故障	更换膨胀阀
	低压侧压力表指示真空	系统有湿气	回收、抽真空并重新加注制冷剂
低压压力过低	冷凝器不热	系统缺制冷剂	修理泄漏位置，回收、抽真空并重新加注制冷剂
	膨胀阀未结霜，低压管路不凉	膨胀阀有故障	更换膨胀阀
	低压表指示真空	膨胀阀冻结	
	排气温度过低，气流出口受阻	膨胀阀冻结	清理堵塞的蒸发器壳体排水管路
	膨胀阀结霜	膨胀阀堵塞	清理或更换膨胀阀
	储气干燥器出口凉，进口热	储气干燥器堵塞	更换储气干燥器
低压压力过高	低压软管和单向阀比蒸发器周围凉	膨胀阀开启时间过长	更换膨胀阀
		毛细管松动	
	用水冷却冷凝器时，吸入压力下降	系统中制冷剂过多	回收、抽真空并重新加注制冷剂
	压缩机停机后高压和低压迅速平衡，而在压缩机运行时压力表读数不稳定	衬垫故障	修理或更换压缩机

续表

测试结果	相关症状	可能原因	排除方法
低压压力和高压压力均过高	通过冷凝器的气流过小	冷凝器或散热器翅片堵塞	清理冷凝器和散热器
		散热器冷却风扇工作异常	检查电压和风扇转速，检查风扇转向
	冷凝器过热	系统中制冷剂过多	回收、抽真空并重新加注制冷剂
低压压力和高压压力均过低	低压软管和金属端部位比蒸发器凉	低压软管堵塞或扭结	修理或更换低压软管
	膨胀阀周围的温度比储气干燥器周围低	高压管堵塞	修理或更换高压管

6. 空调制冷剂量的检查

很多车辆在空调系统上安装有观察窗，也称视液镜，可以通过观察视液镜来判断系统内的制冷剂量是否合适。首先启动发动机，将发动机转速稳定在 1500 ～ 2000r/min，把空调开关设置到最大制冷状态，风机转速设置到最大转速，开动空调 5min 后，观察视液镜。检查方法如表 6-4-5 和图 6-4-11 所示。

表 6-4-5　通过视液镜观察制冷剂量

现象	结论	处理方法
视液镜下一片清晰，送风口有冷气吹出，发动机转速提高或降低时，可能有少量气泡出现，关闭空调后随即起泡，然后渐渐消失	制冷剂量合适	
视液镜下有少量气泡出现，或每隔 1 ～ 2s 就可看到气泡	制冷剂量不足	执行系统检漏并补充制冷剂
视液镜下一片清晰，送风口有冷气吹出，关闭空调 15s 内不起泡	制冷剂量过多	释放一些制冷剂
视液镜下看到很多泡沫或气泡消失，视液镜内呈现油雾状或出现机油条纹	制冷剂量严重不足	执行系统检漏，并维修泄漏部位，重新将制冷剂加注至合适
视液镜下观察到云堆状现象	干燥剂已分散并随制冷剂流动	更换干燥剂

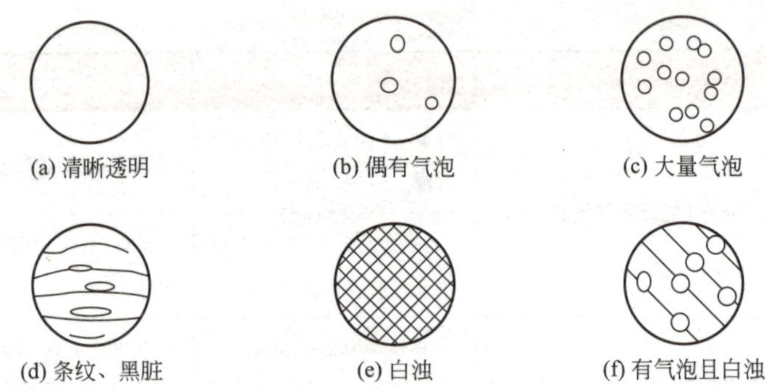

图 6-4-11　用视液镜检查制冷剂

7. 空调系统泄漏检查

汽车空调制冷系统的各个部件和管路均采用可拆式连接，压缩机也是开式结构，而空调制冷剂的渗透能力很强，因此制冷系统的泄漏很难避免。根据统计，汽车空调不制冷或制冷不足的故障中，有 70% ～ 80% 的故障原因都是由于系统泄漏造成的。因此在汽车空调系统维修工作中，使用检漏仪器对容易发生泄漏的部位，比如拆修过的制冷系统部件及连接部位、压缩机轴封、检修阀、制冷系统管路及连接部位和冷凝器散热翅片等进行泄漏检查是一个非常重要的环节。常用的检漏仪器有以下两种。

（1）电子式卤素检漏仪　电子式卤素检漏仪是根据制冷剂中的卤素原子在一定的电场中极易发生电离而产生电流的原理制成的，检测空调系统时，如果制冷剂发生泄漏，电离也就越高，电子式卤素检漏仪检测到的电流也就越大，检测到制冷剂泄漏后，蜂鸣器、指针或 LED 灯均可指示发生了泄漏。这种检漏仪使用非常简单，只需把电源开关打开，经过短时间预热后把探头伸入需要检测的部位即可。美国 SPX 公司生产的 TIFXP-1A 电子式卤素检漏仪是一种非常典型的电子式卤素检漏设备，参见图 6-4-12。

TIFXP-1A 的操作面板识别参见图 6-4-13，使用方法参见表 6-4-6。

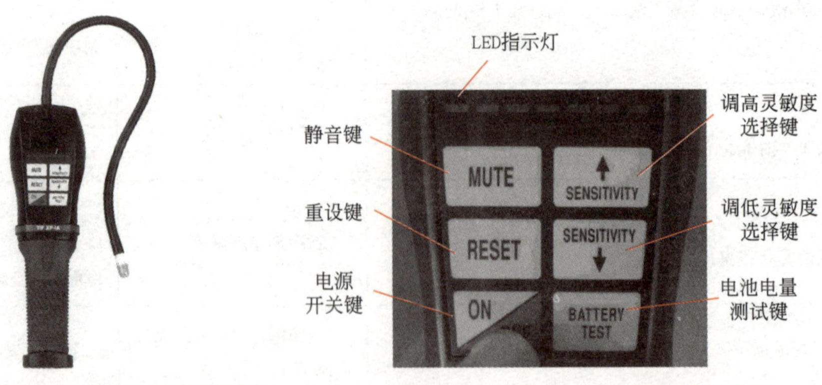

图 6-4-12　TIFXP-1A 电子式卤素检漏仪

图 6-4-13　TIFXP-1A 的操作面板识别

表 6-4-6　TIFXP-1A 电子式卤素检漏仪使用方法

步骤	使用方法
1	按下电源开关键，使检漏仪开机
2	按动灵敏度选择键，使第一个 LED 灯点亮，并使检漏仪发出低频声响
3	将检测探头指向需要检测泄漏的部位（探头不用直接接触），如果 LED 灯点亮增多，同时检漏仪声音频率增高，则说明该部位有泄漏

（2）荧光式检漏仪　荧光式检漏仪是采用将荧光剂加注到空调系统中，使荧光剂和制冷剂一起在空调系统管路中循环流动，当系统管路或部件发生泄漏时，加入的荧光剂也会随制冷剂泄漏出来并黏附在泄漏部位上，此时戴上滤光镜用射灯照射，就可以很清楚地发现泄漏部位，参见图 6-4-14。

荧光式检漏仪的使用方法参见表 6-4-7。

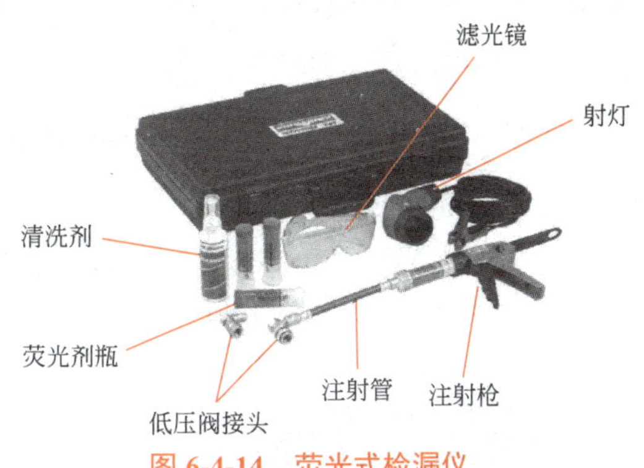

图 6-4-14　荧光式检漏仪

表 6-4-7　荧光式检漏仪的使用方法

步骤	使用方法
1	首先将荧光剂瓶安装到注射管上，参见图 6-4-15
2	按照图 6-4-16 所示，将荧光剂注射到空调系统中
3	抽空、加注冷冻机油和制冷剂，运行空调系统 15min 以上，以便使荧光剂与制冷剂充分混合
4	按照图 6-4-17 所示，连接射灯，戴上滤光镜，查找漏点
5	漏点如图 6-4-18 所示

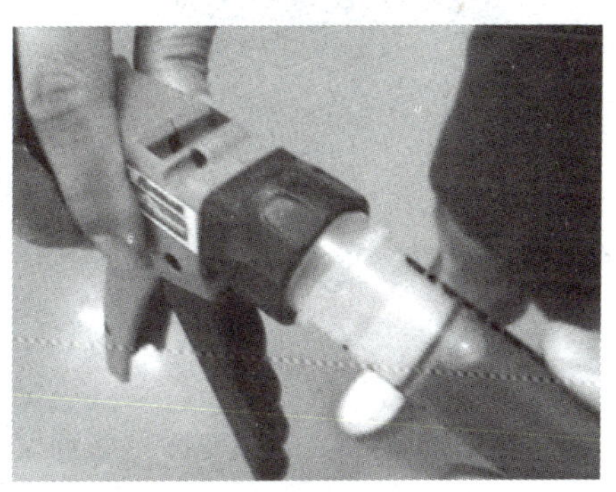
图 6-4-15　安装荧光剂瓶

图 6-4-16　向空调系统中加注荧光剂

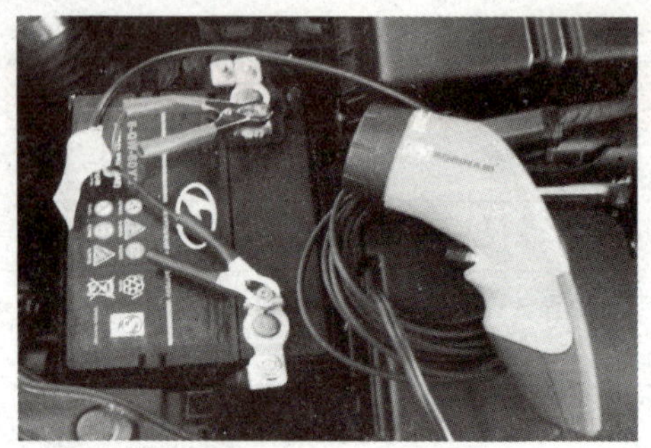

图 6-4-17　连接射灯

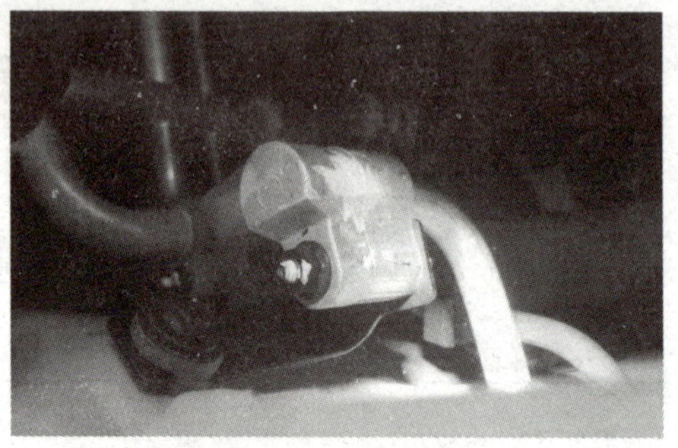

图 6-4-18　发现漏点

8. 使用空调制冷剂鉴别仪检测空调制冷剂纯度

制冷剂鉴别仪是用来鉴别汽车空调系统中所用的制冷剂种类和纯度的测量设备。美国 ROBINNAIR 公司生产的 16910 制冷剂鉴别仪就是典型设备，如图 6-4-19 所示，其部件组成识别参见图 6-4-20。

图 6-4-19　制冷剂鉴别仪（ROBINNAIR 16910）

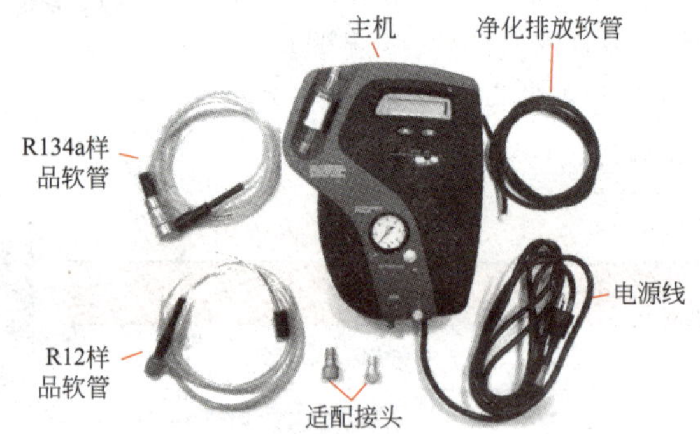

图 6-4-20　制冷剂鉴别仪部件组成识别

ROBINNAIR 16910 制冷剂鉴别仪操作流程如图 6-4-21 所示，使用方法参见表 6-4-8。

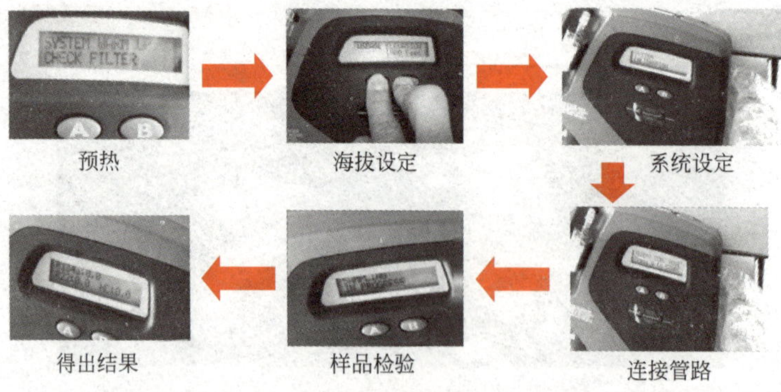

图 6-4-21　ROBINNAIR 16910 制冷剂鉴别仪操作流程

表 6-4-8　ROBINNAIR 16910 制冷剂鉴别仪使用方法

步骤	使用方法
1	开机预热
2	在预热过程中，按住鉴别仪上的 A 和 B 两个按键，直至显示屏显示“USEAGE ELEVATION 400 FEET”信息，制冷剂鉴别仪出厂时的默认海拔设定值为 400ft（1ft=0.30m）。如果维修人员使用鉴别仪的地点海拔与原厂默认设定值有很大差异，则需要按动 A 键和 B 键进行调节，每按动一次 A 键，海拔设定值会增加 100ft；每按动一次 B 键，海拔设定值会降低 100ft，将海拔设定值确定好后，静置 20s，鉴别仪会自动切换到预热状态
3	鉴别仪进入系统标定模式，显示屏会显示“SYSTEM CALIBRATION”信息
4	按照鉴别仪的使用说明，连接管路到空调系统低压侧维护端口。管路连接完毕后，鉴别仪的显示屏会显示“READY CON.HOSE PRESS A to START”信息
5	按下 A 键，制冷剂样品会从管路中被送入鉴别仪内
6	查看鉴别仪的显示屏，读取制冷剂样品的检测结果 显示屏显示“PASS”信息，表示制冷剂纯度测量结果合格，可以回收 显示屏显示“FAIL”信息，表示制冷剂纯度没有达到 98%，属于不合格

9. 检查空调压缩机皮带

在执行空调系统维护保养中要检查压缩机皮带是否有破裂、磨损等现象，如果发现压缩机皮带有图 6-4-22 所示的现象，应立即予以更换。

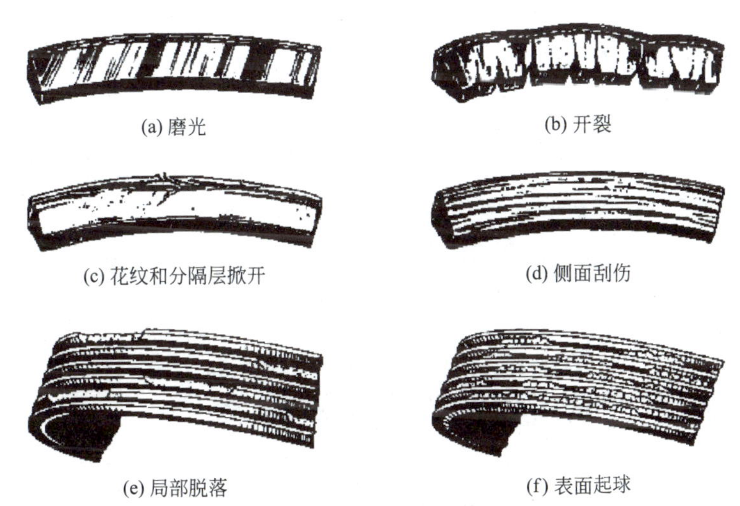

(a) 磨光　(b) 开裂　(c) 花纹和分隔层掀开　(d) 侧面刮伤　(e) 局部脱落　(f) 表面起球

图 6-4-22　检查空调压缩机皮带

第五节　刮水器和清洗器

一、刮水器和清洗器的部件组成

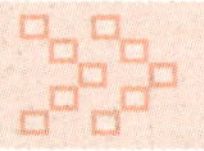

现代轿车的刮水器和清洗器主要由刮水器 / 清洗器开关、刮水器 / 清洗器电动机、刮水器臂及联动装置、清洗器管和清洗器液储液罐等部件组成。以本田飞度轿车为例，该车刮水器和清洗器部件组成参见图 6-5-1。

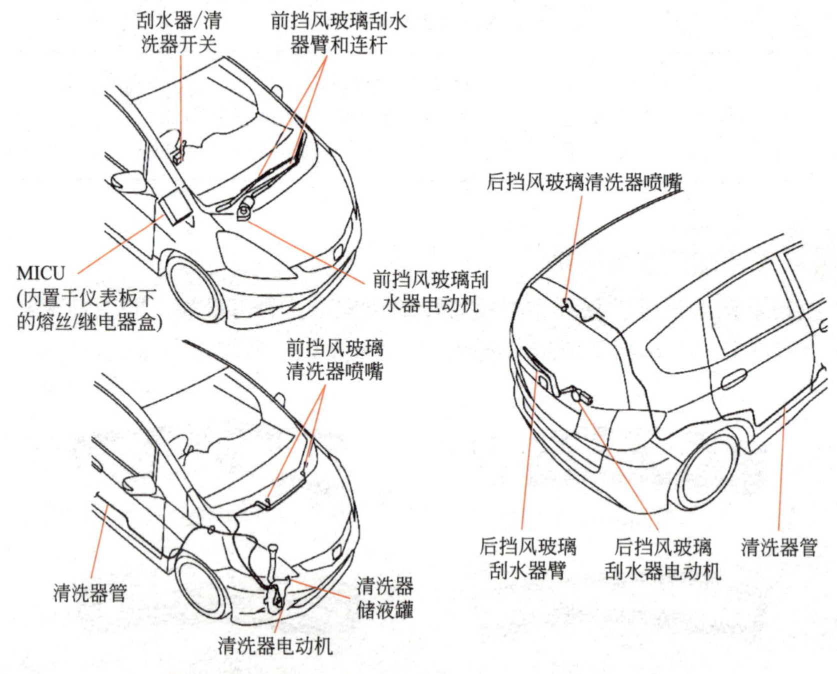

图 6-5-1　本田飞度轿车刮水器和清洗器部件组成

二、刮水器和清洗器维护与保养

1. 检查清洗器洗涤液喷射区域和刮水器刮臂停止位置

如果清洗器系统运转正常，由清洗器喷嘴处喷射出的洗涤液应准确喷射在规定区域内，使刮水器刮片能顺利刮水。如果维护中发现洗涤液喷射区域与规定范围有较大的误差，应及时调节喷嘴的喷射角度。维护时可参照具体接修车型的维修手册，核查洗涤液喷射区域是否符合规定。刮水器停止工作后，刮水器刮臂也应停止在规定位置，不能遮挡驾驶员视线，如果维护中发现刮水器刮臂停止位置不在规定位置，应进行调节。

以本田飞度轿车为例，该车洗涤液喷射规范区域和刮水器刮臂停止位置参见图 6-5-2。

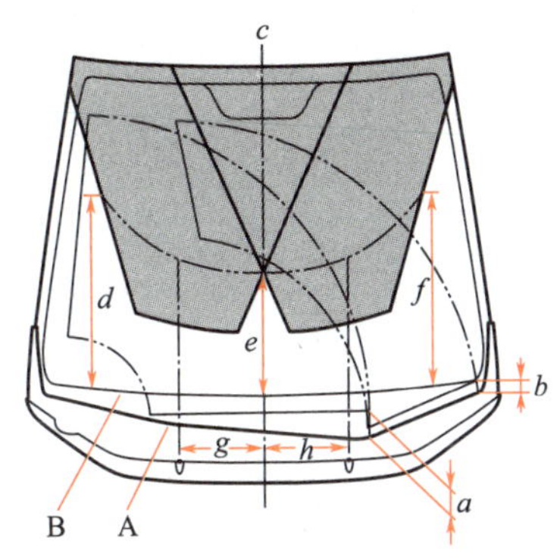

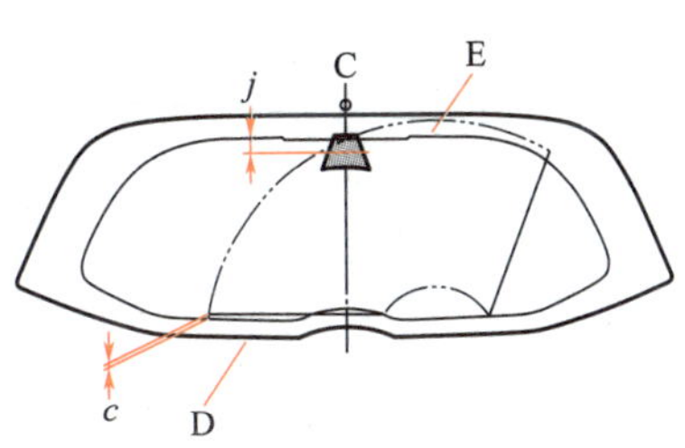

刮水器刮臂停止位置

当刮水器刮臂停在自动停止位置时，确保刮水器刮臂处于标准位置

前挡风玻璃
a：距前罩板(A)顶部约76mm的位置
b：距前罩板(A)顶部约38mm的位置

后挡风玻璃
c：位置距黑色陶瓷(D)约10mm

清洗器喷嘴位置

当打开清洗器时，确认50%或更多的清洗器液洒在喷射区域。如果喷射区域不在标准位置之内，则调整喷嘴

前挡风玻璃
d：距下挡风玻璃黑色陶瓷(B)顶部约591mm的位置
e：距下挡风玻璃黑色陶瓷(B)顶部约386mm的位置
f：距下挡风玻璃黑色陶瓷(B)顶部约591mm的位置
g：距挡风玻璃中线(C)约250mm的位置
h：距挡风玻璃中线(C)约250mm的位置

后挡风玻璃
j：位置距黑色陶瓷(E)顶部约24.7mm的位置

图 6-5-2　本田飞度轿车洗涤液喷射规范区域和刮水器刮臂停止位置

2. 清洗器管的更换

车辆维护时如果发现清洗器管破裂或阻塞，应更换新的清洗器管。以本田飞度轿车为例，该车清洗器管更换操作方法参见表 6-5-1。

表 6-5-1　本田飞度轿车清洗器管更换操作方法

步骤	操作方法
1	拆卸轿车的右侧内翼子板
2	按照图 6-5-3 所示，拆卸前挡风玻璃清洗器喷嘴和夹子，然后拆下清洗器管
3	按照与拆卸相反的步骤安装新的清洗器管，然后检查前挡风玻璃清洗器的工作状况，确认清洗器运行正常

3. 刮水器刮臂更换

当维护保养中发现刮水器刮臂发生严重破损、锈蚀，无法正常使用时，要更换新的刮水器刮臂。以本田飞度轿车为例，按照图 6-5-4 所示，拆下刮水器刮臂。更换新的刮水器刮臂后，将固定螺母紧固至 18N·m。

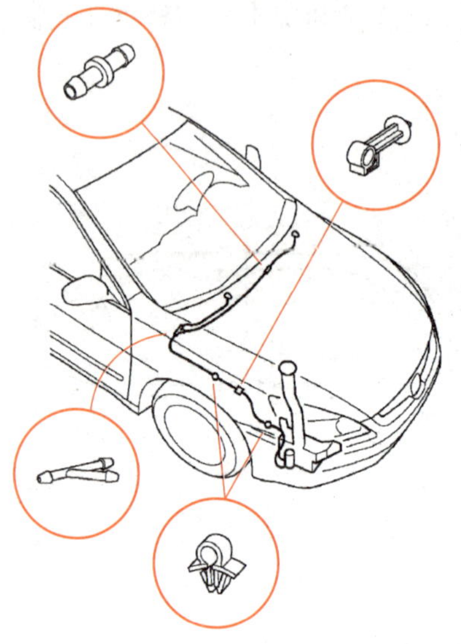

图 6-5-3 清洗器喷嘴、夹子和清洗器管识别

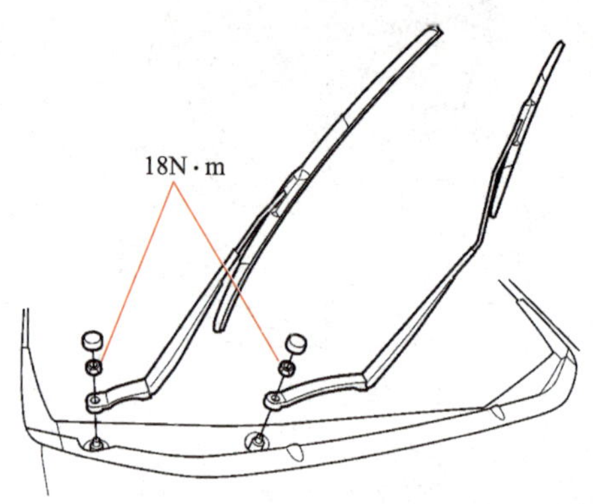

图 6-5-4 拆卸刮水器刮臂

4. 刮水器刮条更换

刮水器刮条一般采用橡胶制成，使用过久后会发生变形或破损，在维护保养中如果发现刮条变形或破损，应予以更换。以本田讴歌 MDX 汽车为例，刮水器刮条更换操作方法参见表 6-5-2。

表 6-5-2 本田讴歌 MDX 汽车刮水器刮条更换操作方法

步骤	操作方法
1	先从驾驶员侧开始，将刮水器刮臂从前挡风玻璃处提起
2	按照图 6-5-5 所示，按住凸舌并朝凸舌处滑动刮水器刮片，将刮片从刮水器刮臂上松开
3	按照图 6-5-6 所示，把变形或破损的橡胶刮条从刮水器刮片中抽出
4	按照与拆卸相反的顺序，将新的橡胶刮条装入刮水器刮片中
5	按照与拆卸相反的顺序，将刮水器刮片安装到刮水器刮臂中

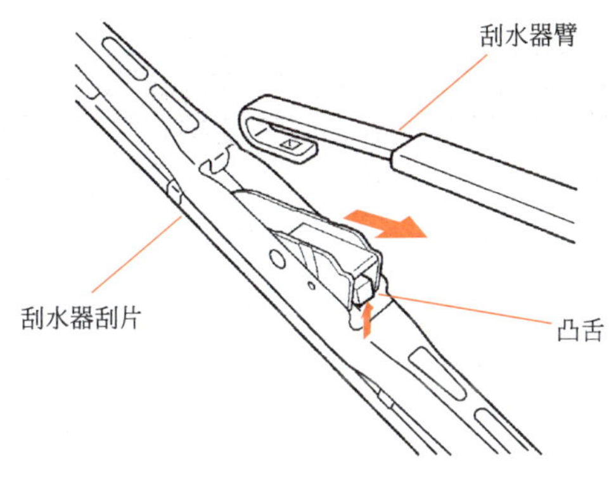

图 6-5-5　拆卸刮水器刮片

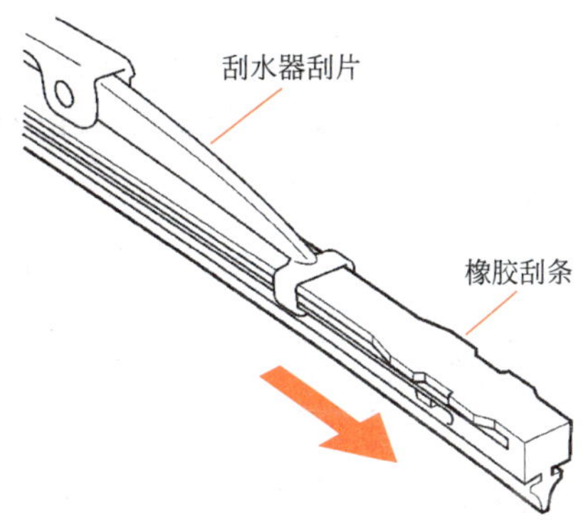

图 6-5-6　抽出刮水器刮片中的橡胶刮条

5. 刮水器 / 清洗器开关测试（以本田飞度轿车为例）

维护保养中如果发现刮水器 / 清洗器工作不正常，要检查刮水器 / 清洗器开关。

① 拆下转向柱盖。

② 按照图 6-5-7 所示，把刮水器 / 清洗器开关上的 8 针插接器断开。

③ 按照图 6-5-7 所示，拆下 2 个螺钉，将开关拆下。

④ 检查插接器端子是否有锈蚀、松动或弯曲，如果有，应予以修理或清洁。

⑤ 按照表 6-5-3 所示，用万用表测量刮水器 / 清洗器开关在不同状态下端子之间的导通性。

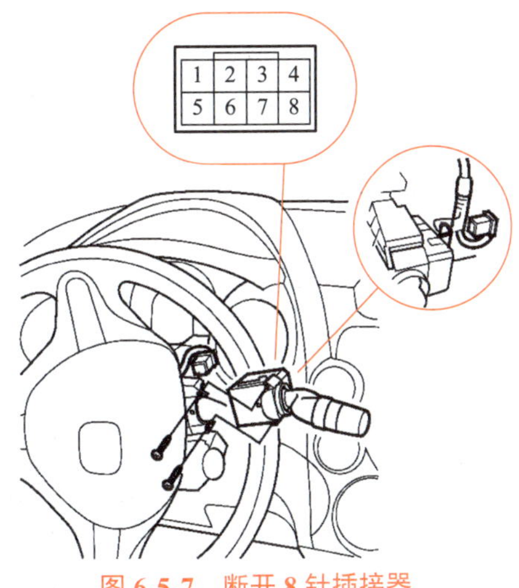

图 6-5-7　断开 8 针插接器

⑥ 如果导通性与表 6-5-3 中的规定不符合，应更换刮水器 / 清洗器开关。

表 6-5-3　测量端子导通性

位置	端子				
	1	2	3	4	5
OFF					
INT（间歇）		○			○
LO（低速）		○		○	○

续表

位置	端子				
	1	2	3	4	5
HI（高速）				○—	—○
除雾 ON			○—	—	—○
清洗器 ON	○—	—	—	—	—○

6. 刮水器电动机的检测

在对刮水器系统进行维护保养时，应首先检查刮水器运行是否正常，将刮水器设置到不同的刮水速度，查看在各种不同速度下刮水器的运行是否正常，如果不正常，要检查刮水器电动机。以本田飞度轿车为例，该车刮水器电动机的检测方法参见表 6-5-4。本田飞度轿车刮水器电动机插接器端子识别如图 6-5-8 所示。

表 6-5-4　本田飞度轿车刮水器电动机的检测方法

步骤	检测方法
1	把刮水器刮臂和前罩盖拆下
2	按照图 6-5-8 所示，断开刮水器电动机插接器的连接
3	把蓄电池电源连接到插接器 3 号端子上，将插接器 4 号端子接地，此时电动机应低速运转，如果电动机不运转或运转不平稳，则更换新电动机
4	把蓄电池电源连接到插接器 5 号端子上，将插接器 4 号端子接地，此时电动机应高速运转，如果电动机不运转或运转不平稳，则更换新电动机

7. 清洗器电动机检测

检查清洗器时，应运行清洗器，查看清洗器喷出的洗涤液量是否充足，如果没有喷出洗涤液，则检查清洗器电动机的运行是否正常。以本田飞度轿车为例，该车清洗器电动机的检测方法参见表 6-5-5。

表 6-5-5　本田飞度轿车清洗器电动机的检测方法

步骤	检测方法
1	拆卸轿车的右侧内翼子板
2	按照图 6-5-9 所示，从清洗器电动机上断开插接器
3	把蓄电池电源连接至清洗器插接器 1 号端子上，将插接器 2 号端子接地
4	如果清洗器电动机正常，电动机应平稳运转；如果电动机不运转或运转不稳，则更换新电动机；如果电动机运转平稳，但喷出的洗涤液液量不足或没有，应检查清洗器管是否断开或阻塞

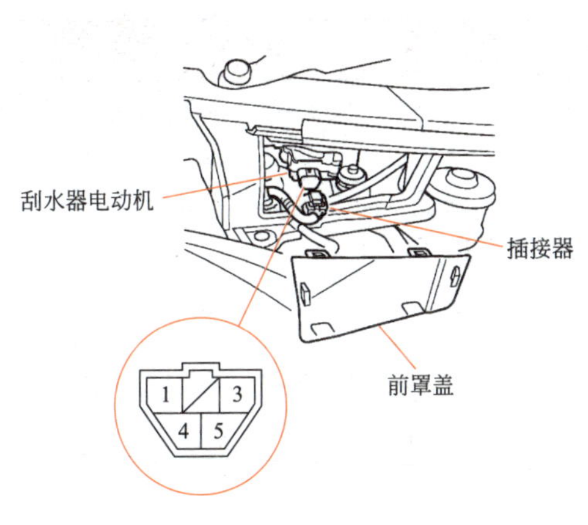

图 6-5-8 本田飞度轿车刮水器电动机插接器端子识别

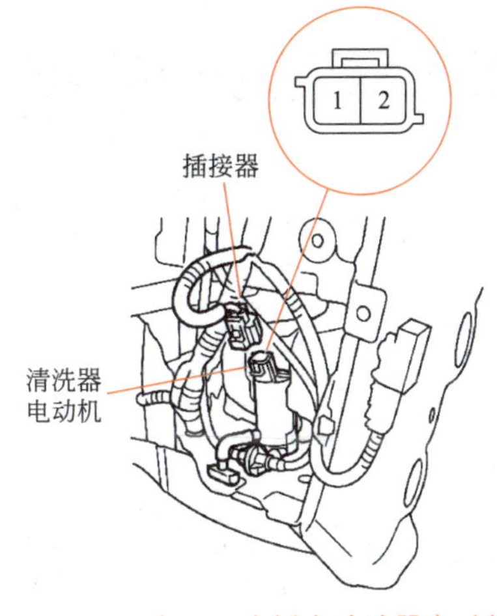

图 6-5-9 本田飞度轿车清洗器电动机插接器端子识别

第六节 电动车窗与电动天窗

一、电动车窗

1. 电动车窗的功能

电动车窗是指以电为动力使车窗玻璃自动升降的车窗。驾驶员或乘员操纵开关接通车窗升降电动机的电路，电动机产生动力通过一系列的机械传动，使车窗玻璃按要求进行升降。其功能有：手动升 / 降、自动升 / 降、车窗锁止、防夹保护、延时操作升 / 降、门锁联动关闭等，如表 6-6-1 所示。

表 6-6-1 电动车窗功能及其说明

功能	说明
手动升 / 降	将电动车窗开关按向手动位置（如一半位置）时，长按车窗开关，车窗玻璃会升 / 降；松开车窗开关，玻璃会自动停止
自动升 / 降	将电动车窗开关按向自动位置（极限位置）时，短按车窗开关，车窗玻璃会自动升 / 降到极限位置，中途玻璃不会自动停止，除非出现卡滞或人为操作开关
车窗锁止	当操作“车窗锁止”功能后，除驾驶员车窗外，所有车窗玻璃升降功能都失效

续表

功能	说明
防夹保护	当车窗上升而遇到障碍时，能自动检测出由障碍所引起的阻力，并自动停止车窗的关闭，将车窗玻璃向下移动 50mm，避免出现意外
延时操作升 / 降	有的车上装有延时开关，在点火开关断开约 10min 内（不同汽车时间不同），在车门打开以前，仍有电流供给，使驾驶员和乘客能关闭车窗及操作其他辅助设备
门锁联动关闭	如果驾驶员从车内走出而忘记把车窗关闭，不需再进入车内关车窗，可以在车外通过中央门锁系统，将车窗自动地关闭

2. 电动车窗的部件组成

电动车窗的部件组成如图 6-6-1 所示。

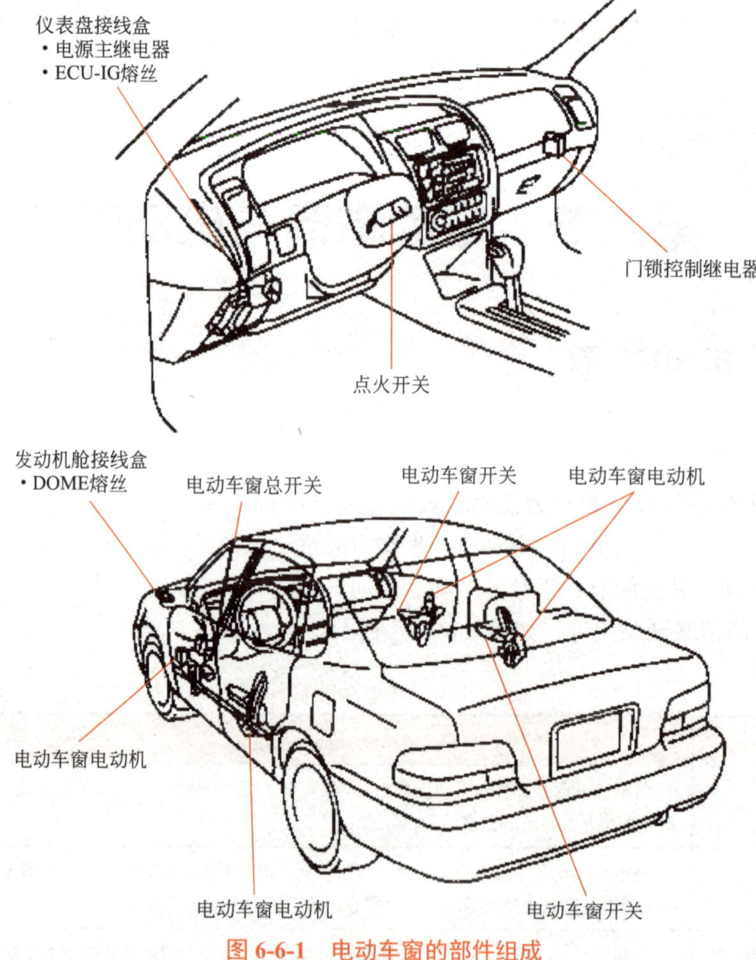

图 6-6-1　电动车窗的部件组成

3. 电动车窗组成部件的功能

（1）电动机　电动车窗的电动机是双向运行的，有永磁式，也有双绕组串联式。每个车门各有一个电动机，通过开关控制电动机中的电流方向，即电枢的旋转方向随电流的方向改变而改变，使电动机按不同的电流方向进行正转或反转，从而控制玻璃的升降。另外，为了防止电动机过载，在电路或电动机内装有一个或多个热敏电路开关，用来控制电流。当车窗玻璃上升到极限位置或由于结冰而使车窗玻璃不能自由移动时，即使操纵控制开关，热敏开关也会自动断路，避免电动机通电时间过长而烧坏。

（2）操作开关　电动车窗的操作开关主要有车窗总开关（主开关）、车窗分开关等。电动车窗总开关控制整个电动车窗系统，即可以控制所有车窗。每个车窗的电动机都要通过总开关搭铁，即电流不但通过每个车窗上的分开关，还通过驾驶员车门的总开关；断开总开关上的锁止开关，分开关就不起作用。车窗分开关安装在每个车门上，控制各自车窗玻璃；在车窗锁止开关锁止时，分开关不起作用；有些车型只有当点火开关在“ON”或“ACC”位置时，分开关才起作用。

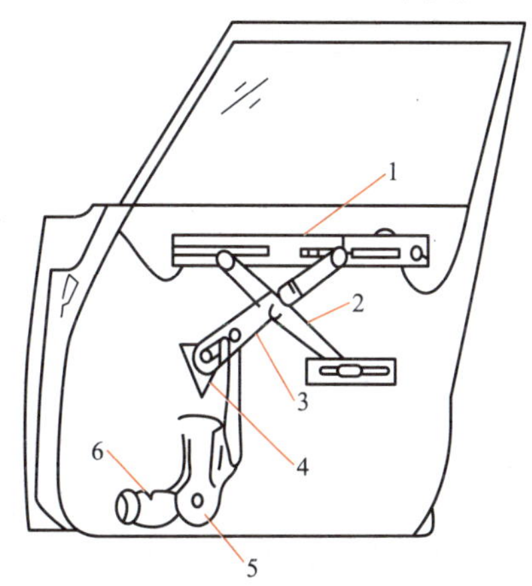

图 6-6-2　交臂式车窗玻璃升降器

1—玻璃安装槽板；2—从动臂；3—主动臂；4—托架；5—平衡弹簧；6—扇形齿轮

（3）车窗玻璃升降器　电动车窗升降器有交臂式、绳轮式和软轴式等几种，如图 6-6-2 ～图 6-6-4 所示，其中绳轮式和交臂式电动车窗升降机构使用较为广泛。

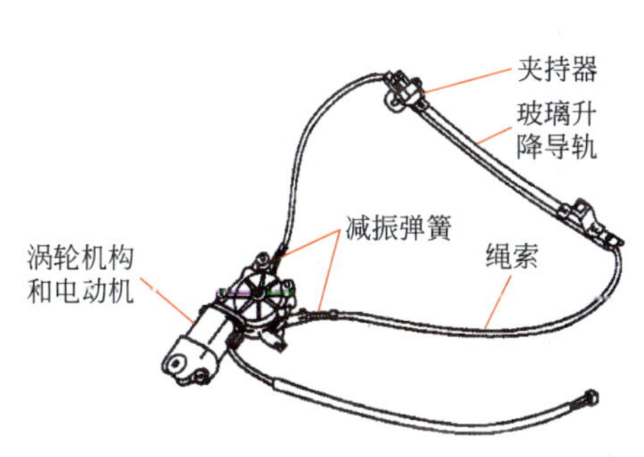

图 6-6-3　绳轮式车窗玻璃升降器

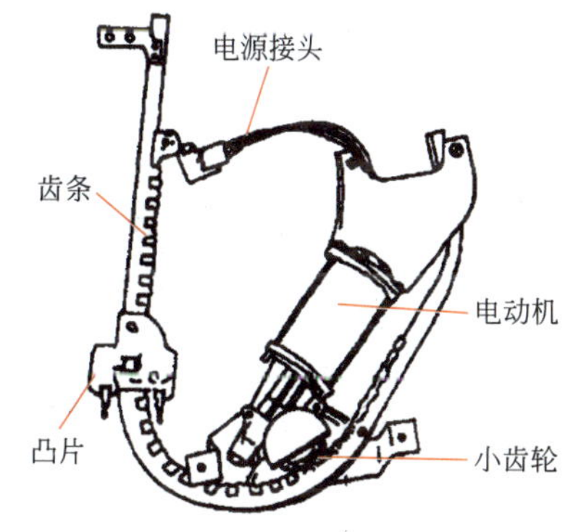

图 6-6-4　软轴式车窗玻璃升降器

对于交臂式玻璃升降器，电动机的输出部分是一个小齿轮，经啮合的扇形齿轮片，通过交臂式升降机构，带动玻璃沿导轨做上下运动。

对于绳轮式玻璃升降器，电动机的输出部分是一个塑料绳轮，绳轮上绕有钢丝绳，钢丝绳上装有滑块。电动机驱动绳轮，带动钢丝绳卷绕，钢丝绳上的滑块带动玻璃，使之沿导轨上下运动。采用绳轮式玻璃升降器的汽车有奥迪、桑塔纳等。

对于软轴式玻璃升降器，电动机的输出部分也是一个小齿轮，通过与软轴上的齿（近似于齿条）相啮合，驱动软轴卷绕，带动玻璃沿导轨做上下运动。

二、电动天窗

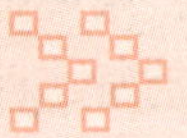

1. 汽车天窗的作用

（1）通风换气　换气是汽车加装天窗的最主要目的。天窗是利用负压换气的原理，依靠汽车在行驶时气流在车顶快速流动形成负压，将车内污浊的空气抽出，由于不是直接进风，而是将污浊的空气抽出，以及将新鲜空气从进气口补充的方式进行通风换气，车内气流极其柔和，没有风直接吹在身上的不适感觉，也不会有尘土卷入。

（2）节能　在炎热的夏天，只需打开天窗，利用车辆行驶过程中车顶形成的负压抽出燥热的空气就可达到快速换气降温的目的，使用这种方法比使用汽车空调降温的速度快 2 ～ 3 倍，而且还节约燃油。

（3）除雾　用天窗除雾是一种快捷方法。特别是在夏秋两季，雨水多，湿度大，前挡风玻璃容易形成雾气。驾车者只需打开车顶天窗至后翘通风位置，即可轻易消除前挡风玻璃上的雾气，保证行车安全。

2. 电动天窗部件组成

电动天窗一般由电动天窗开关继电器、电动天窗电动机、电动天窗开关和天窗总成等部件组成。以本田雅阁轿车为例，该车电动天窗部件组成参见图 6-6-5 和图 6-6-6。

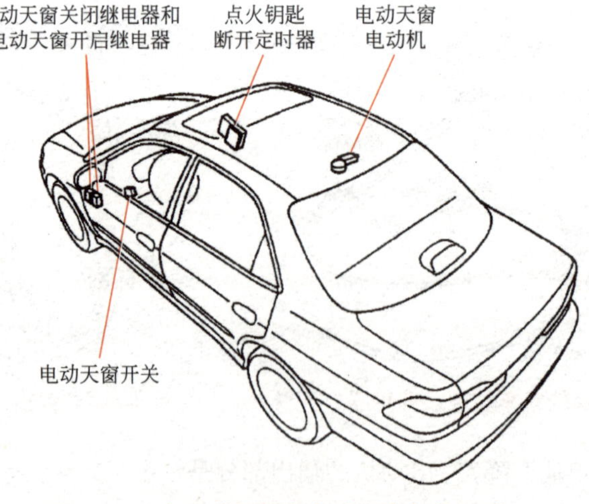

图 6-6-5　本田雅阁轿车电动天窗部件组成

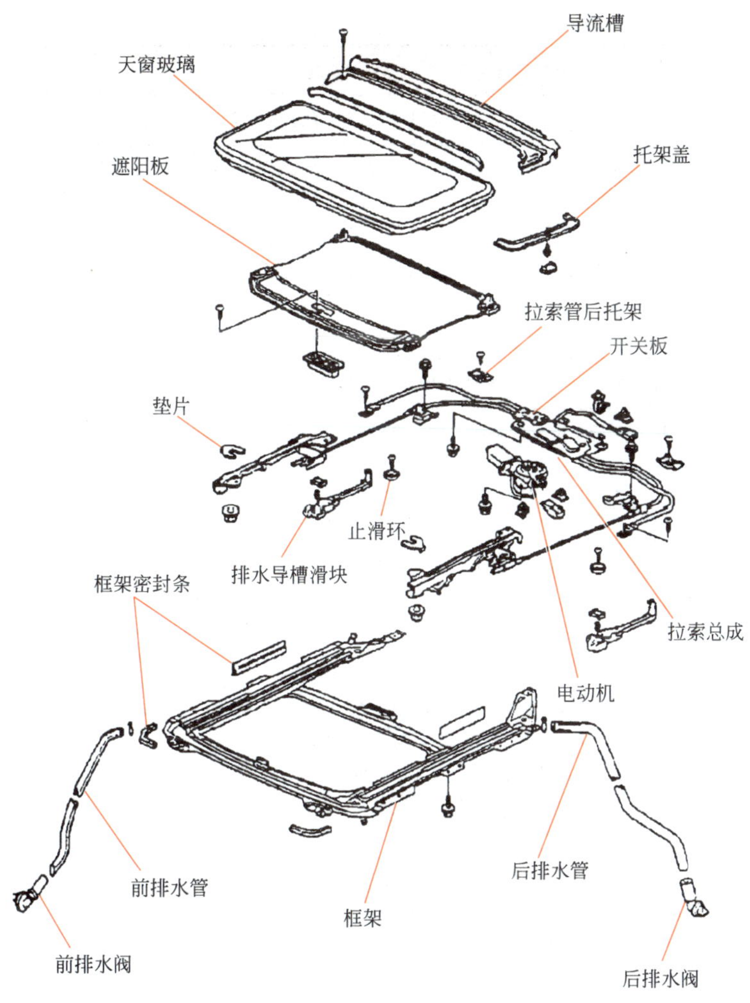

图 6-6-6 本田雅阁轿车天窗总成部件识别

三、电动车窗维护保养

1. 电动车窗设定（以马自达 ATENZA 轿车为例）

维修保养过程中如果断开过蓄电池或切断过电动车窗的电源，恢复供电后要按照表 6-6-2 的操作方法执行电动车窗设定操作，使电动车窗恢复一键自动开关功能。

表 6-6-2 电动车窗设定操作方法

步骤	操作方法
1	把点火开关设置到 ON 状态

续表

步骤	操作方法
2	按照图 6-6-7 所示，按下驾驶员侧车窗上的开关，使驾驶员侧车窗完全开启
3	抬起驾驶员侧车窗上的开关，使驾驶员侧车窗完全关闭，车窗关闭后继续保持开关的抬起状态，持续 2s
4	按照图 6-6-7 所示，按下右前乘客侧车窗上的开关，使驾驶员侧车窗完全开启
5	抬起右前车窗上的开关，使右前乘客侧车窗完全关闭，车窗关闭后继续保持开关的抬起状态，持续 2s
6	按照图 6-6-7 所示，按下左后乘客侧车窗上的开关，使驾驶员侧车窗完全开启
7	抬起左后车窗上的开关，使左后乘客侧车窗完全关闭，车窗关闭后继续保持开关的抬起状态，持续 2s
8	按照图 6-6-7 所示，按下右后乘客侧车窗上的开关，使驾驶员侧车窗完全开启
9	抬起右后车窗上的开关，使右后乘客侧车窗完全关闭，车窗关闭后继续保持开关的抬起状态，持续 2s

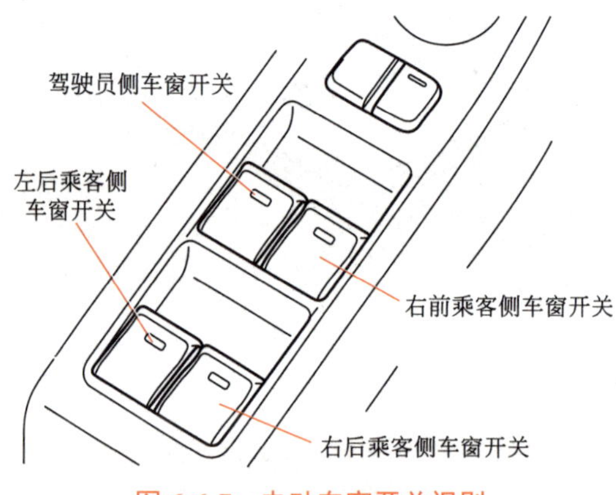

图 6-6-7　电动车窗开关识别

2. 车窗玻璃调整

车窗玻璃发生错位后要调节玻璃位置。以本田飞度轿车为例，该车车窗玻璃调整方法参见表 6-6-3。

表 6-6-3　本田飞度轿车车窗玻璃调整方法

步骤	调整方法
1	把车辆停放在坚实平坦的地面上
2	拆卸车门和车门塑料盖

续表

步骤	调整方法
3	按照图 6-6-8 所示，小心移动玻璃，直至看到玻璃安装螺栓
4	将玻璃安装螺栓松开
5	推动玻璃，使玻璃紧靠着槽，然后将安装螺栓紧固
6	检查玻璃移动是否平稳顺畅
7	按照图 6-6-9 所示，将玻璃完全升起，确认玻璃和玻璃升降槽接触均匀
8	固定车门塑料盖，确保塑料盖外圈密封良好
9	按照图 6-6-10 所示，用直径 12mm 的软管连接自来水，在距离车辆 300mm 处向车身喷水，确认调节后的车窗玻璃没有漏水现象
10	重新安装车门

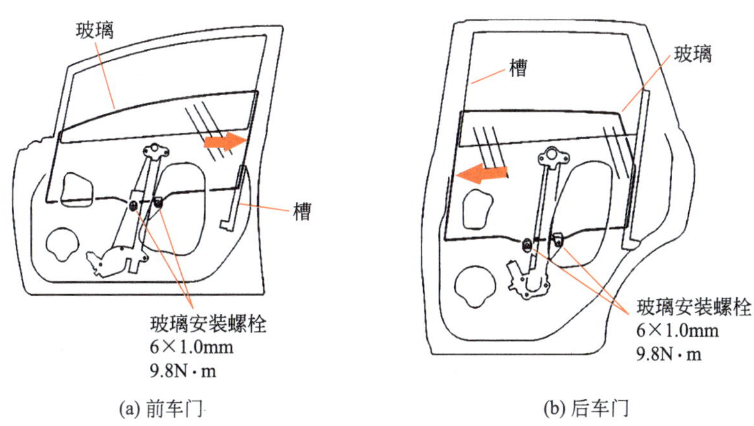

图 6-6-8 玻璃和安装螺栓识别

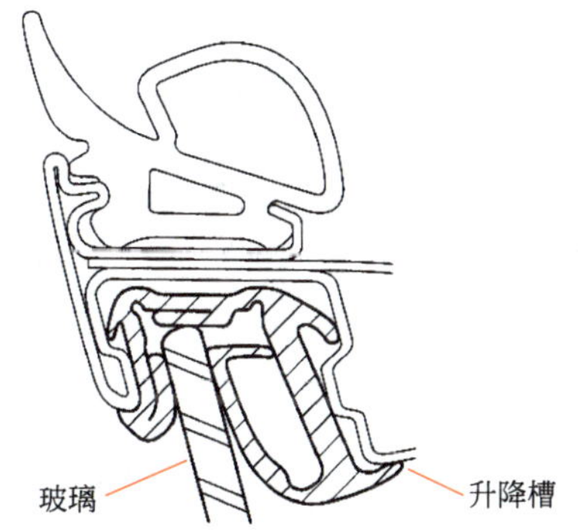

图 6-6-9 检查玻璃和玻璃升降槽的结合情况

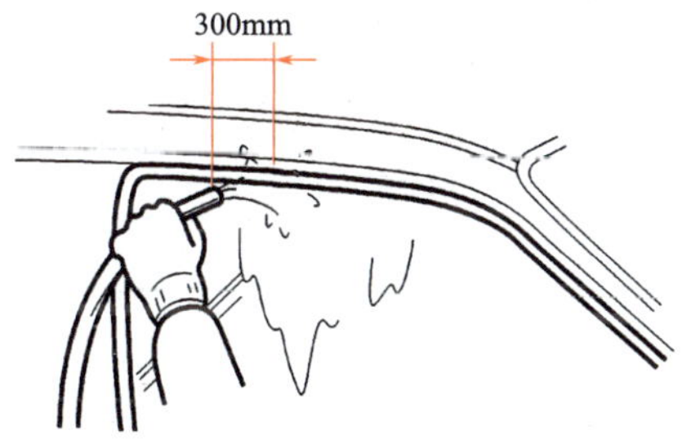

图 6-6-10 检查车窗玻璃水密性

四、电动天窗维护保养

1. 电动天窗关闭力和开启力检查

（1）电动天窗关闭力检查　维护时应注意检查电动天窗是否具备足够的关闭力，如果检查后发现天窗关闭力不足，应查看天窗电动机齿轮和内部拉索是否破裂或损坏。以本田雅阁轿车为例，该车电动天窗关闭力检测方法参见表 6-6-4。

表 6-6-4　本田雅阁轿车电动天窗关闭力检测方法

步骤	检测方法
1	按照图 6-6-11 所示，把一块软布放置在打开的电动天窗玻璃前边缘
2	在软布上挂上一个弹簧秤
3	让另外一名维修人员配合操作，按下电动天窗开关使天窗关闭，当天窗玻璃受到弹簧秤的拉动而停止移动时，读取弹簧秤的测量读数，然后迅速松开天窗开关和弹簧秤
4	将测量值与规定值进行对比，规定范围应为 200 ～ 290N

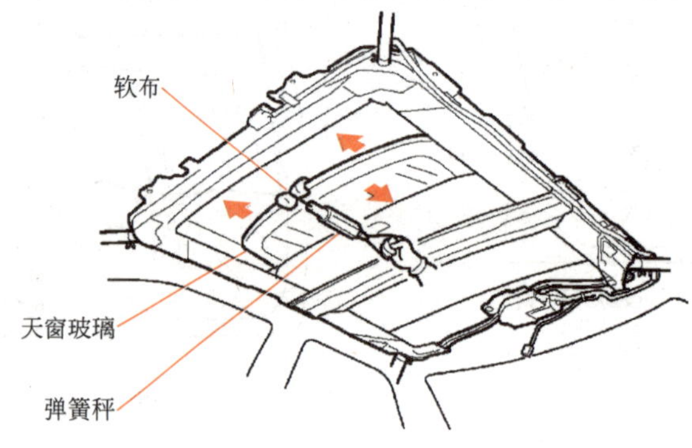

图 6-6-11　测量电动天窗关闭力

（2）电动天窗开启力检查　以本田雅阁轿车为例，该车电动天窗开启力检测方法参见表 6-6-5。

表 6-6-5　本田雅阁轿车电动天窗开启力检测方法

步骤	检测方法
1	先操作电动天窗开关将电动天窗玻璃打开少许
2	按照图 6-6-11 所示，把一块软布放置在打开的电动天窗玻璃前边缘
3	在软布上挂上一个弹簧秤
4	用手拉动弹簧秤，直至天窗玻璃移动为止，规定值应小于等于 40N；如果测量值大于 40N，应检查天窗玻璃滑块与导块之间是否有异物阻塞或天窗玻璃导块与天窗框架之间的间隙过小而导致开启阻力过高

2. 电动天窗紧急开启设定（以现代索纳塔轿车为例）

当车辆发生供电故障，导致电动天窗无法开启时，可按照表 6-6-6 的操作步骤执行紧急开启操作。

表 6-6-6　电动天窗紧急开启设置操作方法

步骤	操作方法
1	按照图 6-6-12 所示，插入螺丝刀，拆卸电动天窗控制台灯罩
2	按照图 6-6-13 所示，拆卸天窗控制台螺栓
3	按照图 6-6-14 所示，用配备的六角扳手插入电动天窗操纵口，顺时针转动天窗，即可开启，逆时针转动，即可关闭

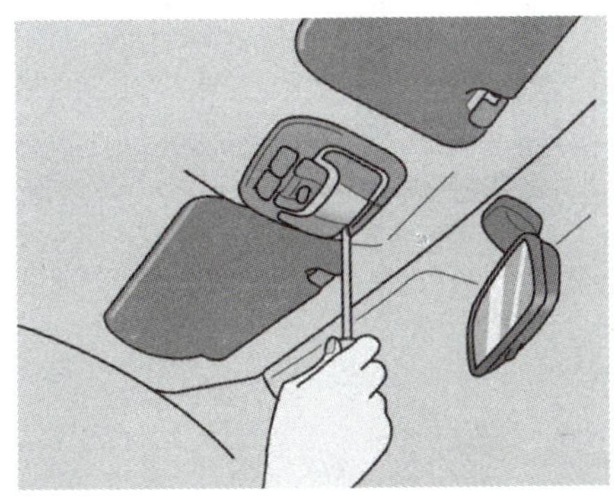

图 6-6-12　拆卸控制台灯罩

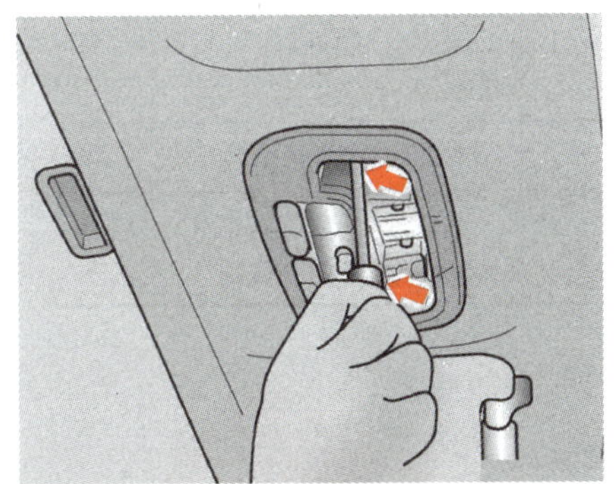

图 6-6-13　拆卸天窗控制台螺栓

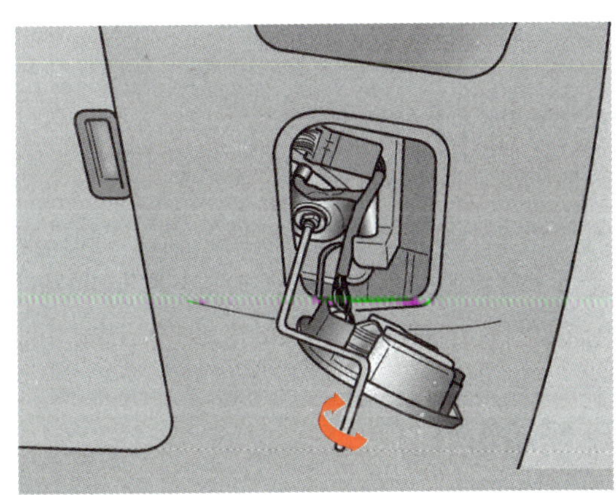

图 6-6-14　插入六角扳手

3. 电动天窗重新设定

在维修过程中如果断开过车辆的蓄电池，维修完毕重新连接蓄电池后，要执行电动天窗重新设定操作，使电动天窗能恢复正常工作。以捷豹 XJ 轿车为例，维修结束后要依照表 6-6-7 的操作方法，重新设定电动天窗功能。

表 6-6-7　电动天窗重新设定操作方法

步骤	操作方法
1	将点火开关设置到 ON 状态
2	按住电动天窗的倾斜开关（图 6-6-15），直至天窗完全倾斜
3	松开电动天窗的倾斜开关
4	按住电动天窗的倾斜开关，持续 30s 以上
5	天窗会完全开启，然后迅速彻底关闭
6	松开电动天窗的倾斜开关
7	确认电动天窗运行正常后，将点火开关设置到 OFF 状态

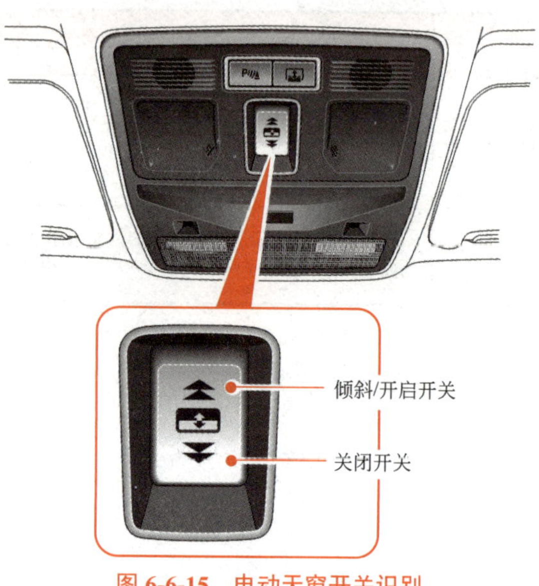

图 6-6-15　电动天窗开关识别

第七节　电动座椅

一、电动座椅部件组成

电动座椅由座椅调节开关、调节电动机等部件组成，驾驶员或乘员可以操作座椅开关，对座椅进行前后、上下、靠背俯仰角度调节，将座椅调节到最舒服的驾驶或乘坐姿势。典型的电动座椅部件组成如图 6-7-1 所示。典型的电动座椅调节功能如图 6-7-2 所示。

二、电动座椅的维护

执行维护时，要按下电动座椅的各个开关和功能按键，确认电动座椅前后、上下、

靠背俯仰等各个调节功能均运行顺畅，发现调节功能不能正常运行时，首先要检查电动座椅的开关电路，如果电动座椅开关电路没有问题，则检测电动座椅的调节电动机。以本田雅阁轿车为例，该车电动座椅开关检测参见表 6-7-1，调节电动机检测参见表 6-7-2。

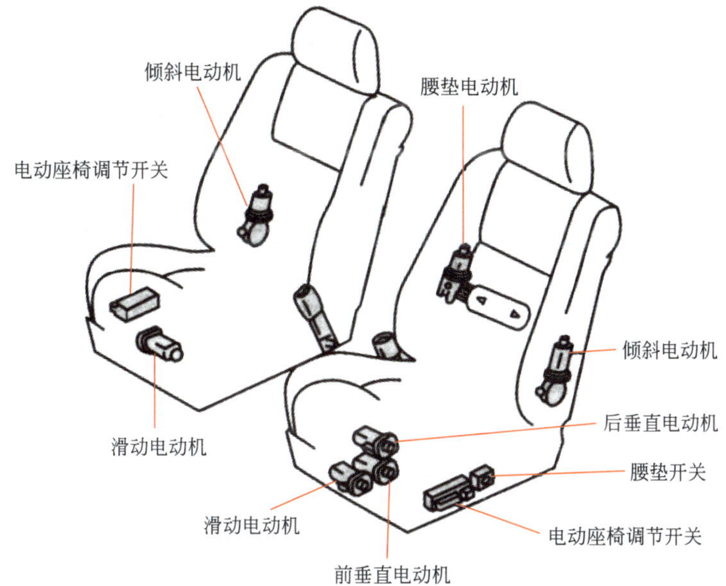

图 6-7-1　典型的电动座椅部件组成

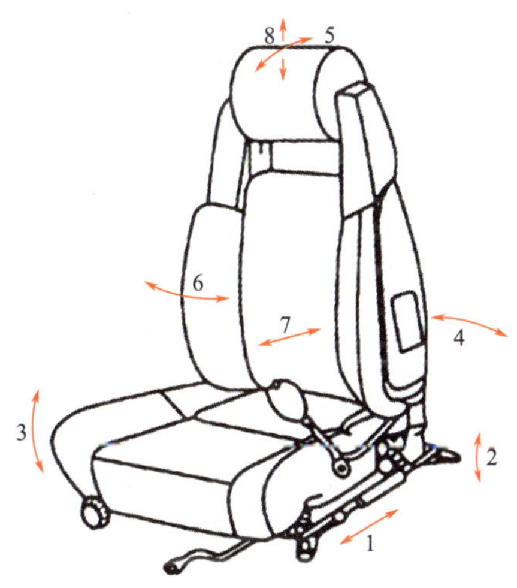

图 6-7-2　典型的电动座椅调节功能

1—前后滑动调节；2—后部上下调节；3—前部上下调节；4—靠背倾斜调节；5—头枕前后调节；6—侧背支撑调节；7—腰部支撑调节；8—头枕上下调节

表 6-7-1　本田雅阁轿车前乘客电动座椅开关检测

步骤	检测方法
1	从前乘客座椅上拆下电动座椅可调开关把手，将开关拆下
2	按照图 6-7-3 所示，断开电动座椅开关的 12 端子插接器
3	重新将调节开关把手安装到开关上，按照图 6-7-3 所示，检测开关在不同位置处的导通性
4	如果检测结果不符合规范，应更换电动座椅开关

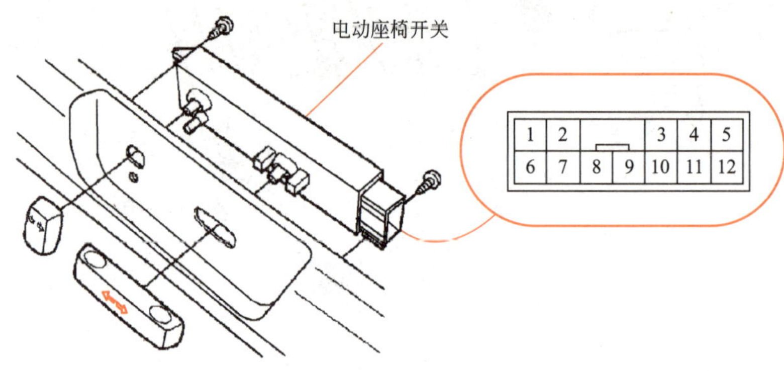

位置		端子											
		1	2	3	4	5	6	7	8	9	10	11	12
滑动开关	向前								○	—	—	○	
								○	—	—	○		
	向后							○	○				
											○	○	
倾斜装置开关	向前		○	—	—	—	—	—	—	—	—	—	○
					○	—	○						
	向后		○	—	—	—	○						
					○	—	—	—	—	—	—	—	○

图 6-7-3　本田雅阁轿车前乘客电动座椅开关检测

表 6-7-2　本田雅阁轿车驾驶员电动座椅电动机检测

步骤	检测方法
1	拆卸驾驶员座椅
2	按照图 6-7-4 所示，从电动座椅调节开关上断开插接器
3	按照图 6-7-4 所示，将蓄电池电压和车身接地连接到插接器端子，对各个调节电动机进行检测
4	如果发现电动机不运转或运转不平稳，则检查线束；如果确认线束没有问题，则更换调节电动机

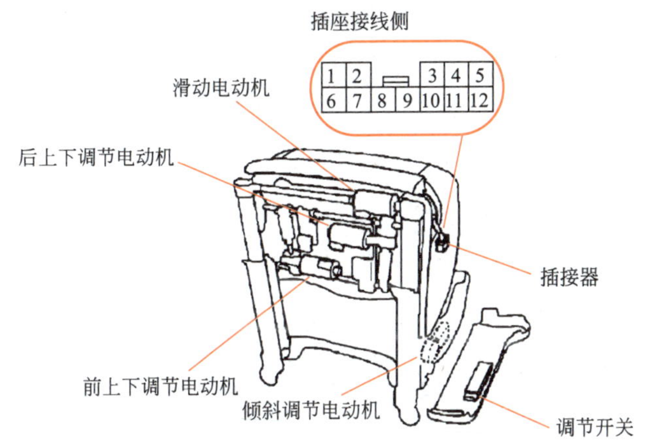

滑动电动机

位置	端子	
	7	11
向前	⊖	⊕
向后	⊕	⊖

前上下调节电动机

位置	端子	
	3	9
向前	⊕	⊖
向后	⊖	⊕

倾斜调节电动机

位置	端子	
	6	12
向前	⊖	⊕
向后	⊕	⊖

后上下调节电动机

位置	端子	
	1	5
向前	⊕	⊖
向后	⊖	⊕

图 6-7-4 本田雅阁轿车驾驶员电动座椅电动机检测

三、电动座椅位置记忆设置

如果在维护保养过程中断开过蓄电池，则原先存储在电动座椅控制模块中的位置记忆信息会消失，维护保养完毕后，可重新对座椅位置进行记忆设置。以本田讴歌RL轿车为例，该车电动座椅位置记忆重新设定操作方法参见表 6-7-3。

表 6-7-3 本田讴歌 RL 轿车电动座椅位置记忆重新设定操作方法

步骤	操作方法
1	将点火开关设置到 ON 状态
2	将驾驶员电动座椅调节到理想位置
3	按照图 6-7-5 所示按下 MEMO 按键，蜂鸣器会发出一声提示音
4	听到提示音后，立即按下位置记忆预设按键 1 或 2
5	蜂鸣器会发出 2 声提示音。按键上的 LED 灯也会点亮，表示该位置已经成功存储

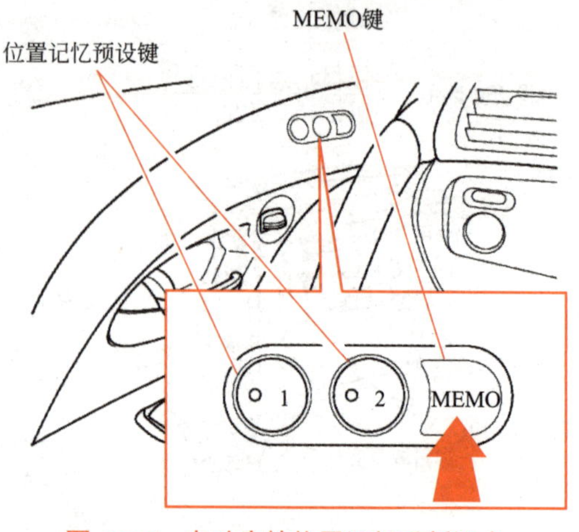

图 6-7-5　电动座椅位置记忆重新设定

第八节　遥控钥匙

一、遥控钥匙电池更换

遥控器长时间使用后，其中的电池电力会耗尽，维护保养时如果发现遥控器使用不正常，要及时更换遥控器电池。以斯巴鲁森林人汽车为例，该车类型 1 遥控器电池更换操作步骤参见图 6-8-1；类型 2 遥控器电池更换操作步骤图 6-8-2；类型 3 遥控器电池更换操作步骤参见图 6-8-3。

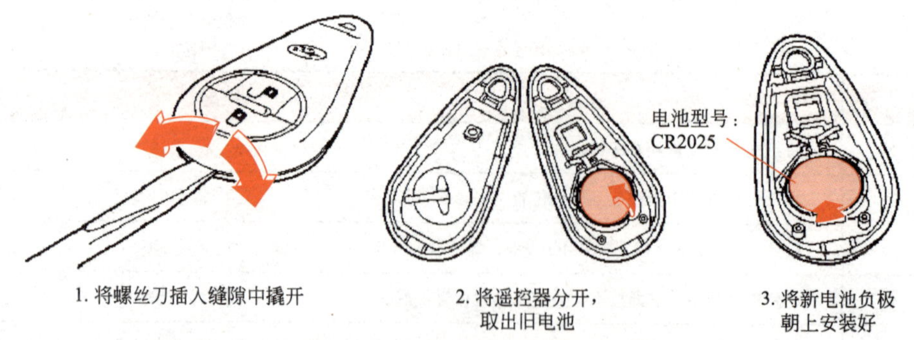

图 6-8-1　斯巴鲁森林人汽车类型 1 遥控器电池更换操作步骤

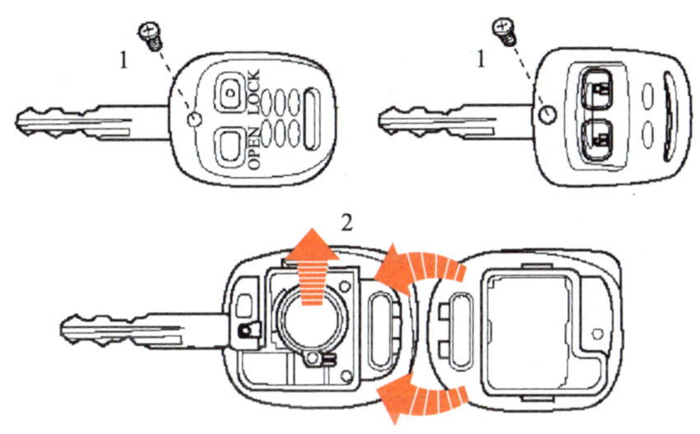

图 6-8-2　斯巴鲁森林人汽车类型 2 遥控器电池更换操作步骤（1 → 2）

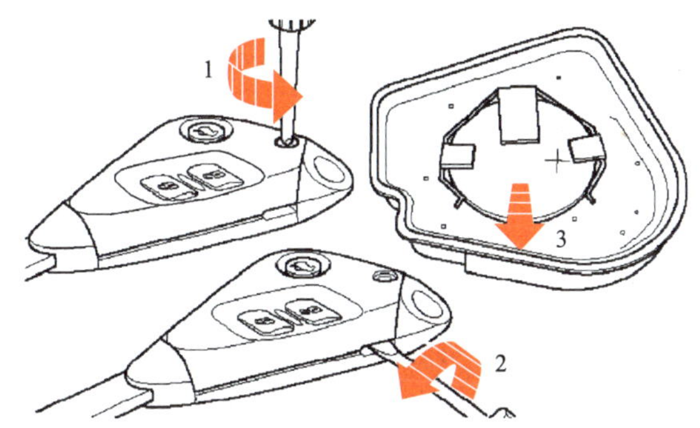

图 6-8-3　斯巴鲁森林人汽车类型 3 遥控器电池更换操作步骤（1 → 2 → 3）

二、遥控器编程设定

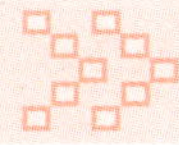

增加或替换遥控器时，要执行遥控器编程设定操作，操作方法可在具体车型的维修手册中查到，维修工在实际工作中应注意收集积累各种车型的遥控器编程设定方法。以斯巴鲁森林人汽车为例，可按照表 6-8-1 的操作方法执行编程设定操作。

表 6-8-1　斯巴鲁森林人汽车遥控器编程设定操作方法

步骤	操作方法
1	收集好所有的遥控器
2	拔出点火钥匙
3	拆下 A 柱下方的驾驶员踢脚板
4	按照图 6-8-4 所示，连接中控锁注册接头
5	把驾驶员侧车门上的中控锁开关按键向开锁位置按住，参见图 6-8-5

续表

步骤	操作方法
6	车内灯开始闪烁，蜂鸣器会蜂鸣，表示开始进入遥控器编程模式
7	开始对第一个需要编程的遥控器进行编程，即按下遥控器上的开锁按键，然后按下遥控器上的上锁按键，按键识别参见图 6-8-6
8	随着开锁按键和上锁按键的按动，车门锁也相应地开锁和上锁，表示第一个遥控器编程顺利完成
9	重复上述步骤，对剩余的遥控器执行编程设定操作
10	等到最后一个遥控器完成编程设定操作后，断开中控锁注册接头

注：编程遥控器的数量最多为 4 个。

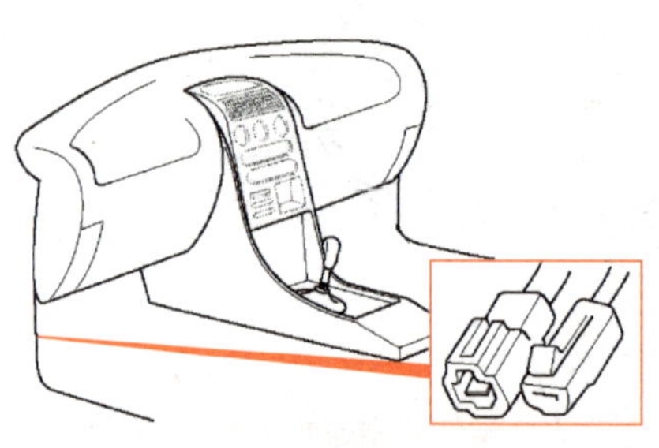

图 6-8-4　中控锁注册接头

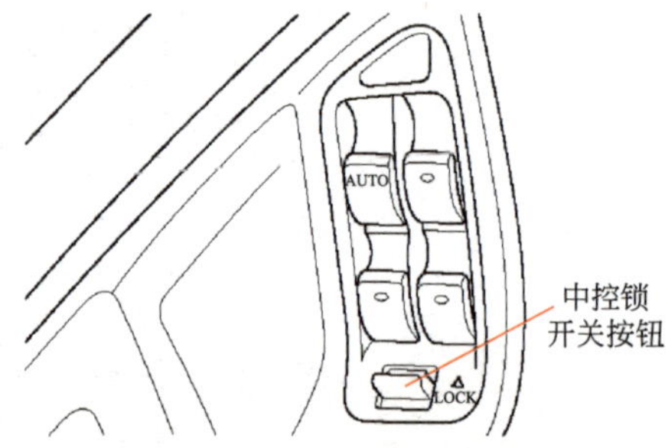

图 6-8-5　中控锁开关按键

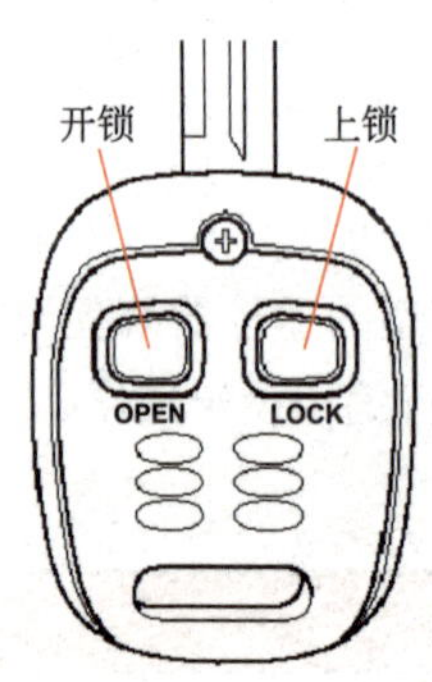

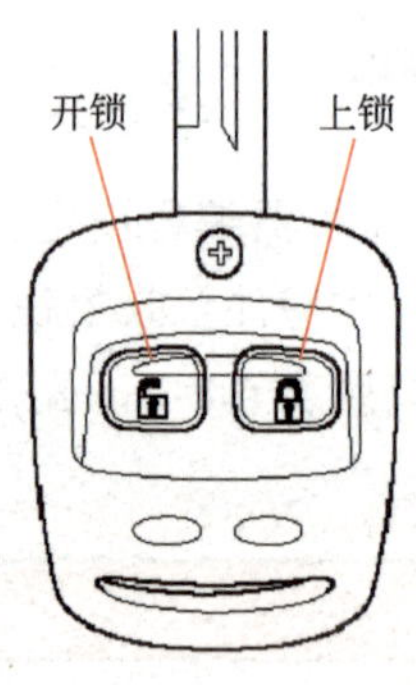

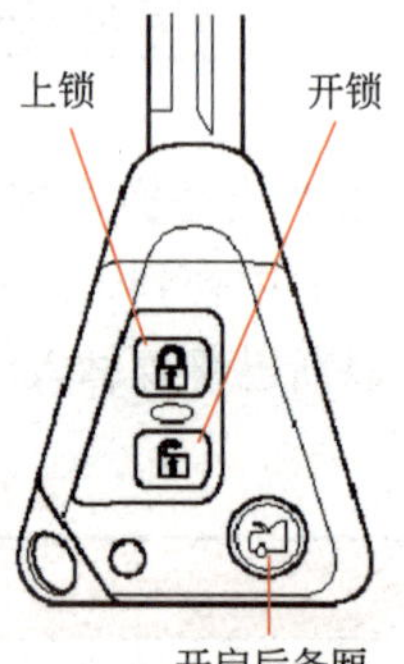

图 6-8-6　遥控器按键识别

第七章

约束和保护装置

第一节　安全带

一、汽车安全带的作用与部件组成

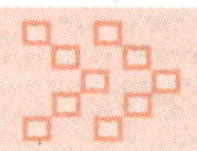

目前汽车普遍配备三点式安全带，安全带是一种重要的被动式安全装置，在车辆发生碰撞时可以把驾驶员和乘员牢牢固定在座椅上，防止发生二次碰撞或甩出车外，可以有效保护驾驶员和乘客的安全。安全带总成一般由安全带、安全带锁扣等部件组成，参见图 7-1-1。

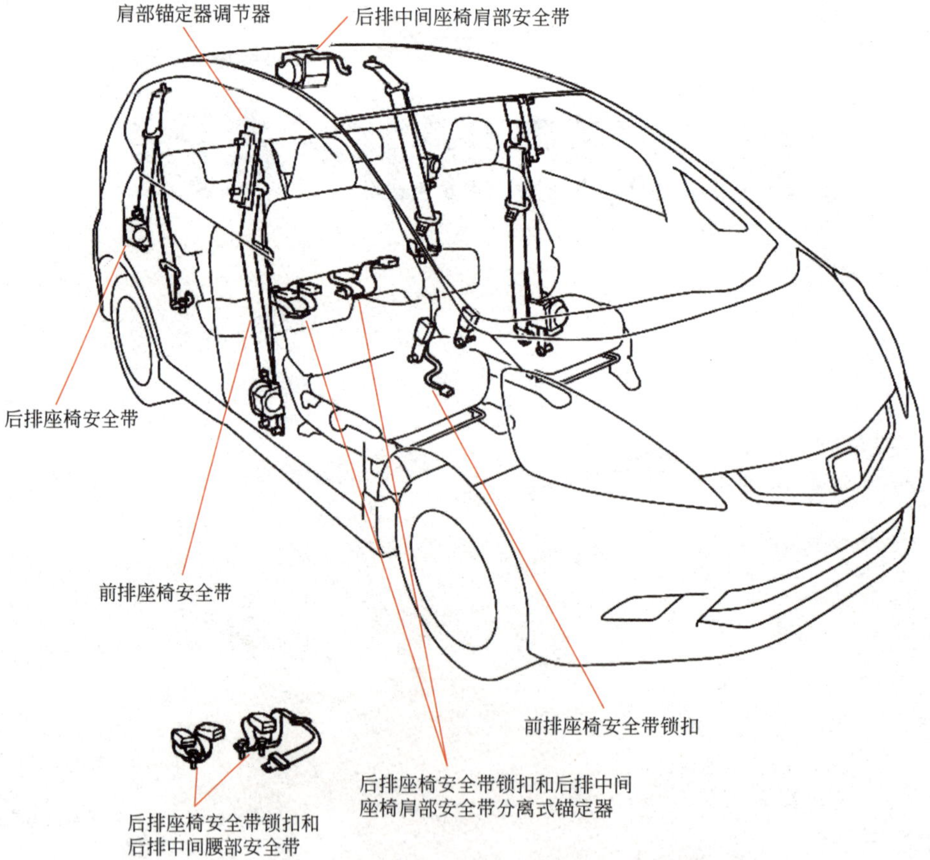

图 7-1-1　典型的汽车安全带部件组成（本田飞度轿车）

二、座椅安全带的维护和保养

1. 座椅安全带的更换

在车辆维护中，要检查所有安全带的状况，安全带上如果有污垢沉积，要及时用热水和肥皂把安全带上的污垢清除干净，防止污垢沉积对安全带织物产生腐蚀，影响安全带强度。如果发现安全带有破裂、磨损，要及时予以更换。以本田雅阁轿车为例，该车前座椅安全带更换操作方法参见表 7-1-1。

表 7-1-1　本田雅阁轿车前座椅安全带更换操作方法

步骤	操作方法
1	断开车辆蓄电池的负极电缆，等待 3min 以上
2	把前座椅向前滑动到极限位置
3	按照图 7-1-2 所示，把下部固定装置外罩往回拉，把外罩固定螺栓拆下
4	拆卸中柱下部装饰件
5	按照图 7-1-3 所示，拆卸上部固定装置外罩，拆卸上部固定装置外罩螺栓
6	按照图 7-1-4 所示，断开安全带收紧器线束插接器；拆下收紧器上部装配螺栓和下部螺栓，拆下前座椅安全带和收紧器
7	拆下前座椅安全带护罩
8	拆卸中柱下部装饰件
9	按照图 7-1-5 所示，拆卸安全带肩部固定器调节装置
10	按照与拆卸相反的顺序将新的安全带安装上去
11	按照图 7-1-6 所示，检查安全带收紧装置，当把安全带收紧装置倾斜到偏离安装位置 15° 时，安全带不应被锁止；当倾斜 40° 时，安全带应锁止

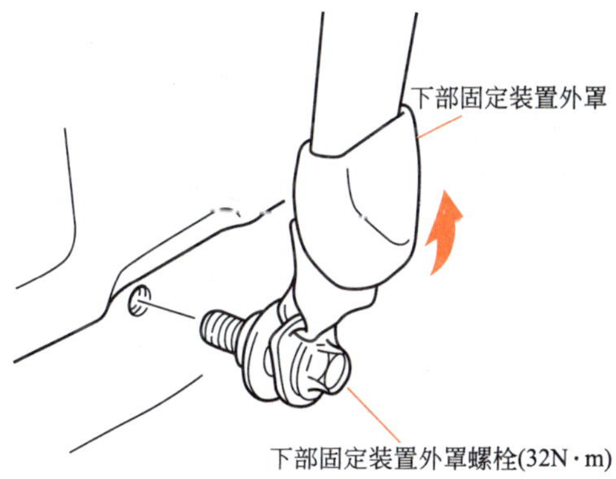

图 7-1-2　拆卸下部固定装置外罩和螺栓

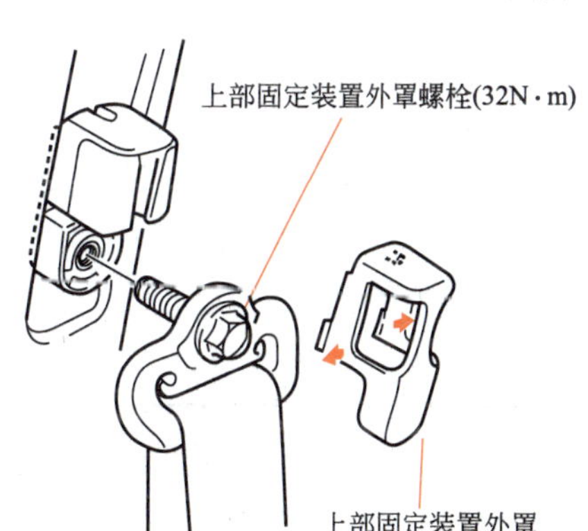

图 7-1-3　拆卸上部固定装置外罩和螺栓

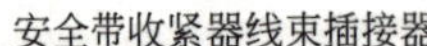

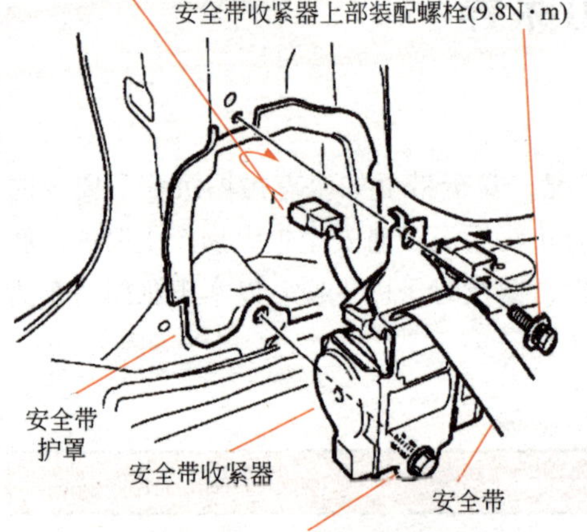

图 7-1-4　收紧器线束插接器、装配螺栓、安全带、收紧器和护罩识别

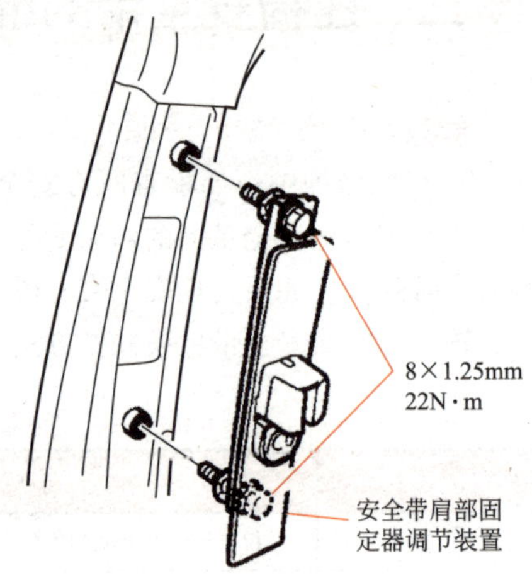

图 7-1-5　安全带肩部固定器调节装置

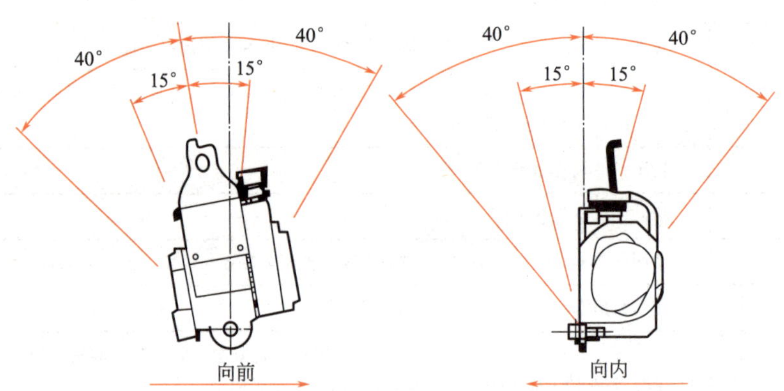

图 7-1-6　检查安全带收紧器锁止功能

2. 座椅安全带锁扣检查和更换

对座椅安全带进行维护时，要仔细检查座椅安全带锁扣是否牢固，如果发现锁扣有裂纹或变形，必须执行更换。以本田雅阁轿车为例，该车座椅安全带锁扣更换操作方法参见表 7-1-2。

表 7-1-2　本田雅阁轿车座椅安全带锁扣更换操作方法

步骤	操作方法
1	断开车辆蓄电池的负极电缆，等待 3min 以上
2	拆下前座椅

续表

步骤	操作方法
3	按照图 7-1-7 所示，断开安全带开关插接器，松开导线扎带
4	按照图 7-1-8 所示，拆下中间固定装置和安全带锁扣
5	按照图 7-1-9 所示，从座椅上拆下安全带开关线束
6	按照与拆卸相反的顺序安装新的安全带锁扣，并依照图 7-1-10 所示，将垫圈按顺序安装到中间固定装置的螺栓上

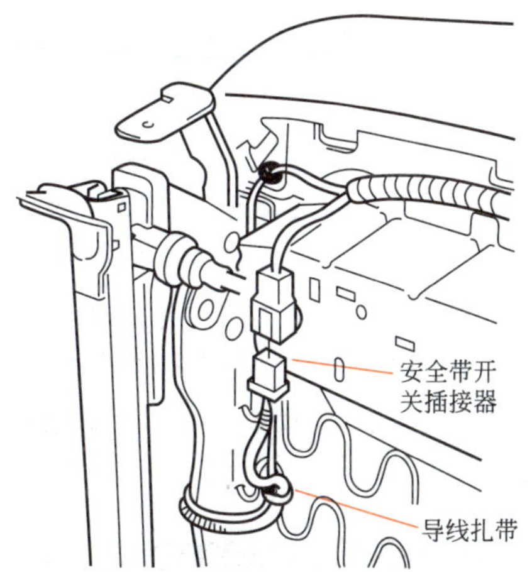

图 7-1-7 安全带开关插接器和导线扎带识别

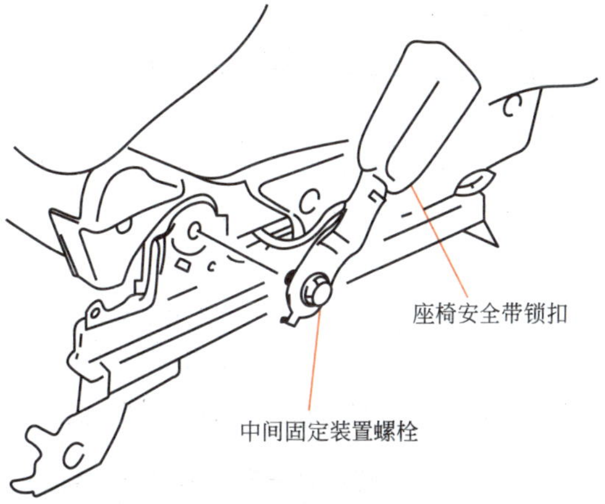

图 7-1-8 中间固定装置和安全带锁扣识别

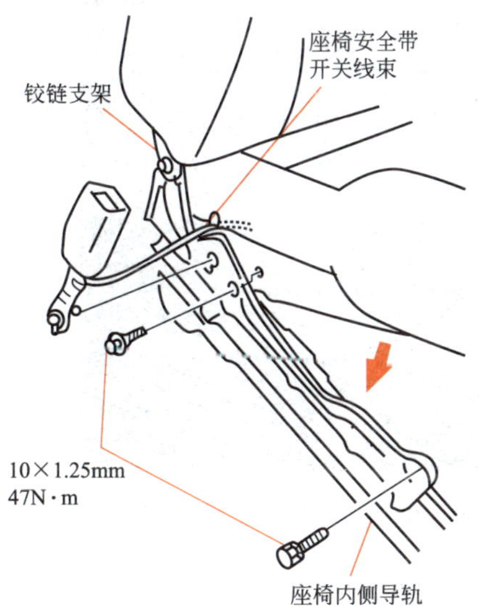

图 7-1-9 拆下安全带开关线束

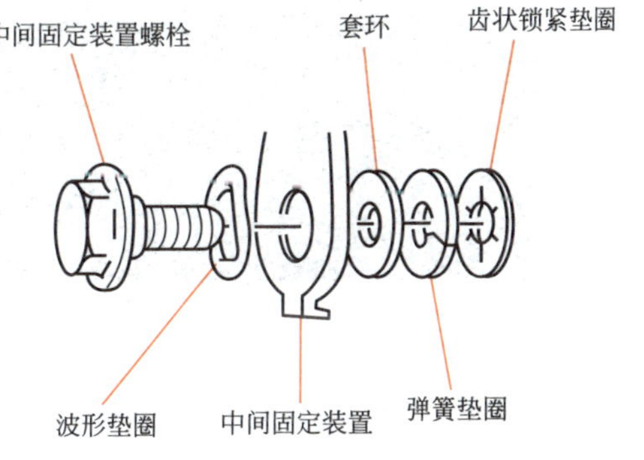

图 7-1-10 安装垫圈到中间固定装置的螺栓上

第二节　安全气囊

一、安全气囊的作用和部件组成

车辆在行驶过程中发生碰撞时，汽车与汽车或汽车与障碍物之间的碰撞称为一次碰撞；一次碰撞后，汽车速度将发生剧烈变化，驾驶员和乘员会受到惯性力的作用而向前运动，并与车内的方向盘、挡风玻璃或仪表板等部件发生碰撞，这种碰撞称为二次碰撞。在车辆碰撞事故中，导致驾驶员和乘员遭受伤害的主要原因是二次碰撞。为了减轻或避免驾驶员或乘员在二次碰撞中遭受伤害，汽车装备了座椅安全带和安全气囊等被动保护装置。设计安全气囊的宗旨是：汽车发生一次碰撞与二次碰撞之间的短暂时间（约120ms）内，在驾驶员、乘员和车内构件之间迅速铺垫一个气垫，如图7-2-1所示，使驾驶员和乘员的头部及胸部压在充满气体的气垫上，利用安全气囊本身的阻尼作用来吸收人体惯性力产生的动能，达到保护人体的目的。

图7-2-1　典型的安全气囊

典型的安全气囊系统主要由碰撞传感器、SRS指示灯和安全气囊组件等部件组成，参见图7-2-2。

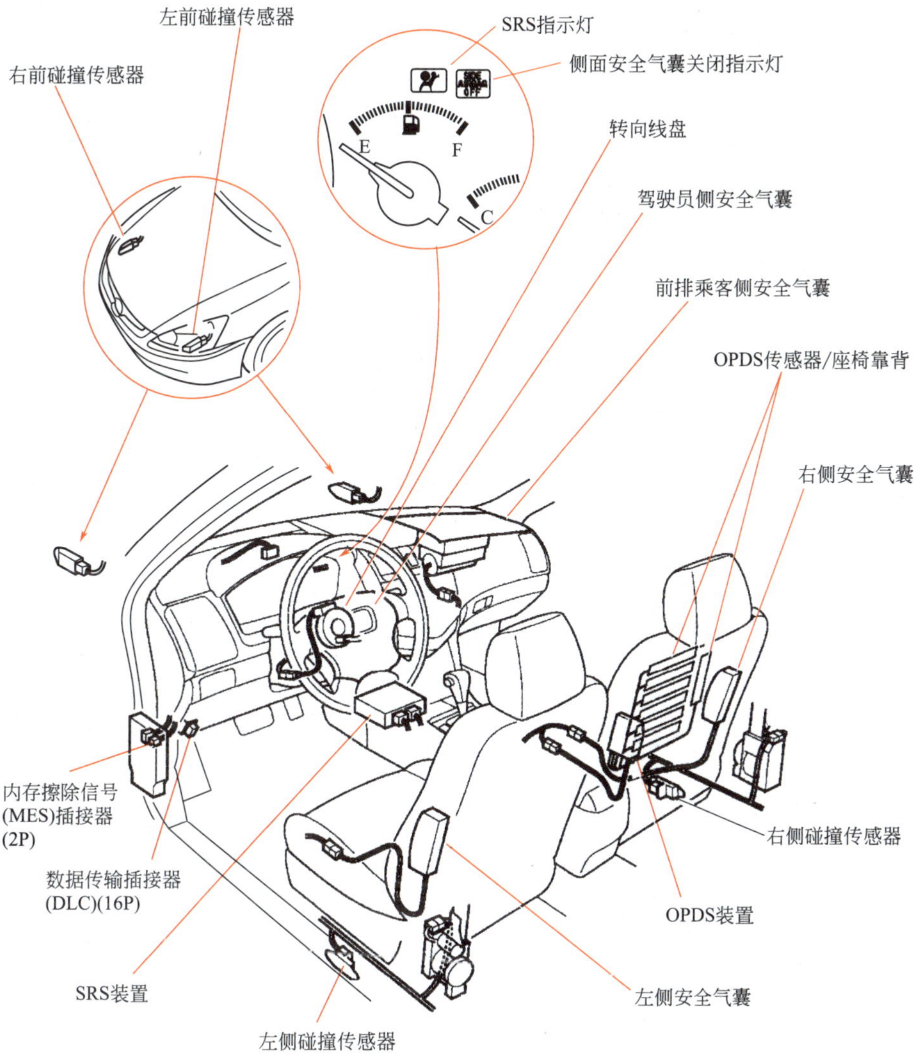

图 7-2-2　典型的安全气囊系统组成部件（本田雅阁轿车）

二、安全气囊的维护注意事项

安全气囊一旦在碰撞中膨开，就不能修理或继续使用，必须更换新的安全气囊。以本田飞度轿车为例，该车安全气囊维护注意事项如下。

① 搬运安全气囊时要拿稳，轻拿轻放，不可摔落，放置时要使安全气囊衬垫面朝上，不要在安全气囊上放置任何东西，如图 7-2-3 所示。

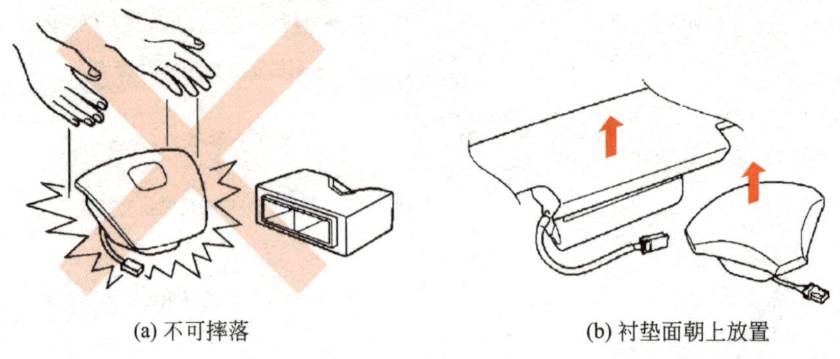

(a) 不可摔落　　(b) 衬垫面朝上放置

图 7-2-3　安全气囊搬运和放置

② 不要使安全气囊沾染油液、水、润滑脂、清洁剂等液体，如图 7-2-4 所示。

③ 安全气囊存放时要远离高温热源，如图 7-2-5 所示。

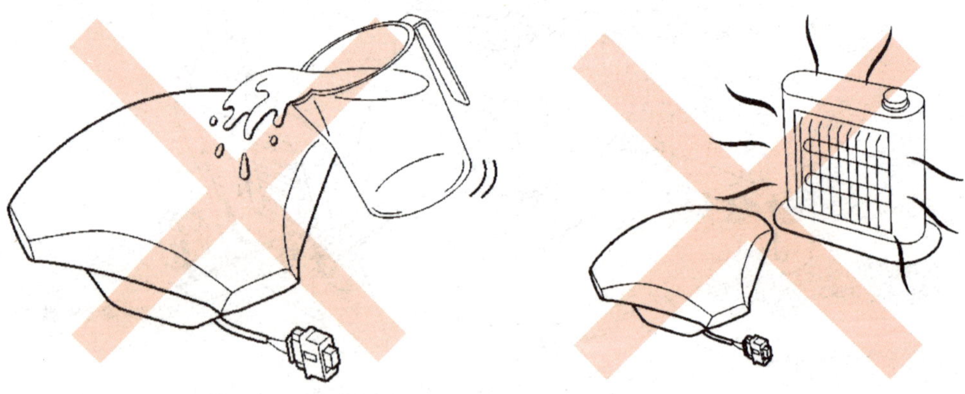

图 7-2-4　不要把液体洒落到安全气囊上

图 7-2-5　安全气囊要远离高温热源

④ 在对安全气囊进行拆卸、更换或检查作业时，不要站在安全气囊前面，如图 7-2-6 所示。

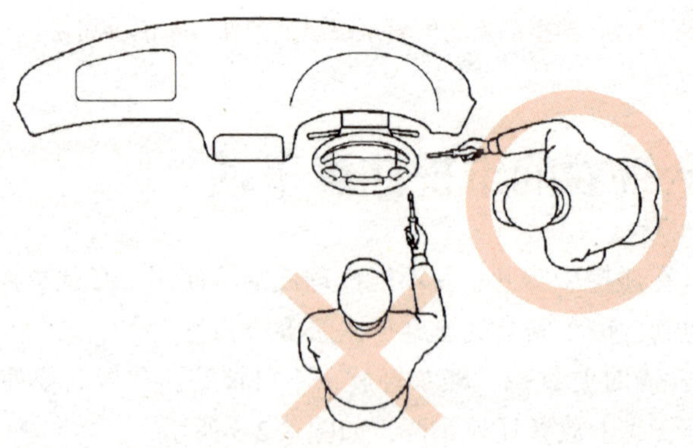

图 7-2-6　不要站在安全气囊前面执行其拆卸、检查和更换作业

三、安全气囊的更换

安全气囊在碰撞事故中膨开后，要更换新的安全气囊。以本田飞度轿车为例，该车驾驶员侧安全气囊的更换操作方法参见表 7-2-1。

表 7-2-1　本田飞度轿车驾驶员侧安全气囊的更换操作方法

步骤	操作方法
1	断开车辆蓄电池的负极电缆，等待 3min 以上
2	按照图 7-2-7 所示，把维修盖板从方向盘上拆下，然后断开驾驶员侧安全气囊插接器和喇叭开关插接器
3	按照图 7-2-8 所示，用扳手把 2 个梅花螺栓拆下
4	按照图 7-2-8 所示，拆下安全气囊
5	按照图 7-2-9 所示，把新的安全气囊安装到方向盘上，安装新的梅花螺栓
6	确保方向盘和喇叭垫之间的间隙符合图 7-2-10 的规定范围
7	按照图 7-2-7 所示，重新连接驾驶员侧安全气囊插接器、喇叭开关插接器，盖好维修盖板
8	重新连接蓄电池负极电缆
9	如图 7-2-11 所示，在故障诊断接口上连接本田车系故障诊断仪，清除安全气囊系统的故障码

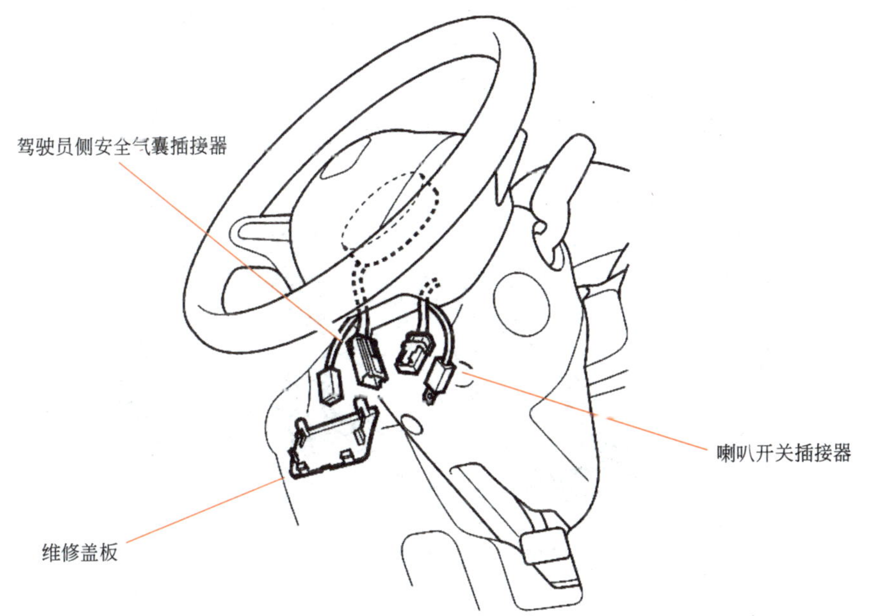

图 7-2-7　维修盖板、驾驶员侧安全气囊插接器和喇叭开关插接器识别

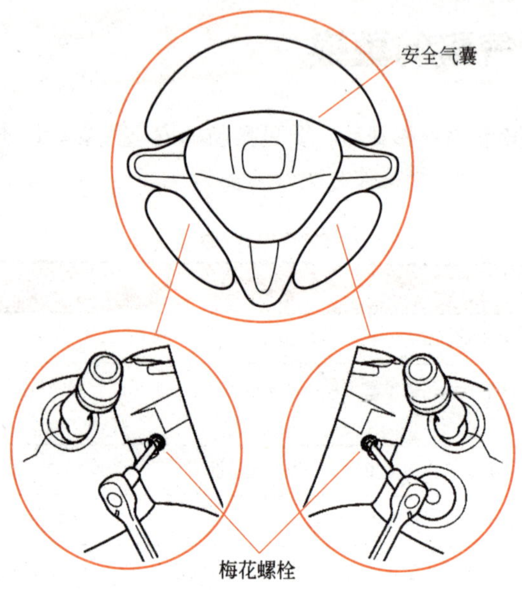

图 7-2-8　梅花螺栓和驾驶员侧安全气囊识别

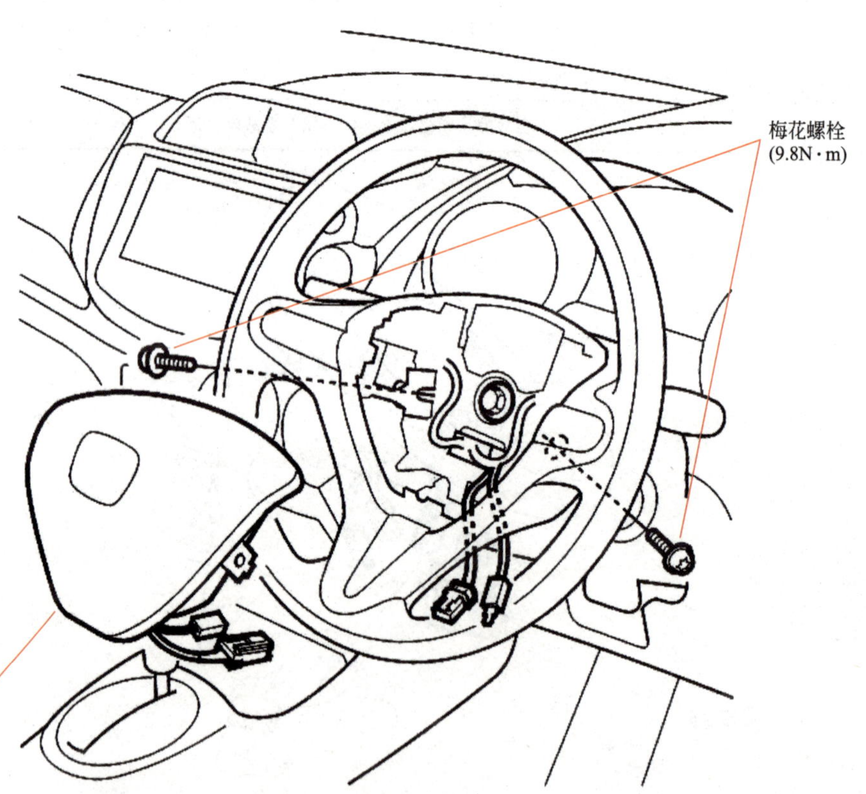

图 7-2-9　更换新的驾驶员侧安全气囊和新的梅花螺栓

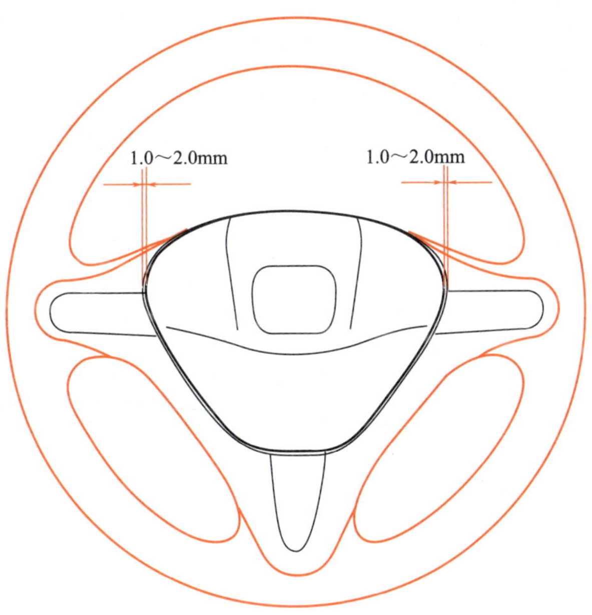

图 7-2-10　方向盘与喇叭垫之间的间隙规定范围

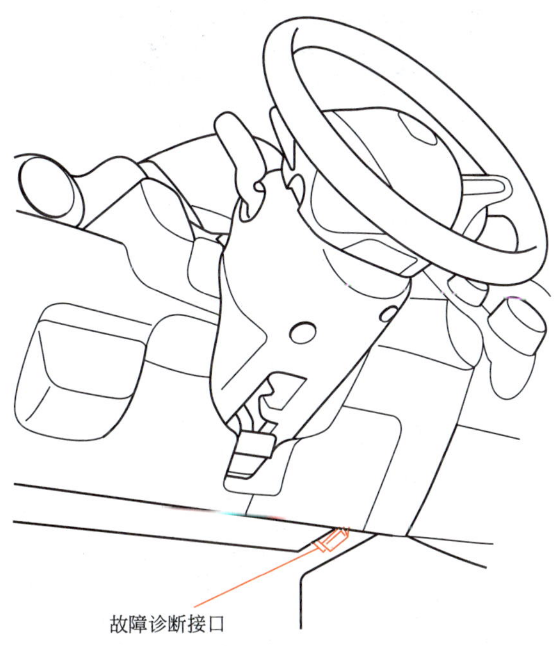

图 7-2-11　故障诊断接口位置识别

第八章

电动汽车的维护保养

第一节　电动汽车维护保养的工作准备

一、高压电防护用具

电动汽车采用动力电池作为动力源，动力电池具备高电压，存在漏电的可能，因此在维护电动汽车时，必须做好高压电的安全防护工作，避免触电危险。

1. 绝缘手套

绝缘手套是用天然橡胶经压片、模压、硫化或浸模成型的五指手套，如图 8-1-1 所示。质量合格的绝缘手套，具备绝缘、耐酸碱腐蚀、防水等功能，在对电动汽车执行动力电池高压回路放电、验电和高压部件拆装等工作中必须佩戴使用。绝缘手套上一般都带有铭牌，上面标注了最大使用电压，电压越高，绝缘手套的厚度就越大，因此要根据承修电动车辆的最大电压值选择规格合适的绝缘手套。

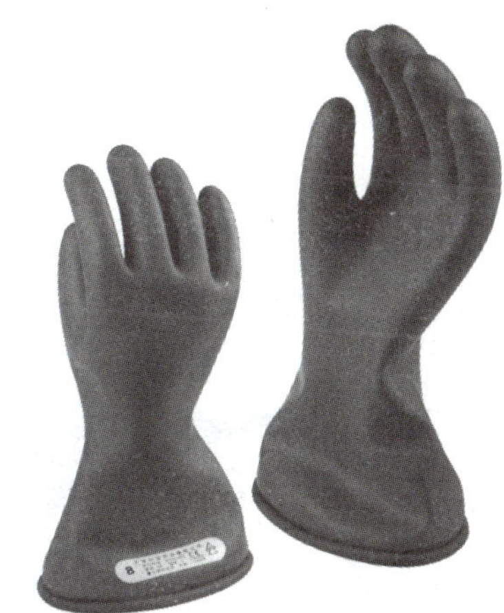

图 8-1-1　典型的绝缘手套

绝缘手套的使用注意事项如下。

① 在使用前，要检查气密性：将手套从口部向上卷，用力将空气压至手套的手掌和指头部分，检查这部分是否漏气，如果有漏气，则必须换用新的绝缘手套。

② 在使用时，要防止尖锐物体划伤或刺破手套。

③ 如果发现绝缘手套存在橡胶表面发黏、裂纹、产生气泡或橡胶发脆，应换用新手套。

④ 佩戴绝缘手套时，要将上衣袖口套入绝缘手套内。

⑤ 绝缘手套使用一段时间后出现脏污，要用 65℃以下的温水和肥皂将其清洗干净，待彻底干燥后，撒上滑石粉，放置到清洁干燥的库房存放，存放时绝缘手套不允许受到重物挤压。

2. 绝缘帽

在维护检修处于举升状态的电动汽车时，为防止发生触电事故，要佩戴绝缘帽，如图 8-1-2 所示。佩戴时要把绝缘帽的下颚带系好，确保佩戴牢固。

3. 绝缘鞋

绝缘鞋是在高压操作时使人体与大地保持绝缘的防护用具，一般在比较潮湿的场所使用，如图 8-1-3 所示。

图 8-1-2 典型的绝缘帽

图 8-1-3 典型的绝缘鞋

4. 防护眼镜

在维护和保养电动汽车时，为了防止电气拉弧产生的电火花对眼睛的伤害，需要佩戴防护眼镜，如图 8-1-4 所示。

图 8-1-4 典型的防护眼镜

5. 绝缘服

在电动汽车充电站等高电压场所工作时，要根据操作项目和工作需要，穿绝缘服进行相关作业，如图 8-1-5 所示。

6. 绝缘垫

典型的绝缘垫如图 8-1-6 所示，是一种具有较大电阻、耐电击穿的胶垫，在维护电动汽车时可铺设在作业场所，尤其是在雨季潮湿天气或地面潮湿的场所应铺设绝缘垫，与其他绝缘工具配合使用，能起到更全面的保护作用。

图 8-1-5 典型的绝缘服

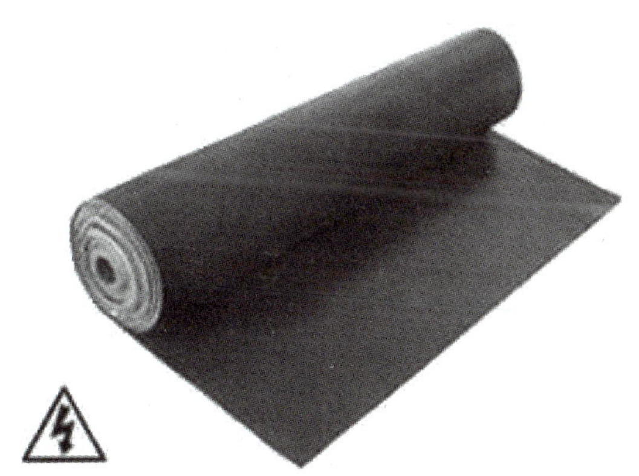

图 8-1-6 典型的绝缘垫

二、电动汽车高压检测工具

1. 绝缘电阻表

绝缘电阻是表示电动汽车电气安全性能的重要参数，电动汽车配备的高压线束如果由于绝缘介质老化或受极端潮湿环境的影响，有可能会导致动力电池高压电路与电动汽车底盘之间的绝缘性能下降，对乘客的人身安全造成威胁，因此在维护电动汽车时，要使用绝缘电阻表检查被测设备断电并搭铁放电后，其绝缘电阻是否处于规定范围。典型的绝缘电阻表如图 8-1-7 所示，由手摇发电机、表头和三个接线柱组成。L 为接线端，G 为屏蔽端（也叫保护环），E 为搭铁端。一般被测绝缘电阻都接在 L 端和 E 端之间，但当被测绝缘体表面漏电严重时，必须将被测物的屏蔽环或不需测量的部分与绝缘电阻表的 G 端相连，这样漏电电流即可由屏蔽端 G 直接流回发电机的负端形成回路。使用时应严格按照绝缘电阻表的使用说明执行测量操作。

2. 电流钳

电流钳也叫钳形电流表，是利用电流互感原理制造的，可以在不断开电路的情况下测量线路电流，如图 8-1-8 所示。

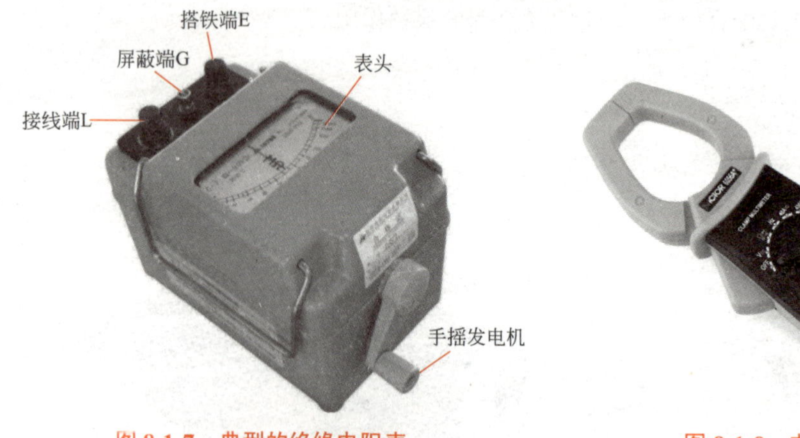

图 8-1-7　典型的绝缘电阻表

图 8-1-8　电流钳

使用电流钳时应注意以下事项。

① 测量时，被测导线应垂直放在电流表的钳口中心，一次只能测量一根导线，不允许同时测量多根导线。

② 测量时，操作人员应佩戴绝缘手套，穿绝缘鞋，双手不得触碰其他设备，防止发生短路和搭铁。

③ 根据被测设备的额定功率估算额定电流，选择合适的测量量程；如果电流大小难以估算，可选择最大量程，以防烧毁电流钳。

④ 电流钳上标有额定电压，不能用电流钳测量超过额定电压的高压电路电流。

3. 绝缘工具

典型的绝缘工具如图 8-1-9 所示，它是能够保证带电作业安全的工具。与传统工具相比，绝缘工具的把手或握柄均带有抗高电压的绝缘保护层，能有效保护电动汽车维护作业人员的安全。

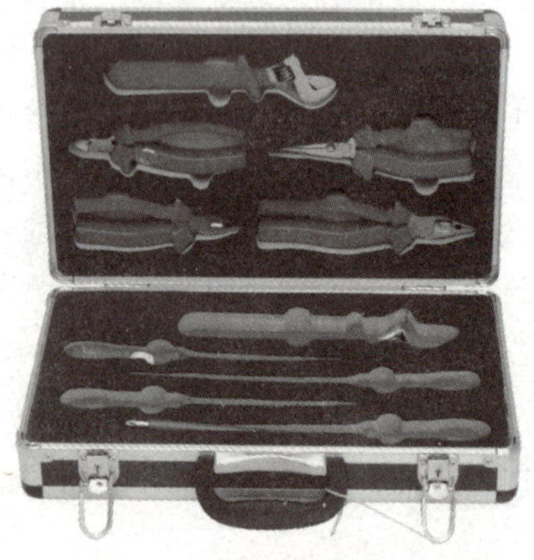

图 8-1-9　典型的绝缘工具

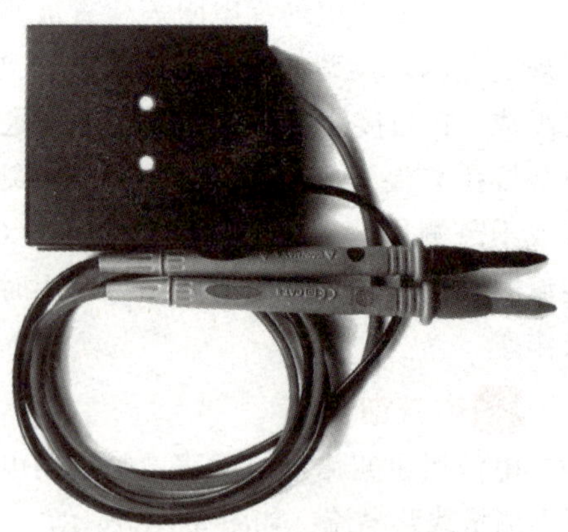

图 8-1-10　放电工装

4. 放电工装

放电工装如图 8-1-10 所示。由于电动汽车的动力电池和一些高压部件带有电容，即使断开电源，仍然会存储部分电量，因此维护保养电动汽车时，要使用放电工装，对高压端口进行放电，以防发生触电危险。

第二节　电动汽车维护保养操作项目

一、电动汽车仪表符号识读

电动汽车采用动力电池作为动力，因此仪表符号与配置燃油发动机的轿车的仪表符号有所不同，维修人员应准确识读电动汽车仪表指示灯的含义。以美国特斯拉 MODEL S 轿车为例，该车仪表板指示灯符号如图 8-2-1 和图 8-2-2 所示。

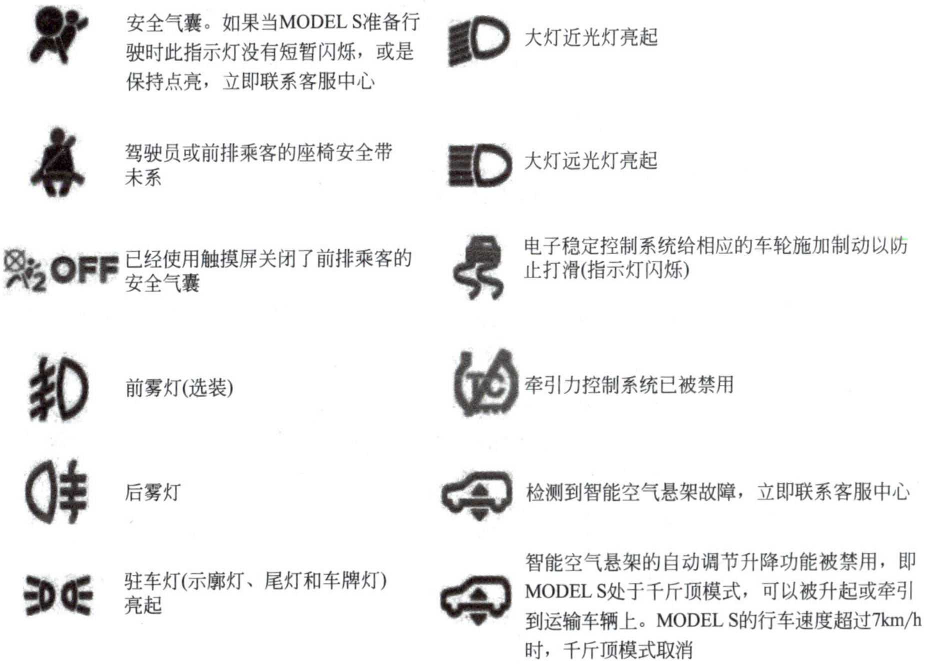

安全气囊。如果当MODEL S准备行驶时此指示灯没有短暂闪烁，或是保持点亮，立即联系客服中心

大灯近光灯亮起

驾驶员或前排乘客的座椅安全带未系

大灯远光灯亮起

OFF 已经使用触摸屏关闭了前排乘客的安全气囊

电子稳定控制系统给相应的车轮施加制动以防止打滑(指示灯闪烁)

前雾灯(选装)

牵引力控制系统已被禁用

后雾灯

检测到智能空气悬架故障，立即联系客服中心

驻车灯(示廓灯、尾灯和车牌灯)亮起

智能空气悬架的自动调节升降功能被禁用，即MODEL S处于千斤顶模式，可以被升起或牵引到运输车辆上。MODEL S的行车速度超过7km/h时，千斤顶模式取消

图 8-2-1　特斯拉 MODEL S 轿车仪表板指示灯符号（一）

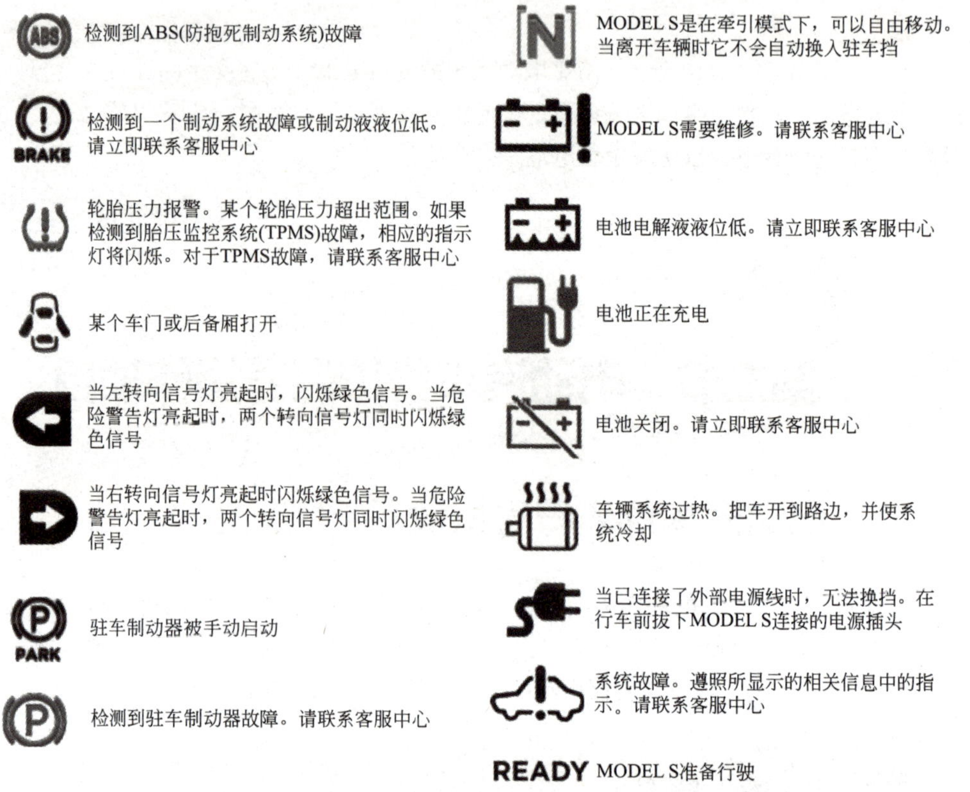

检测到ABS(防抱死制动系统)故障

检测到一个制动系统故障或制动液液位低。请立即联系客服中心

轮胎压力报警。某个轮胎压力超出范围。如果检测到胎压监控系统(TPMS)故障，相应的指示灯将闪烁。对于TPMS故障，请联系客服中心

某个车门或后备厢打开

当左转向信号灯亮起时，闪烁绿色信号。当危险警告灯亮起时，两个转向信号灯同时闪烁绿色信号

当右转向信号灯亮起时闪烁绿色信号。当危险警告灯亮起时，两个转向信号灯同时闪烁绿色信号

驻车制动器被手动启动

检测到驻车制动器故障。请联系客服中心

MODEL S是在牵引模式下，可以自由移动。当离开车辆时它不会自动换入驻车挡

MODEL S需要维修。请联系客服中心

电池电解液液位低。请立即联系客服中心

电池正在充电

电池关闭。请立即联系客服中心

车辆系统过热。把车开到路边，并使系统冷却

当已连接了外部电源线时，无法换挡。在行车前拔下MODEL S连接的电源插头

系统故障。遵照所显示的相关信息中的指示。请联系客服中心

READY MODEL S准备行驶

图 8-2-2 特斯拉 MODEL S 轿车仪表板指示灯符号（二）

二、检查动力电池冷却液

电动汽车的动力电池一般均配有冷却液进行冷却，防止动力电池过热，维护保养电动汽车时，要检查动力电池冷却液液位。以特斯拉 MODEL S 轿车为例，如下所示。

① 先将车停放在平坦的地面上，等待车辆彻底冷却。

② 按照图 8-2-3 所示，向上拉维护板的后缘，使 5 个固定维护板的固定夹松开。

③ 将维护板推向挡风玻璃，拆下维护板。

④ 按照图 8-2-4 所示，查看动力电池冷却液储液罐上的液位标记，正常的液位应处于储液罐上的 MIN 和 MAX 标记之间。

⑤ 如果液位不正常，车主不要自行添加冷却液。特斯拉轿车采用的是规格非常特殊的 G-48 乙二醇冷却液，应及时将车辆送交特斯拉指定的维修厂，由经过培训的维护技师处理。

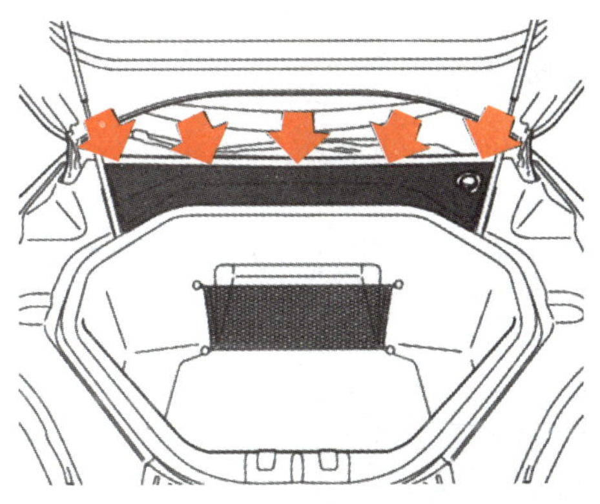

图 8-2-3　松开固定维护板的固定夹

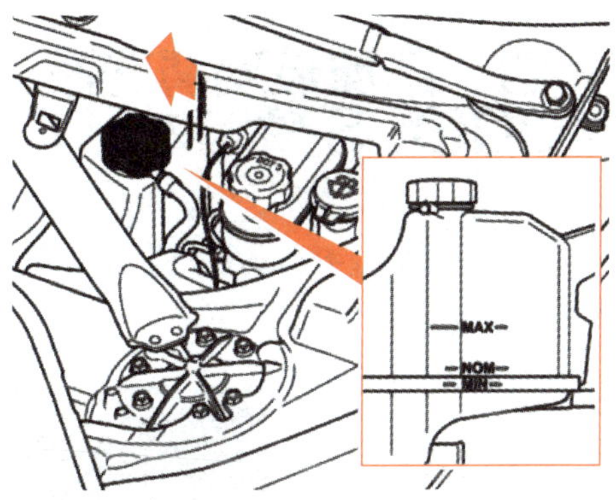

图 8-2-4　查看动力电池组冷却液液位

三、检查制动液液位（以特斯拉 MODEL S 轿车为例）

① 先将车辆停放在平坦的地面上，等待车辆彻底冷却。

② 按照图 8-2-3 所示，向上拉维护板的后缘，使 5 个固定维护板的固定夹松开。

③ 将维护板推向挡风玻璃，拆下维护板。

④ 按照图 8-2-5 所示，查看制动液储液罐内的液位，制动液液位应处于 MIN 和 MAX 标记之间。

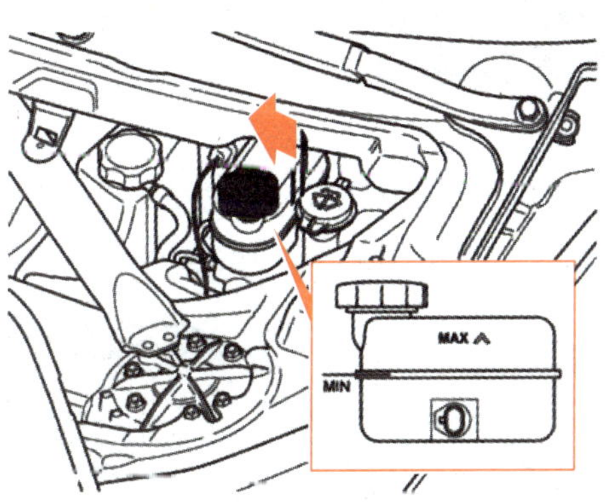

图 8-2-5　检查制动液液位

⑤ 如果液位过低，应首先将制动液储液罐罐盖擦拭干净，然后拧开罐盖。

⑥ 将符合 DOT3 或 DOT4 标准的新制动液添加到储液罐中，直至液面高度达到储液罐的 MAX 标记。

⑦ 将储液罐罐盖盖好。

四、添加玻璃清洗液（以特斯拉MODEL S 轿车为例）

① 按照图 8-2-6 所示，先将玻璃清洗液储液罐罐盖擦拭干净，防止添加清洗液时落入灰尘。

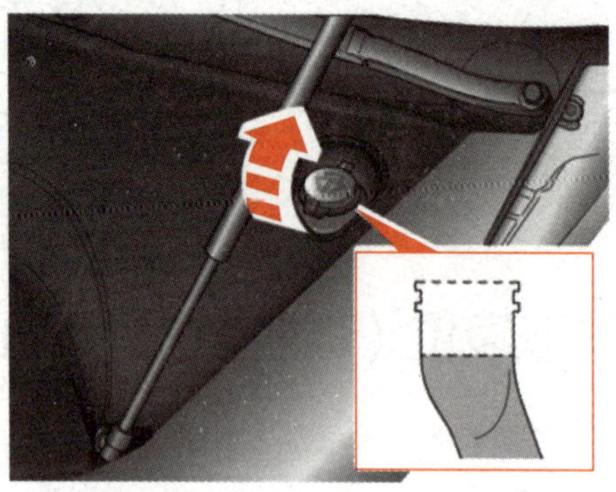

图 8-2-6　玻璃清洗液储液罐罐盖

② 打开储液罐罐盖，加注玻璃清洗液，直至液位达到加注口下。

③ 更换新的储液罐罐盖。

五、检查挡风玻璃清洗器（以特斯拉MODEL S 轿车为例）

在长时间的使用过程中，挡风玻璃清洗器的喷水孔有可能被灰尘或异物堵塞，如图 8-2-7 所示，可用一根细金属丝插入喷水孔，将堵塞的异物清理干净。

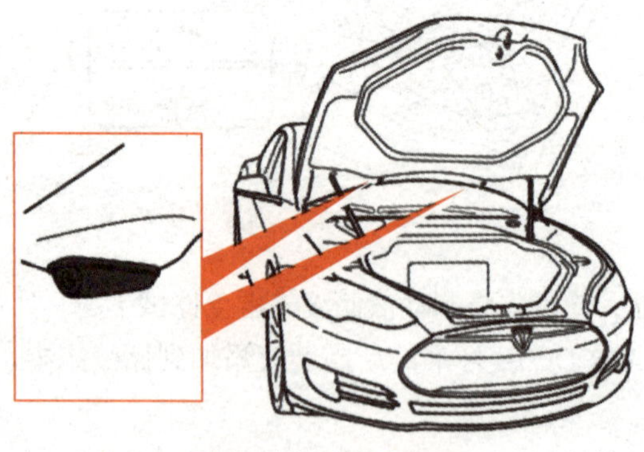

图 8-2-7　喷水孔识别

六、更换遥控钥匙电池

以特斯拉 MODEL S 轿车为例，按照图 8-2-8 所示的操作步骤执行遥控钥匙电池更换。

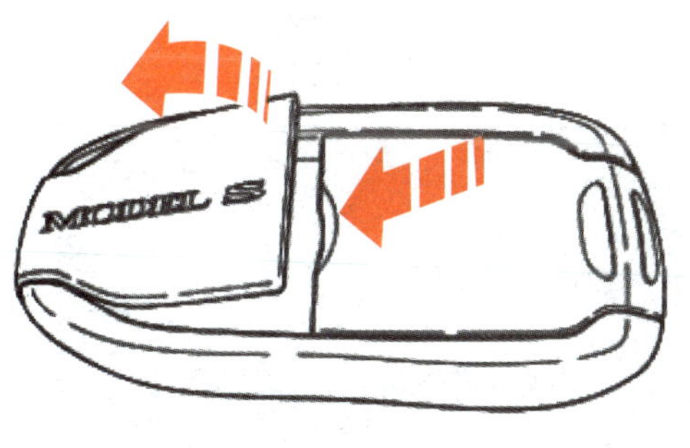

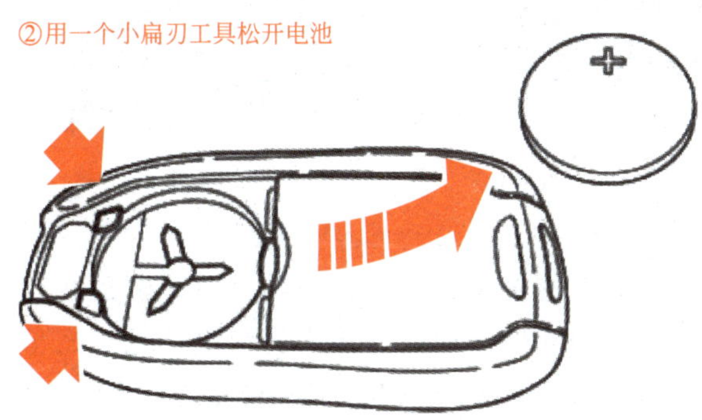

图 8-2-8　遥控钥匙电池更换

七、电动汽车充电

电动汽车充电方式一般有两种：一种是快速充电方式；另一种是慢速充电方式。

1. 快速充电

电动汽车的快速充电是指用充电站的快速充电桩，采用直接输出直流电的方式进行充电。这种充电方式速度快，40 ～ 50min 即可使车辆的动力电池电量达到充满的程度，如图 8-2-9 所示。充电站一般设置在交通方便的商业中心等处，可设置几十个快速充电桩，能同时对数十辆电动汽车执行快速充电操作，如图 8-2-10 所示。

图 8-2-9　特斯拉电动汽车快速充电桩

图 8-2-10　特斯拉电动汽车快速充电站

2. 慢速充电

慢速充电是指使用交流电的慢速充电桩或充电器对车辆进行充电。慢速充电桩的充电电缆插入电动汽车的充电接口后，输入交流电，电动汽车上的车载充电器（图 8-2-11）将输入的交流电转换成直流电对动力电池进行充电。这种充电方式速

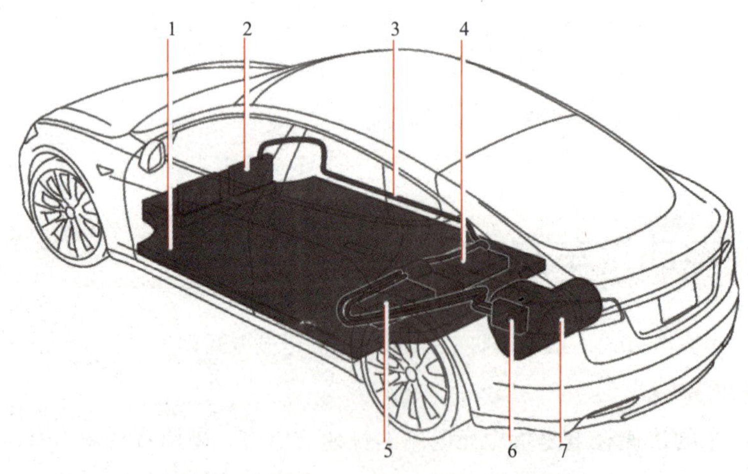

图 8-2-11　特斯拉电动汽车动力电池部件

1—电池；2—直流 / 直流变流器；3—高电压电缆（橙色）；4—10kW 车载主充电器；5—选装件（10kW 车载充电器）；6—充电接口；7—驱动单元

度很慢，7～8h才可使电池达到充满状态，适合家庭使用。这种慢速充电装置可安装到居民车库、车位等处，连接民用电进行充电，利用晚上的时间充电，第二天一早即可充满电，如图8-2-12所示。

图8-2-12　特斯拉壁挂式慢速充电器

八、电动汽车线束的维护与检查

1. 低压线束

电动汽车的低压线束负责连接电动汽车的低电压器件，为了与高压线束有所区别，全部采用黑色线束，如图8-2-13所示。在维护保养过程中，应着重检查以下几项。

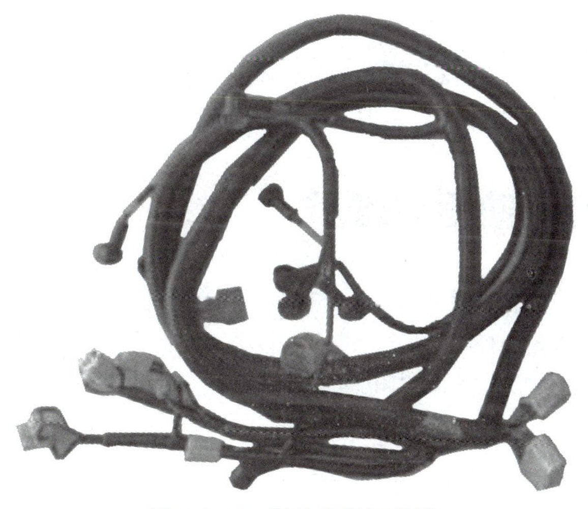

图8-2-13　黑色的低压线束

① 检查低压线束是否布置整齐、捆扎成束，确认线束的固定卡钉处于牢固卡紧状态。

② 检查低压线束插接器的外观，确认没有破损、腐蚀等现象。

③ 穿越孔洞的低压线束，应检查线束的绝缘防磨套管，确认套管固定可靠。

2. 高压线束

电动汽车的高压线束连接高压器件，为了与普通线束相区别，均采用橙色，以便维修人员能方便识别，如图 8-2-14 所示。

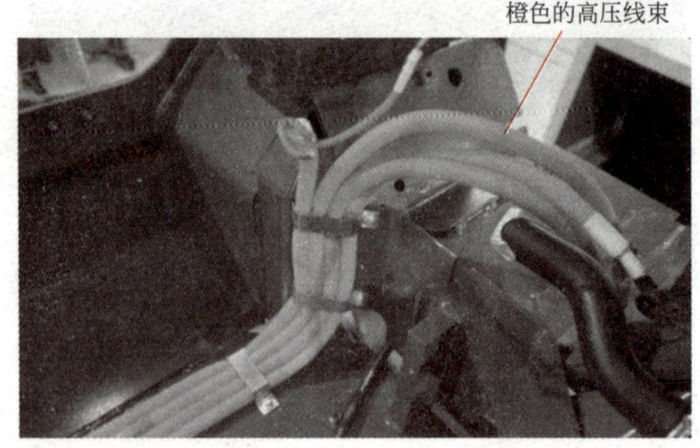

图 8-2-14　橙色的高压线束（以比亚迪电动汽车为例）

在维护保养过程中，应着重检查以下几项。

① 检查高压线束及保护波纹管外观是否存在破损或老化现象，检查高压线束插接器是否有腐蚀现象。

② 检查高压线束各个插接器连接是否牢固，确认护套完好无损。

③ 确认高压线束卡钉固定可靠。

④ 确认高压线束与电动汽车的运动部件不存在运动干涉导致剐蹭。

⑤ 确认底盘位置的高压线束距地面高度处于安全规范范围。

九、动力电池箱体维护

动力电池是电动汽车的动力源，对电动汽车的整车性能有着举足轻重的影响。典型的动力电池如图 8-2-15 所示。

在维护保养过程中，要对动力电池箱体进行检查与维护。

1. 动力电池外箱的检查与维护

动力电池外箱如图 8-2-16 所示，维护时要检查以下几项。

图 8-2-15　典型的动力电池
（以比亚迪电动汽车为例）

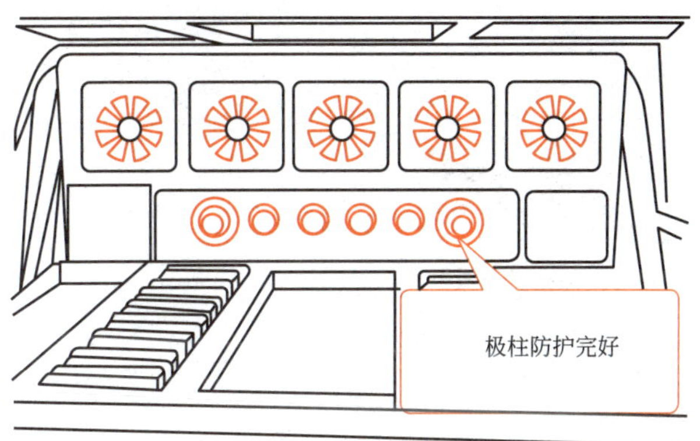

图 8-2-16　动力电池外箱

① 检查外箱极柱座橡胶护套是否齐全，确认极柱防护完好。

② 检查极柱是否氧化，如果存在氧化，需用 1500 目砂纸将氧化层打磨去除。

③ 定期清理外箱灰尘。

④ 若极柱出现拉弧或打火烧蚀，必须进行更换。

2. 动力电池外箱体高压正负极端子检查

① 用兆欧表 500V 挡测量各个端子之间的绝缘电阻，当空气相对湿度≤ 90% 时，绝缘电阻应≥ 20MΩ；当空气相对湿度＞ 90% 时，绝缘电阻应≥ 2MΩ。

② 用兆欧表 500V 挡测量各个端子与电池外壳之间的绝缘电阻，当空气相对湿度≤90% 时，绝缘电阻应≥20MΩ；当空气相对湿度＞90% 时，绝缘电阻应≥2MΩ。

③ 目视检查高压极柱插头和极柱插孔，是否有磨损烧蚀现象。

第九章

汽修车间工作流程及维修资料搜集方法

第一节　汽修车间基本工作流程

一、汽修车间维修的基本工作流程

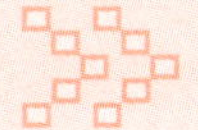

一般来讲，汽修车间维修的基本工作流程分为 7 个步骤，如图 9-1-1 所示。

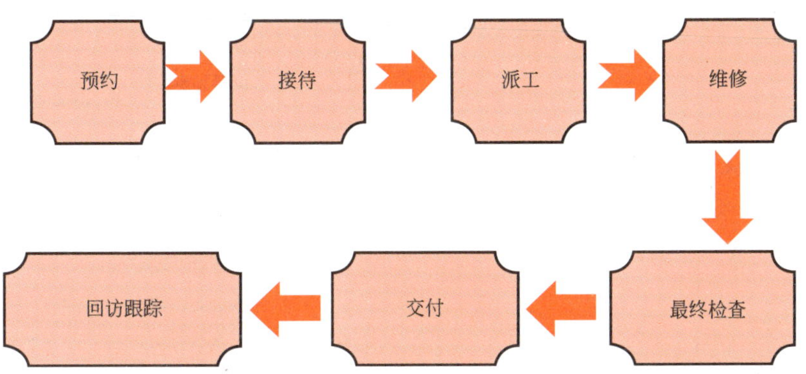

图 9-1-1　汽修车间维修的基本工作流程

二、各个流程的工作内容

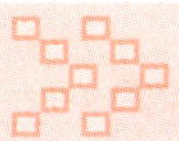

1. 预约

预约可以是维修厂根据已有的维修记录档案，查询到曾经在维修厂送修的车主，主动联系车主安排时间来执行定期保养维护；也可以是车主电话预约维修厂送修自己的车辆。预约工作主要包括以下内容。

① 询问用户及车辆的基础信息（核对老用户数据或登记新用户数据）。

② 询问并确认车辆的行驶里程。

③ 初步记录车主的维修需求和车辆故障现象。

④ 介绍维修厂特有的服务项目并确认客户是否需要这些维修项目。

⑤ 确定客户上门送修的具体时间。

⑥ 暂定交车时间。

⑦ 向车主初步提供大致的维修服务价格信息。

⑧ 叮嘱车主需要携带的相关资料（车辆的使用说明书、保修手册、防盗器密码、车辆以前的维修记录等）。

⑨ 填写预约登记表。

⑩ 通知维修车间主管，根据车主提供的信息和故障描述，提前准备相应的工具、维修工位和技术方案，如有必要，还要通知备件库准备备件。

预约工作做得好，可以使生产厂家、维修公司和客户三方均得益，如图 9-1-2 所示。

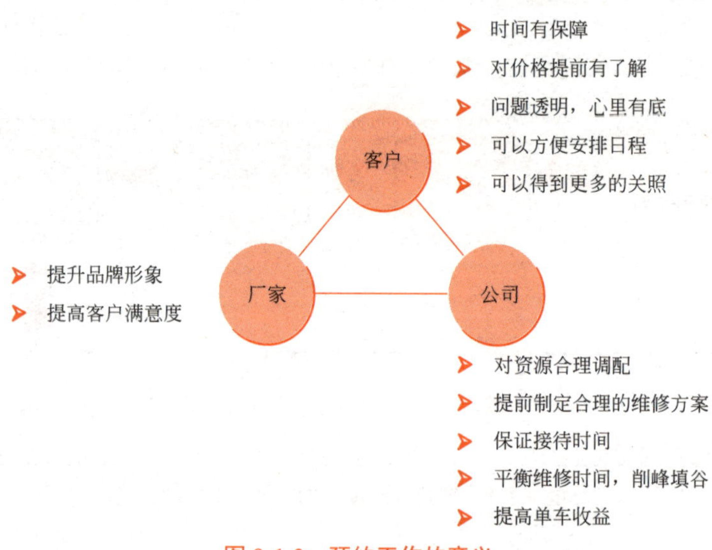

图 9-1-2　预约工作的意义

2. 接待

当车主按照预约的时间将车辆送交维修厂时，接待人员要做好客户的接待工作。仔细耐心地倾听客户的故障陈述，这些信息了解得越详细、越准确，维修诊断中所走的弯路和花的时间也就越少。以日本丰田公司为例，该公司要求接修车辆时必须认真填写客户意见调查表，作为查找故障源的重要依据，见表 9-1-1。

表 9-1-1　丰田公司接修车辆客户意见调查表

客户姓名　　先生 / 女士	车型和年度	VIN
发动机号	变速箱	里程
发生故障日期	制造日期	送修日期
燃油和油箱盖	□ 车辆燃油耗尽引起熄火 □ 油箱盖丢失或未正确旋入	

续表

症状	□启动性能	□不能启动 □无着车迹象 □有着车迹象 □由节气门位置造成的着车不稳 □不是由节气门位置造成的着车不稳 □可以启动但很困难 □其他（ ）
	□怠速	□无快怠速 □不稳 □怠速高 □怠速低 □其他（ ）
	□动力性能	□转速不稳 □喘振 □爆震 □动力不足 □进气回火 □排气回火 □其他（ ）
	□发动机熄火	□启动时 □怠速时 □加速时 □减速时 □停车前 □增大负荷时
故障发生的时间		□接到新车后 □最近 □早晨 □晚上 □白天
故障频率		□一直 □在某些情况下 □有时
天气情况	天气	□晴天 □雨天 □雪天 □其他（ ）
	温度	□炎热 □温暖 □凉爽 □寒冷 □潮湿 ℃
发动机状态		□冷机时 □暖机期间 □暖机后 发动机转速 0 2000 4000 6000 8000 r/min
路况		□城区 □郊区 □高速公路 □越野道路（起伏路）
行驶状态		□没有影响 □启动时 □怠速时 □高速行驶时 □加速时 □巡航时 □减速时 □转向时（右/左） 车速 0 10 20 30 40 50 60 mile/h
故障指示灯		□亮 □不亮

注：1mile=1.609km。

必要时，可与客户一同核实故障状况，确定好需要执行的维修项目，填写好维修任务单后请客户签字确认。

3. 派工

车间主管根据车辆的维修项目要求，根据维修项目的难易和复杂程度，合理安排工序和人员调度，填写派工单，进行派工。典型的派工单见表 9-1-2。

表 9-1-2　典型的派工单

服务中心：　　　　　　　　　　日期：　　　　　　　　　　服务顾问：

客户信息	□客户　□送修人	地址	联系电话

车辆信息	车牌号	车型	VIN	发动机号	里程数

作业信息	车辆进站时间	付款方式	旧件是否带走
		□现金　□信用卡　□其他	□是　□否

互动检查	是否有贵重物品	油箱油量	□空　□＜1/4
	是　否		□半箱　□＜3/4　□满箱

车辆状况（漆面）检查，损伤部位在下图中标注		客户故障描述
检查结果		
车身检查		
车内检查		
发动机舱		
底盘检查		

	维修项目	备件	索赔	材料费	工时费	小计	维修人	检查人
维修内容			是　否					
			是　否					
			是　否					
			是　否					
			是　否					
			是　否					
			是　否					
	预计交车时间：		费用小计					
	预估费用：		客户签字：					

4. 维修

维修工根据车间主管的调度和要求，按照维修操作规范（图 9-1-3）认真完成维修派工单上确定的各项维修任务，并依据车间主管的安排，做好各个工种和工序之间的衔接。维修工作完成后，维修工要在维修任务单上签字确认。

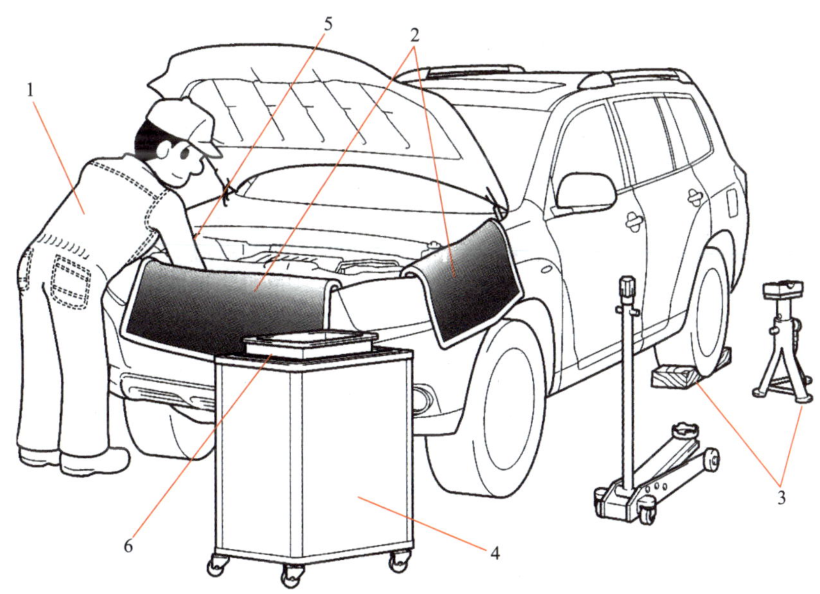

1	着装	·务必身着清洁的工作服 ·必须戴好帽子，穿好安全鞋
2	车辆保护	在开始操作之前，准备好散热器格栅罩、翼子板保护罩、座椅罩及地板垫
3	安全操作	·与2个或2个以上人员一起工作时，务必要相互检查安全情况 ·在发动机运转的情况下进行工作时，要确保修理车间中具备通风装置，以排出废气 ·维修高温、高压、旋转、移动或振动的零件时，一定要佩戴适当的安全设施，并且注意不要碰伤自己或他人 ·顶起车辆时，务必使用安全底座支撑规定部位 ·举升车辆时，使用适当的安全设备
4	准备工具和测量仪表	开始操作前，准备好工具台、SST、仪表、机油和更换零件
5	拆卸和安装、拆解和装配操作	·在充分了解正确的维修程序和报修故障后，对故障进行诊断 ·在拆卸零件之前，检查总成的总体状况以确认是否有变形和损坏 ·对于比较复杂的程序，要做记录。例如，记录拆下的电气连接、螺栓或软管的总数。还要加上装配标记，以确保将各部件重新装配到其原来位置上。需要时，可对软管及其接头做临时标记 ·必要时，清洗拆下的零件，彻底检查后，再装配这些零件
6	拆下的零件	·应将拆下的零件放在一个单独的盒子内，以免与新零件混淆或弄脏新零件 ·对于不可重复使用的零件(如衬垫、O形圈和自锁螺母等)，要按照维修手册中的说明用新件进行更换 ·如客户要求，应保留拆下的零件以备客户检查

图 9-1-3　丰田公司的维修操作规范

5. 最终检查

维修工完成维修任务，签字确认后，车间主管或班组长要执行复检，认真仔细地核查各项维修项目的完成质量和维修效果，确认无误后，车间主管和班组长签字。将维修完毕的车辆擦拭干净，停放到指定的停车位置。

6. 交付

通知客户来维修厂取车，用户来到维修厂后，接待人员要做好以下工作。

① 将维修发票整理好，向客户说明发票内容。

② 向客户说明维修厂所做的维修工作，体现维修厂的服务价值和收取维修费用的合理性。

③ 告知客户某些备件的剩余使用说明（制动衬片、轮胎等）。

④ 讲解必要的维护保养常识，宣传维修厂的特色服务。

⑤ 礼貌地送别客户。

⑥ 将本次维修情况录入维修档案，以备下次维修时提醒客户再次将车辆送到维修厂保养，力争使其成为维修厂的忠实客户。

7. 回访跟踪

交付车辆完毕后，一周之内，应电话回访客户，询问客户对维修质量是否满意，还有哪些需要，对维修厂的服务有什么意见和改进建议等。

第二节　汽车维修资料的搜集与利用

一、汽车维修资料的搜集途径

途径一：利用互联网查询资料

2015 年，国务院所属八个部委联合发布了《汽车维修技术信息公开实施管理办法》，规定汽车生产企业要在新车上市后，以可用的信息形式、便利的信息途径、合理的信息价格，无歧视、无延迟地向授权维修企业和独立经营者（包括独立维修企业、维修设备制造企业、维修技术信息出版单位、维修技术培训机构等）公开汽车维修技术资料。交通部开通了“全国汽车维修技术信息公开服务网”，维修人员可以通过该网站查询各个汽车厂商生产的车型维修资料，如图 9-2-1 所示。

目前，国内还有一种在线资料服务网站，也可以有偿提供各种车型的维修资料，比如“畅易汽车网”，该网站搜集整理了1500多种车型的维修资料，可供用户付费查询，如图 9-2-2 所示。

全国汽车维修技术信息公开服务网

网站首页 机构简介 新闻动态 行业政策 服务中心 联系我们

站内搜索： 查 询 高级查询>> 2018年12月18日 星期二

汽车生产者 车型品牌

按生产者类型分类查找： 不限 国内 进口

按汽车生产者拼音首字母查找： 全部 A B C D E F G H I J K L M N O P Q R S T U V W X Y Z 其他

快速查找： 查询

A

阿斯顿马丁拉共达（中国）汽车销售有限公司	安徽安凯汽车股份有限公司
安徽广通汽车制造股份有限公司	安徽华菱汽车有限公司
安徽冀东华夏专用车有限公司	安徽江淮客车有限公司
安徽江淮汽车集团股份有限公司	安徽猎豹汽车有限公司
安徽星凯龙客车有限公司	安源客车制造有限公司
鞍山衡业专用汽车制造有限公司	鞍山森远路桥股份有限公司
奥迪（中国）企业管理有限公司	奥龙汽车有限公司

图 9-2-1 全国汽车维修技术信息公开服务网

图 9-2-2 典型的在线汽车维修资料查询网站

途径二：选购出版社公开出版的汽修书籍

目前国内各个出版社出版的汽车维修类图书种类齐全，选题丰富，名目繁多。维修人员在入门起始阶段，可根据自己的实际需要，选购维修入门类图书阅读，首先对维修工作有一个初步的认识。典型的汽修入门类图书如图 9-2-3 所示。

图 9-2-3　典型的汽修入门类图书

对维修基础知识有了一个初步认识后，可根据自己在维修厂的实际工作项目，有意识地选择一些简单的维修项目类图书，比如汽车保养中的油液更换与添加、保养灯归零与设置之类的简单操作等。典型的简单汽修项目操作类图书如图 9-2-4 所示。

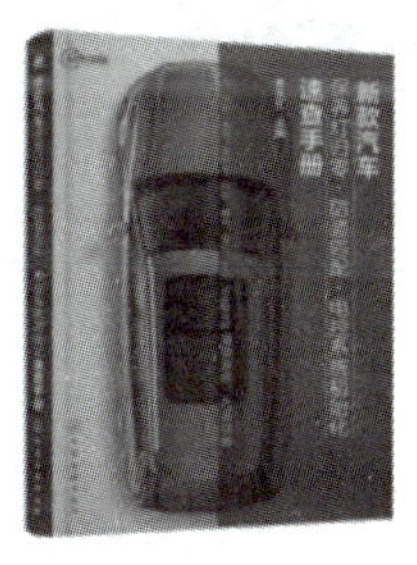

图 9-2-4　典型的简单汽修项目操作类图书

随着维修技能的不断提高和维修经验的不断积累，可以选购一些汽车维修资料汇编类图书，这些图书以汽车中常见的维修项目为主题，一本书能涵盖上百个车型的维修项目数据，是维修工检索查询的好帮手。典型的汽修资料汇编类图书如图 9-2-5 所示。

图 9-2-5　典型的汽修资料汇编类图书

当积累了比较丰富的维修经验，维修技能也达到较高水平后，可以选购一些介绍汽车新技术、新工艺和汽车未来发展方向之类的图书，开阔自己的眼界，对汽车未来发展方向有一些前瞻性的了解。典型的汽车新技术类图书如图 9-2-6 所示。

图 9-2-6　典型的汽车新技术类图书

途径三：利用汽车用户手册获取维修信息

当接修的车型很新，维修厂没有该车型的资料信息时，可以利用汽车使用说明书来获取一定的维修信息。

典型的汽车使用手册中大致包含以下维修信息。

1. 油品规格与添加量数据（以林肯 MKC 汽车为例，见表 9-2-1 和表 9-2-2）

表 9-2-1　林肯 MKC 汽车油品规格数据

名称	规格
发动机机油（5W-30）	WSS-M2C929-A
防冻液	WSS-M97B44-D2
刹车油	WSS-M6C65-A2

续表

名称	规格
齿轮 / 变速器油（80W90）	WSP-M2C197-A
自动变速器油	WSS-M2C938-A MERCON® LV
挡风玻璃清洗液	WSS-M14P19-A
制冷剂（R134a）	WSH-M17B19-A
制冷剂油	WSH-M1C231-B

表 9-2-2　林肯 MKC 汽车油品添加量数据

项目	容量
发动机机油 /L	5.4
发动机冷却液 /L	9.2
制动液	制动液液位在储液罐上的 MIN 与 MAX 刻度之间
后差速器油液（全轮驱动）/L	1.15
自动变速器油液 /L	8.5
挡风玻璃清洗液	根据需要加注
燃油箱容量 /L	58.7
空调制冷剂 /kg	0.68
空调制冷剂压缩机机油 /mL	136

油品规格和添加量数据是维护保养中非常重要的维修信息，维修人员借助这些信息，就可以顺利地完成油液添加和更换操作。

2. 熔丝与继电器的功能说明

在汽车使用手册中，一般均附带有车辆熔丝和继电器盒的安装位置、功能说明及熔丝电流规格的信息，对维修人员检修车辆、准确更换相同规格的熔丝有很大的参考作用，如图 9-2-7 所示。

3. 车轮定位数据

维修厂接修车辆时，如果需要对该车执行四轮定位，但维修厂使用的四轮定位仪的数据库中还没有录入该车型的四轮定位参数，可通过查询汽车使用说明手册获取这种数据，如图 9-2-8 所示。

发动机舱保险丝盒

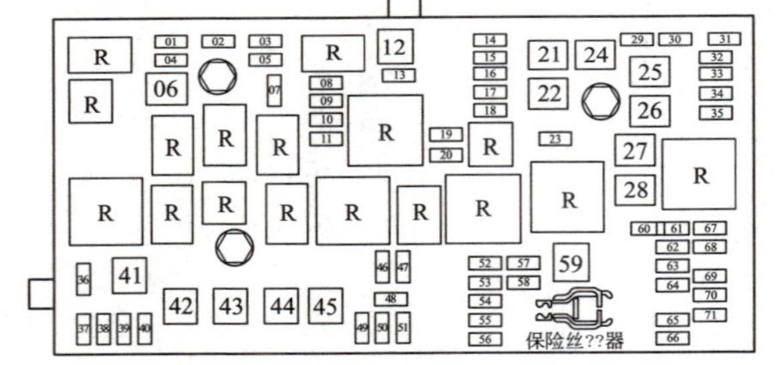

发动机舱保险丝盒安装在发动机舱内的驾驶员侧。按住盒盖上的卡夹并直接向上提起，就能接触到保险丝盒。

173

注意

车辆上的任何电气零部件被溅上液体都会损坏。请务必将每一电气零件上的盖子盖好。

检查或更换保险丝

1 关闭点火开关和所有的电气设备。断开蓄电池负极电缆。

2 用保险丝拨离器一端夹住保险丝头部，拉动以拆下保险丝。查看金属丝是否熔断来识别熔断的保险丝。

3 用另一个新的相同电流值的保险丝来更换已熔断的保险丝。如果更换上的保险丝立即损坏，请尽快联系当地授权售后服务中心检修。

保险丝规格

发动机舱保险丝盒安装有两种不同类型的保险丝

1 片状保险丝(较细)，插入式，允许电路通过电流为5～30A。

2 慢熔保险丝(方形)，插入式，允许电路通过电流为30～60A。

代号	规格	功能
01	15A	变速器控制模块电源
02	5A	发动机控制模块电源
03-04	—	—
05	5A	发动机控制模块
06	30A	前雨刮器
07	—	—
08	15A	点火线圈/点火线圈偶数缸组
09	15A	点火线圈奇数缸组
10	20A	发动机控制单元
11	10A	氧传感器
12	30A	起动机
13	7.5A	变速器控制模块/燃油控制模块
14	10A	AC/Clutch(空调/离合器)
15	20A	备用

174

5

代号	规格	功能
16	15A	备用
17	5A	安全气囊模块
18	10A	遮阳/按摩/空气净化
19	15A	前照灯水平调节
20	20A	燃油泵
21	30A	后电动车窗
22	30A	天窗
23	10A	备用
24	30A	前电动车窗
25	30A	PEPS MTR(无钥匙进入控制模块)
26	60A	制动防抱死泵
27	30A	电子驻车制动
28	40A	后窗除雾

代号	规格	功能
29	15A	LMBR_DR(左侧座椅腰部支撑开关)
30	15A	LMBR_CO_DR(右侧座椅腰部支撑开关)
31	15A	RSA/RSE/UPA(驻车辅助控制模块、后部音频控制模块、视频显示屏)
32	15A	车身控制模块电源
33	25A	第一排座椅加热模块
34	25A	ABS阀
35	30A	音响功率放大器
36	10A	备用
37	10A	右远光灯
38	10A	左远光灯
39	25A	备用
40	—	—

175

代号	规格	功能
41	20A	VAC_PUMP(制动助力泵电动机继电器)
42	30A	冷却风扇
43	30A	备用
44	25A	前照灯清洗泵
45	30A	冷却风扇
46	10A	冷却风扇
47	10A	氧传感器
48	15A	前雾灯
49	15A	氙气右近光灯
50	15A	氙气左近光灯
51	15A	喇叭
52	5A	仪表
53	10A	内后视镜/倒车影像

代号	规格	功能
54	5A	前照灯水平调节开关/空调控制模块
55	7.5A	外后视镜调节
56	15A	前窗清洗泵
57	15A	备用
58-59	—	—
60	7.5A	外后视镜加热
61	—	—
62	10A	备用
63	—	—
64	5A	前照灯控制模块
65	7.5A	备用
66	—	—
67	20A	燃油系统控制模块
68	—	—

176

图 9-2-7 荣威 950 轿车使用手册中关于发动机熔丝盒的说明（部分）

技术数据

四轮定位参数表(空载)

项目		参数值
前轮	外倾角	−18′±30′
	主销后倾角	4°±30′
	前束角	12′±12′
	主销内倾角(不可调节)	—
后轮	外倾角	−45′±30′
	前束角	6′±12′

图 9-2-8　荣威 950 轿车使用手册包含的四轮定位数据信息

4. 车轮换位方法

为了使汽车的 4 个车轮磨损均匀，需要定期对车辆的 4 个车轮进行换位。这种信息一般也能在使用手册中查找到，如图 9-2-9 所示。

车辆养护　　10-41

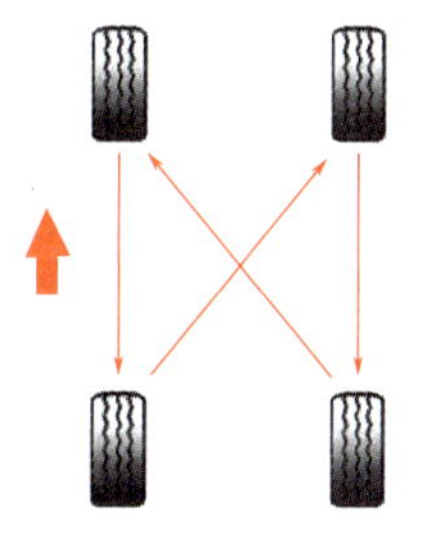

1970757

使用该换位方式进行轮胎换位
轮胎换位不包括紧凑型备胎
在完成轮胎换位后，将前后轮胎调整到胎压标签上的推荐充气压力，请参见“轮胎气压”
重置轮胎气压监测系统，请参见“轮胎气压监测系统的操作”

警告
车轮或其要上紧的部位上的锈蚀或脏污，有可能导致车轮螺母在一段时间后变松，车轮有可能脱落，并引发事故。当更换车轮时，清理车辆上车轮安装位置的任何锈蚀或脏污。在紧急情况下，可以使用布或纸巾，但稍后需用刮刀或钢丝刷清除所有的锈蚀或脏污

在更换车轮或轮胎换位后，在车轮轮毂中央涂上一层薄薄的车轮轴承润滑脂，以防止腐蚀或锈蚀的产生。切勿将润滑脂涂在车轮安装平面或车轮螺母或螺栓上

何时使用新轮胎

诸如保养、温度、行驶速度、车辆载荷和道路情况等因素会影响轮胎的磨损速度

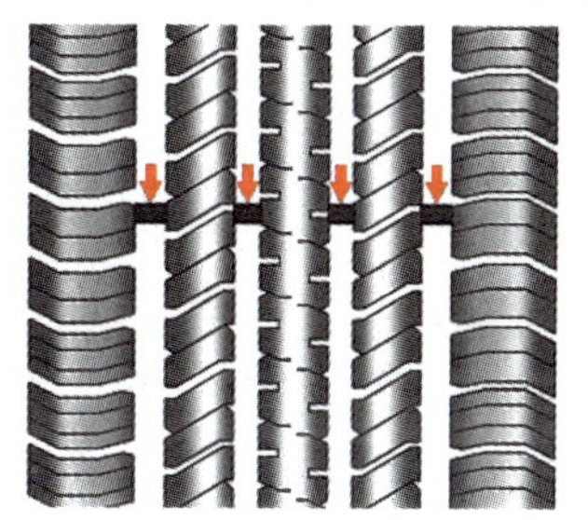

1970752

胎面磨损指示器是提示何时需要更换新轮胎的一种方式。胎面磨损指示器在胎面仅剩1.6mm或更薄时显现，请参见“轮胎检查”和“轮胎换位”。
轮胎中的橡胶随着时间而老化。如果车辆配有备胎，即使备胎从未使用过，也同样会随时间而老化。很多因素，其中包括温度、承载情况和充气压力的保持，都会影响老化的速度

购买新轮胎

上海通用汽车公司为本车开发、装配了合适的轮胎

图 9-2-9　上海通用别克威朗轿车使用手册中的轮胎换位操作示意图

5. 车灯灯泡的规格

汽车使用说明手册中均会对车辆的灯泡规格和更换方法进行说明，维修人员可参照说明选配规格相同的灯泡进行更换，如图 9-2-10 所示。

灯泡规格

灯泡			功率×数量	备注
前	1	前照灯近光灯	55W×2	卤素灯泡
	2	前照灯远光灯	55W×2	卤素灯泡
	3	驻车灯	21/5W×2	
	4	转向信号灯	21W×2	
	5	雾灯	35W×2	卤素灯泡
	6	车外后视镜转向信号灯	LED类型5×2	
后	7	转向信号灯	21W×2	
	8	制动/尾灯	21/5W×4	
	9	倒车灯	16W×2	
	10	雾灯	21W×2	
	11	中央高位停车灯	5W×5	
	12	牌照灯	5W×2	
车内		顶灯	10W×2	
		前阅读灯	10W×2	
		前门控灯	5W×2	
		手套箱灯	10W×1	

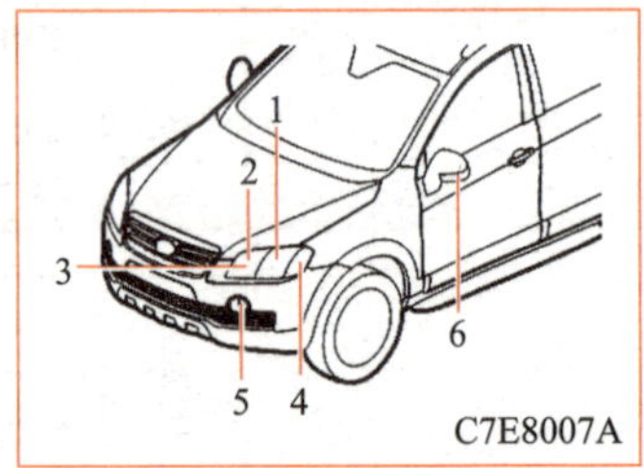

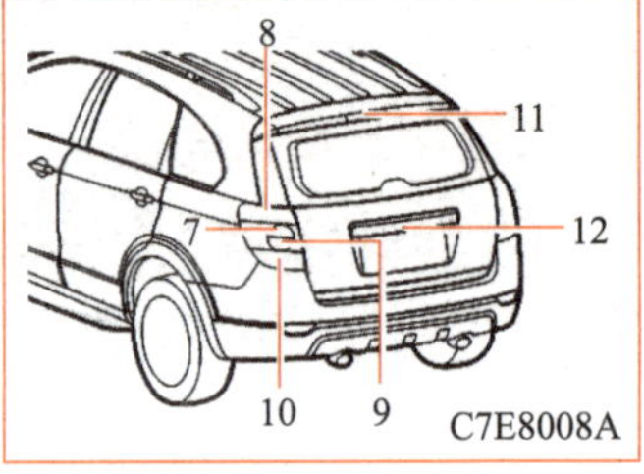

图 9-2-10 雪佛兰科帕奇汽车使用手册中对车灯灯泡规格的说明

6. 车辆发生故障后的牵引方法

车辆发生故障，需要维修厂使用拖车等设备将故障车牵引至维修厂时，可以查询使用手册获取准确的牵引方法，如图 9-2-11 所示。

图 9-2-11 捷豹 XK 轿车使用手册中的牵引方法说明

7. 车辆仪表板告警灯的含义

车辆的用户手册上有仪表板告警灯的含义说明，可供维修人员在维修工作中识别查阅，如图 9-2-12 所示。

发动机故障(琥珀色)

当点火开关打开时，此指示灯短暂点亮。如果此灯一直闪烁或在其他任何时间点亮，则表明发动机存在故障。

不要高速行驶，立即向具备资格的人员寻求帮助。

一般警告/资料信息(琥珀色)

当信息中心存在非严重警告信息或资料信息时，此指示灯点亮。

制动系统(琥珀色)

当点火开关打开时，此指示灯短暂点亮。如果在发动机启动后或车辆行驶过程中此灯一直点亮，应该怀疑制动块磨损或紧急制动辅助(EBA)系统存在故障。依然可以谨慎地驾驶车辆，不过要避免猛力使用制动器。请立即向具备资格的人员寻求帮助。

动态稳定性控制(琥珀色)

当点火开关打开时，此指示灯短暂点亮，当发动机启动后即会熄灭。如果此灯在行车过程中闪烁，则表明DSC系统已启动。如果此灯在行驶过程中一直亮起，则表明DSC系统存在故障。此时车辆仍可驾驶，但在车轮打滑或滑动时，DSC系统将不会启动。

尽快向具备资格的人员寻求帮助。

动态稳定性控制关闭(琥珀色)

DSC关闭时点亮。

禁用DSC还会减少电子牵引控制的介入，并可能导致车轮打滑加重。

轮胎压力监测(黄色)

当点火开关打开时，此指示灯短暂点亮。若此指示灯一直点亮或在车辆行驶过程中点亮，则表明一个或多个轮胎明显充气不足。尽快停下车辆，检查轮胎压力并将其充气到建议的压力。

防抱死制动系统(琥珀色)

当点火开关打开时，此指示灯短暂点亮。如果此灯一直点亮或在行驶过程中点亮，则表明ABS系统存在故障。谨慎驾驶，避免猛力使用制动器。

请立即向具备资格的人员寻求帮助。

安全气囊SRS(琥珀色)

当点火开关打开时，此指示灯短暂点亮，当发动机启动后即会熄灭。如果此灯在行驶过程中点亮，则表明安全气囊系统存在故障。

尽快向具备资格的人员寻求帮助。

自适应前方照明(琥珀色)

当存在故障时点亮。前照灯仍可工作，但此功能不能正常运行。

尽快向具备资格的人员寻求帮助。

后雾灯(琥珀色)

后雾灯打开时会点亮。

柴油电热塞(琥珀色)

当点火开关打开后此灯点亮，藉此表明电热塞已启动。启动发动机之前请等待此灯熄灭。

外部温度(琥珀色)

外部温度低至足以在路面出现冰霜时点亮。

下坡控制(绿色)

选择了IIDC且符合HDC工作条件时点亮。如果此灯闪烁，则表明HDC已选择，但是操作条件没有满足(例如车速太快)或出现HDC隐退。

巡航控制激活(绿色)

巡航控制系统启动时点亮。

侧灯(绿色)

侧灯打开时点亮。

前雾灯(绿色)

前雾灯打开时亮起。

方向指示灯(绿色)

当方向指示灯开启时，相应的警告灯会闪烁。

拖车方向指示灯(绿色)

当点火开关打开时，此指示灯短暂点亮，当发动机启动后即会熄灭。

如果拖车已连接，此警告灯将与方向指示灯警告灯一起闪烁。如果此灯不闪烁，则表明拖车上的方向指示灯灯泡可能存在故障。

自动远光灯(绿色)

当自动远光灯功能启用时此灯点亮。

远光灯(蓝色)

当远光前照灯打开或闪烁时此灯点亮。

ECO激活(绿色)

Stop/Start(停止/启动)系统激活时点亮。当车辆停下，选择了空挡并完全释放离合器时，发动机将自动关闭。

图 9-2-12　仪表板告警灯含义说明（路虎极光汽车用户手册）

8. 仪表板显示屏显示信息含义

现在进口轿车上普遍配备了 DIC 系统（Driver Information Center），即驾驶员信息中心，通过显示屏及时显示车辆状况和警示信息，比如车门未关严、安全带未系好、后备厢盖未关、轮胎压力不足、机油压力过低、燃油油量不足、维护间隔到期、遥控器电池电量不足以及系统发生故障、需要立即送修等。这些信息一般都是英文，由于显示屏比较小，很多警示信息还是用英文缩写的形式显示出来的，因此维修工接修车辆时，往往弄不清信息提示的准确含义，耽误了不少时间，降低了工作效率。遇到这种情况，维修人员可查阅车辆的用户使用手册，即可准确理解显示屏显示信息的准确含义。以路虎揽胜汽车为例，该车用户手册中显示屏显示信息如表 9-2-3 所示。

表 9-2-3　路虎揽胜汽车仪表板显示屏显示信息含义

英文显示	中文释义	应采取的措施
AIRBAG FAULT	安全气囊系统有故障	应尽快送交维修厂检修
CANNOT EDIT ON THE MOVE	在行驶中不能编辑设置（当驾驶员在车辆行驶时试图操作设置选项菜单进行设置时会出现该提示）	应在停车后进行设置
CAUTION PARKBRAKE APPLIED	车辆行驶时一直使用驻车制动器	只有在紧急状态时才可以这样使用驻车制动器
CAUTION! RISK OF GROUNDING WITH SUSPENSION AT NORMAL HEIGHT	注意！底盘在常规悬架高度有磕碰的危险（路虎揽胜汽车上配备的地形反应系统将车辆的悬架高度调至越野高度位置，但是驾驶员又采用手动方式将悬架高度调低时，系统会出现该提示信息）	采用手动方式将车辆的悬架调高到合适的高度
CHECK ALL TIRE PRESSURES	检查所有轮胎的压力	应停车检查所有轮胎的压力，查看是否正常
CHECK BRAKE FLUID	检查制动液液位（系统监测到制动液液位低于正常范围时会显示该提示信息）	应及时检查制动液液位，必要时予以添加
CHECK BRAKE PADS	检查制动衬片（制动衬片磨损已经超过限度）	应立即送交维修厂更换制动衬片
CHECK SPARE TIRE PRESSURE	检查备胎压力(备胎压力低于限定值）	应及时检查备胎压力
CHECK COOLANT LEVEL	冷却液液位过低	应及时检查发动机冷却液液位，必要时予以添加
CHECK ENGINE OIL LEV	检查发动机机油油位（发动机机油油位过低时显示该信息）	应及时添加发动机机油至正确的液面高度
CHECK FRONT FOG	检查前雾灯（前雾灯灯泡或电路有故障时显示该信息）	应及时检修灯泡和电路
CHECK REAR FOG	检查后雾灯（后雾灯灯泡或电路有故障时显示该信息）	应及时检修灯泡和电路
CHECK REVERSE LIGHT	检查倒车灯（倒车灯灯泡或电路有故障时显示该信息）	应及时检修灯泡和电路

续表

英文显示	中文释义	应采取的措施
CHECK SIDE LIGHT	检查示廓灯（示廓灯灯泡或电路有故障时显示该信息）	应及时检修灯泡和电路
CHECK TAIL LIGHT	检查尾灯（尾灯灯泡或电路有故障时显示该信息）	应及时检修灯泡和电路
CHECK FUEL TANK CAP	检查油箱加注口盖	应查看油箱加注口盖是否盖严
COOLING SYSTEM FAULT MONITOR GAUGE	冷却系统故障 查看仪表	发动机冷却液液位过低，应及时停车检查发动机冷却液液位并予以添加
CRUISE CANCELLED	定速巡航已取消	显示屏显示该提示时，说明驾驶员已经取消了定速巡航
CRUISE NOT AVALIABLE	定速巡航系统故障	应及时送交维修厂检修
ACC SENSOR BLOCKED	自适应定速巡航系统传感器被遮挡	当自适应定速巡航系统的传感器被雪或泥等污物遮盖，导致传感器无法正常工作时，显示屏会显示该提示信息。驾驶人应及时检查，将传感器上的污物清除干净，使传感器能正常运行
DOOR OPEN	车门未关好（车辆行驶时若系统检测到车门未关好会显示该信息）	重新关好车门
DOOR MIRROR D/P STORED	驾驶员侧车门反光镜位置已记忆	显示屏显示该信息表示车辆的位置记忆系统已经将驾驶员侧车门反光镜的位置信息成功存储
DRIVER OVERRIDE	驾驶员超越控制（当车辆在定速巡航状态行驶时，驾驶员踩下了加速踏板，系统会显示该信息）	驾驶员松开加速踏板后，该信息会自动消除，车速会恢复到先前设置的巡航速度值上
DRIVER'S DOOR OPEN	驾驶员侧车门未关好	重新关好驾驶员侧车门
DSC INACTIVE	DSC（动态稳定控制系统）故障	车辆仍然可以行驶，但应尽快送交维修厂检修
ENGINE SYSTEM FAULT	发动机系统故障（发动机管理系统发生故障，车辆的运行性能可能会降低）	避免高速行驶，尽快到维修厂检修
ENGINE SYSTEM SERVICE REQUIRED	发动机系统需要进行维护保养	车辆的发动机系统已经超过了保养间隔或里程期限，驾驶员看到该提示信息后应及时将车送交维修厂进行维护保养

续表

英文显示	中文释义	应采取的措施
FASTEN SEAT BELTS	系好安全带	应将座椅安全带系好
FUEL INJECT SYSTEM	燃油喷射系统发生故障	应尽快送交维修厂检修
HDC FAULT SYSTEM NOT AVAILABLE	HDC（陡坡缓降控制系统）故障	出现该提示后应小心驾驶，及时到维修厂检修 HDC 系统
HIGH RANGE SELECTED	分动器高挡	驾驶员将分动器设置到高挡时，系统会显示该信息
LOW RANGE SELECTED	分动器低挡	驾驶员将分动器设置到低挡时，系统会显示该信息
LOW COOLANT LEVEL	冷却液液位过低	水箱内的发动机冷却液液位低于规范刻度，应及时停车检查并予以添加
KEY BATTERY LOW PLACE KEY IN IGNITION TO CHARGE	遥控钥匙电池电量不足，将钥匙插入点火开关中进行充电	遥控钥匙电池电量不足，应将遥控钥匙插入点火开关中进行充电
KEY IN IGNITION LOCK	点火钥匙仍插在点火锁芯内（驾驶员侧车门打开后，点火钥匙未拔出时会显示该提示信息）	应拔出钥匙
LIGHTS ON	车灯未关	不需要时，应关闭车灯
LOW RANGE	分动器低挡（驾驶员将分动器设置到低挡时，系统会显示该信息）	如果不使用低挡，应将分动器切换为高挡
LOW SEREEN WASH LOW WAHSER FLUID	挡风玻璃清洗液液面过低	应及时添加挡风玻璃清洗液
OFFROAD MAX 50km/h	选择越野车身高度设定时，车速超过了 50km/h	选择越野车身高度时，车速不要超过 50km/h，否则系统将会恢复至标准车高
PARKBRAKE FAULT	电子驻车功能失效（仪表板的黄色警示灯也随之亮起）	应尽快送交维修厂检修电子驻车系统
PARKBRAKE FAULT SYSTEM NOT FUNCTIONAL	电子驻车功能失效（仪表板的红色警示灯也随之亮起）	应尽快送交维修厂检修电子驻车系统
PRE-HEATING	车辆预热系统激活	如不使用请予以关闭
REDUCED ENGINE PERFORMANCE	发动机性能降低	发动机控制系统发生严重故障，发动机运行性能降低，驾驶员看到该提示信息后，应尽快送交维修厂检修

续表

英文显示	中文释义	应采取的措施
SLOW DOWN	降低车速（当驾驶员在行驶中要切换分动器挡位时，如果车速过高，系统会提示该信息）	请先降低车速，然后再切换分动器挡位
SPORT MODE	变速器换挡程序已经选定为运动模式	如不使用请切换成其他模式
STOP! ENGINE OIL PRESSURE	停车！发动机机油压力不足	在安全许可的情况下应立即停车，检查发动机机油油位
SUSPENSION FAULT	悬架故障	悬架系统发生故障，驾驶员看到该提示信息后，应尽快送交维修厂检修
SUSPENSION FAULT STOP SAFELY STOP ENGINE	悬架故障 安全停车 关闭发动机	悬架系统发生故障，驾驶员看到该提示信息后应及时停车，并及时与维修厂联系
SUSPENSION FAULT NORMAL HEIGHT ONLY	悬架故障 只能保持在常规高度	悬架系统发生故障，车辆的悬架高度只能保持在常规高度状态，驾驶员看到该提示信息后应及时送交维修厂进行检修处理
SUSPENSION SPEED TOO HIGH TO CHANGE HEIGHT	车速过快，悬架高度暂时不能改变	车辆车速过快，导致悬架高度暂时不能改变，驾驶员应降低车速后再调节车辆悬架高度
SUSPENSION START ENGINE TO RAISE VEHICLE	悬架 启动发动机升起车辆	车身高度在发动机运行时才能升起，驾驶员应启动发动机，将悬架高度升起
SUSPENSION WILL RAISE WHEN SYSTEM COOLED	系统冷却后再升起悬架	车辆的空气悬架压缩机正在冷却，因此等压缩机冷却完毕后才可将车身高度升起
TAILGATE OPEN	车辆开始行驶时，尾门没有关好	重新将尾门关好
TRANSMISSION FAULT	自动变速器故障	及时送交维修厂检修自动变速器
TRANSMISSION OVERHEAT	变速器油液温度过高	在保证安全的情况下立即停车，使变速器冷却，并及时送交维修厂检修变速器
TIRE PRESSURE MONITORING SYSTEM FAULT	轮胎压力监测系统故障	车辆的轮胎压力监测系统发生故障，驾驶员应及时送交维修厂进行检修处理

续表

英文显示	中文释义	应采取的措施
TIRE PRESSURE TOO HIGH	轮胎压力过高	应及时停车检查轮胎压力并根据情况将轮胎压力调至合适的范围
TIRE PRESSURE VERY LOW	轮胎压力过低	应及时停车检查轮胎压力并根据情况将轮胎压力调至合适的范围

9. 遥控钥匙电池更换说明

通过车辆用户手册还可以查阅到遥控钥匙电池更换说明，对更换方法和电池型号都有详细的叙述，如图 9-2-13 所示。

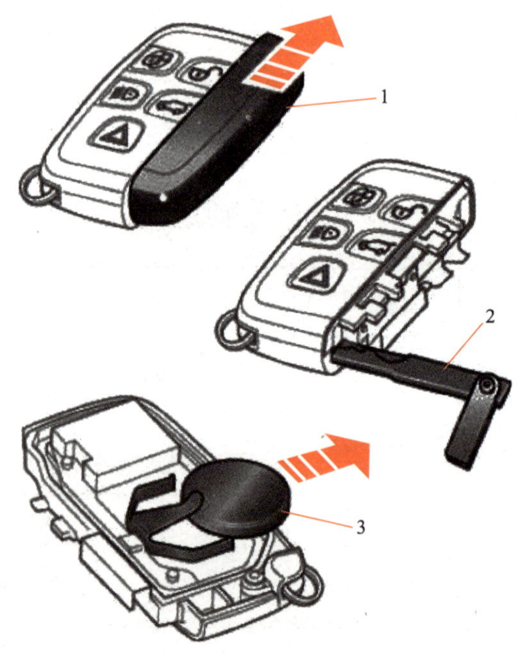

图 9-2-13　遥控钥匙电池更换方法（路虎极光汽车用户手册）

10. 车轮与轮胎技术规格

在汽车使用手册中一般还可查询到车轮尺寸、轮胎标准压力等信息，如图 9-2-14 所示。

车轮与轮胎

技术规格

车轮螺母扭矩

轮胎类型	Nm
所有车型	220

轮胎压力(冷态)

备胎

轮胎尺寸	正常载荷		满载	
	前	后	前	后
235/50R18	290kPa	290kPa	290kPa	290kPa

主胎

轮胎尺寸	正常载荷		满载	
	前	后	前	后
235/60 R18①	240kPa	240kPa	240kPa	240kPa
245/60 R18	240kPa	240kPa	240kPa	240kPa
245/55 R19	240kPa	240kPa	240kPa	240kPa
245/50 R20	240kPa	240kPa	240kPa	240kPa
265/40 R21	240kPa	240kPa	240kPa	240kPa

① 建议使用长安福特推荐的固特异雪地链胎，轮胎花纹为Efficient Grip SUV。
该雪地链胎仅适用链宽10mm或更小的雪地防滑链。

轮胎动平衡参数技术规范	车辆在出厂时已对轮胎车轮装配进行了平衡处理。在车辆使用过程中，会有很多因素导致轮胎车轮不平衡。这些因素可能导致车辆振动以及加剧转向、悬架系统和轮胎的磨损。在这种情况下，需要重新平衡轮胎车轮装配。每个车轮总成最大静态不平衡量不得超过10g。更换车轮和轮胎后，也需要重新平衡轮胎车轮装配。请联系长安福特授权经销商获得服务

图 9-2-14　车轮与轮胎技术规格（长安福特锐界汽车用户手册）

11. 车辆参数

汽车使用手册中还包括车辆性能、质量、发动机等参数，可供维修工参考使用，如图 9-2-15 所示。

车辆参数

车辆性能

项目 \ 车型	CAF6490A51	CAF6490A52	CAF6490A53	CAF6490A54	CAF6490A55
最高车速/(km/h) ≥	192	192	192	192	209
0～100km/h加速时间/s ≤	8.9	9.1	10.0	9.5	7.5
离去角/(°)	23				
接近角/(°)	22				
最小转弯直径/m	11.5				
最小离地间隙/mm	160				
最大爬坡度/% ≥	30				

质量参数

			CAF6490A51	CAF6490A52	CAF6490A53	CAF6490A54	CAF6490A55
质量参数	最大总质量/kg		2220	2450	2555	2585	2675
	最大总质量/kg	前轴	1175	1194	1209	1229	1314
		后轴	1045	1256	1346	1356	1361
	整备质量/kg		1845	1925	2030	2060	2150
	整备质量分配/kg	前轴	1053	1080	1095	1115	1200
		后轴	792	845	935	945	950

车辆参数

发动机

描述	参数	
型号	CAF488WQ5	GTDIQ5
排量/mL	1999	2694
缸径/mm	87.5	83
活塞行程/mm	83.1	83
压缩比	9.7∶1	10∶1
气缸数量/个	4	6
标定功率/kW	182/5500	246/5500
净功率/kW	180/5500	242/5500
最大扭矩/N·m	350/1750～4500	475/2500～4500
怠速/(r/min)	750±100	600±100
高怠速/(r/min)	2500±250	2500±250
最高转速/(r/min)	连续：6500/断续：6800	6250
点火次序	1-3-4-2	1-4-2-5-3-6
排放标准	国Ⅴ①	

① 符合GB18352.5-2013第Ⅴ阶段的规定。

制动系统

描述	参数
制动踏板自由行程范围/mm	10～30
制动摩擦片/mm	≥2.2
制动盘上下单边磨损/mm	≤0.75

图 9-2-15　车辆参数（长安福特锐界汽车用户手册）

12. 汽车使用手册的搜集途径

维修人员接修车辆时，可以在征求车主允许的情况下查阅随车配备的汽车使用手册；如果车主不能提供使用手册，可到道客巴巴文档分享网站查询；在搜索栏中输入搜索关键词“轿车用户手册”，点击“搜文档”按键，即可执行搜索。该网站汇集了几千种不同年款的轿车用户使用手册，可在线浏览查询，如图 9-2-16 所示。

图 9-2-16　利用网络查询汽车用户使用手册